全国财政职业教育教学指导委员会审定
全国高职高专院校财经类专业规划教材

国际结算实务

侯迎春　石月华　主编

中国财政经济出版社

图书在版编目（CIP）数据

国际结算实务/侯迎春，石月华主编 . —北京：中国财政经济出版社，2016.2
全国高职高专院校财经类专业规划教材
ISBN 978 – 7 – 5095 – 6512 – 4

Ⅰ. ①国… Ⅱ. ①侯…②石… Ⅲ. ①国际结算–高等职业教育–教材 Ⅳ. ①F830.73

中国版本图书馆 CIP 数据核字（2015）第 296804 号

责任编辑：李 媛　　　　　　　　责任校对：张　凡
封面设计：华乐功　　　　　　　　版式设计：董生平

中国财政经济出版社 出版

URL：http：//www.cfeph.cn
E – mail：cfeph @ cfeph.cn
（版权所有　翻印必究）

社址：北京市海淀区阜成路甲28号　邮政编码：100142
营销中心电话：88190406　北京财经书店电话：64033436　84041336
北京富生印刷厂印刷　各地新华书店经销
787×1092 毫米　16 开　21.5 印张　485 000 字
2016 年 2 月第 1 版　2017 年 7 月北京第 2 次印刷
定价：39.00 元
ISBN 978 – 7 – 5095 – 6512 – 4/F·5245
（图书出现印装问题，本社负责调换）
质量投诉电话：010 – 88190744
打击盗版举报热线：010 – 88190492，QQ：634579818

前 言 Preface

世界经济和金融的发展，伴随着国际经济一体化、国际金融一体化程度日益加深，国际往来业务不断发展，培养有素质、有知识、有能力的国际金融人才，处理相关的国际结算业务和投融资业务是亟待解决的问题。

高职高专教育在职业能力和职业技能的培养上有着独特的优势，按照教育部等六部门印发的《现代职业教育体系建设规划》（教发〔2014〕6号）文件要求，建立产业技术进步驱动课程改革机制，按照科技发展水平和职业资格标准设计课程结构和内容，到2020年，基本形成对接紧密、特色鲜明、动态调整的职业教育课程体系，建立真实应用驱动教学改革机制，职业院校按照真实环境真学真做掌握真本领的要求开展教学活动。为了适应加快发展现代职业教育的需要，我们编写了这本《国际结算实务》教材。

在编写方面突出教材的通用性，既便于教，又利于学。编写过程中我们的主要依据是 UCP600 和 URR725、新版 SWIFT 标准、URDG758 等国际结算适用的相关规则，并提供较多的 SWIFT 实务案例，以及在结算过程的使用，重点介绍其报文的内容、作用、理解和正确缮制。

本教材重点介绍三个部分的内容：第一部分，国际结算方式汇款、托收、信用证的基本知识和操作流程；第二部分，国际结算涉及的金融票据和商业单据的知识、识别、缮制、审核、处理；第三部分，主要国际担保和国际融资业务，如银行保函、备用信用证、贸易融资、福费廷、国际保理等业务的基本知识和操作流程。

本教材具有五个主要特点：

1. 具体实操性。每一个教学任务，都有案例引导，由提出问题、解决问题、延伸到基础知识、基础理论的学习和技能的掌握。

2. 能力培养性。我们在每个教学任务后都设计"单元实训"、每个项目后，有"综合实训"，意在培养学生的动脑、动手能力，灵活应用自己所学的知识和业务技能，认识问题、分析问题、解决问题，以及处理相关业务。

3. 双元主体性。在解决问题，处理业务时，从客户和银行双重角度考虑问题、解决和业务的处理。

4. 科学现代性。现代国际结算强调结算、担保、融资等全方位地服务于社会经济主体，因此本书的编撰强调结算、兼顾全面。

5. 严谨系统性。每一项目都强调业务处理的顺序性和关键环节，业务处理知识铺垫的够用、充分，内容取舍兼顾学生的可持续发展。

本教材经全国财政职业教育教学指导委员会审定，为全国高职高专院校财经类专业规划教材，也可作为国际金融和国际贸易专业人员的业务培训教材。

本书由侯迎春和石月华担任主编；侯迎春负责全书的统筹、总纂和修改。崔满红担任主审，对本书进行了全面审阅、修改定稿。孙迎春和汤国明参加了本书大纲的制定，并对书稿提出了许多好的建议。张文娟、韩笑和汤茜担任副主编。具体分工：项目一，汤茜、张文娟；项目二和项目八，石月华；项目三和项目四，张文娟；项目五，孟庆海；项目六，韩笑；项目七，侯迎春。

在编写过程中我们参阅了大量的国内外文献，在此对所有文献的作者表示衷心的感谢。限于编者的水平，书中难免存在疏漏和不足之处，恳请高职教育和金融行业的专家批评指正。

索取教学课件邮箱：13381107988@189.cn

编 者

2015 年 8 月

目 录 Contents

项目一　国际结算的基本知识 …………………………………………………（ 1 ）

　　任务一　国际结算概述 ……………………………………………………（ 1 ）
　　　　教学活动 1　国际结算的概念和特点 ……………………………（ 2 ）
　　　　教学活动 2　国际结算业务中的银行网络 ………………………（ 4 ）
　　任务二　国际结算清算系统和国际惯例 …………………………………（ 6 ）
　　　　教学活动 1　国际电子结算和清算系统 …………………………（ 6 ）
　　　　教学活动 2　国际结算适用的国际法则和惯例 …………………（ 11 ）

项目二　国际结算中的票据 ……………………………………………………（ 16 ）

　　任务一　票据概述 …………………………………………………………（ 16 ）
　　　　教学活动　票据的特征和票据行为 ………………………………（ 17 ）
　　任务二　汇票 ………………………………………………………………（ 22 ）
　　　　教学活动 1　汇票概述 ……………………………………………（ 22 ）
　　　　教学活动 2　汇票的行为 …………………………………………（ 28 ）
　　任务三　本票和支票 ………………………………………………………（ 35 ）
　　　　教学活动 1　本票 …………………………………………………（ 36 ）
　　　　教学活动 2　支票 …………………………………………………（ 38 ）

项目三　汇款方式 ………………………………………………………………（ 46 ）

　　任务一　国际汇兑概述 ……………………………………………………（ 47 ）
　　　　教学活动 1　国际汇兑的概念和种类 ……………………………（ 47 ）
　　　　教学活动 2　汇款概述 ……………………………………………（ 49 ）
　　任务二　汇款方式 …………………………………………………………（ 52 ）
　　　　教学活动 1　电汇 …………………………………………………（ 53 ）
　　　　教学活动 2　信汇 …………………………………………………（ 62 ）

　　　　教学活动3　票汇 …………………………………………………（63）
　　任务三　汇款头寸调拨与退汇 …………………………………………（66）
　　　　教学活动1　汇款头寸调拨 ……………………………………………（66）
　　　　教学活动2　退汇 ………………………………………………………（69）

项目四　托收方式 ……………………………………………………（73）

　　任务一　托收业务概述 …………………………………………………（73）
　　　　教学活动1　托收业务的含义和特点……………………………………（74）
　　　　教学活动2　托收业务的当事人…………………………………………（76）
　　　　教学活动3　托收业务流程………………………………………………（80）
　　任务二　托收的交单方式和业务流程 …………………………………（87）
　　　　教学活动1　付款交单方式业务流程……………………………………（87）
　　　　教学活动2　承兑交单方式业务流程……………………………………（92）
　　　　教学活动3　按其他条款和条件交单……………………………………（94）
　　任务三　跟单托收的风险及其防范 ……………………………………（96）

项目五　信用证方式 ……………………………………………………（105）

　　任务一　信用证概述 ……………………………………………………（105）
　　　　教学活动1　信用证的含义和特点………………………………………（106）
　　　　教学活动2　信用证涉及的当事人………………………………………（107）
　　　　教学活动3　信用证的种类………………………………………………（113）
　　任务二　信用证结算的业务流程 ………………………………………（118）
　　　　教学活动1　信用证的申请和开立………………………………………（119）
　　　　教学活动2　信用证的开立形式…………………………………………（125）
　　　　教学活动3　信用证的通知和保兑………………………………………（130）
　　　　教学活动4　信用证的审核和修改………………………………………（133）
　　　　教学活动5　信用证的履行………………………………………………（137）
　　任务三　信用证的风险及防范 …………………………………………（152）
　　　　教学活动1　信用证的风险………………………………………………（152）
　　　　教学活动2　信用证的风险防范…………………………………………（156）

项目六　国际结算中常用的商业单据 (167)

任务一　商业单据概述 (167)
任务二　商业发票、海关发票及其他发票 (170)
 教学活动1　商业发票 (170)
 教学活动2　海关发票及其他发票 (174)
任务三　运输单据 (180)
 教学活动1　海运提单 (180)
 教学活动2　航空运单 (185)
任务四　保险单据 (189)
 教学活动1　保险单据概述 (189)
 教学活动2　保险单据的内容和缮制 (192)
任务五　其他单据 (197)
 教学活动1　商品检验检疫证书 (197)
 教学活动2　原产地证书 (199)
 教学活动3　包装单据 (204)
任务六　审核单据 (209)
 教学活动1　审单原则、方法及要求 (209)
 教学活动2　常见的不符点及处理办法 (215)

项目七　银行保函和备用信用证 (238)

任务一　银行保函概述 (238)
 教学活动1　银行保函的定义、作用和当事人 (239)
 教学活动2　银行保函的基本内容 (240)
 教学活动3　银行保函的MT760和关键术语 (243)
任务二　银行保函的业务流程 (246)
 教学活动1　银行保函的开立 (246)
 教学活动2　银行保函的修改、索赔和注销 (253)
 教学活动3　银行保函的种类及其与跟单信用证的比较 (256)
任务三　备用信用证 (262)
 教学活动1　备用信用证的定义、特点和内容 (262)
 教学活动2　备用信用证的种类及其与跟单信用证的比较 (265)

项目八　国际借贷和贸易融资 ……………………………………… (275)

　　任务一　出口信贷 ………………………………………………… (275)
　　　　教学活动1　出口信贷与出口信贷担保 ……………………… (276)
　　　　教学活动2　主要国家的出口信贷和中国进出口
　　　　　　　　　　银行 …………………………………………… (280)
　　任务二　国际贸易融资 …………………………………………… (287)
　　　　教学活动1　出口贸易融资 …………………………………… (288)
　　　　教学活动2　进口贸易融资 …………………………………… (297)
　　任务三　福费廷 …………………………………………………… (305)
　　　　教学活动1　福费廷概述 ……………………………………… (306)
　　　　教学活动2　福费廷业务流程 ………………………………… (311)
　　任务四　国际保付代理 …………………………………………… (316)
　　　　教学活动1　国际保付代理概述 ……………………………… (317)
　　　　教学活动2　国际保付代理业务流程 ………………………… (320)

参考文献 ………………………………………………………………… (334)

项目一 Project 1
国际结算的基本知识

【知识目标】
- ◇ 了解国际结算的定义、特点和分类。
- ◇ 掌握国际结算业务中的银行类型。
- ◇ 了解代理行和账户行。
- ◇ 了解主要的国际清算系统。
- ◇ 了解国际结算的相关惯例。

【能力目标】
- ◇ 熟悉并能运用银行识别代码。
- ◇ 掌握各种国际惯例的适用领域。

任务一 国际结算概述

【教师任务】
- ◇ 指导学生学习本任务所要关注的知识点；
- ◇ 指导学生搜集国际结算发展的相关资料。

【学生任务】
- ◇ 学习掌握本任务的知识点；

◇ 搜集本任务相关资料;
◇ 了解国际结算的定义、特点和分类;
◇ 了解代理行和账户行关系。

教学活动1　国际结算的概念和特点

【活动设计】

1. 讲解国际结算的概念和特点等基础知识。
2. 组织课堂讨论,分析现代国际结算形成的原因和优点。

【案例导入】

我国A公司与美国B公司洽谈焦炭产品的出口,由于双方第一次交易,我方在产品的结算方式上有顾虑,应如何保证在产品出口后安全地收到货款呢?B公司同意通过电汇、托收、信用证三种方式支付货款。

分析思考：A公司应采取哪种结算方式最为有利?

【基础知识】

一、国际结算的概念

国际结算是国家间的货币收付行为。国家间由于政治、经济、文化、外交、军事等方面的交往或联系而发生债权债务关系以货币来清偿,或援助性资金转移行为,都称为国际结算。国际结算分为国际贸易结算和非国际贸易结算。国家贸易结算指由于国家间的进出口贸易引起的货币收付业务。非国际贸易结算指贸易以外的活动引起的各种对外货币收付业务,如旅游、保险、运输、捐款、援助、侨民汇款等活动,国家间的投资、借贷活动等也是其重要组成部分。

二、国际结算的内容

国际结算包括国际结算票据、国际结算方式、国际担保和信用方式、国际结算单据等四项基本内容。国际结算票据主要包括汇票（Draft）、支票（Cheque）和本票（Promissory Note）三种。国际结算方式包括汇款（Remittance）、托收（Collection）、信用证（Letter of Credit）三种。国际担保和信用方式包括信用证、保函（Letter of Guarantee）、保付代理（Factoring）、福费廷（Forfaiting）等业务。国际结算单据包括商业发票（Commercial Invoice）、海运提单（Marine Bill of Lading）和保险单（Insurance Policy）等。本教材对上述业务的具体操作方法和操作流程的介绍从企业和银行两个角度进行讲述。

三、国际结算的特征

（一）以银行为中介的转账结算

早期的国际结算是现金结算，一手交钱一手交货，所以也是直接结算、凭货结算。由于现金携带的不便和风险，逐渐以"字据"取代现金，后来"字据"发展为汇票，以及以银行为中介的间接、票据化结算。

（二）货物单据化（Cargo Documentation）

随着商业、航海业和保险业的分离，商人不得不通过航海业运输、保险业担保运输风险，于是出现了提单、保险单等代表物权的单据，这些单据成为转让、抵押和买卖的对象。凭单付款已经是一种应用很普及的付款方式。

（三）高效的资金转移网络系统

由于国家间货币收付引起的资金结算，通过 SWIFT、CHIPS、CHAPS 和 TARGET 等电子清算系统进行清算。这些货币收付主要是由国家间结算、投资和信贷等业务引起的。

（四）以快邮传递函件

快邮有快速、准确、方便和安全的特点，我国国际结算主要使用的快邮渠道包括国际特快传递（EMS）、DHL 信使传递、美国联合包裹公司（UPS）、联邦快件（FEDEX）和中国速递国际快件（TNT）。

（五）银行间印鉴（Specimen Signature）、密押（Test Kay）系统

银行间为了保证资金的安全，防范可能的业务风险，国际代理行和账户行之间建立了印鉴密押系统，凭印鉴和密押确定邮件和电文的真实性。如银行在向对方代理行开立/接受信用证、保函、资金清算、外汇买卖、拨付头寸等一些需要证实文件真实有效性的文件，必须编写电文密押。

（六）国际结算和信贷融资连为一体

在国际结算的各个环节，银行根据进出口企业的需要提供各种贸易融资和便利，例如对进口商提供信用证项下的一系列融资服务，如免押证、进口押汇、提货担保等；为出口商提供的贸易融资如打包放款（装运前）、出口押汇（装运后）、出口贴现、保理、福费廷等。

（七）国际担保融入国际结算

提供银行保函和备用信用证的推出，在国际结算的内容中增加担保的成分。信用证更是早期在国际结算中，以银行信用取代商业信用的一种保证付款的结算方式。由于银行的担保，促进了国际贸易和其他国际间经济活动的顺利进行。

（八）政策性金融支持国际结算

如我国国际进出口银行通过信用证、托收项下提供押汇、担保等国际贸易融资和保证，促进了国际结算的顺利进行和国际贸易的发展。

（九）国际结算的规模和范围越来越大

国际结算的范围从单纯的国际汇兑、国际贸易发展到广泛的国际投融资业务，以及国际金融咨询、顾问、评估、担保等业务，业务范围越来越大。随着国际经济一体化的进程，国际贸易规模和国际金融市场交易规模不断扩大，国际结算的规模也相应扩大。

（十）国际结算货币多选择国际储备货币

在国际交往的实践中，结算货币多选择国际储备货币，如进出口合同近一半以上美元计价。以何种货币计价基本上反映了该国在国际经济交流中的重要性和该国货币在世界货币格局中的地位，同时也取决于国际市场的习惯以及融资的便利性。2014 年 12 月，人民币的支付货币市场份额创下 2.17% 的新高，逼近日元的 2.69%，排名跃升第五。而美元（44.6%）、欧元（28.3%）和英镑（7.92%）仍稳居全球前三大支付货币。2015 年 12 月 1 日凌晨 1 点，国际货币基金组织（IMF）宣布人民币加入 SDR（特别提款权）的货币篮子，这意味着国际贸易和国际借贷将越来越多地选择人民币作为支付货币。

教学活动 2　国际结算业务中的银行网络

【活动设计】

通过案例导入，讲解境外设立的处理国际金融业务的金融机构类型，重点学习什么是代理行及其作用。

【案例导入】

甲公司出口货物，结算货币为美元，货物发运后，甲公司将全套商业单据送交开户行 A 银行，委托其向美国进口商乙公司收取货款，指定代收行是美国的 B 银行。A 银行和 B 银行之间没有账户行关系，但都是 CHIPS 的会员行，A 银行在纽约的分行与 B 银行有账户行关系，于是它们通过 CHIPS 完成了清算。

分析思考：什么是国外的分行？国际结算业务中的银行关系有哪些类型？什么是账户行关系？

【基础知识】

一、商业银行国外设置处理国际金融业务的金融机构类型

我国商业银行在国外设置的处理国际金融业务的金融机构包括：①代表处，非营业机构，主要业务是公关、收集和提供信息，是银行在海外分支机构的最低级形式。②代理处，可以转移资金和发放贷款，但不能在东道国吸收存款，也不具备独立的法人资格。③海外分支行，即银行在海外的营业机构，虽不具备独立的法人资格，但可以经营各种业务。1929 年 6 月，中国银行在伦敦设立了第一家海外分行，是中国银行发展史上的重要里程牌。④代理行，即委托国外的商业银行代理相关业务，其优点是成本低。⑤附属银行，即收购外国银行的部分或全部股份作为子银行。⑥联营银行，即各方占股在 50% 以下，联合经营，可沿用原来名称。⑦银团银行，即各方占股在 50% 以下，沿用原名称，为特殊目的设立。

【知识链接】

中国工商银行机构和客户

中国工商银行业务跨越六大洲，境外网络扩展至41个国家和地区，通过17122个境内机构、338个境外机构和2007个代理行以及网上银行、电话银行和自助银行等分销渠道，向509万公司客户和4.65亿个人客户提供广泛的金融产品和服务。

资料来源：中国工商银行网站 www.icbc.com.cn。

二、代理行

（一）代理行的必要性

代理行在国际金融业务中地位很主要，业务比重很大，是国外业务的重要依靠对象。全球经济一体化，使国际往来包括国际贸易越来越频繁、越来越普及，规模也越来越大，必须通过国外代理行，才能将连接国外每一个角落的业务得以顺利实现。

（二）代理关系的建立

代理关系是通过双方达成互相代理业务的种类、范围和收费、纠纷的责任和处理等的协议建立的。代理行分为有账户的代理行（账户行）和不设账户的代理行（简称代理行）两种。

成为代理行需满足以下条件：业务往来多、信誉卓著、作风正派、态度良好、互为信赖、地理位置优越的以及国际主要货币国家的银行。

账户行除满足以上代理行条件外，还应选择经常建立代理行关系必须了解对方的资信，签订代理协议，互相交换并确认控制文件（密押、印鉴、费率表）。使用的自由兑换货币的发行国资金雄厚、关系密切的大银行。因此，代理行不一定是账户行，但账户行一定是代理行。

（三）相关术语

Nostro a/c：我行设在你行的账。

Vostro a/c：你行设在我行的账。

To credit：贷记。

To debit：借记。

已贷记你行：表示已经在你账户上增加一笔资金。

请借记我行：表示请从我行在你行的账户上划走一笔资金。

【单元实训】

了解中国银行国内外分支机构

【实训目的】

了解中国银行国内外分支机构设置情况

【实训资料】

在中国银行网上搜集资料

【实训步骤】

1. 三人一组，网上搜集资料。
2. 写出两家中国银行在欧洲分行的名称、地址。
3. 写出五家中国银行在国外的代理行名称。
4. 分析分行和代理行在国际结算业务中的作用。

任务二
国际结算清算系统和国际惯例

【教师任务】

◇ 指导学生学习本任务所要关注的知识点。
◇ 指导学生搜集国际结算发展的相关资料。

【学生任务】

◇ 学习掌握本任务的知识点。
◇ 搜集本任务相关资料。
◇ 了解国际结算的清算系统。
◇ 了解国际结算常用的国际惯例。

教学活动1　国际电子结算和清算系统

【活动设计】

1. 通过案例导入，讲解国际结算清算系统的基本知识。
2. 组织课堂讨论，分析并讨论国际清算系统与国际结算发展的关系。

【案例导入】

关于国际结算和国际清算

中国出口商甲向美国进口商乙出口一批电子商品，价值为100万美元，双方商定先发货后付款，以汇款方式结清货款，汇出行为花旗银行 A 支行，汇入行为中国银行 B 支行。

分析思考：分析什么是国际结算？什么是国际清算？

【基础知识】

国际结算是指债权人和债务人之间用货币结清债权债务，上例中是美国进口商乙实现向中国出口商甲支付货款，从而结清双方的债权和债务。国际清算是指国与国之间或银行与银行之间由于办理结算业务形成的债权债务的结清，上例中指中国和美国之间、美国花旗银行 A 支行和中国银行 B 支行之间债权债务的结清。为了便利国际间金融信息的传递、款项的收付、资金的清算和交易的达成，国际清算系统和国际清算系统应运而生，现全球广泛使用有 SWIFT 结算系统、CHIPS 清算系统、CHAPS 清算系统和 TARGET 清算系统等。

一、SWIFT 结算系统

（一）SWIFT 含义

SWIFT（Society for Worldwide Interbank Financial Telecommunications），即：环球同业银行金融电讯协会，是国际银行同业间的国际合作组织。SWIFT 成立于 1973 年，目前全球大多数国家大多数银行已使用 SWIFT 系统。SWIFT 的使用，为银行的结算提供了安全、可靠、快捷、标准化、自动化的通讯业务，从而大大提高银行的结算速度。由于 SWIFT 的格式具有标准化的特征，目前信用证的格式主要都是用 SWIFT 电文。

SWIFT 运营着世界级的金融电文网络，银行和其他金融机构通过它与同业交换电文（Message）来完成金融交易。

（二）SWIFT 银行识别代码

每家申请加入 SWIFT 组织的银行都必须事先按照 SWIFT 组织的统一原则，制定出本行的 SWIFT 地址代码，经 SWIFT 组织批准后正式生效。银行识别代码（Bank Identifier Code，简称 BIC）是由电脑可以自动判读的八位或是十一位英文字母或阿拉伯数字组成，用于在 SWIFT 电文中明确区分金融交易中相关的不同金融机构。凡 SWIFT 的成员银行都有其特定的 SWIFT 代码，即 Swift Code。在电汇时，汇出行按照收款行的 Swift Code 发送付款电文，就可将款项汇至收款行。

银行识别代码由十一位数字或字母组成，可以拆分为银行代码、国家代码、地区代码和分行代码四部分。以中国银行北京分行为例，其银行识别代码为 BKCHCNBJ300，其中，BKCH 是银行代码，CN 为国家代码，BJ 为地区代码，300 为分行代码。

同时，SWIFT 还为没有加入 SWIFT 组织的银行，按照此规则编制一种在电文中代替输入其银行全称的代码。所有此类代码均在最后三位加上"BIC"，以区别于正式 SWIFT 会员银行的 SWIFT 地址代码。

（三）SWIFT 报文的规范化和格式化

SWIFT 用各种规范化的报文格式传递信息，如表 1-2 所示。

表 1-1　　　　　　　　　　中国部分银行的 SWIFT 银行代码

中文名字	英文名字	识别代码
中国银行	BANK OF CHINA	BKCHCNBJ××
中国工商银行	INDUSTRIAL AND COMMERCIAL BANK OF CHINA	ICBKCNBJ××
中国农业银行	AGRICULTURAL BANK OF CHINA	ABOCCNBJ××
中国建设银行	CHINA CONSTRUCTION BANK	PCBCCNBJ××
交通银行	COMMUNICATIONS BANK OF CHINA	COMMCNSH××
中国光大银行	CHINA EVERBRIGHT BANK	EVERCNBJ××
中国民生银行	CHINA MINSHENG BANKING CORPORATION	MSBCCNBJ××
中信银行	CHINA CITIC BANK	CIBKCNBJ××
华夏银行	HUAXIA BANK	HXBKCNBJ××
招商银行	CHINA MERCHANTS BANK	CMRCCNBS××
浦发银行	SHANGHAI PUDONG DEVELOPMENT BANK	SPDBCNSH××
兴业银行	INDUSTRIAL BANK CO., LTD.	SZDBCNBS××
平安银行	PING AN BANK	SZDBCNBS××
广发银行	CHINA GUAGFA BANK	GDBKCN22××

注：×××表示各具体分行的数字代码。

表 1-2　　　　　　　　　　SWIFT 的报文格式

序号	数字代码	报文种类	序号	数字代码	报文种类
1	MT1××	客户汇款和支票	6	MT6××	重金属辛迪加贷款
2	MT2××	金融机构汇款	7	MT7××	跟单信用证、保函
3	MT3××	外汇	8	MT8××	旅行支票
4	MT4××	托收	9	MT9××	银行账户
5	MT5××	证券	10	MT0××	其他

由于 SWFIT 可以做到完成编押和核押工作，银行以 SWIFT 发出指示时不再需要发送电报证实书。每份电讯都得到 SWIFT 的发妥和未发妥的证实，计算机对收发电序号严格控制。

（四）SWIFT 的容量

SWIFT 的报文（Text）由一些项目（Field）组成，每一种报文格式（Message Type - MT）都规定了具体由几个字母、几个数字或几个字符组成。如：

n：只表示数字。如 3n，表示最多填入 3 位数字。

a：只表示字母。如 4a，表示必须填入 4 个字母。

Q：表示数字或字母。如 2Q，表示必须填入 2 个字母或数字。

X：表示包括数字、字母、标点符号、空格键、回车键和跳行键等字符。如 4X，表示必须填入 4 个字符。

＊：表示行数。如 2＊26X，表示所填入的内容最多 2 行、每行最多 26 个字符。

二、CHIPS 清算系统

纽约清算所银行同业支付系统（Clearing House Interbank Payment System，CHIPS），是一个带有 EDI（电子数据交换）功能的实时的、多边的、大额电子支付系统。CHIPS 成立于 1970 年，是跨国美元交易的主要渠道。通过 CHIPS 处理的美元交易额占全球美元交易额的 95%。

CHIPS 系统中的会员银行均有一个美国银行公众号码（American Bankers Association Number，ABA），作为参加 CHIPS 清算时的代码。每个 CHIPS 系统中的会员银行的客户在该行开立的账户，由清算所发给通用认证号码（Universal Identification Number，UIN）作为收款人或收款行代码。

【知识链接】

如何使用 CHIPS 完成清算？

如本项目任务 1 教学活动 2 中的案例，具体处理如下：

A 银行在给 B 银行的委托指示：When collected, please remit the sum to our New York branch via CHIPS (ABA：×××) for credit our account (UID：×××) with them.

B 银行从进口商乙公司收妥款项后，按照 A 银行的委托指示，通过 CHIPS 发出付款指令，收款行为 A 银行的纽约分行，并注明 A 银行的纽约分行的 ABA 号码和 UID 号码。

A 银行的纽约分行再通过 CHIPS 将款项划给 A 银行。

当 A 银行收妥款项后，贷记出口商甲公司账户。

三、CHAPS 清算系统

清算所自动支付体系（Clearing House Automated Payments System，CHAPS），处理大额同日英镑转移的主要支付体系，属于批发性支付体系。CHAPS 可分为 CHAPS 英镑（1996 年实施该系统）和 CHAPS 欧元（1999 年实施该系统），后者通过其与 TARGET（欧洲的欧元清算体系）的联系，便利英国国内与境外交易者之间的欧元批发性支付。

CHAPS 主要是一个批发性的支付体系，但其使用的最快增长却是由零售客户引起的支付。CHAPS 允许银行以自己的账户或代表客户对其他银行发放有担保的、不可撤销的英镑信贷，结算通过在英格兰银行持有的清算账户进行。

四、TARGET 清算系统

泛欧实时全额自动清算系统（The Trans-European Automated Real-time Gross Settlement Express Transfer，TARGET），为欧盟国家提供实时全额清算服务。TARGET 始建于 1995 年，1999 年 1 月 1 日正式启用。TARGET 由 16 个国家的 RTGS 系统、欧洲中央银行

的支付机构（EPM）和相互间连接系统（Interlinking System）构成。互联系统将各国的RTGS系统与EPM相连，这样支付指令就能从一个系统传递到另一个系统。

【知识链接】

当前跨境人民币清算模式介绍

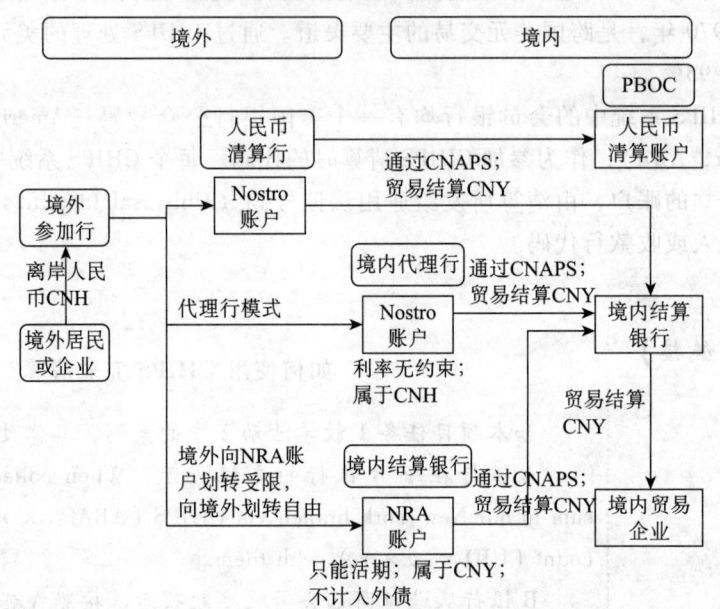

图1-1 人民币跨境清算的三种模式

在代理行模式下，境内外银行通过环球报文交换系统SWIFT传递跨境支付信息，然后通过CNAPS进行清算（国内的代理行都直接接入了CNAPS系统）。境外参加行通过境内银行代理进行跨境人民币清算服务，但不能从事付款人和收款人都在海外的纯离岸人民币清算服务，只能从事跨境人民币清算。

境外人民币清算行模式下，境外银行通过SWIFT传递跨境支付信息，境外人民币清算行通过中资银行海外子行最终连接到境内大额支付系统HVPS完成最终清算。海外清算行是指中国央行和当地监管机构联合给每个地区/国家授予一家中资国有大行在海外的子行担任，香港为"中银香港"，新加坡为"工行新加坡"。境外人民币清算银行在境内中国人民银行开立清算账户；境外人民币清算行可以通过其清算网络代理清算任何海外人民币资金，即理论上付款行和收款行可以位于全球任何角落。

非居民账户模式（NRA）则是境内银行直接通过CNAPS（中国现代化支付系统）进行清算。

注：NRA全称为"境外机构境内外汇账户"，是指境外机构按规定在境内银行开立的境内外汇账户，不包括境外机构境内离岸账户（OSA）。人民币NRA账户指以人民币为币种的NRA账户。

教学活动 2　国际结算适用的国际法则和惯例

【活动设计】

1. 通过案例导入，讲解国际结算常用国际惯例的知识。
2. 组织课堂讨论，分析并讨论国际惯例与国际结算发展的关系。

【案例导入】

国内某公司以 D/P at sight（托收见单即期付款）方式出口，并委托国内 A 银行（托收行）将单据寄由第三国 B 银行转给进口国 C 银行代收货款。后来得知 C 银行破产得不到货款，该公司不得已起诉 A 银行。

分析思考：
1. 国际结算的法律依据是什么？
2. 国际结算的惯例有哪些？

【基础知识】

国际结算法则和惯例是在长期的结算活动中逐渐形成的、国际社会普遍公认的、一系列、通用的习惯、做法和普遍规则，通常由国际性组织的专家研究讨论通过并颁发，要求各国的国际结算活动普遍遵循，对当事人之间的关系、权利、义务和行为有明确的规范。常用的国际结算规则和惯例介绍如下。

一、国际商会《跟单信用证统一惯例》

国际商会于 1930 年制订了《商业跟单信用证统一规则》，供各银行自愿采用。1983 年该规则改名为《跟单信用证统一惯例》（Uniform Customsand Practicefor Documentary Credits，UCP）。目前使用的是 2007 年修订的的版本，简称为 UCP600。

《跟单信用证统一惯例》（UCP 600）共 39 条，包括：适用范围、定义、信用证的形式和通知、责任与义务、单据、杂项规定、可转让信用证和款项让渡等内容；各条款规定了各当事方的责任范畴。

二、国际商会《托收统一规则》

依照便利世界各国间贸易的宗旨，国际商会要对国际贸易的各个领域的惯例进行不断地评审，所以，国际商会评审了 1993 年 3 月的《托收统一规则》，并于 1995 年重新颁布了《托收统一规则》（Uniform Rules for Collection，URC522），1996 年 1 月 1 日开始实行，它是世界各国商业银行以及贸易商办理托收业务的行动规则。

URC522 共七部分，26 个条款，包括：总则及定义；托收的形式和结构；提示方式；义务与责任；付款；利息、手续费及其他费用；其他规定。

三、国际商会《见索即付担保函统一规则》

《见索即付担保函统一规则》最初于 1991 年生效，之后逐渐被全球银行家、贸易家、行业协会及众多国际组织认可和使用，并成为见索即付保函业务的国际性权威实务操作标准。

《见索即付担保函统一规则》（Uniform Rules for Demand Guarantees，URDG758）是最新修订版，自 2010 年开始执行。这次修订后的 URDG758 将是见索即付保函业务的权威业务指南，它不仅是对原有规则的完善，更是适应新形势下保函业务发展趋势和需求的一套更清晰简洁、更系统科学的业务规则。

四、国际商会《国际备用证惯例》

《国际备用证惯例》旨在适用于备用信用证（包括履约、融资和直接付款备用信用证）业务而制定的单独规则。该惯例由国际商会以"第 590 号出版物"公布，反映了已被广泛接受的有关备用信用证的惯例、习惯和用法。

五、《英国票据法》

《英国票据法》是英国的国内法，于 1882 年颁布施行。美国及大部分英联邦成员国如加拿大、印度等都以此为参照制定本国的票据法。因此该法在英美系国家有很大的影响力。

六、《日内瓦统一法》

《日内瓦统一法》是国际公约。法国、德国等欧洲大陆为主的 20 多个国家参加了 1930 年在日内瓦召开的国际票据法统一会议，签订了《日内瓦统一汇票、本票法公约》。1931 年又签订了《日内瓦统一支票法公约》。两个公约合称为《日内瓦统一法》。

由于英美两国及其他一些英美法系国家并未参加日内瓦公约，因此在当今世界上存在两大票据法体系——大陆法系（也称日内瓦法系）和英美法系。虽然 1982 年联合国国际贸易法律委员会公布了《国际汇票和国际本票公约（草案）》，设想将两大票据法体系统一在一个"公约"范围内，至今因签字国过少而未果。

七、《国际贸易术语解释通则》

《国际贸易术语解释通则》（International Rules for the Interpretation of Trade Terms，IN-COTERMS）是国际商会为统一各种贸易术语的不同解释于 1936 年制定的，随后，为适应国际贸易实践发展的需要，国际商会先后于 1953 年、1967 年、1976 年、1980 年、1990 年、1999 年和 2010 年进行过修订和补充。

【知识链接】

EDI 系统

EDI 是英文 Electronic Data Interchange（电子数据交换）的缩写，作为一种电子化商业贸易方式，通俗地讲，是企业之间传输商业订单和发票等专业文件的一种电子化手段。EDI 系统包括计算机应用、通讯网络、数据标准化。其中计算机应用是 EDI 的条件，通讯网络是基础，标准化是特征。这三方面相互衔接、相互依存，构成 EDI 的基本架构。

EDI 通过电子计算机网络将贸易、运输、保险、银行和海关等行业的信息，用一种公认的标准化格式，实现各有关部门或公司和企业之间的数据交换和处理，并完成以贸易为中心的全部过程。由于减少了纸质文件的使用，称为一种"无纸化贸易"。

传统的购货贸易过程是：买方向卖方提出纸质订单，卖方得到后，在企业内部进行文字性票据处理，准备发货。纸质票据中包括发货票、发票等。买方在收到后开出纸质支票或汇票等，寄给卖方。买方持支票或汇票等银行要求兑现，银行再签出凭证进行资金的汇兑和收付。

而一个生产企业的 EDI 系统是：把上述在买卖过程的全部纸质单据，都由 EDI 系统通讯网来传递，并由计算机自动完成全部或大部分处理过程。当企业受到一份 EDI 订单，系统进行自动处理，检查该订单是否符合要求；然后自动通知企业内部管理部门安排生产；向零配件供货商订购零配件等；有关部门申请进出口许可证；通知银行向订货商开出 EDI 电子发票；向保险公司申请保单等。EDI 系统使整个商贸活动在很短的时间内准确完成。

一个真正的 EDI 系统是将订单、发货、报关、商检和银行结算结合为一体的，从而大大加速了贸易的全程。

【单元实训】

了解中国银行国内外分支机构

【实训目的】

了解中国银行国内外分支机构设置情况

【实训资料】

在中国银行网站上搜集资料

【实训步骤】

1. 三人一组，网上搜集资料；
2. 写出五家中国银行国内分行的 SWIFT 代码；
3. 查询了解"全球公司金融"中"走出去"中国企业的类型，写出五种与国际结算相关的金融产品和服务。

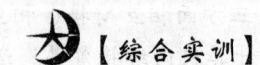【综合实训】

【实训目标】

学习与巩固国际结算业务的基本知识和技能。

【实训任务】

一、单选题

1. 下面哪项业务属于国际贸易结算对象（   ）。
   A. 旅游活动   B. 国际捐助
   C. 国际运输   D. 进出口贸易
2. 国际结算业务中使用最广泛的票据是（   ）。
   A. 汇票   B. 支票
   C. 本票   D. 旅行支票
3. 兼具结算和担保双重功能的国际金融业务是（   ）。
   A. 信用证   B. 银行保函
   C. 福费廷   D. 汇兑方式
4. SWIFT 用各种规范化的报文格式传递信息，信用证报文格式的数字代码是（   ）。
   A. MT7××   B. MT8××
   C. MT5××   D. MT4××
5. 目前使用的是 2006 年修订的于 2007 年 7 月 1 日起实施的，简称为 UCP600 的国际惯例是（   ）。
   A. 跟单信用证统一惯例   B. 托收统一惯例
   C. 备用信用证统一惯例   D. 银行保函统一惯例
6. 国际结算的特点不包括（   ）。
   A. 国际结算和信贷融资连为一体   B. 货物非单据化
   C. 高效资金转移网络方式   D. 国际担保融入国际结算
7. 2*15X 表示 SWIFT 文件的容量中，每行的字符数（   ）。
   A. 2   B. 15

C. 30　　　　　　　　　　　　　　D. X´

8. 2＊15X 表示 SWIFT 文件的容量的行数（　　）。
A. 2　　　　　　　　　　　　　　B. 15
C. 30　　　　　　　　　　　　　　D. X

9. 假如某银行的 SWIFT 银行代码是 BKCHCNBJ333，其中 BJ 表示（　　）。
A. 该银行的名称　　　　　　　　　B. 该银行的国别
C. 该银行的地点　　　　　　　　　D. 该银行的号码

二、多选题

1. 国际结算的内容包括如下基本内容（　　）。
A. 国际金融票据　　　　　　　　　B. 国际结算方式
C. 国际担保和信用方式　　　　　　D. 国际商业单据

2. 在国际结算中，成为转让、抵押和买卖的对象的单据包括（　　）。
A. 提单　　　　　　　　　　　　　B. 保险单
C. 汇票　　　　　　　　　　　　　D. 产地证明

3. 银行间为了保证资金的安全，防范可能的业务风险，国际代理行和账户行之间建立了控制系统，凭（　　）确定邮件和电文的真实性。
A. 密押　　　　　　　　　　　　　B. 印鉴
C. 费率表　　　　　　　　　　　　D. 金融专业术语

4. 商业银行在国外设置的处理国际金融业务的金融机构类型包括（　　）。
A. 代表处　　　　　　　　　　　　B. 代理行
C. 海外分支行　　　　　　　　　　D. 账户行

5. 国际商会制定颁发的国际结算惯例包括（　　）。
A. UCP600　　　　　　　　　　　　B. URC522
C. URDG758　　　　　　　　　　　D. 日内瓦统一法

三、判断题

1. 目前信用证的格式主要都是用 SWIFT 电文。（　　）
2. 代理行不一定是账户行，但账户行一定是代理行。（　　）
3. Nostro a/c 表示"我行设在你行的账"。（　　）
4. Vostro a/c 表示"我行设在你行的账"。（　　）
5. 《日内瓦统一法》是英美国家奉行的关于票据的国际公约。（　　）

四、问答题

1. 国际结算的含义和类型？
2. 现代国际结算有哪些特点？
3. 代理行关系的含义以及建立步骤是什么？
4. 什么是代理行之间的控制文件？

项目二 Project 2
国际结算中的票据

【知识目标】
- ◇ 掌握票据的定义、特性；了解国际票据法系和中国票据法概况和票据行为。
- ◇ 掌握汇票的概念、汇票必要项目、汇票行为；了解汇票的种类。
- ◇ 掌握本票、支票的定义、必要项目。
- ◇ 掌握本票的出票、见票行为。
- ◇ 掌握支票的保付、划线和拒付与止付。

【能力目标】
- ◇ 能够签发汇票、本票、支票。
- ◇ 能够做成承兑、背书，会行使追索权。
- ◇ 能够搜集相关资料、获取相关信息。

任务一 票据概述

【教师任务】
- ◇ 指导学生学习本任务所要关注的知识点。
- ◇ 指导学生搜集相关资料。
- ◇ 指导学生使用国际汇票、本票、支票。

【学生任务】

◇ 学习掌握本任务的知识点。
◇ 搜集本任务相关资料。
◇ 学会使国际汇票、本票、支票。

教学活动　票据的特征和票据行为

【活动设计】

网上搜集英国票据法、日内瓦统一法、中国票据法，分组讨论它们之间的异同，小组推选代表发言。

【案例导入】

汇票的法律依据与票据行为

我国 A 公司 2015 年 5 月 8 日开出了一张金额为 5 万美元、见票三个月后付款的汇票，以 B 为收款人，付款人为 S 银行，S 银行为承兑行。B 向乙公司采购货物价值 8 万美元，乙公司同意 B 将 A 公司签发的 5 万美元汇票和 3 万美元的货物抵付乙公司的货款。后来乙公司又将此汇票背书转让给了 D 公司。在汇票有效期内 D 向 S 提示汇票，S 因经营不善进入破产程序，光明银行是 S 银行的关联行，闻之表示愿参加承兑。经 D 同意，光明银行在汇票上指定为 S 的付款信誉担保。付款到期日光明银行向 D 付款。

分析：汇票使用中有哪些法律依据？此案例中涉及哪些票据行为？

【基础知识】

一、票据的定义

票据有广义和狭义之分。广义票据（Bills）是指所有在商业活动中作为权利凭证的单据（Document of Title），如商业发票、仓单、提单、资金票据。狭义票据仅指资金单据（Financial Document），即出票人依据票据法签发和流通的，无条件约定，由自己或委托他人在一定日期支付一定金额为目的的有价证券，包括汇票、本票和支票。

二、票据的特性

票据的特性主要有流通性、无因性、要式性、文义性、提示性、返还性。

（一）流通性

流通性即指票据的流通转让，是指多数国家票据法中规定的票据仅凭交付或适当背书即可转让，无须通知债务人。

流通转让是票据的基本特性。一张票据,无论经过多少次转让,其最后的持票人仍有权要求票据上的债务人向其清偿。票据债务人不得以没有接到转让通知为理由拒绝清偿。

【知识链接】

在英美法中,转让有三种类型:让与(Assignment)、转让(Transfer)与票据的流通(Negotiation)。三个法律术语的含义不同。

1. 让与,是指一般债权的让与,如合同的转让。这种债权的让与必须以通知原债务人为条件,受让人的权利要受到转让人权利缺陷的影响。比如A与B签订了一份贸易合同,A是卖方,他将应收货款转让给了C。如果A的货物有问题或者根本没有交货,B可以对C拒付货款。

2. 转让,是指物权凭证的转让。这种物权凭证如提单、保险单、仓单等,可以仅凭交付或加上适当背书而转让,无须通知债务人。但是,受让人的权利不能优于出让人。如果出让人的权利有缺陷,则受让人所取得的也只是一种有缺陷的权利。比如,甲窃取了乙的一份提单,并把它转让给丙,即使丙是善意的,并支付了对价的受让人,但由于甲对该提单无合法的权利,丙也不能对该提单取得合法权利。乙一旦发现被窃,有权要求丙返还提单。

3. 流通转让,是狭义票据的基本特性。许多国家在票据法中都规定,票据仅凭交付或适当背书即可转让,无须通知债务人。善意的、付对价的受让人可以取得优于其前手的权利,不受其前手的权利缺陷的影响。比如A将从B处偷来的票据转让给了C,C因不知情且为获取票据支付了对价,B就不能以A是以偷窃方式获得此票据为理由,要求C归还票据。这是票据的流通转让与民法上的债权的让与和转让的一个重大区别。

(二) 无因性

无因性是指票据受让人无须调查出票、转让原因,只要票据记载合格,其就能取得票据文义载明的权利,即票据本身与其基础关系相分离。所谓票据的基础关系包括出票人与付款人之间的权利义务关系和出票人与收款人、背书人与被背书人之间的对价关系。各国票据法都认为,票据上的权利义务关系一经成立,即与票据原因关系相脱离,不论其票据原因关系是否有效、是否存在,都不影响票据的效力。票据的无因性使票据得以流通。

(三) 要式性

要式性是指票据的做成必须符合法定的形式要求,即其形式和内容必须完全符合票据法。票据上面记载的必要项目必须齐全,各项必要项目以及票据形式必须符合规定,否则就不能产生票据的效力。各国法律对于票据所必须具备的形式条件都作了具体的规定,当事人不能随意加以变更。

(四) 文义性

文义性是指票据当事人的责任和权利,完全根据票据上记载的文义来解释。票据的债权人可依据票据文义行使权利，票据债务人也仅对文义负责。任何人不得以票据文义之外的事情改变票据权利和义务。背书人更改票据法定事项，也只对其后手有效，而不能让其前手按更改以后的文义承担票据责任。

（五）提示性

提示性是指票据上的债权人请求债务人履行票据义务时，必须向付款人提示票据。如果持票人不提示票据，付款人就没有履行付款的义务。因此，票据法规定了票据的提示期限，超过期限则丧失票据权利。

（六）返还性

返还性是指票据的持票人收妥票据款后，应将该票据交还给支付款项的人，从此票据的流通结束。

三、票据法

票据法是规范票据的种类、形式、内容及当事人权利义务等事项的法律。规定当事人的权利和义务是票据法的核心内容，当事人对票据最基本权利是付款请求权和追索权，当事人对票据最基本义务是支付票据款。大多数国家都制定了票据法，以保证票据使用有法可依。在国际上影响最大的是两大票据法系，即英美法系和大陆法系。中华人民共和国在1995年5月制定并通过了《票据法》。

（一）英美法系

英国《1882年票据法》（Bills of Exchange Act 1882）是英美法系国家的票据法的蓝本。英国于1882年颁布施行的票据法，至今仍适用。该法对汇票和本票作了规定，并把支票作为汇票的一种，直到1957年英国政府才另制定了《1957年支票法》（Cheques Act 1957），作为票据法的补充。

在美国及大部分英联邦成员国，如加拿大、印度等都以此为参照制定本国的票据法。

英美法系的特点是强调票据的流通作用和信用功能，保护正当持票人的利益。其具体表现在把票据关系与票据基础关系严格区别开来，即不问对价关系或资金关系如何，凡善意的票据受让人均视同付过对价，是正当持票人，均受到法律保护。

（二）大陆法系

欧洲大陆法系是以《日内瓦统一法》为标志的。它是1930年，法国、德国、瑞士、意大利、日本、拉美国家等二十多个国家在日内瓦召开国际票据法统一会议，经过协商讨论最后签订了《日内瓦统一汇票本票法公约》；次年，又签订了《日内瓦统一支票法公约》，合称《日内瓦统一法》。日内瓦公约的签订，逐步消除了大陆法系各国在票据法上的分歧。但由于英美等国拒绝参加日内瓦公约，便形成了日内瓦公约与英美法系并存的两大法系。

大陆法系把汇票与本票视为同一类型票据，而对支票视为另一类，另立支票法；大陆法系规定汇票必须有10个要项，否则为无效票据，而英国票据法对于项目不完整的票据可以按规定补齐并具有法律效力；大陆法系强调在票据受让时付对价的持票人具有优于前手的权利，而英国票据法认为只要善意地获得票据就视同是付了对价，与转让的正当持票人具有相同的权利。除非某人以欺诈、胁迫、暴力和恐吓，或其他非法手段，或以非法对价取得汇票或汇票之承兑，或违反诚信，或在等同欺诈之情况下流通转让汇票的情况，该汇票转让人都是正当持票人。

（三）我国票据法及涉外票据适用法律

1. 我国《票据法》的制定与实施。我国《票据法》于 1996 年 1 月 1 日起正式实施，于 2004 年 8 月进行修订。我国票据法采纳中外立法普遍接受的准则，也是我国多年来票据使用的实践经验的总结。我国票据法既体现国际标准或国际惯例又符合国情，做到二者的统一，既有利于进行国际经济交往也能反映中国文化特色。

2. 我国涉外票据及其适用法律。

（1）涉外票据的定义。我国票据法对涉外票据做出了具体规定。涉外票据是指票据行为如出票、背书、承兑、保证、付款等，既有发生在我国境内的又有发生在我国境外的票据。

（2）涉外票据适用法律。①适用我国缔结或者参加的国际条约，或适用国际惯例，即与我国票据法有不同规定的或未规定的，适用国际条约的规定或国际惯例，但是我国声明保留的条款除外。②票据债务人的民事行为能力，适用债务人本国法律。如果票据债务人的民事行为能力，依照其本国法律为无民事行为能力或者为限制民事行为能力而依照行为地法律为完全民事行为能力的，则适用行为地法律。③汇票、本票出票时的记载事项和票据追索权的行使期限，适用出票地法律。但支票出票时的记载事项，适用出票地法律，经当事人协议，也可以适用付款地法律。④票据的背书、承兑、付款和保证行为，适用行为地法律。⑤票据的提示期限、有关拒绝证明的方式、出具拒绝证明的期限和票据丧失时失票人请求保全票据权利的程序，适用付款地法律。

四、票据行为

票据行为有广义和狭义两种。广义的票据行为是指以发生、变更或消灭票据的权利义务关系为目的法律行为，包括出票、背书、涂改、禁止背书、付款、保证、承兑、参加承兑、划线、保付等。狭义的票据行为是票据当事人以承担票据债务为目的的法律行为，包括出票、背书、承兑、参加承兑、保证、保付六种。下面主要介绍狭义票据行为。

（一）出票

出票是指出票人依照法定样式做成票据并交付于受款人的行为，包括"做成"和"交付"两种动作。所谓"做成"就是出票人按照法定样式制做票据，在票据上记载法定内容并签章。当今各种票据都由一定机关印制，因而所谓"做成"只是填写有关内容和签章而已。所谓"交付"是指根据出票人本人的意愿将其交给受款人的行为，不是出于出票人本人意愿的行为如偷窃票据不能称作"交付"，因而也不能称作出票行为。

（二）背书

背书是指持票人在转让票据权利给他人或委托他人承办事项等时在票据背面或粘单上签字的行为。

票据的重要特点之一是具有流通性，票据流通转让的主要方法是背书，当然也可以单纯交付。背书是持票人的票据行为，只有持票人才有权对票据背书。背书包括"写成"和

"交付"两个动作。转让背书具有转让票据权利的法律效力,票据一经背书转让,票据权利也随之移交给受让人。

(三) 承兑

承兑是指汇票的付款人承诺承担支付票据款项的行为。承兑为汇票所独有。汇票的发票人和付款人之间是一种委托或命令关系,发票人签发汇票,并不等于付款人就一定付款,持票人为确定汇票到期时能得到付款,在汇票有效期内向付款人进行承兑提示。如果付款人签字承兑,就构成承兑人对汇票的到期付款责任。

(四) 参加承兑

参加承兑是指票据的预备付款人,或第三人为了特定票据债务人的利益,代替承兑人进行承兑,以阻止持票人于汇票到期日前行使追索权的一种票据行为。它是汇票独有的票据行为。它一般是在汇票拒绝承兑时或承兑人死亡、逃亡或其他原因无法承兑、付款人或承兑人被宣告破产的情况下发生的票据行为。

(五) 保证

保证是指除票据债务人以外的人为担保票据债务的履行、以承担同一票据债务为目的一种附属票据行为。票据保证的目的是担保其他人票据债务的履行,适用于汇票和本票,不适用于支票。

(六) 保付

保付是指支票的付款银行向持票人承诺保证付款的一种附属票据行为。保付是支票付款银行的票据行为。支票一旦经付款银行保付,即在支票上注明"照付"或"保付"字样,并经签名后,付款银行就不论出票人在付款行是否有存款,也不论持票人在法定提示期间是否提示,或者即使出票人撤回付款委托,均须按规定付款。保付是支票特有票据行为,支票一经保付,支票的票据关系灭失,即原来出票人与持票人的债权债务关系不复存在,变为持票人与付款银行的债权债务关系。

综上所述,票据行为发生时,表现为票据当事人将行为的意思按照法定的方式记载在票据上,并由行为人签章后将票据交付。一般包括三方面内容,即记载、签章和交付。记载是指票据当事人在票据上写明所要记载的内容,如签发票据时应写明票据的种类、金额、无条件支付命令或无条件支付承诺、签发票据日期以及其他需要明确的内容;承兑汇票时写上"承兑"字样,保证时应写上"保证"或"担保"字样等。签章是指签名、盖章或签名加盖章,它表明行为人对其行为承担责任。自然人签章是指在票据上亲自书写其姓名或加盖其私章。法人和其他使用票据单位的签章为该法人代表或其授权的代理人以职务的名义签章,也可以是该单位的盖章加其法人代表或其授权的代理人的签章。按照《票据法》规定,在票据上的签名应当为该当事人的本名,而不能用笔名、艺名等来代替。交付是指票据行为人应将票据交付给持票人。票据行为人在票据上进行记载,并进行签章后,票据还未发生法律效力,当票据被交付给了受款人,票据才产生法律效力。

【单元实训】

比较英国票据法、《日内瓦汇票本票统一法》和我国票据法三者的异同

【实训目的】

学会搜集资料;学会分析、概括不同法律对汇票规定的异同点。

【实训要求】

1. 四人一组,搜集票据法资料;
2. 组内讨论汇票规定的异同点;
3. 推选代表展示讨论结果。

任务二 汇　票

【教师任务】

◇ 指导学生学习本任务所要关注的知识点;
◇ 指导学生搜集汇票使用案例资料。

【学生任务】

◇ 学习掌握本任务的知识点;
◇ 搜集汇票使用案例资料。

教学活动1　汇票概述

【活动设计】

分组搜集汇票使用案例资料;讨论所搜集案例;各组推选1名代表展示讨论结果。

【案例导入】

A公司于2015年3月18日开出一张金额为5万美元、见票三个月后付款的汇票,以B为收款人,甲银行为付款人。B欠C公司8万美元货款,C公司同意B将A公司签发的5万美元汇票和3万美元的货物抵付C公司欠款。后来C公司又将此汇票转让给了D公

司。在汇票有效期内 D 向甲银行提示汇票，甲银行作成承兑，付款到期日甲银行出现兑付危机无力付款，D 公司开始行使追索权。

分析思考：汇票分几种类型？汇票涉及哪些当事人？汇票应该有哪些必要项目？

【基础知识】

一、汇票的定义

根据我国《票据法》第十九条规定汇票是出票人签发的，委托付款人在见票时或者在指定日期无条件支付确定的金额给收款人或者持票人的票据。汇票分为银行汇票和商业汇票。

英国《1882 年票据法》第 3 条关于汇票的定义是：A bill of exchange is an unconditional order in writing, addressed by one person to another, signed by the person giving it, requiring the person to whom it is addressed to pay on demand or at a fixed or determinable future time a sum certain in money to the order or specified person or to bearer.（汇票是由出票人向另一人签发的，要求即期、定期或在可以确定的将来的时间，向某人或其指定人或来人无条件地支付一定金额的书面命令。）

二、汇票的必要项目

《日内瓦统一汇票本票法公约》规定，汇票必备项目有：①"汇票"（Exchange）字样；②无条件支付命令；③一定金额的货币；④付款人名称；⑤收款人名称；⑥出票人签名；⑦出票日期；⑧出票地点；⑨付款期限；⑩付款地点。英国《票据法》的必要项目只需具备前述②至⑤项，并且如果项目不全，也不影响法律效力，按规定可以补齐项目。我国《票据法》的必要项目需具备前述①至⑦项，如果缺少必要项目，该汇票将失去法律效力。汇票示例如图 2-1 所示。

```
                    Bill of Exchange①
  No:                           Sept. 19.2014⑦
  Exchange for USD 1 805.15③   116 Sun Street Los Angeles Calf U.S.A⑧

  At 60 days  ⑨after sight of this First of Exchange(second of the same tenor and date unpaid)
  pay to②   the order of   The Standard Chartered Bank⑤
  the sum of USD ONE THOUSAND EIGHT HUNDRED and FIVE CENTS FIFTEEN
  ONLY③
  Drawn under L/C No.20140103 Issued by STANDARD CHARTERED BANK Ltd. London dated
  Aug.10.2014
  To    Standard Chartered Bank Ltd.  ④  London.⑩

  _____ For Los Angeles Textiles Manufacturing company, ⑥Los Angeles Calf U.S.A⑧
                          John Brown Manager⑥
```

图 2-1　汇票示例

1. 必须写明"汇票"字样。注明"汇票"字样旨在表明票据的种类和性质，以区别于本票、支票和其他票据。英文中，汇票可用 Bill of Exchange、Exchange 和 Draft 来表示。《英国票据法》中无此要求，但在其结算实务中签发的汇票大都有"汇票"字样。

2. 无条件支付命令。汇票是出票人指定付款人支付给收款人的无条件支付命令书，所以支付不能附带任何条件，即付款不能以某一事件的发生或某些情况的出现或某一行为的履行作为先决条件。否则，汇票是无效汇票。例如，在汇票中如果出现：① "如果甲公司交付的货物符合合同规定，即支付其金额 50 000 美元。" ② "Pay to S Co. FOUR THOUSAND USD providing the goods in compliance with S/C No. 546." ③ "如蒙付款我们将不胜感激。"中的情况之一，都将导致汇票无效。

3. 一定金额。汇票上必须以一定的货币表明一个确定的金额，如 USD 10 000。不能写模棱两可的数字，如"about one thousand"，"six or seven thousand"等。此外，还应注意，如有利息时，应当注明利息数额，否则汇票利息条款无效。但假如注明利息率及利息起算日期，虽未注明具体利息金额，仍为有效。汇票金额必须要用文字书写，一般在"Exchange For"后填写数字金额（Amount in Figures），在"the Sum of"后填写文字金额（Amount in Word），数字金额与文字金额应一致。

4. 付款人名称。出票人可以指定银行或其他受托人为付款人。付款人姓名或商号名必须写全称而不能用简称，而且还要必须写上详细地址，不能省略。付款人是汇票付款委托的接受者，并不一定付款，因为可以拒付。付款人一般与出票人不为同一人，如果为同一人，有些国家法律规定可将其视作本票，有些国家法律则认为它仍是一种汇票。

5. 收款人名称。收款人名称，通常称为"抬头"，是汇票的主债权人。英美法系准许汇票收款人名称不记载，我国票据法规定不记载收款人名称的汇票是无效的。

汇票抬头有三种写法：

（1）指示性抬头。如："Pay to ABC Co.（支付给 ABC 公司）"；"Pay to the order of ABC Co.（支付给 ABC 公司指定的人）"；"Pay to A Bank or order（付给 A 银行或其指定的人）"。指示性抬头的汇票可用背书和交付的方法流通转让。

（2）限制性抬头。如："Pay to John Williams only（仅仅给约翰·威廉姆斯）"；"Pay to ABC Co. only（仅支付给 ABC 公司）"；"Pay to the order of ABC Co. only.（仅支付给 ABC 公司指定的人）"；"Pay to A Bank or order only（仅支付给 A 银行或其指定的人）"。限制性抬头汇票不得转让他人。

（3）来人抬头。来人抬头也称空白抬头，如："Pay to bearer"。来人抬头汇票仅凭交付即可转让，无须背书。

6. 出票人签名。出票人是签发汇票、创设票据债权的人，票据必须经过出票人签名才能成立。出票人一旦在汇票上签名，就确定了其主债务人的地位，要承担票据付款责任。出票人如果是受委托而签名的，应在签名前做出说明，即加上 For, on behalf, For and on behalf of 等字样，并在个人签字后注明职务的名称。例如：

For M Co. Ltd. NewYork

John Brown

Director

这种出票人签名,说明约翰布朗是代表公司出票而不是个人出票。

7. 出票日期和出票地点。汇票上应载明出票日期及地点。如果汇票上没有载明出票地点,则以出票人名称所附的地点为出票地点。如果未载明出票日期,持票人可以补加一个合理的出票日期。

出票地点的法律意义在于汇票出票适用法律的选择。汇票适用法律一般采用行为地法的原则,特别是有关汇票的形式及有效性问题,一般是以出票地国家的法律来确定。

出票日期的法律意义非常重大,它不仅决定着汇票提示期限、决定付款到期日(出票定期汇票)而且还决定着汇票的有效性。如果在出票日,出票人具有行为能力则该汇票有效;否则无效。如出票人在出票日已破产,该汇票则是无效汇票。

8. 付款期限。付款期限又称付款到期日(Tenor)。汇票上应当记载付款时间,但如果未记载,则被视同为见票即付。在很多国家的票据法中都是这样规定的。

(1) 付款期限常见的表达方式。①见票即付(Bill Payable at Sight)的汇票被称为即期汇票,这种汇票无须单独提示承兑,持票人提示汇票当天为付款到期日。未记载付款期限的汇票即为即期汇票。②固定日期付款汇票(Fixed Date)是在出票时,记载在某个具体日期付款。这种汇票一般需单独提示承兑。③出票日后定期付款(at Days After Date)是指从出票日起算,以出票日后的一定时期为付款到期日,一般需单独提示承兑。④提单日后定期付款(at Days After B/L)是指从提单日起算,以提单日后的一定时期为付款到期日,这类汇票一般需单独提示承兑。⑤见票后定期付款(at Days After Sight)即从承兑日起算,于承兑后的一定日期为付款到期日。这种汇票必须单独提示承兑。

(2) 付款到期日计算方法。①见票/出票日后若干天(at ...Days After Sight/Date):不包括所述日期,即从该日的第二日起,按日历天数算,付款到期日如果是非营业日,则顺延到下一个营业日;②见票/出票日/说明日以后若干月付款(at ...Month(s) After Sight/Date/Stated Date):付款到期日为应该付款之月的对应日期。有几种特例需要特别注意:如果没有对应日期,则以该月最后一日为到期日。例如:如果出票日为3月31日,出票后1个月付款,则付款到期日为4月30日,但如果4月30日为非营业日,则付款到期日为该月最后一个营业日。再如,如果出票日为2月29日,出票后3个月付款,付款到期日应为5月29日,但如果5月29日为非营业日,则付款到期日为下一个营业日。

9. 付款地点。付款地点是指持票人提示票据的地点。如果汇票上未注明付款地点,附在付款人名称后面的地址就作为付款地,也为提示地点。

三、汇票的其他记载项目

根据《日内瓦统一汇票本票法公约》,汇票除以上必备项目外,还有任意记载事项,这些项目当事人如果没有记载,并不会因此影响汇票的法律效力。其主要有:

1. 付一不付二或付二不付一。商业汇票通常是一套两张,只需对其中之一付款即可。第一张汇票写明"First of Exchange"或"Original",第二张汇票写明"Second of Exchange"。在成套汇票的第一张和第二张汇票上分别写明"付一不付二"或"付二不付一",即"Second (First) Unpaid"或"Second (First) of the same tenor and date Unpaid"。

2. 预备付款人。汇票可以指定在付款地的第三人为预备付款人。在付款人拒绝承兑或拒绝付款时，持票人可以向预备付款人请求参加承兑或参加付款。

3. 免除做成拒绝证书和免做拒付通知。如果票据上记载有"Protest Waived"，持票人在票据拒付时无须做拒绝证书，追索时也不需出示拒绝证书。如果票据上记载有"Notice of Dishonor Excused"，持票人在遭到拒付时无须做拒付通知。

4. 免于追索。在汇票上记载"Without Recourse Me"（免于追索），根据英国《票据法》，出票人和背书人均可使用此文句，来免除在票据被拒绝承兑或拒付时受追索的责任，但《日内瓦统一票据法》认为，出票人只能免除担保承兑的责任而不能免除担保付款的责任，因此免除出票人担保付款责任的记载无效。

四、汇票的当事人

（一）出票人（Drawer）

出票人是开立汇票发出付款命令的人，即签发和交付汇票的人。在进出口贸易中，汇票的出票人一般是卖方。在汇票承兑前，出票人是主债务人，汇票承兑后出票人是从属债务人。

（二）付款人（Drawee）

付款人又称为受票人，也是接受支付命令的人。承兑前，因付款人未在汇票上签名，因此他不是汇票债务人，不承担汇票的付款责任；当付款人对汇票做成承兑后，付款人成为承兑人，是汇票的主债务人。此时付款人应承担的责任是：按照其承兑文义保证付款。

（三）收款人（Payee）

收款人是有权取得汇票款项的人，是第一持票人、第一背书人。收款人占有票据依法享有票据权利，既可以凭票取款，也可以转让他人。

上述三个关系人称为汇票的基本当事人。

（四）背书人（Endorser）

背书人是指收款人或持票人不凭票取款，而以背书的方法，转让（卖给他人）或转出（委托收款）汇票的人。

如果汇票背书，则汇票记载的收款人是第一背书人。随着汇票的转让，还会有第二、第三……背书人，他们都是汇票的债务人。前一个背书人是后一个背书人的前手。背书人对汇票付款承担责任，即向被背书人保证汇票经提示、按文义承兑和付款；同时保证如果汇票遭到退票，则向持票人清偿汇票金额和有关费用。

（五）被背书人（Endorsee）

被背书人即接受背书的人，是汇票的债权人。

（六）承兑人（Acceptor）

付款人或接受付款人委托的人同意按出票人的命令在汇票上做出承兑，即被称为承兑人。承兑人是汇票的主债务人。

（七）参加承兑人（Acceptor for Honour）

参加承兑人是非汇票债务人在得到持票人同意后，对被拒绝承兑或无法获得承兑的汇票进行承兑的人。参加承兑人签名于汇票，成为汇票的债务人。当汇票付款日到、付款人拒不付款时，参加承兑人要承担付款责任。

（八）参加付款人（Drawee for Honour）

参加付款人是汇票付款人和担当付款人以外的第三人出具书面声明表示愿意参加付款的人。被参加付款人可以是参加付款人指定的任意票据的债务人。参加承兑人是理所当然的参加付款人，但参加付款人不一定是参加承兑人。

（九）持票人（Holder）

持票人即占有票据的人，一般是票据的权利人。收款人、被背书人都可以成为持票人。

正当持票人（Holder in due Course）也称善意持票人，作为正当持票人应符合以下几个条件：①汇票要式合格、取得汇票时在有效期内、背书是连续的；②不知道汇票曾被退票；③不知道转让人的权利有任何缺陷。按照《日内瓦统一汇票本票法公约》，只要符合上述三个条件，自己支付对价后善意地取得汇票，成为正当持票人，其享有票据权利并且其权利优于前手。按照英国《票据法》，只要符合上述三个条件，受让付过对价的票据成为正当持票人，享有票据权利。

（十）保证人（Guarantor）

保证人是对于出票人、背书人、承兑人等任何对票据负有付款责任的人做成保证行为的人。保证人与被保证人承担相同的责任。

五、汇票的种类

（一）按照汇票出票人和付款人的不同分为银行汇票、商业汇票

银行汇票（Bank Draft）是一家银行为出票人而以另一家银行为付款人的汇票；商业汇票（Trade Bill）是出票人是公司、商号或个人，付款人是商号、公司、个人或银行的汇票。

（二）按照汇票付款时间的不同分为即期汇票、远期汇票

即期汇票（On Demand）是在提示或见票时立即付款的汇票；远期汇票（Time Bill）是指在一定期限或未来特定日期付款的汇票。

（三）按照汇票是否附有货运单据的不同分为跟单汇票和光票

跟单汇票（Documentary Bill）是指汇票后附商业单据（特别是附有代表物权的货运单据）的汇票。跟单汇票一般为商业汇票。光票（Clean Bill）是指不附带商业单据的汇票。银行汇票一般为光票。

（四）按照汇票承兑人的不同分为商号承兑汇票、银行承兑汇票

商业汇票按照承兑人不同，分为商号承兑汇票和银行承兑汇票。商号承兑汇票是由企业或个人承兑的汇票，是建立在商业信用基础上的；银行承兑汇票是由银行或其他金融机构承兑的汇票，是建立在银行信用基础上的。

【单元实训】

认识汇票

【实训目的】

会搜集资料；会分析汇票中的必要项目、汇票的当事人、汇票的类型。

【实训要求】

1. 四人一组，搜集汇票的相关资料；
2. 分析汇票的必要项目、当事人、汇票类型；
3. 推举代表展示讨论结果。

教学活动 2　　汇票的行为

【活动设计】

根据给定的资料完成出票、承兑、背书等票据行为。

【案例导入】

A 公司向 B 公司采购一批货物，由于一时资金周转困难，经协商 A 公司向 B 公司签发一见票后 12 个月付款的银行承兑汇票。B 公司持有票据 3 个月后，用这张银行承兑汇票偿还对 C 公司的欠款。之后，C 公司又将此汇票背书转让给了 S 公司作为买入其一笔紧俏货物的付款。S 公司在汇票付款到期日向承兑行提示付款，却发现承兑行在金融危机中已破产。

分析思考：S 公司可以向谁行使追索权？为什么？

【基础知识】

汇票的票据行为是根据票据法作出的，票据行为过程是汇票业务处理过程，票据行为内容即业务处理内容。狭义的票据行为是以承担票据上的债务为目的所做的必要形式的法律行为，包括出票、背书、承兑、参加承兑和保证等。广义的票据行为是依据票据法作出的但不在汇票上记载的行为，如提示、付款、参加付款、拒付、追索。

一、出票（Draw）

（一）出票的定义

出票是指出票人签发票据并将汇票交给收款人的票据行为。出票包括两个动作，即写成和交付。汇票的出票行为是各项票据行为的开端，是基本的汇票行为，也称主汇票行为；相对的，汇票的其他行为称为附属汇票行为。

(二) 出票的法律效力

对出票人而言，其出票签字意味着：①担保该汇票将得到承兑，②担保该汇票将得到付款。因此，在汇票得到付款人的承兑前，出票人就是该汇票的主债务人。

对持票人而言，其取得了票据上的一切权利，包括付款请求权和退票时的追索权。

对付款人而言，汇票是一项付款命令，但付款人并不因为汇票的签发而必然成为票据的债务人。因为汇票仅是出票人的行为，在付款人承兑前他并无付款责任。在出票环节，付款人处于可为出票人付款的地位。取得这一地位后，只有经过承兑，才构成付款人的付款责任，即成为票据关系中的主债务人。

我国票据法规定，汇票的出票人必须与付款人具有真实的委托付款关系，并具有支付汇票金额的可靠资金来源，不得签发无对价的汇票骗取他人资金。

二、背书（Endorse）

背书是指持票人在汇票的背面或粘单上签名和记载有关事项，并把汇票交付给受让人的行为。经过背书，汇票的权利由背书人转让给受让人。

(一) 背书的法律效力

1. 权利转移效力。背书人通过背书将票据权利转让给被背书人。背书权利的转让具有不可分性，即必须转让汇票金额的全部并且受让人是唯一的。

2. 担保效力。背书人对其后手有担保票据承兑和付款的责任；当票据遭到拒付，有承担向其后手偿还票据款的义务。

3. 权利证明效力。持票人可以依据票据背书的连续性来行使票据权利，而无须证明其实质权利。

(二) 背书的种类

根据背书目的的不同，可以将背书分为以转让票据权利为目的的背书（转让背书）、限制性背书、托收背书和抵押背书四类。在国际结算中使用比较多的是前三种背书，一般所说的背书多是指转让背书。

1. 转让背书。以转让票据权利为目的的背书，又可以分为记名背书、空白背书和有条件背书。

(1) 记名背书，又称完全背书和特别背书，是指记载了背书人和被背书人双方名称的背书，是最正规的一种转让背书。记名背书的几种写法：

①Pay to the Order of A Co.
　　For B Co., London
　　John Brown Director

②Pay to A Co.
　　For B Co., London
　　John Brown Director

③Pay to the order of A Co.
　　For B Co., London
　　John Brown Director

对于已记名背书的汇票可以继续记名背书也可以变为空白背书进行转让。

（2）空白背书，又称略式背书，是指背书人不记载被背书人的名称仅自己签名的背书。

  For B Co., London

   John Brown Director

做空白背书后，可以继续进行空白背书转让，也可以交付转让，还可以变为记名背书方式转让。

（3）有条件背书，是指背书人在汇票背面加列诸如免做拒绝证书、免做拒付通知或其他条件的背书。但我国票据法规定，背书不得附有条件，所附条件不具有汇票上的效力。国外可以有条件背书，但这仅对背书人与被背书人具有法律效力。

2. 限制性背书。限制性背书即背书人在票据上写明限定转让给某人或禁止新背书字样的背书。做限制性背书后，该汇票一般就不能再进行转让了。

3. 托收背书。托收背书也称委托收款背书，它是常见的非转让背书。非转让背书是除转让票据权利以外的背书，它除托收背书之外，还有质押背书等。托收背书是持票人以委托收款为目的所做的一种背书，在实践中也被称为代理背书。这种背书的背书人就是代理权授予人，也就是被代理人，被背书人就是代理人。托收背书通常的格式是"Pay to the order of ×××Bank for Collection"加背书人签名。

（1）Pay to the order of A Co. Only

  For B Co., London

   John Brown Director

（2）Pay to A Co. Only

  For B Co., London

   John Brown Director

（3）Pay to the order or A Co. Only

  For B Co., London

   John Brown Director

三、提示（Presentation）

提示是指持票人将汇票提交付款人，要求承兑或要求付款的行为。按提示的目的不同，分为提示承兑和提示付款两种。

（一）提示承兑

1. 需要提示承兑的票据。提示承兑是对远期汇票而言的，即只有远期汇票才需要提示承兑。对远期汇票付款日的规定分为出票后定期、定日付款和见票后定期三种，对见票定期的远期汇票必须提示承兑。对于前两种远期汇票，如果没有记载"提示承兑"字样，持票人可以提示承兑也可不提示。一般情况下，提示承兑是持票人的一项权利，在没有限制的情况下，行使权利有利而无害。因为经过承兑的汇票，其信用增强，流动性更好。

对于出票后定期和定日付款汇票，如果汇票上记载"提示承兑"字样的汇票，即出票人或背书人在汇票上记载了应向付款人提示承兑，则持票人必须提示承兑。提示的目的是让付款人做好承兑和付款的准备。如果汇票记载了在指定日期前禁止提示承兑，持票人需在禁止提示承兑日后提示承兑。记载禁止指定日期前提示承兑的目的是防止提示时付款人拒绝承兑。例如，在出票人委托付款人付款时，需要把资金划入付款人账户，当资金未划入之前，付款人会拒绝承兑，所以出票人在汇票上做出提示承兑的时间规定。

2. 提示承兑的期限。远期汇票的有效期是指提示承兑的有效期，提示承兑必须在规定的期限内进行。《英国票据法》规定提示承兑必须在合理的期限内进行才有效，只要不是故意拖延即为合理。《日内瓦统一法》规定在出票日后一年内允许出票人将该法定的提示期限予以延长或缩短，背书人也可将该法定时间延长或缩短。

如果持票人违反法定的提示承兑期限，则丧失对其所有前手的追索权。一般来说，对于应提示承兑或可提示承兑的汇票，原则上持票人在付款到期日前提示承兑，但若出票人或背书人在汇票上记载提示承兑终止期限的，持票人必须服从，如果持票人违反这一约定，就丧失了对做出该提示承兑终止期限人的追索权。

3. 提示承兑的地点。提示承兑需要在合理的地点进行，合理的地点通常是指汇票载明的付款地点。如果汇票没有载明付款地点，则为付款人的营业场所或居所。

（二）提示付款

1. 提示付款的时限因汇票种类不同而不同。对于见票即付的汇票，在汇票上没有约定付款期限的，为避免持票人长期不提示付款，日内瓦统一法规定自出票之日起一年内，出票人、背书人均可缩短或延长期限；英美票据法规定为"合理时间"；我国票据法规定为一个月。即期汇票的有效期为提示付款的有效期。

对于远期汇票，日内瓦统一法规定为到期日或其后的两个营业日中的一天；英国票据法规定必须在到期日提示；我国票据法规定为自到期日起10日内提示，持票人未按照前款规定期限提示付款的，在做出说明后，承兑人或者付款人仍应当继续对持票人承担付款责任。

2. 提示付款的地点。提示付款的地点为汇票上记载的付款地；未记载的应在承兑人或付款人的营业所或居所。即期汇票只需提示一次，即提示付款；远期付款一般有两次提示，即提示承兑和提示付款。

四、承兑（Acceptance）

承兑是指远期汇票的付款人明确表示同意按出票人的指示，于汇票到期日付款给持票人的行为。承兑包括两个动作：写成"承兑"字样加签字，并交付。

（一）承兑的法律效力

对于付款人来说，承兑就是承诺了付款责任，付款人成为主债务人，出票人开始处于从属债务人地位。对于持票人来说因为付款人做了承诺，他的债权得到了承兑人确定的付款保证。

（二）承兑的时限

英国票据法规定，持票人向付款人作承兑提示，付款人必须在"习惯时间内"即24小时内做成承兑；日内瓦统一法规定，持票人第一次提示汇票时，付款人可以不承兑而要求他第二天再提示，持票人第二天提示时，付款人就必须做出是否承兑的决定；我国票据法规定为3日内做成承兑。汇票没在规定的时间内做成承兑，就视为拒付。

（三）承兑的种类

1. 普通承兑。普通承兑是指做普通承兑时，汇票付款人或付款人委托的人对汇票的内容一概接受，而不作任何保留。

普通承兑的写法有：

（1）仅有承兑人签字；

（2）"承兑"字样加承兑人签字；

（3）"承兑"字样、承兑人签字和承兑日期。

2. 保留性承兑。保留性承兑也称限制性承兑，是在普通承兑内容外附加了对票据文义的修改。承兑应当是无条件的，因此，持票人可以视保留性承兑为拒绝承兑。但持票人放弃接受限制承兑，则必须征得出票人和其前手同意，否则，出票人和其前手即可以解除对汇票所承担的义务。

保留性承兑的写法有：

（1）有条件承兑，如："Accepted payable providing goods in order"加承兑人签名；

（2）修改付款期限的承兑，如汇票规定付款日是见票后 60 天，承兑时改为见票后 80 天；

（3）部分承兑，如汇票金额是 100 英镑，"Accepted for £ 80.00 Only"加承兑人签名；

（4）地方性承兑，如 "Accepted payable at Lioyds Bank International, London Only."加承兑人签名。

五、付款（Payment）

付款是指持票人在付款到期日，在规定的地点向付款人做付款提示时，付款人支付票款以消灭票据关系的行为。

付款人付款时要承担的责任有：①仅对汇票权利人付款。付款人在付款时必须做到两点：一是出于善意，即不知道持票人权利的缺陷，实务中无相反证明都算善意；二是鉴定背书是否连续。符合上述两个条件的付款，也称正当付款，可以免除付款人的付款责任。②支付金钱。票据权利就是金钱权利，因此付款人必须支付金钱。③到期日付款。如果付款人在汇票未到期就付款，要承担相应后果。例如远期汇票遗失，付款人提前付款使他人冒领票据款，这种付款并不能解除付款人责任。

（一）付款的法律效力

付款人只有履行了付款责任才产生付款法律效力。付款的法律效力表现为：汇票上记载的付款人作正当付款后，不仅解除了付款人的付款义务，而且票据所有债务人的债务也因此被消灭。

汇票上记载的付款人作正当付款后，要求收款人在汇票背面签字作为收款证明并收回汇票，注上"付讫"（Paid）字样，汇票就可以注销了。

（二）付款时限

当持票人按规定向付款人做付款提示时，付款人应当立即付款。英国票据法规定在"习惯时间内"付款，即只要 24 小时内付款就可以。我国票据法规定付款人在付款提示日当天付款。

(三) 部分付款

《日内瓦汇票本票统一法》规定，付款人只支付汇票金额的一部分，持票人不得拒绝接受，否则就会丧失追索权。英国票据法规定，对于部分付款持票人可以接受也可以拒绝。

接受部分付款时，因为债务并未完全了结，持票人仍需要保留汇票。付款人应在汇票上记明已付金额，并要求持票人出具收据，持票人则应将未付金额做成拒绝证书，以行使追索权。

六、拒付（Dishonour）

拒付也叫"退票"，包括提示承兑时遭到拒绝承兑，或提示付款时遭到拒绝付款。拒付发生后，持票人可以行使追索权。此外，做成承兑的人或作承兑的付款人破产、死亡，持票人根据票据法规定可免除提示票据责任而直接行使追索权。

七、追索（Recourse）

追索是指汇票遭到拒付，持票人对其前手背书人或出票人，请求其偿还汇票金额及费用的行为。

(一) 行使追索权的条件

持票人行使追索权必须满足两个条件：一是持有合格票据，即票据记载和背书的连续性两方面都合格。二是尽责，即必须按票据法的规定提示票据，并且只要汇票上没有"免作拒付通知"的记载，退票时，持票人就应找当地公证人或法院等做成拒绝证书，同时应将退票的事实和原因通知前手。拒绝证书一般是由拒付地点的法定公证人做出证明拒付事实的文件。三是守时，持票人作承兑提示或付款提示、做成拒绝证书以及将拒付事实通知其前手均必须在法定的时间内完成。英国票据法规定：外国汇票遇到付款人退票时，持票人需在退票后一个营业日内做成拒绝证书。同时还规定，如果前手在同地，持票人必须在第二天通知到，如果前手在异地，持票人必须在第二天发出通知。前手背书人在接到通知后，也必须根据上述原则通知前手。

(二) 追索的时效

根据行使追索权主体标准，可将追索分为最初追索和再追索。持票人第一次行使的追索权为最初追索；清偿了汇票债务的被追索人可以向其他汇票债务人请求支付已清偿的全部金额，称作再追索。

追索必须在规定的时间内进行。英国票据法规定自债权成立之日起 6 年，过期后，出票人、承兑人的债务都被消除；日内瓦统一法规定，持票人向前手追索时效为从拒绝证书做成之日起 1 年；免做的，则从到期日起算 1 年。背书人向前手追索的时效是从他做清偿日起 6 个月；承兑人作为票据的债务人，对票据的责任是从到期日起算 3 年。

(三) 追索的金额

持票人可以向前手要求赔偿票据金钱权利的损失和因拒付而发生的额外费用，其包括汇票金额、到期日至付款日的利息、做拒绝证书和发出拒付通知的费用。

(四) 追索的对象

1. 汇票未承兑。直接向出票人提示付款后拒付，行使追索权。持票人可以直接向汇票记载的收款人（第一背书人）或向持票人的任何一个前手追索。

2. 汇票承兑后。直接向承兑人提示付款后拒付，行使追索权。持票人的追索对象为：出票人、汇票记载的收款人（第一背书人）或持票人的任何一个前手。

（五）被追索的权利

1. 要求追索者交出汇票，并出具收据和追索款项的计算书。
2. 要求追索者交出拒绝证书。
3. 涂销自己的背书。
4. 向前手追索。

八、保证

保证是指非票据债务人对于出票、背书、承兑、付款等所发生的债务予以偿付担保的票据行为。保证人所负的票据上的责任与被保证人相同。保证使汇票的付款信誉增加，便于其流通。

保证人写成保证后交付给汇票持票人。写成保证包括五个要素：①"保证"字样；②保证人名称和住址；③被保证人的名称；④保证日期；⑤保证人签字。

九、参加承兑（Acceptance for Honour）

参加承兑是汇票遭到拒绝承兑而退票时，非汇票债务人在征得持票人的同意下，承兑已遭拒绝承兑的汇票的一种附属票据行为。参加承兑者称为参加承兑人，被担保到期付款的汇票债务人称为被参加承兑人。《日内瓦汇票本票统一法规定》凡参加承兑时没有记载被参加承兑人的，则应视出票人为被参加承兑人。根据英国票据法规定：被参加承兑人的全体后手将因此而免除票据责任。持票人同意第三者参加承兑后，即不得于汇票到期日以前向出票人和各前手行使追索权。因此，参加承兑行为使追索行为推迟，从而维护了出票人和背书人的信誉。

参加承兑应记载的事项包括四个方面：①参加承兑的意旨；②被参加承兑人姓名；③参加承兑日期；④参加承兑人签字。

【知识链接】

参加付款

参加付款（Payment for Honour）是指汇票未付款，持票人可以行使追索权时，其他人要求付款，就叫做参加付款。参加付款人可以是任何人，不强调非汇票债务人，并且参加付款也不必征得持票人的同意。

在持票人可以行使追索权时，可以参加付款。因此参加付款可以发生在汇票到期日后，也可发生在汇票到期日前。

参加付款的金额是汇票金额加上做拒绝证书的费用。

参加付款人在参加付款时应记录参加付款的事实并记载被参加付款人。如果漏记，根据《日内瓦汇票本票统一法》规定，则出票人被认为是参加付款人。参加付款人付款后，可要求持票人交出汇票以及拒绝证书，之后可以向被参加人及其前手追索。

【单元实训】

完成出票、背书、承兑

【实训目的】

学会使用汇票。

【实训资料】

Date and Place of Issue： 25th Feb. 2015，Guangzhou
Tenor： 56 days after sight this draft
Payee： China National Animal Imp. and Exp. Co. Guangzhou
Amount： USD 34 496.89
Drawee： First National Bank of Chicago
Drawer： China National Animal Imp. and Exp. Co. Guangzhou
Drawn Clase： Drawn against L/C No. 2431567 issued by First National Bank of Chicago，dated 20th. dec.，2014

付款人于2015年3月26日做成普通承兑，收款人在4月5日将此汇票做记名背书转让给 C&Y Animal Co.。

【实训要求】

两人一组，根据所给实训资料完成出票、承兑和背书。

任务三 本票和支票

【教师任务】

◇ 指导学生学习本任务所要关注的知识点。
◇ 指导学生会使用本票、支票。

【学生任务】

◇ 学习掌握本任务的知识点。
◇ 学会使用本票和支票。

教学活动 1　本　票

【活动设计】

搜集资料，分组讨论汇票与本票在使用上的异同，推荐代表发言。

【案例导入】

本票被伪造引发的票据损害赔偿纠纷案

2013年12月24日，山西某融资担保公司与香港商人陈某达成协议：该公司用400万港币为陈某兑付香港某银行开出的050760号和050767号两张本票，金额分别为260万港币和240万港币。陈某将上述两张本票背书给山西某融资担保公司后，山西某融资担保公司当日即持票到某工商银行办理转贴现。由于该行与香港某银行无业务代理关系，便建议山西某融资担保公司到某中国银行办理转贴现。

2013年12月25日，某工商银行与山西某融资担保公司一起到某中国银行办理转贴现业务。该中国银行（香港某银行在海外的联行）审查后，认为这两张本票要件相符、密押相符，便在本票上盖了"印押相符"章，山西某融资担保公司与某工商银行分别在两张本票后背书签章。该中国银行即将500万元港币划入该工商银行账内，该工商银行又将此款划入山西某融资担保公司账户。山西某融资担保公司见款已入账后将400万元人民币划入陈某指定的其在中国银行香港某分支机构的港币账户。该中国银行工作人员在划出500万元港币汇账后，便把两张本票留作存根归档，至2014年8月22日，有关人员从档案中发现这两张本票，并向香港本票的出票银行提示付款。

2014年8月30日，该中国银行接到香港出票银行的退票通知书，称此两张本票系伪造，拒绝付款。某中国银行即日向该工商银行退回本票并说明理由，要求其归还500万元港币。该工商银行接票后当日即函复该中国银行，并请求协助控制陈某在中国银行香港某分支机构的港币账户，但此时陈某已销户。该中国银行以某工商银行与山西某融资担保公司为共同被告提起诉讼。

分析思考：本案例涉及的当事人有哪些？涉及哪些票据行为？工商银行和山西某融资担保公司是否应该对中国银行的损失负责？

【基础知识】

一、本票的定义和特点

（一）本票（Promissory Note）定义

英国票据法关于本票的定义是：A promissory note is an unconditional promise in writing made by one person to another signed by the maker engaging to pay on demand or at a fixed or determinable future time a sum certain in money to or to the order of a specified person or to bearer. (本票是一人向另一人签发的，保证即期或定期或在可以确定的将来时间，对某个或其指定人或执票人支付一定金额的无条件的书面承诺。)

（二）本票的特点

本票与汇票不同，它的特点表现在如下几方面。

1. 无条件支付承诺。它是由出票人向收款人做出的付款到期日的无条件付款承诺。

2. 无需承兑。由于汇票是出票人做出的到期无条件付款承诺，出票人即付款人，因此无需承兑。

3. 本票只有两个基本当事人，即出票人和收款人。无需记载付款人，出票人即付款人。

二、本票记载的项目

（一）本票必须记载的项目

包括：①"本票"字样；②无条件支付承诺；③收款人或其指定人；④出票人签字；⑤出票日期和地点；⑥付款期限；⑦一定金额；⑧付款地点。

对于没有记载付款期限的，视同见票即付；对于未记载付款地的，视出票人的营业场所为付款地；对于未记载出票地的，视出票人的营业场所为出票地。

（二）本票任意记载的项目

本票任意记载的项目包括：①担当付款人；②利息及利率；③不能转让的记载；④关于见票和提示付款期限延长或缩短的特约记载；⑤免做拒绝证书的记载；⑥免做拒付通知的记载。

本票的样式不统一，根据业务情况，内容也不尽相同。

三、本票的行为

许多国家的票据法都是以汇票为中心，对于本票，除非由于其特性而必须特殊规定外，其余如出票、背书、保证、到期日、付款时间、付款、参加付款、不获付款时的追索等行为的规定，均分别准用关于汇票的规定。

（一）本票的出票

本票是自付证券，出票人有承担付款义务。本票与汇票在出票环节产生的法律效力是相同的，例如，一经出票，出票人即为本票的主债务人。在本票有效期内，持票人没有在规定的期限进行付款提示、见票提示或做成拒绝证书，并不免除出票人的付款责任。出票人的付款义务是最终的，一旦出票人履行付款义务后，本票上的权利义务随之消失。

如果本票出票人委托往来银行担当付款人，出票人应在本票到期提示付款前，保证有足够支付本票金额的款项存在该银行。如果担当付款人不付款时，持票人仍可向出票人请求付款，即担当付款人的存在并不会影响出票人付款义务的性质。

（二）本票的见票

见票是指本票持票人向出票人提示票据，出票人在本票上记载见票字样及日期并签名的行为。由于本票没有承兑制度，见票是专门针对见票定期付款的本票特设的行为。见票后定期付款的本票，必须由持票人向出票人作见票提示以确定付款到期日。对于出票定期本票和定日付款本票在出票时就已确定了付款到期日，不必做见票提示。

当持票人提示见票时，出票人拒绝作有关记载和签名，持票人则应在见票提示期限内，做成见票拒绝证书，之后便可直接向前手行使追索权。持票人见票提示是保全追索权的要件。

【单元实训】

本票与汇票使用上的异同

【实训目的】

会搜集资料；会使用本票。

【实训要求】

1. 四人一组，搜集汇票本票使用案例；
2. 组内讨论本票与汇票使用上的异同；
3. 推荐代表展示讨论结果。

教学活动2 支 票

【活动设计】

两人一组，根据给定资料，完成支票的出票和划线。

【案例导入】

某玩具厂供销员刘某遗失一张已盖好单位及有关人员印章的空白转账支票后立即上报厂方，厂方当即通知了开户银行，并于当晚在当地广播电台和电视台播出了遗失声明。事隔4天，某商店持银行退回的支票到该厂要求支付8500元货款。厂方以该支票已声明作废为由拒绝承担任何责任。商店遂诉至法院。

法院认为，被告玩具厂遗失空白转账支票后，虽然通知了开户银行，并在有关新闻单位播出了"遗失声明"，但这种提醒有关方面注意的"周知式"做法，并不具法律效力。为此，被告玩具厂应负主要责任，承担75%的经济损失；原告商店在接受转账支票时，未核对持票人身份，造成持票人冒用他人已挂失的支票，因此，也应负一定责任，承担25%的经济损失。

分析思考：该案例中涉及哪些支票的当事人？空白转账支票符合票据法的要求吗？遗失转账支票该如何处理？

【基础知识】

一、支票（Cheque）的定义

英国票据法关于支票的定义是：A cheque is a bill of exchange drawn on a banker, payable on demand.（支票是以银行为付款人的即期汇票。）具体则为：A cheque is an unconditional order in writing addressed by the customer to a bank by that customer authorizing the bank to pay on demand a sum certain in money to or to the order of a specified person or to bearer.（支票是银行存款户对其开立账户的银行签发的，授权该银行对某人或其指定人或持票来人即期支付一定金额的无条件书面支付命令。）

我国票据法对支票的定义是：支票是出票人签发的，委托办理支票存款业务的银行或者其他金融机构在见票时无条件支付确定的金额给收款人或者持票人的票据。

支票的出票人必须是银行的客户，即必须在银行开立支票存款账户。开立支票存款账户时，客户应当预留其本名的签名式样和印鉴。银行客户开立支票存款账户和领用支票，应当有可靠的资信，并存入一定的资金。支票的付款人一定是指定的银行。

二、支票的必要项目

支票的必要记载项目包括：①"支票"字样；②无条件支付命令；③付款银行名称和地点；④出票人名称和签字；⑤一定金额的货币；⑥出票日期；⑦写明"即期"字样。

支票还可记载收款人或其指定人、出票地和付款地等。根据我国票据法，未记载金额的支票可以授权补记，未记载收款人的支票，可以授权补记。

支票见图2-2支票样式，样式中数字①至⑥代表含义与支票必要记载项目对应一致。

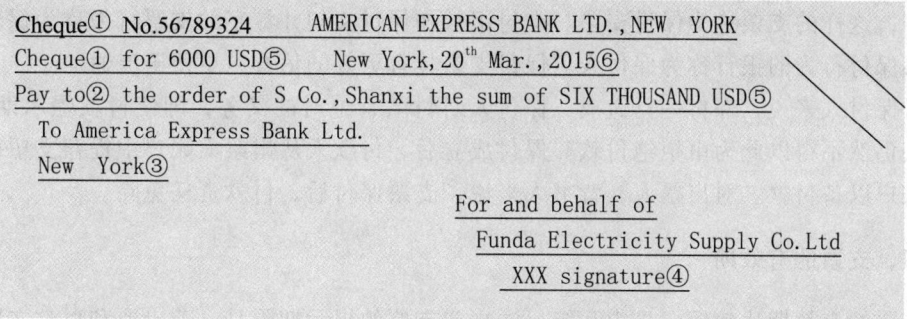

图2-2 支票样式

三、支票的种类

按照我国票据法，支票可以分为转账支票和现金支票，现金支票既能提取现金也能转账，它是单独印制的。我国票据法中所称"转账支票"等同于划线支票。

（一）划线支票

1. 划线支票即在支票正面划有两条平行线的支票。划线是一种附属的支票行为，可以由出票人、背书人或持票人划之,其目的是支票款项只能通过银行或金融机构受领,持票人不能提取现款。

2. 划线支票分为普通划线和特别划线两种。

(1) 普通划线。普通划线是在支票正面的适当位置画两条平行线,在平行线中不注明收款银行的名称,收款人可通过任何一家银行代收票款。一般有四种形式:只有两条平行线,如图 2-4 所示;在平行线中注明"Not Negotiable"(不可转让),如图 2-5 所示;在平行线中加"A/C Payee"(入收款人账)如图 2-6 所示;在平行线中加"Not Negotiable 和 A/C Payee"(不能流通和入收款人账户)如图 2-7 所示。

	Not Negotiable	A/C Payee	Not Negotiable A/C Payee
图 2-3 划线形式 1	图 2-4 划线形式 2	图 2-5 划线形式 3	图 2-6 划线形式 4

(2) 特别划线。特别划线是指在两条平行线中注明收款银行的名称,付款银行只能将支票款支付给该指定的收款银行,也可以在注明收款银行名称的同时加注"不得流通"的字样。根据英国票据法,支票正面横向写上银行名称就作为特别划线,并不一定必须有两条平行线。

3. 划线的变更与撤销。根据英国票据法的规定,划线是支票的重要组成部分,支票一经划线,任何人均无权撤销划线。但任何一种普通划线都可以加上收款银行名称而变为特别划线,而特别划线却不能撤销行名而变为普通划线。

(二) 保付支票

根据美国统一商典法和我国台湾地区票据法的规定,支票可以由支付银行加保付字样并签字,这样的支票称为保付支票。支付银行加保付文句并签字的支票行为称为保付。实施支票保付行为的银行称为保付人。保付支票具有更好的信誉,更便于流通。

对保付人来说,保付一旦做成,保付人对付款有绝对的义务,即使付款提示期已过,保付人仍然不得以此为由拒绝付款。保付成立后,付款人从出票人账户中提存支票款存入专门账户以备付款。对出票人、背书人来说,支票保付后,付款责任免除。

四、支票的有效期

支票的有效期比较短。日内瓦统一法规定支票的提示期限是:若出票和付款在同一国家,自出票之日起算 8 天;不在同一国家但在同一洲的是 20 天;不同国家也不同洲的是 70 天。追索的期限是从上述提示期限到期日起算 6 个月。英国票据法对支票的有效期与汇票相同,应在合理的时间内做付款提示。

五、支票的票据行为——支票拒付和止付

支票的出票、背书、付款、行使追索权等行为适用关于汇票的相关规定。在此重点介绍一下支票的拒付和止付问题。

（一）支票拒付

支票拒付是指付款行对于不符合付款条件的支票拒付的行为，拒付也称为退票。拒付的理由通常是：

1. 出票人的签名不符（Signature Differs）；
2. 大小写金额不符（Words and Figures Differ）；
3. 支票未到期（Post-dated）；
4. 存款不足（Insufficient Fund）；
5. 奉命止付（Orders not to Pay）；
6. 支票开出不符规定（Irregularly Drawn）；
7. 金额需大写（Amount Required in Words）；
8. 大写金额需出票人确认（Amount in Words Requires Drawer's Confirmation）；
9. 支票逾期提示或过期提示（Out of Date or Stale Cheque）；
10. 需收款人背书（Payee's Endorsement Required）；
11. 请与出票人联系（Refer to Drawer）；
12. 要项涂改未经出票人确认（Material Alterations to be Confirmed by Drawer）。

（二）支票止付

支票止付是指出票人向付款行发出书面通知，要求银行停止对支票付款的行为。当持票人因遗失支票而挂失，付款行应帮助持票人立即与出票人联系，然后由出票人办理止付手续，即向付款行发出书面止付通知，此后该支票被提示时，付款行应在支票上注明"Orders not to Pay"（奉命止付）字样并退票。

为了防止出票人开立空头支票以后又对支票止付以逃避债务，日内瓦统一票据法禁止在有效期内止付支票，即使出票人死亡或破产也不例外。英国票据法则允许止付支票，只有在收到由出票人签字的书面通知后才能止付，即使客户用其他更快捷的方式通知后，也必须随后送交书面证明。英国票据法规定，在有确凿证据证实出票人已经死亡或破产时，付款人有权止付支票。

【单元实训】

支票出票与划线

【实训目的】

学生学会如何使用支票。

【实训资料】

Drawer：Shanghai Textile Export and Import Co. Ltd，Xinhua building，No. 12，Nanjing road（east），Shanghai，China

Payee：A Division of Simon & Schuster Inc.，1124 Avenue of the Americas，New York，N. Y. 10020

Drawee: Bank of China, Shanghai
Sum: $ 120,000.00
Date: Aug. 31, 2014

【实训要求】

两人一组根据给定资料完成支票的出票与划线。

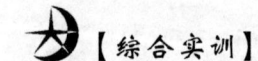
【综合实训】

国际结算中的票据综合实训

【实训目标】

学习与巩固国际结算中的票据业务知识和技能。

【实训任务】

本教学项目的实训活动要完成两项任务：一是对基础知识部分进行闭卷测试；二是完成国际结算中的票据业务实务操作。

一、基础知识测试

（一）单选题

1. 根据《英国票据法》狭义票据的流通是指（　　）。
  A. Assignment　　　　　　　　　　B. Negotiation
  C. Transfer　　　　　　　　　　　D. Negotiation and Assignment

2. 票据的必要项目必须齐全，且符合法定要求；票据行为也应符合法定形式的要求称为票据的（　　）。
  A. 要式性　　　　　　　　　　　　B. 流通性
  C. 提示性　　　　　　　　　　　　D. 无因性

3. 持票人为（　　）的，作为主债务人，不能行使追索权。
  A. 出票人　　　　　　　　　　　　B. 保证人
  C. 被背书人　　　　　　　　　　　D. 收款人

4. 下列关于票据金额大小写的规定，不符合任何票据法（　　）。
  A. 金额必须大小写，大小写必须一致
  B. 金额不一定要大小写
  C. 大小写金额若不一致，以大写为准
  D. 金额必须大小写，大小写若不一致，以大写为准

5. 票据行为中的主票据行为是（　　）。

A. 保证 B. 出票
C. 背书 D. 参加承兑

6. 背书人在汇票背面只有签名,不写被背书人,这是( )。
   A. 记名背书 B. 特别背书
   C. 限定性背书 D. 空白背书

7. 参加付款人对( )有追索的权利。
   A. 承兑人和所有背书人 B. 被参加付款人和所有背书人
   C. 承兑人、被参加付款人和所有背书人 D. 承兑人、被参加付款人

8. 如果未写被参加付款人名称时,承兑后以( )为被参加付款人。
   A. 承兑人 B. 所有背书人
   C. 任一前手 D. 出票人

9. 某汇票的付款到期日为出票日后30天付款,则应( )。
   A. 从出票日当天开始算,出票日作为计算的第一天
   B. 从出票日第二天算起,出票日不计在内
   C. 从出票日第二天算起,出票日计算在内作为30天的第一天
   D. 可以由汇票的基本当事人约定选择按照上述何种方法计算

10. 如果汇票的承兑日为2015年4月20日,汇票上注明"At 90 days from sight",则付款到期日为( )。
    A. 7月19日 B. 7月20日
    C. 7月18日 D. 7月21日

11. 对收款人承担保证汇票被承兑和付款责任的汇票当事人是( )。
    A. 出票人 B. 受票人
    C. 背书人 D. 受让人

12. 本票和支票的付款人分别为( )。
    A. 出票人、银行 B. 出票人或承兑人、银行
    C. 出票人、企业 D. 承兑人、保兑人

13. 当一张经过流通的汇票遭到退票时( )拥有追索权。
    A. 持票人和所有后手对前手 B. 受票人对出票人
    C. 出票人对后手 D. 持票人对前手

14. 汇票上被保证人的名称未记载时,已承兑的汇票,视为( )保证。
    A. 承兑人 B. 出票人
    C. 任一背书人 D. 收款人

15. 汇票上未记载被参加承兑人时,( )视为被参加承兑人。
    A. 承兑人 B. 出票人
    C. 任一背书人 D. 收款人

(二)多选题

1. 国际结算使用票据所具有的特性有( )。
   A. 流通性 B. 无因性

C. 要式性　　　　　　　　　　D. 提示性
2. 在国际上常见的背书有下列几种（　　　）。
A. 记名背书　　　　　　　　　B. 空白背书
C. 限制性背书　　　　　　　　D. 附加条件背书
3. 能够使票据债权发生转移的背书有（　　　）。
A. 记名背书　　　　　　　　　B. 不得转让背书
C. 委托收款背书　　　　　　　D. 附加条件背书
4. 持票人取得票据权利的必要条件包括（　　　）。
A. 票据背书连续　　　　　　　B. 取得票据时票据未过期
C. 前手的签字都是真实的　　　D. 占有票据
5. 承兑人对出票人的指示表示完全同意并确认，这不是（　　　）。
A. 附加条件承兑　　　　　　　B. 部分承兑
C. 普通承兑　　　　　　　　　D. 地方承兑
6. 汇票按出票人的不同可分为（　　　）。
A. 国际汇票　　　　　　　　　B. 银行汇票
C. 商业汇票　　　　　　　　　D. 即期汇票

（三）判断题

1. 如果汇票收款人表述为"仅付 A 为限"或"请付 A，不得转让"，则汇票为指示性抬头。（　　　）
2. 张先生是汇票付款人，他承兑了汇票，成为票据的主债务人，王先生是出票人，他非汇票的主债务人。（　　　）
3. 汇票经承兑后，承兑人就是汇票的主债务人，他不得以出票人的签字是伪造的、出票人出票不当或被背书人无行为能力等理由否定汇票的效力。（　　　）
4. "Pay to ABC CO. or order the sum of ONE THOUSAND US dollars provided that the goods they supply are up to the standard." 该汇票是有效汇票。（　　　）
5. 一张经过多次背书转让的汇票，将由于债务人的增多，而增加其可靠性。（　　　）
6. 空白抬头的票据凭交付转让即可。（　　　）
7. 一张汇票出票后付款人是主债务人。（　　　）
8. 一张汇票上写 "Please pay to the sum of USD SENVEN HUANDRD ONLY"，这种表达与汇票必须表达无条件支付的定义相一致。（　　　）
9. 没有签章的出票行为是无效的。（　　　）
10. 承兑是汇票、本票、支票共同的票据行为。（　　　）
11. 非票据债务人加入到已遭拒绝承兑的汇票中，就成了参加承兑人，参加承兑人与承兑人对汇票所负的责任相同，也是汇票的第一债务人。（　　　）
12. 保证人作为持票人时对被保证人及汇票的所有背书人都有追索权。（　　　）
13. 参加付款与参加承兑的目的有相同之处，任何人都可以参加付款，无须经过持票人同意。（　　　）
14. 划线支票是指支票款仅付收款人账户。（　　　）

15. 特别划线支票是指支票款仅通过划线内指定银行付收款人账户。　　　　　　（　　）

（四）简答题

1. 出票对出票人、收款人、付款人有怎样的效力？
2. 什么叫正当付款？
3. 行使追索权必须具备哪些条件？
4. 参加承兑和参加付款有什么区别？
5. 汇票收款人有哪几种写法？对汇票的转让产生何种影响？
6. 什么叫支票止付？如何办理止付的手续。

二、实务题

（一）案例分析

A 商签发一张面额为 5 万美元、远期 90 天的汇票，以 B 为收款人，S 为付款人，甲银行为承兑人。B 因采购商品欠 C 商 8 万美元，双方协商后 B 将 A 商签发的 5 万美元汇票和 3 万美元的货物抵付对 C 的欠款。后来 C 又将此汇票背书转让给了 D。D 在付款有效期内向甲银行提示汇票，甲银行以 S 因生意不景气避债失联而拒绝付款。请分析：

1. D 应该怎么办？
2. 甲银行做法妥当吗？说明理由。

（二）汇票业务实训

```
Exchange for GBP 5,000.00                          London,    1 April, 2015
At 60 days after sight pay to the order of i. e. Bank of Australia the sum of Pounds five thousand only.
To The Importing Co.,
                                        For The Exporting Co., Melbourne London
                                                   (signature)
```

图 2-7　汇票实例

1. 根据上述汇票写出其必要项目。
2. 如果收款人是澳大利亚银行（Bank of Australia），要将该票据转让给奥克兰的新西兰银行（Bank of New Zealand, Auckland），请做一个限制性背书。
3. 如果收款人是澳大利亚银行（Bank of Australia）请做一个空白背书。
4. 如果付款人在 4 月 26 日作出承兑，请帮其完成承兑。

项目三 Project 3
汇款方式

【知识目标】
- ◇ 了解汇款的定义。
- ◇ 掌握汇款当事人及其责任与权利。
- ◇ 掌握电汇汇款业务的定义及其业务流程。
- ◇ 熟悉汇款申请书的填写和审核要点。
- ◇ 掌握信汇汇款业务的定义及其业务流程。
- ◇ 掌握票汇汇款业务的定义及其业务流程。
- ◇ 掌握票汇项下银行汇票的制作和审核方法。
- ◇ 掌握汇款业务中不同账户设立情况下头寸偿付的方法。

【能力目标】
- ◇ 能正确受理电汇汇款业务。
- ◇ 能正确填写和审核汇款申请书。
- ◇ 能正确制作 MT103 电文。
- ◇ 能正确拨付汇款头寸。
- ◇ 能正确处理电汇汇款解付业务。

任务一
国际汇兑概述

【教师任务】
◇ 指导学生上网查找有关汇兑结算方式的国际惯例。
◇ 提示学生完成作业所需要关注的主要知识点，汇兑的含义、类型和流程。
◇ 对学生作业的完成情况进行点评。

【学生任务】
◇ 课后阅读有关汇兑结算方式的国际惯例，讨论汇兑的未来。
◇ 掌握汇兑的含义、类型、当事人、流程和在国际交往中而应用。

【案例导入】

2014年3月4日，大唐贸易有限公司外贸业务员李大伟携进出口合同来中国农业银行某分行国际业务部（汇出行，Remitting Bank），申请办理电汇汇款，然后在银行职员的指导下填写汇款申请书，并向其国外汇入行办理汇款手续。汇款金额为20万美元。

分析思考：什么是国际汇款业务？国际汇款业务流程是怎样的？应如何填写汇款申请书？

教学活动1 国际汇兑的概念和种类

【活动设计】

通过案例导入，引导学生进入国际汇兑的学习；进一步讲解国际汇兑的概念，了解顺汇和逆汇。

【基础知识】

一、国际汇兑的概念

国际汇兑是指银行借助一定的结算工具在不同国家的两地之间进行资金的调拨，以结清两国客户间的债权债务关系。国际汇兑分动态的和静态的两种。动态国际汇兑是指一国汇款人通过银行将资金汇付给另一国收款人，以实现国际间债权债务清偿和国际资金的转移。静态国际汇兑主要是指外汇，即一国以外币表示的用以国际结算的支付手段。

目前,国际通行的国际结算方式有①汇款方式(Remittance);②托收方式(Collection);③信用证方式(Letter of Credit);④保函方式(Letter of Guarantee)等。

二、顺汇和逆汇

国际结算方式按资金流向和结算工具流向的不同分为顺汇和逆汇两大类。

假定甲国某出口商向乙国某进口商出口一批纺织品,货款为5万美元,该笔货款的收取可以采取顺汇和逆汇两种方法。

(一) 顺汇

顺汇(Remittance),又称汇付,是指债务人主动将款项交给本国银行,委托该银行通过某种结算工具的使用将汇款汇付给国外债权人或者收款人。结算工具的流向和资金的流向相同,因此称为顺汇。如图3-1所示。

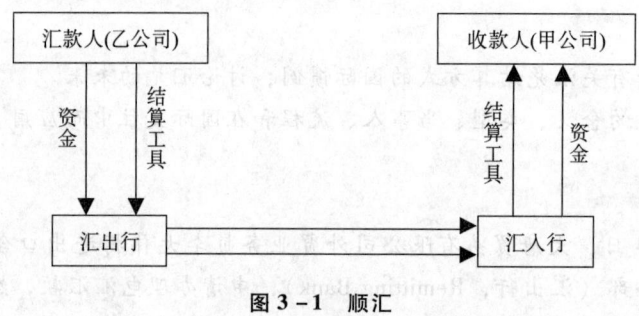

图3-1 顺汇

(二) 逆汇

逆汇(Reverse Remittance)是指债权人通过出具票据委托本国银行向国外债务人收取汇票金额的结算方式,因结算工具的流向和资金的流向相反而被称为逆汇。逆汇通常由债权人签发汇票向债务人收款,这种方法也被称为出票法。如图3-2所示。

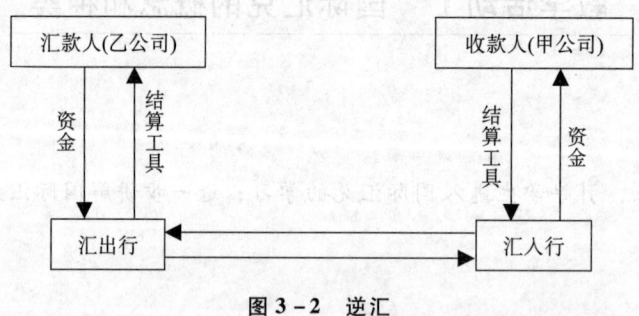

图3-2 逆汇

在银行业务中,电汇、信汇和票汇均属于顺汇。托收和信用证业务则属于逆汇的结算方式。

教学活动2　汇款概述

【活动设计】

通过案例导入,引导学生进入汇款的学习;进一步讲解汇款的概念、性质、汇款业务的当事人及其关系,了解汇款业务在国际交往中的应用。

【案例导入】

某日,上海A银行有一笔美元汇出汇款通过其国际业务部办理汇款,汇款申请书中"收款银行"栏填写"Honkong and Shanghai Banking Corp., Singapore 汇丰银行"。

分析思考:本案例中,汇出行是哪家银行?汇出行或解付行是哪家银行?

【基础知识】

一、汇款的概念

汇款(Remittance),又称汇付,是指银行接受客户的委托,通过自身的通汇网络,委托国外的联行或代理行将客户的款项交给收款人的一种结算方式。汇款业务属于顺汇,是商业银行最传统的业务之一,具有便利、灵活、收费低廉等特点。

二、汇款方式的种类

根据汇款业务所使用的结算工具和汇兑手段的不同,银行可提供不同的结算方式。按汇出行与汇入行之间委托付款指令的不同传递方式划分,汇款的结算方式可分为电汇(Telegraphic Transfer, T/T)、信汇(Mail Transfer, M/T)与票汇(Remittance by Banker's Draft, D/D)。

三、汇款当事人及其关系

(一)汇款业务的当事人

汇款结算方式中的基本当事人有四个:汇款人、收款人、汇出行和汇入行。

1. 汇款人(Remitter)。汇款人是委托银行向国外债权人付款的当事人。在国际贸易中汇款人通常是进口商或债务人。其责任是填具汇款申请书、提供将要汇出的金额并承担有关费用。

2. 汇出行(Remitting Bank)。汇出行是指接受汇款人委托,办理款项汇出业务的银行。汇出行通常是汇款人所在地银行,其职责是按汇款人的要求将款项通过通汇网络汇给收款人。汇出行办理的汇款业务叫做汇出汇款(Outward Remittance)。

3. 收款人(Payee/Beneficiary)。收款人是指接受汇款人所汇款项的当事人。在国际贸易中收款人通常为出口商或债权人,其权利是凭证取款。

4. 汇入行（Paying Bank）。汇入行也称解付行，是指接受汇出行委托，向收款人解付汇入款项业务的银行。汇入行通常是收款人所在地银行，它必须是汇出行的联行或代理行。其职责是证实汇出行委托付款指示的真实性，通知收款人取款并付款。汇入行办理的汇款业务叫做汇入汇款（Inward Remittance）。

（二）汇款业务当事人之间的关系

1. 汇款人与收款人之间的关系。在实务中表现为两个方面：在非贸易汇款中，由于资金单方面转移的特性，使汇、收双方表现为资金提供与接受的关系；在贸易汇款中，由于商品买卖的原因，使汇、收双方表现为债权债务关系。

2. 汇款人与汇出行之间是委托与被委托的关系。汇款人委托汇出行办理汇款时，要出具汇款申请书。这是当事双方委托与接受委托的契约凭证，它明确了双方在该项业务中的权利与义务。

3. 汇出行与汇入行之间既有代理关系又有委托与被委托的关系。一般代理关系在前，即两行事先签有业务代理合约或有账户往来关系，在代理合约规定的业务范围内，两行各自承担所尽之责。就一笔汇款业务而言，汇出行通过汇款凭证，传递委托之信息，汇入行接受委托承担解付汇款之义务。

4. 收款人与汇入行之间通常表现为账户往来关系。收款人在汇入行开有存款账户。此外，它们两者也可以没有关系，汇入行基于汇入行的委托，有责任向收款人解付该笔款项。

汇款业务当事人及其关系见图3-3。

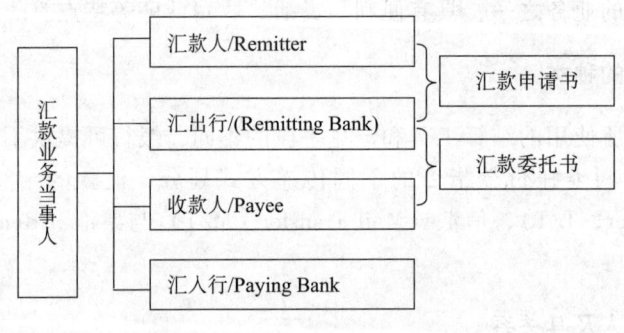

图3-3 汇款业务当事人及其关系

四、汇款在国际贸易中的应用

在国际贸易中以汇款方式结算买卖双方债权债务时，根据货款汇付和货物运送时间顺序的不同，汇款分为预付货款（Payment in Advance）和货到付款（Payment after Arrival of the Goods）。

（一）预付货款

预付货款是指买方（进口商）先将货款的全部或者一部分通过银行汇交卖方（出口商），卖方收到贷款后，根据买卖双方事先签订的合约，在一定时间内或立即将货物运交进口商的结算方式。此方式对进口商来说是预付货款；对出口商来说则是预收货款；对银行来说预付货款属于汇出款项，预收货款属于汇入款项。在国际贸易中，处理汇入款项业务的银行，向出口商结汇后，出口商才将货物运出，所以此种结算方式又叫"先结后出"。

预付货款一般在以下几种情况时使用：①出口商的商品是进口国市场上的抢手货，进口商需求迫切以取得高额利润，因此不惜预付货款；②进出口双方关系密切，相互了解对方资信状况，进口商愿以预付货款购入货物；③卖方货物旺销，出口商与进口商初次成交，卖方对买方资信不甚了解，顾虑买方收货后不按合约履行付款义务，为了收汇安全，卖方提出预付货款作为发货的前提条件。

预付货款对出口商有利之处有：①货物未发出，已收到一笔货款，等同于得到无息贷款；②收款后再发货，降低了货物出售的风险，如果进口商毁约，出口商可没收预付款；③出口商可以充分利用预收货款，甚至可在收到货款后，再购货发出。

预付货款对进口商不利之处有：①未收到货物，已先垫付了款项，将来如果不能收到或不能如期收到货物，或货物与合同不符时，将遭受损失或承担风险；②货物到手前付出货款，造成资金周转困难及利息损失。

进口商为了保障自己的权益，减少预付贷款的风险，一般要通过银行与出口商达成解付款项的条件协议，常称为"解付条件"。它由进口商在汇出汇款时提出，由解付行在解付时执行。主要的解付条件是：收款人取款时，要出具个人书面担保或银行保函，担保收到货款后如期履约交货，否则退还已收到货款并附加利息；或保证提供全套货运单据等。除了附加"解付条件"外，进口商有时还会向出口商提出对进口商品折价支付，作为抵补预付货款造成的资金利息损失。

（二）货到付款

货到付款是指出口商先发货，进口商后付款的结算方式。此方式实际上属于赊账交易（Open Account Transaction），或延期付款（Deferted Payment）结算。

（1）货到付款对进口商的有利之处有：①不承担资金风险，货未到或货不符合合同要求则不付款，在整个交易中进口商占据主动地位；②由于进口商常在收到货物一段时间后再付款，无形中占用了卖方资金。

货到付款对出口商的不利之处有：①出口商先发货，因此必然要承担收不到货款的风险；②由于货款常常不能及时收回，出口商资金被占用，可能会造成一定的损失。

【知识链接】

货到付款在国际贸易中的应用

1. 售定（the Sale Set）。

售定是指买卖双方成交条件已经谈妥并已签订了成交合同，同时确定了货价和付款时间，一般是货到即付款或货到后若干天付款。由进口商用汇款方式通过银行汇交出口商。这种特定的延期付款方式习惯上称为"先出后结"，又因价格事先已经确定，故亦称售定。售定只适用于我国对港澳地区出口鲜活商品的贸易结算。

2. 寄售（Consignment）。

寄售是由出口商先将货物运至国外，委托国外商人在当地市场代为销售，货物售出后，被委托人将货款扣除佣金后通过银行汇交出口商。进出口双方欲做寄售交易，首先要签订寄售协议。货物单据可通过银行传递也可直接寄给海外受托人。寄售对于进口商而言是"先进后结"，即先进口后付汇。目前，我国经营的先进后结业务有国外进口寄售业务和在国外售券国内提货业务。国外售券国内提货业务是为了方便旅游者，避免我国外贸出口商品倒流。旅游者在我国设立在其他国家的售券机构购得货券后，由本人携带入境，经海关验证盖章，方能提货。经营这种业务的目的是争取外汇收入，减少运输、保险与佣金开支，方便归侨、侨眷及港澳同胞。此项经营所得外汇，经国外银行汇入国内，属于汇入汇款的性质。

【单元实训】

一、思考题

1. 国际汇兑的概念是什么？
2. 汇款的概念是什么？汇款在国际交往中的运用方式有哪些？

二、实务题

四人一组，网上搜集资料，设计四个基于不同原因的汇款案例。

任务二 汇款方式

【教师任务】

◇ 讲授各种汇款方式的含义、特征、处理流程。
◇ 讲授 SWIFT 报文的术语和编制。
◇ 对学生作业完成情况进行点评。

【学生任务】

◇ 课后阅读有关汇款方式的国际惯例。
◇ 掌握汇兑的关键术语，读懂教师提供的汇兑样本，并以书面形式说明汇兑的内容，作为作业提交给教师。

项目三 汇款方式 53

教学活动1 电 汇

【活动设计】

通过案例导入,引导学生进入电汇的学习;进一步讲解电汇的概念、特点、处理流程,国际汇款申请书的填制,SWIFT 报文的编制。

【案例导入】

2014年10月10日,长春金华进出口公司(地址是:长春市南关区××路13号)职员李彤准备好了报关单、商业发票等单据和材料,向中国银行提出办理电汇汇款业务。该笔汇款业务的收款人为纽约出口贸易公司,金额为511 000美元,用途为进口机械设备的货款。纽约出口贸易公司的开户行为花旗银行纽约分行(地址:No. 12, Cat Rd., New York)。

分析思考:如何用汇款的方式实现这笔资金的结算?什么是国际汇款业务?国际汇款的业务流程是怎样的?

【基础知识】

一、电汇的含义和特点

电汇是汇出行应汇款人的申请,通过拍发加押电报、电传或使用 SWIFT 委托付款行向收款人付款的方式。与信汇、票汇相比,电汇的显著特点是快。在银行汇款业务中,电汇的优先级最高,一般均在当天处理。而且,由于是银行间的直接通讯,差错率低,遗失的可能性也极小。但汇款人也需承担较高的费用,所以一般在金额较大或情况较紧急的情况下使用。

二、电汇的业务流程(见图 3-4)

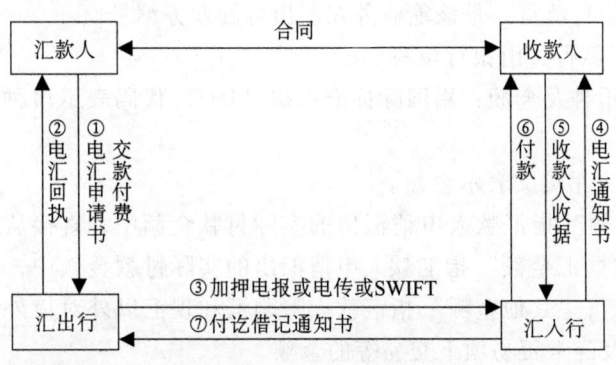

图 3-4 电汇业务流程

注：

①买卖双方签订合同，约定以汇款方式结算。在合同中一定要规定汇款的具体种类。汇款人，一般是进口方，到其银行填写汇款申请书（见表3-1），交付汇费。如采用电汇，汇款人则在汇款种类中选择"电汇（T/T）"。

②汇出行（进口方银行）如接受汇款人的汇款，在收妥款项和银行费用后，在汇款申请书上签章，退回一份给汇款人，以此表明接受了汇款人的委托。

③汇出行缮制汇款委托书。以加押电报、电传或SWIFT等电讯方式向汇入行发出汇款委托书（MT103或电报报文），委托汇入行将款项支付给收款人。在汇款委托书上，汇出行告知汇入行该笔汇款的偿付方式，并以一定的方式将款项交汇入行。汇出行将按照汇款人的要求，根据不同的传送方式通知汇入行。汇入行则根据汇出行的汇款指示向收款人解付汇款。

④汇入行收到汇款委托书（Payment Order, P/O），并收妥汇款（通过MT202或其他报文）后，向收款人发出电汇到账通知书，通知收款人前来解付汇款。

⑤收款人在收款人收据上签字。

⑥汇入行向收款人解付汇款。

⑦汇入行向汇出行发出付讫通知。该笔汇款业务完结。

三、电汇汇款申请书的内容和填写方法

境外汇款申请书（见表3-1），是在境外汇款时，由汇款人根据业务情况，填制的申请银行办理境外汇款的必要凭证。境外汇款申请书关系着汇款能否安全、顺利、及时、准确地到达，所以填制时必须做到完整、准确、无误。

具体填写方法如下：

（1）致：××银行，汇款申请书的抬头，一般由汇出行提前印制好，表示此申请表是要提交给××银行的。

（2）申请日期：填写客户去银行办理业务的日期。

（3）汇款方式：选择电汇，在所选电汇方式前的框里画"×"表示选中。

（4）发电等级：可在"普通"和"加急"中选择。一般银行的SWIFT系统设置默认发送"普通"级别报文。由于多数银行通常是24小时接收报文因此两个级别差别不大。一般此栏可以不填写。

（5）申报号码：由银行根据国家外汇管理局有关申报号码的编制规则编写。

（6）20银行业务编号：这里"20"是使用SWIFT发送信息时"银行业务编号"这项内容的代码，不同项目各有自己的代码，如"汇款币种及金额"的代码是32A。这个银行业务编号留空由银行填写，是该笔业务在汇出行的业务编号。

（7）收电行/付款行：由银行填写。

（8）32A 汇款币种及金额：用国际标准组织（ISO）代码表示币种，用阿拉伯数字写出汇款的总金额。

（9）金额大写：用英文表示金额。

（10）"现汇金额"指汇款人申请汇出的实际付款金额中，直接从外汇账户或以外币现钞支付的金额；"购汇金额"指汇款人申请汇出的实际付款金额中，向银行购买外汇直接对境外支付的金额；"其他金额"指汇款人除购汇和现汇以外对境外支付的金额，包括跨境人民币交易以及经常贸易项下交易等的金额。

表 3-1

中国农业银行 AGRICULTURAL BANK OF CHINA
境 外 汇 款 申 请 书
APPLICATION FOR FUNDS TRANSFERS (OVERSEAS)

致：中国农业银行 _____ 行
TO: AGRICULTURAL BANK OF CHINA _____ BRANCH

日期 _____ Date _____

☐ 电汇 T/T　☐ 票汇 D/D　☐ 信汇 M/T

发电等级 Priority　☐ 普通 Normal　☐ 加急 Urgent

申报号码 BOP Reporting No.	☐☐☐☐☐☐ ☐☐☐☐ ☐☐		☐☐☐☐☐☐ ☐☐☐
20	银行业务编号 Bank Transac. Ref.No		收电行/付款行 Receiver/Drawn on
32A	汇款币种及金额 Currency & Interbank Settlement Amount		金额大写 Amount in Words
其中	现汇金额 Amount in FX		账号 Account No./Credit Card No.
	购汇金额 Amount of Purchase		账号 Account No./Credit Card No.
	其他金额 Amount of Others		账号 Account No./Credit Card No.
50a	汇款人名称及地址 Remitter's Name & Address		
	☐ 对公 组织机构代码 Unit Code ☐☐☐☐☐☐☐-☐	☐ 对私	个人身份证件号码 Individual ID NO.　☐ 中国居民个人 Resident Individual　☐ 中国非居民个人 Non-Resident Individual
54/56a	收款银行之代理行 名称及地址 Correspondent of Beneficiary's Bank Name & Address		
57a	收款人开户银行 名称及地址 Beneficiary's Bank Name & Address	收款人开户银行在其代理行账号 Bene's Bank A/C No.	
59a	收款人名称及地址 Beneficiary's Name & Address	收款人账号 Bene's A/C No.	
70	汇款附言 Remittance Information	只限140个字位 Not Exceeding 140 Characters	71A 国内外费用承担 All Bank's Charges If Any Are To Be Borne By　☐ 汇款人 OUR　☐ 收款人 BEN　☐ 共同 SHA
	收款人常驻国家（地区）名称及代码 Resident Country/Region Name & Code		☐☐☐
	请选择：☐ 预付货款 Advance Payment　☐ 货到付款 Payment Against Delivery　☐ 退款 Refund　☐ 其他 Others　最迟装运日期		
	交易编码 BOP Transac. Code ☐☐☐☐☐☐ ☐☐☐☐☐☐	相应币种及金额 Currency & Amount	交易附言 Transac. Remark
	是否为进口核销项下付款	☐ 是　☐ 否	合同号	发票号
	外汇局批件/备案表号		报关单经营单位代码	☐☐☐☐☐☐☐☐☐
	报关单号		报关单币种及总金额	本次核注金额
	报关单号		报关单币种及总金额	本次核注金额

银行专用栏 For Bank Use Only		申 请 人 签 章 Applicant's Signature	银 行 签 章 Bank's Signature
购汇汇率 Rate	@	请按照贵行背页所列条款代办以上汇款并进行申报 Please Effect The Upwards Remittance, Subject To The Conditions Overleaf :	
等值人民币 RMB Equivalent			
手续费 Commission			
电报费 Cable Charges			
合计 Total Charges			
支付费用方式 In Payment of the Remittance	☐ 现金 by Cash　☐ 支票 by Check　☐ 账户 from Account	申请人姓名 Name of Applicant 电话 Phone No.	核准人签字 Authorized Person 日期 Date
核印 Sig. Ver.		经办 Maker	复核 Checker

填写前请仔细阅读各联背面条款及填报说明
Please read the conditions and instructions overleaf before filling in this application.

(11) 50a 汇款人名称及地址：进口商公司全称和地址，即汇款人预留银行印鉴或国家质量监督检验检疫总局颁发的组织机构代码证或国家外汇管理局及其分支局签发的特殊机构代码赋码通知书上的名称及地址。

(12) 在对公或对私业务中选择。对公业务，要按国家质量监督检验检疫总局颁发的组织机构代码证或国家外汇管理局及其分支局签发的特殊机构代码赋码通知书上的单位组织机构代码或特殊机构代码填写组织机构代码。对私业务，在中国居民个人和中国非居民个人中选择。

(13) 54/56a 收款银行之代理行名称及地址：当汇出行和汇入行没有往来账户时，需要通过中转行划拨头寸。如果需要中转行，在没有特殊要求的情况下也可以留空，由汇出行填写。

(14) 57a 收款人开户银行名称及地址：收款人在出口地的开户行，一般汇出行就把该行定为汇入行。如果该开户行和汇出行没有往来账户，最好填写收款人开户银行在其中转行的账号。

(15) 59a 收款人名称及地址：出口商公司账号、全称和地址。

(16) 汇款附言：对所汇款项的必要说明。要注意容量，这里只限填 140 个字符。

(17) 71A 国内外费用承担：分三种方式，即汇款人支付、收款人支付、双方共同支付。境外清算费由对方承担时，如果汇入行与汇出行属同一家银行或有互开往来账户关系，则款项一般可全额汇达对方；如果不是以上关系，款项将通过另一家或几家银行转至收款行，每家转汇行都会从中扣收一笔转汇费。

(18) 收款人常驻国家（地区）名称及代码：根据银行提供的代码表填写。

(19) 按汇款性质可在预付货款、货到付款、退款或其他四项中选择。

(20) 最迟装运日期：按合同内容填写。

(21) 交易编码：根据本笔付款交易性质对应的"国际收支交易编码表（支出）"填写。有多种交易性质时按金额从大到小填最大的两项。

(22) 相应币种及金额：根据交易编码填写，多种交易性质下第一行写最大金额的一笔，第二行填其余金额。

(23) 交易附言：描述交易性质。

(24) 选择是否为进口核销项下付款。

(25) 外汇局批件/备案表号：指外汇局签发的，凭以对境外付款的各种批件或进口付汇备案表号。外汇报批业务由银行代理，汇款申请表和申报表合一。银行一般都在汇款业务发生后一个工作日内向相关机构报批。

(26) 报关单经营单位代码：指由海关发给企业的"自理保管单位注册登记证明书"上的代码。

(27) 报关单号：单号、币种、金额等都按报关单内容填写，本次核注金额是这次汇款的金额。

(28) 银行专用栏：购汇汇率等值人民币支付费用方式，留空由银行填写。

(29) 申请人签单：一般需加盖进口商的财务印章，并由具体办理业务的公司人员留下签章、电话。

(30) 银行签单签字：留空由银行填写。

三、电汇的形式

汇出银行收到客户提交的境外汇款申请书，若要求电汇，可选取的电汇形式有两种：一电报或电传的方式，二是SWIFT系统（需要填制SWIFT报文）。

（一）采用电报或电传的电汇方式

目前，电报汇款主要分为普通电和加急电两个等级。电报或电传方式的汇款格式见表3-2：

表3-2

```
FM: BANK OF CHINA, CHAGNCHUN BRANCH
TO: CITIBANK, NEW YORK BRANCH
DATE: 2ND MAY, 2014
TEST: 1253
OUR REF NO. 2014TT0302
NO ANY CHARGES FOR US
PAY USD 50000 VALUE 2ND MAY, 2014 TO A COMPANY MESSAGE CONTRACT NO. T2578
ORDER: B CO., LTD
COVER: WE HAVE CREDITED YOUR A/C WITH US.
```

（二）采用SWIFT的电汇方式

电汇业务中最常用的SWIFT报文如表3-3所示。

表3-3　　　　　　　　　　　SWIFT报文格式

报文格式	MT格式名称
MT103	单笔客户汇款
MT200	单笔金融机构头寸调拨至发报行自己账户
MT201	多笔金融机构头寸调拨至发报行自己账户
MT202	单笔普通金融机构头寸调拨
MT203	多笔普通金融机构头寸调拨
MT204	金融市场直接借记电文
MT205	金融机构头寸调拨执行
MT210	收款通知

对于一般公司或个人客户来说，最常用的报文格式是MT 103和MT 202。当汇出行和汇入行有直接账户往来时一般使用MT103即可完成电汇业务。当汇出行和汇入行没有直接账户往来时，汇出行采用同时发MT103和MT202的方式，MT103发至收款行，不带头寸；MT202发至账户行，由账户行将款项汇至收款行。

1. MT103单笔客户汇款。MT103即单笔客户汇款（single customer credit transfer）的栏位含义，如表3-4所示。

表 3-4　　　　　　　　　　SWIFT MT103 栏位介绍

Status（状态）	Tag（代码）	Field Name（栏位名称）
M	20	Sender's Reference（发报行的参号）
O	13C	Time Indication（时间指示）
M	23B	Bank Operation Code（银行操作代码）
O	23E	Instruction Code（指示代码）
O	26T	Transaction Type Code（双方约定的交易代码）
M	32A	Value Date/Currency/Interbank Settled Amount（起息日及银行间的清偿币别、金额）
O	33B	Currency/Instructed Amount（汇款人指示的币别和金额）
O	36	Exchange Rate（兑换率）
M	50a/K	Ordering Customer（汇款人）
O	51A	Sending Institution（发报行）
O	52a	Ordering Institution（汇款行）
O	53a	Sender's Correspondent（发报行的代理行）
O	54a	Receiver's Correspondent（收报行的代理行）
O	55a	Third Reimbursement Institution（偿付行）
O	56a	Intermediary Institution（中间行）
O	57a	Account With Institution（账户行）
M	59a	Beneficiary Customer（收款人）
O	70	Remittance Information（汇款信息）
M	71A	Details of Charges（费用细则）
O	71F	Sender's Charges（发报行的费用）
O	71G	Receiver's Charges（收报行的费用）
O	72	Sender to Receiver Information（发报行给收报行的信息）
O	77B	Regulatory Reporting（法定报告资料）
O	77T	Envelope Contents（信函内容）

注：M = Mandatory 意为必选项；O：Optional 意为可选项。

（1）20 SENDER's REFERENCE：发报行的参号。

（2）13C TIME INDICATION：时间指示。

（3）23B，Bank Operation Code，即银行操作代码。确定汇款指示的紧急程度，指示这份 MT103 是否附带 SWIIFT 服务承诺协议（SLA）。

（4）23E，INSTRUCTION CODE，即指示代码。指示必须包含下列代码字之一（代码字必须由 SWIFT 提供）：

①CHQB，通过支票付款，使用 CHQB 时，59 栏位内不能填入账号。

②CORT，公司之间贸易结算的付款。

③HOLD，前来取款，验明身份后付款。

④INTC，同一集团内部两个公司之间的付款。

⑤REPA，关于电子支付参号下的付款

⑥PHON，请电话通知账户行

⑦PHOB，请电话通知收款人

⑧PHOI，请电话通知中间行

⑨SDVA，付款日也是起息日。汇款必须在同一天交到收款人手里

⑩TELE，请用最有效的通信方式通知账户行

⑪TELB，请用最有效的通信方式通知收款人

⑫TEII，请用最有效的通信方式通知中间行

(5) 26T，Transaction Type Code，双方约定的交易代码。这个栏位用于识别特别交易的种类、用途、原因，如工资、退休金、红利等。给出的这个栏位交易代码必须是双方约定。

(6) 32A，Value Date/Currency/Interbank Setfled Amount：起息日及银行间的清偿币别、金额。日期表示法为YYMMDD（年、月、日）；币别必须采用ISO4217，金额最长为15位，其中包含位逗点，同时逗点是必选位。汇款人汇付币别和银行间的清偿币别可以不一致。

(7) 33B，Currency/Instructed Amount，即汇款人指示的币别和金额。当币别发生变换或兑换时，该栏位必须出现。当没有汇款人或收汇款人的费用且没有币别变换或兑换发生，如果该栏位出现，应等于33B栏位。如果报文中有7IF或71G出现，33B必选。

(8) 36，Exchange Rate，即汇兑率。用于转换33B栏位中的指示金额。网络监察规则：当33B币别不等于32A币别时，36是必选栏位。

(9) 50a，Ordering Customer，即汇款人。

(10) 5la，Sending Institution，即发报行（目前银行收发电不使用）。

(11) 52a，Ordering Institution，即汇款行。当汇款行不是发报行时，使用该栏位。

(12) 53a，Sender's Correspondent，即发报行的代理行。该栏位特指一个账户、发报行的分行或另一家银行，发报行通过其偿付收报行。

(13) 54a，Receiver's Correspondent，即收报行的代理行。该栏位列明收报行的分行，或另一家银行，收报行在这家银行收到资金头寸。

(14) 55a，Third Reimbursement Institution，即第三家偿付行。

(15) 56a，Intermediary Institution，即中间行。

(16) 57a，Account with Institution，即账户行。该栏位列明收款人开户的银行。即使栏位59或59A中包含了IBAN号码也适用。如收报行即为收款人的账户行或发报行要求收报行自行选择付款行，报文将不使用该栏位。

(17) 59a，Beneficiary Customer，即收款人。由汇款人指定的最终接受所汇款项的个人、银行或其他组织。该栏位列明的账号是收款人开在其账户行（收报行或57a）的账号。

(18) 70，Remittance Information，即汇款信息。该栏位列明供收款人参考的所汇款项信息。下列代码字可以使用，使用时放在两个斜线中：

①INV 发票（后跟日期，参号和发票详情）

②IPI 标志相关国际付款指令的唯一参号

③RFB 收款人参号

④ROC 付款人参号

⑤IPI 相关国际支付指令

⑥TSU TSU 交易，代码字放在两个斜线之间，后跟发票号、单斜线、支付的金额。此栏位的信息是给收款人的资料。

（19）71A，Details of Charges，即费用细则。该栏位列明费用的承担方。下列代码字必须使用其一：

①OUR 交易中的双方的收费均由汇款人承担；

②SHA 交易中发报行方面收费由汇款人承担，收款人则承担收报行的费用；

③BEN 交易中的双方的收费均由收款人承担。

（20）71F Sender's Charges，即发报行的收费。指示已经被发报行扣除的费用。收款人收到的汇款金额将等于 32A 栏减去 71G 栏的金额。

（21）72，Sender to Receiver Information，即发报行给收报行的信息。除非收发双方另外有协议，下列代码字可以使用，使用时放在两个斜线中：

①ACC 给账户行的附言；

②INT 给中间行的附言；

③REC 给收报行的附言；

④INS 指示行，该指示行要求发报行完成该交易。

（22）77B，Regulatory Reporting，即法定报告资料。

（23）77T，Envelope Contents，即信函内容（目前银行收发电不使用）。

MT103 报文如表 3-5 所示。

表 3-5

SENDER	BKCHCNBJ840
MESSAGE TYPE	103
RECEIVER'BIC：	CITIUS33
SENDER'S REFERENCE	20：596931/DEV
BANK OPERATION CODE	23B：CRED
VALUE DATE/CURRENCY/INTERBANK SETTLED AMOUNT	32A：140610USD 2000，000
CURRENCY/INSTRUCTED AMOUNT	33B：USD 2000，000
ORDERING CUSTOMER	50K：CHANGCHUN EXPORT TRADE CO.，LTD CHANGCHUN CHINA
ACCOUNT WITH INSTITUTION	57A：CITIUS 33
BENEFICIARY CUSTOMER	59：NEW YORK TRADE CO.，LTD NY 10046 USA
REMITANCE INFORMATION	70：CONTRACT NO. P20144
DETAILS OF CHARGES	71A：OUR
END OF MESSAGE TEXT/TRAILER	

2. MT 202 报文格式。MT 202（General Financial Institution Transfer）。为单笔银行头寸调拨所用报文格式，是由付款行或代表付款行的银行直接或通过代理行发送给收款行的银行，用来将头寸调入收款行账户的报文格式。

该报文格式也可以用来要求收报行将发报行的头寸在发报行开立在收报行的几个账户之间调拨，或要求收报行借记发报行的账户，同时贷记发报行开在另一账户行（项目"57a"中列明的银行）的几个账户中的一个账户。

MT202 报文的使用规则如下：

（1）使用 MT202 报文时，业务各方必须是金融机构。

（2）付款行与收款行之间的头寸调拨总是与另一笔业务有关的。报文中项目"21"必须列明该业务的编号。

（3）如果发报行要求收报行借记发报行的账户并贷记发报行开在另账户行（项目"57a"中列明的银行）的几个账户中的一个账户，项目"58A"必须列明应贷记的账号和发报行名。如果发报行要求收报行将发报行的头寸在发报行开立在收报行的几个账户三间调拨，项目"53B"必须列明应借记的账号，项目"58A"必须列明应贷记的账号和发报行名。

MT202 报文栏位具体内容如表 3-6 所示。

表 3-6　　　　　　　　　SWIFT MT202 栏位介绍

Status（状态）	Tag（代码）	Field Name（栏位名称）
M	20	Sender's Reference（发报行的参号）
M	21	Related Reference（相关业务参号）
O	13C	Time Indication（时间指示）
M	32A	Value Date/Currency Code/Amount Intermediary（起息日、货币、金额）
O	33B	Currency/Instructed Amount（汇款人指示的币别和金额）
O	52a	Ordering Institution（付款行）
O	53a	Sender's Correspondent（发报行的代理行）
O	54a	Receiver's Correspondent（收报行的代理行）
O	56a	Intermediary（中间行）
O	57a	Account With Institution（账户行）
M	58a	Beneficiary Institution（收款行）
O	72	Sender to Receiver Information（发报行给收报行的信息）

（1）20，TRANSACTION REFERENCENUMBER：发报行的参号。

（2）13C，TIME INDICATION：时间指示。

（3）32A，Value Date/Currency Code/AMOUNTINTERMEDIARY：起息日、货币、金额。该栏位列明调拨头寸的起息日、货币、金额。

（4）52a，Ordering Institution，付款行。如果发报行不是付款行，该栏位列明付款行。

（5）53a，Sender's Correspondent，发报行的代理行。该栏位发报行的分行或账户行，或另一家银行，发报行通过该账户行偿付收报行。

（6）54a，Receiver's Correspondent，收报行的代理行。该栏位列明收报行的分行或另一家银行，收报行在这家银行收到资金头头寸。

（7）56a，Intermediary，中间行。

（8）57a，Account With Instruction，账户行。该栏位列明向收款行付款或贷记收款行账户的银行。

（9）58a，Beneficiary Institution，收款行。该栏位列明头寸调拨的最终收款行。

（10）72，Sender to Receiver Information，发报行给收报行的信息。该项目中的每项附言之前都必须标明该附言的对象，如：

① /ACC/：后跟给账户行的附言。
② /BNF/：后跟给收款行的附言。
③ /INS/：指示行（如果该行不是付款行）。该指示行要求发报行完成该交易。
④ /INT/：后跟给中间行的附言。
⑤ /REC/：后跟给收报行的附言。

教学活动 2 信　　汇

【活动设计】

通过案例导入（前一个案例，采用信汇方式），引导学生进入信汇的学习；进一步讲解电汇的概念、特点以及处理流程。

【基础知识】

一、概述

信汇是汇出行应汇款人的申请，用航空信函指示汇入行解付一定金额给收款人的汇款方式。信汇业务的程序与电汇程序基本相同，所不同的是汇出行应汇款人的申请，以信汇委托书（M/T Advice）或支付委托书（Payment Order）作为结算工具，通过航空邮寄至汇入行，委托其解付。

信汇委托书或支付委托书上须加具有权签字人的签字，汇入行收到委托书后，凭汇出行的印鉴样本核对无误后，即按委托书的地址通知收款人前来领取汇款。收款人领取汇款时，必须持证明自己身份的证件，并在汇款收据上签名或盖章。

信汇的优点是收费较低。信汇的缺点是因邮寄时间较长，故收款较慢。目前信汇业务使用较少。

二、信汇的业务流程（见图 3-5）

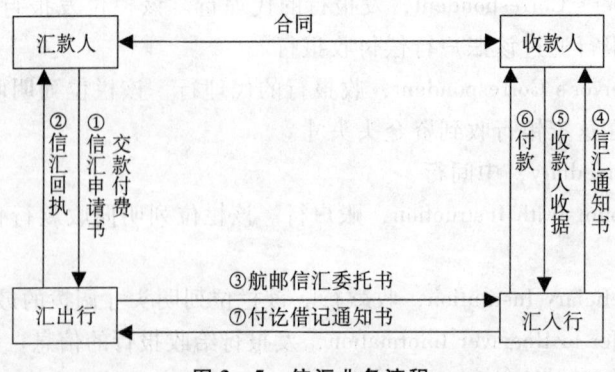

图 3-5　信汇业务流程

注：

①汇款人需用英文填写汇款申请书。交易双方签订交易合同，引起款项结算。汇款用途必须符合有关规定。汇款人向银行缴汇出款项，并支付汇费。

②汇款人取得银行盖章后的信汇回执。

③汇出行编制信汇委托书，航邮到国外汇入行。

④汇入行收到信汇委托书，通知收款人收款。

⑤汇入行落实汇入头寸。

⑥汇入行向收款人解付汇款。

⑦若汇入行是汇出行的账户行，可以解付和借记汇出行账户同时进行，然后给汇出行发送借记通知书。

教学活动3　票　　汇

【活动设计】

通过案例导入（同教学活动1），引导学生进入票汇的学习；进一步讲解电汇的概念、特点以及处理流程。

【基础知识】

一、概述

票汇是汇出行应汇款人的申请，代其开立以汇入行为付款人的银行即期汇票，并交还汇款人，由汇款人自寄或自带给国外收款人，由收款人到汇入行凭票取款的汇款方式。

办理票汇业务时，汇出行要出具汇票通知书或票根（Advice of Drawing）并寄至汇入行，以便汇入行在收款人持票向其取款时，凭票根核对汇票的真伪。

票汇具有较大的灵活性。根据汇款人的需要，汇出行签发不同抬头的银行汇票，汇款人可将汇票带到国外亲自取款，也可以将汇票寄给国外的债权人由其取款；票汇的汇入行无需通知收款人前来取款，收款人自行持票到汇入行取款。

票汇可代替现金流通。票汇的收款人可以通过背书转让汇票，而电汇和信汇方式下因不签发汇票，在汇入行付款前不存在票据的流通转让问题，且由于票汇使用的汇票是银行汇票，经收款人背书后，可以在市场上流通，如果汇票在到达汇入行要求其付款前，经过多次的转让，那么银行就可以利用这期间的汇款资金。汇票在流转时持续的时间愈长，对银行就愈有利，所以，票汇为银行提供了更多的利润。

票汇的汇兑速度取决于汇款人寄发汇票的时间及邮递速度，银行通常可占用在途汇款资金。此外，票汇汇费与信汇汇费水平大体一致。

二、票汇的业务流程（见图3-6）

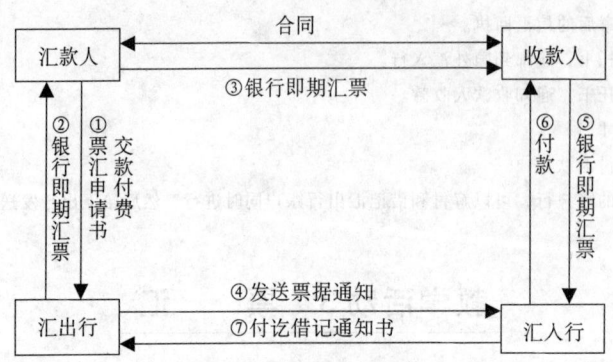

图3-6 票汇业务流程

注：
①汇款人填写票汇申请书，并交款付费给汇出行，并在申请书上注明使用票汇方式。
②汇出行开立银行即期汇票交给汇款人。
③汇款人将银行即期汇票邮寄给收款人或自行携带出境。
④汇出行向汇入行发送票据通知（汇票一式四联的第二联），汇入行凭此联与收款人提交的汇票正本核对。
⑤收款人凭银行即期汇票向汇入行取款。
⑥汇入行对汇票和票据通知进行审核，无误后，收款人对汇票进行背书，汇入行核实后付款给收款人。
⑦汇入行将付讫借记通知书寄给汇出行，通知款项已经解付。

【单元实训】

汇款申请书填写业务训练及案例分析

【实训目的】

1. 实训题

20××年7月××日，吉林轻工公司（报关经营单位代码是2201936605、组织机构代码是90755843-7、账号为756123000472183）职员×××准备好了商业发票（编号：2012034）向中国银行提出办理电汇汇出汇款业务，款项从他们公司在该行的现汇账户支出。该笔汇款业务的收款人为纽约出口贸易公司（Wooster St, No. 168, N. Y., USA），金额为52600美元，用途为进口机械设备（合同号为2014011）的预付货款，货物最迟装运日期为2014年8月15日。

纽约出口贸易公司的开户行为花旗银行纽约分行，账号为400-010-457891。银行费用由汇款人承担，支付方式为现金支付。花旗银行纽约分行是中国银行的账户行，双方有账户关系。收款人常驻国家代码为516。

请代吉林轻工公司该公司职员填写汇款申请书（见表3-7）。

表 3-7

中国农业银行 境外汇款申请书
AGRICULTURAL BANK OF CHINA APPLICATION FOR FUNDS TRANSFERS (OVERSEAS)

致: 中国农业银行 _____ 行
TO: AGRICULTURAL BANK OF CHINA BRANCH

日期 Date _____

□ 电汇 T/T □ 票汇 D/D □ 信汇 M/T
发电等级 Priority □ 普通 Normal □ 加急 Urgent

	申报号码 BOP Reporting No.	□□□□□□	□□□□□ □□	□□□□□□ □□□□
20	银行业务编号 Bank Transac. Ref.No		收电行/付款行 Receiver/Drawn on	
32A	汇款币种及金额 Currency & Interbank Settlement Amount		金额大写 Amount in Words	
其中	现汇金额 Amount in FX		账号 Account No./Credit Card No.	
	购汇金额 Amount of Purchase		账号 Account No./Credit Card No.	
	其他金额 Amount of Others		账号 Account No./Credit Card No.	
50a	汇款人名称及地址 Remitter's Name & Address			个人身份证件号码 Individual ID NO.
	□ 对公 组织机构代码 Unit Code □□□□□□□□-□		□ 对私 □ 中国居民个人 Resident Individual □ 中国非居民个人 Non-Resident Individual	
54/56a	收款银行之代理行 名称及地址 Correspondent of Beneficiary's Bank Name & Address			
57a	收款人开户银行 名称及地址 Beneficiary's Bank Name & Address	收款人开户银行在其代理行账号 Bene's Bank A/C No.		
59a	收款人名称及地址 Beneficiary's Name & Address	收款人账号 Bene's A/C No.		
70	汇款附言 Remittance Information	只限140个字位 Not Exceeding 140 Characters	71A	国内外费用承担 All Bank's Charges If Any Are To Be Borne By □ 汇款人 OUR □ 收款人 BEN □ 共同 SHA

收款人常驻国家（地区）名称及代码 Resident Country/Region Name & Code _____ □□□

请选择: □ 预付货款 Advance Payment   □ 货到付款 Payment Against Delivery   □ 退款 Refund   □ 其他 Others 最迟装运日期 _____

交易编码 BOP Transac. Code	□□□□□ □□□□□	相应币种及金额 Currency & Amount		交易附言 Transac. Remark	
是否为进口核销项下付款	□ 是 □ 否	合同号		发票号	
外汇局批件/备案表号		报关单经营单位代码		□□□□□□□□□□	
报关单号		报关单币种及总金额		本次核注金额	
报关单号		报关单币种及总金额		本次核注金额	

银行专用栏 For Bank Use Only		申请人签章 Applicant's Signature	银行签章 Bank's Signature
购汇汇率 Rate	@	请按照贵行背页所列条款代办以上汇款并进行申报 Please Effect The Upwards Remittance, Subject To The Conditions Overleaf:	
等值人民币 RMB Equivalent			
手续费 Commission			
电报费 Cable Charges			
合计 Total Charges			
支付费用方式 In Payment of the Remittance	□ 现金 by Cash □ 支票 by Check □ 账户 from Account	申请人姓名 Name of Applicant _____ 电话 Phone No. _____	核准人签字 Authorized Person _____ 日期 Date _____
核印 Sig. Ver.		经办 Maker	复核 Checker

填写前请仔细阅读各联背面条款及填报说明
Please read the conditions and instructions overleaf before filling in this application.

2. 案例分析

吉林某出口企业甲与美国的进口企业乙签订了一份进出口贸易合同,合同中规定:支付条款为装运月份前15天电汇付款。但是,在后来的履约过程中,乙方延至装运月份的15日才从邮局寄来银行汇票一张。为保证按期交货,甲企业于收到汇票次日即将货物托运,同时委托中国银行代收票款。1个月后,中国银行通知甲企业,该汇票系伪造,已被退票。此时,货物已抵达目的港,并已被乙企业凭甲企业自行寄去的单据提走。事后甲企业进行了追偿,但乙企业早已人去楼空,甲企业遭受货款两空的重大损失。

试分析甲企业造成损失的最主要原因,并总结采用票汇方式应注意的问题。

任务三
汇款头寸调拨与退汇

【教师任务】

◇ 讲授汇款头寸的调拨和退汇的处理。
◇ 对学生作业完成情况进行点评。

【学生任务】

◇ 理解汇款头寸,掌握各种汇款头寸的偿付方式;
◇ 掌握退汇的处理流程。

教学活动1 汇款头寸调拨

【活动设计】

通过案例导入,引导学生进入汇款头寸调拨的学习;进一步讲解主动贷记、授权借记、共同账户行记账和各自账户行转账。

【案例导入】

中国的A银行发信汇通知书给纽约的B银行,受益人是B银行的客户。由于A银行和B银行间没有账户关系,A银行就电报通知其境外账户行C银行,将资金调拨给B银行。

分析思考: 本案例中涉及了哪种汇款偿付方式?

【基础知识】

汇款的偿付是指汇出行在发出付款委托后，应及时向汇入行拨交头寸或偿付汇款的行为，俗称拨头寸。汇款的偿付既是汇出行的责任，也是衡量其信誉高低的重要标志。汇出行应在汇款电文上清楚指示汇款头寸的划拨方法和汇款资金的清算路线。

在实务运作中，头寸拨付有两种方式：一种是先拨后付，即汇出行在受理一笔汇款业务后，先将头寸拨给汇入行，汇入行收到头寸后才同收款人进行解付，这是最主要的头寸拨付方式。另一种是先付后拨，即汇出行受理汇款业务后，先将汇款通知寄给汇入行，汇入行根据通知先垫付资金给收款人，然后向汇出行索偿。这种方式对汇入行来说存在着一定的风险，应该谨慎使用。

根据汇出行与汇入行之间账户关系的设置，汇款头寸的偿付方式有主动贷记、授权借记、共同账户行转账和各自账户行转账。

一、主动贷记

当汇入行在汇出行开立账户时，可采用汇出行主动贷记汇入行账户的方式来对汇入行进行偿付，这种头寸偿付方式称为"主动贷记"，是一种比较方便的头寸偿付方式。汇入行在收到汇出行汇款委托书和贷记报单后，即可确认收妥头寸，并向收款人进行解付。如图3-7所示。

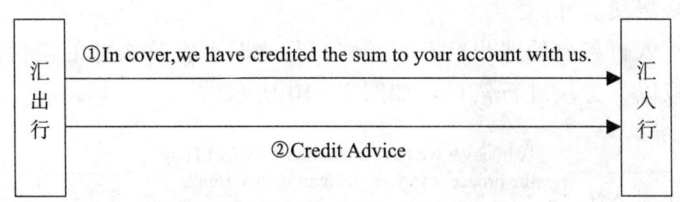

图3-7 主动贷记说明图示

二、授权借记

当汇出行在汇入行开立账户时，汇出行可采用授权汇入行借记汇出行在汇入行账户的方式来对其进行偿付，这种头寸偿付方式称为"授权借记"。汇出行向汇入行发送汇款指令，说明偿付方式，汇入行借记汇出行账户后，确认收妥头寸，并向收款人进行解付，并向汇出行发送借记报单。如图3-8所示。

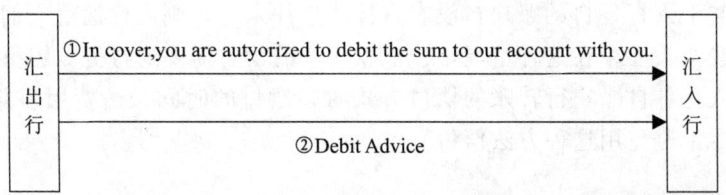

图3-8 授权借记说明图示

三、共同账户行转账

当汇出行与汇入行互相不设置账户，但在同一第三方银行（俗称碰头行）开立账户时，汇款头寸不能通过账户直接划转，需通过碰头行的介入。汇出行委托汇入行解付汇款时，汇款委托中说明汇款头寸通过双方共同账户行进行划转，同时向碰头行发出划转指令。汇入行收到碰头行的贷记报单后确认收妥头寸，并向收款人进行解付。如图3-9所示。

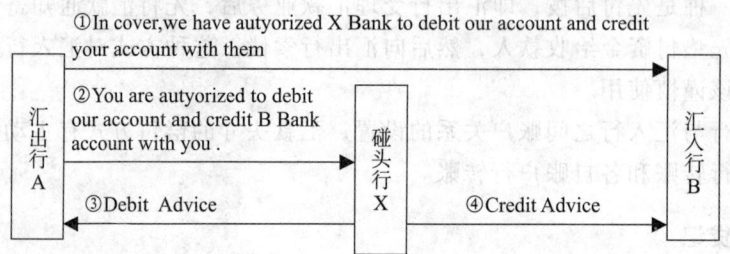

图3-9 共同账户行转账说明图示

四、各自账户行转账

如果汇出行和汇入行之间既没有账户关系，也没有碰头行，则需要通过它们各自账户行的共同账户行来拨交头寸。

当汇出行与汇入行各自的账户行有直接账户往来时，汇款头寸的偿付需要通过四家银行才能完成，采取以下方法进行偿付。如图3-10所示。

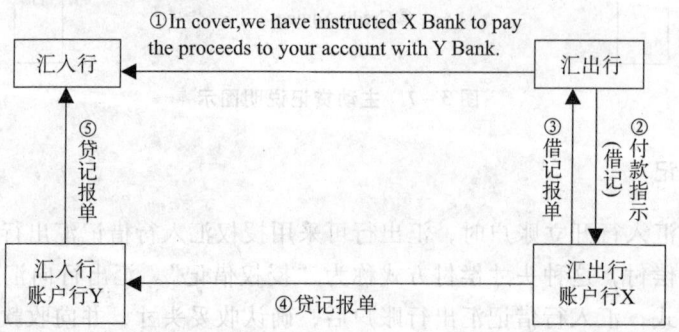

图3-10 各自账户行转账说明图示

当汇出行与汇入行各自的账户行没有直接账户往来时，则需要通过它们各自账户行的共同账户行来拨交头寸，在这种情况中，汇款头寸的偿付需要通过五家银行才能完成。采用汇出行与汇入行各自账户行转账的偿付方式时，偿付的时间长、费用多并且查询困难，因此业务上应尽量避免用这种方法偿付。

教学活动2 退 汇

【活动设计】

通过案例导入,引导学生进入退汇的学习;进一步讲解收款人主动退汇和汇款人要求退汇的不同含义和处理。

【案例导入】

2015年6月10日,长春丰原照相器材公司(地址长春市汽开区××路××号)职员李彤准备好各项单据和材料,向中国银行提出办理电汇汇款业务,银行同意为其办理,并收取了手续费和汇款金额。6月12日,李彤又来到中国银行要求退汇,原因是该公司与国外进口公司合同取消。

分析:

1. 什么是退汇业务?
2. 中国银行是否会同意为其办理退汇业务?依据是什么?

【基础知识】

退汇就是汇款在解付前的撤销。退汇可以是收款人提出,也可以是汇款人提出的。退汇的原因一般有三种:一是由收款人提出退汇;二是由汇款人提出退汇;三是由汇入行提出退汇。

一、收款人主动退汇

一般来说,退款原因来自收款人的退汇办理相对简单。信汇和电汇项下办理退汇,收款人只要通知汇入行,汇入行退回付款委托书给汇出行,汇出行通知付款人办理退汇。

票汇项下办理退汇,收款人将票汇退回汇款人,由汇款人到汇出行办理退汇手续。

二、汇款人要求退汇

信汇和电汇项下办理退汇,汇出行接到退汇申请后立即通知汇入行停止解付,在撤销通知到达汇入行并且汇入行未解付汇款时才生效。

票汇项下办理退汇,汇款人在未寄出汇票之前可以持汇票到汇出行退汇,汇出行发函通知汇入行将有关汇款通知书注销退回。但是,如汇款人将汇票寄出后,汇出行为维护银行票据的信誉,一般则不能办理退汇。

三、汇入行主动退汇

除上述两种情况外,如果超过银行规定取款期限,收款人不来汇入行取款,汇入行也可以主动办理退汇。

【单元实训】

1. 总结汇款业务中，两地银行间头寸拨付可有哪些情况？
2. 总结各种情况下头寸拨付的处理要点。

【综合实训】

【实训目标】

学习与巩固汇款业务的基本知识和技能，会填写汇款申请书。

【实训任务】

一、基础知识测试

（一）单选题

1. 在汇款业务中，若汇出行给汇入行的汇款通知中指示："In cover, we have credited your account with US"，则表明（　　）。
  A. 汇出行在汇入行开设有该笔汇款业务所使用货币的账户
  B. 汇入行在汇出行开设有该笔汇款业务所使用货币的账户
  C. 这两家银行之间没有开设该笔汇款业务所使用货币的账户，必须通过其共同账户行办理有关头寸的划拨
  D. 这两家银行该笔汇款的资金划拨只能通过其他银行办理

2. 客户要求银行使用电汇方式向国外收款人汇款，则电讯费用由（　　）承担
  A. 汇出行　　　　　　　　　　B. 汇入行
  C. 汇款人　　　　　　　　　　D. 收款人

3. 银行办理业务时通常无法占用客户资金的汇款方式是（　　）。
  A. 电汇　　　　　　　　　　　B. 票汇
  C. 信汇　　　　　　　　　　　D. 以上都是

4. 采用寄售方式来出售商品时，（　　）承担的风险很大。
  A. 进口商　　　　　　　　　　B. 代销商
  C. 银行　　　　　　　　　　　D. 出口商

5. 适宜采用电汇结算的债权债务，一般是（　　）。
  A. 零星的、小额货款　　　　　B. 付款时间紧急的大额货款
  C. 贸易从属费用　　　　　　　D. 不紧急的款项

6. 汇入行向收款人解付电汇款项之前需要（　　）。
  A. 核对汇出行授权人签章　　　B. 核对汇出行密押
  C. 核对汇出行电文格式　　　　D. 核对汇出行汇票票根

7. 对进口商不利的贸易结算汇款方式是（　　）。
   A. 延期付款　　　　　　　　　　B. 赊销
   C. 售定　　　　　　　　　　　　D. 预付货款
8. 我国南方沿海三省对港澳地区出口某些鲜活商品的一种特定的结算方式是（　　）。
   A. 延期付款　　　　　　　　　　B. 赊销
   C. 售定　　　　　　　　　　　　D. 预付货款
9. 信汇、票汇、电汇是以（　　）为标准来分类的。
   A. 结算工具与资金流向不同　　　B. 使用的结算工具不同
   C. 使用的票据不同　　　　　　　D. 证实方式不同
10. 信汇结算方式的一个优点是收费较低廉，因为它是以（　　）方式指示国外代理行解付汇款的。
    A. 电讯　　　　　　　　　　　　B. 航邮
    C. 人工快递　　　　　　　　　　D. 银行即期汇票
11. T/T、M/T 和 D/D 的中文含义分别为（　　）。
    A. 信汇、票汇、电汇　　　　　　B. 电汇、票汇、信汇
    C. 电汇、信汇、票汇　　　　　　D. 票汇、信汇、电汇
12. 信汇方式下汇入行的查验对象是（　　）。
    A. 汇出行预留的签字与信汇委托书上汇出行的签字是否一致
    B. 密押
    C. 汇票票根上银行的签字与汇出行预留的签字是否一致
    D. 汇出行预留的签字与电汇委托书上汇出行的签字是否一致

（二）多选题

1. 中国银行委托国外代理行向收款人办理汇款解付，可以采用的头寸调拨方法有（　　）。
   A. 主动借记对方账户　　　　　　B. 主动贷记对方账户
   C. 授权对方借记我方账户　　　　D. 授权贷记我方账户
2. 对出口商不利的贸易结算汇款方式是（　　）。
   A. 先结后出　　　　　　　　　　B. 赊销
   C. 延期付款　　　　　　　　　　D. 售定
3. 以下属于顺汇的支付方式有（　　）。
   A. 电汇　　　　　　　　　　　　B. 信汇
   C. 票汇　　　　　　　　　　　　D. 托收
4. 限定在汇入行取款的汇款方式是（　　）。
   A. 电汇　　　　　　　　　　　　B. 信汇
   C. 票汇　　　　　　　　　　　　D. 以上都是

（三）判断题

1. 通常票汇方式下收款人收妥资金的时间比使用电汇方式要短。（　　）
2. 使用电汇时资金到账速度快，但是费用比信汇高。（　　）

3. 汇款结算都是通过银行来传递资金的，所以是以银行信用为基础的结算方式。（　）

4. 逆汇法是由收款人出具汇票，交由银行向付款人收取金额，其特点是资金流向和结算支付工具的流向相同。（　）

5. 未开设清算账户的两家银行之间发生汇款业务时，至少需要通过一家碰头行才能结清头寸。（　）

6. 信汇委托书可以通过背书而流通转让。（　）

7. 票汇是可以通过汇票背书的方式转让汇款的。（　）

8. 对进口商而言，售定比预付货款的风险要小。（　）

9. 汇款方式目前广泛应用于国际贸易货款结算。（　）

10. 顺汇法的特点是资金流向和结算工具的流向一致，即由收款人主动开出汇票交由银行收款。（　）

11. 信汇、票汇、电汇三种汇款方式中解付行查验汇款真实性的方法相同，都是查验汇出行的签字。（　）

（四）问答题

1. 什么是电汇？请画图表示其业务流程。
2. 什么是信汇？请画图表示其业务流程。
3. 什么是票汇？请画图表示其业务流程。
4. 汇款业务的主要当事人有哪些？其各自的责任和权利是什么？
5. 银行在办理汇出汇款和汇入汇款时分别应注意些什么问题？

二、实训题

四人一组，网上搜集资料，设计一个汇款案例：模拟出口商、进口商、汇出行、解付行（账户行），模拟办理国际汇款的全过程；完成汇款的业务处理报告。

项目四 Project 4
托收方式

【知识目标】
- ◇ 熟练掌握跟单托收业务流程。
- ◇ 掌握跟单托收申请书的项目涵义和填制方法，并能正确审核托收申请书。
- ◇ 掌握托收项下风险的防范措施。
- ◇ 能利用托收统一规则（URC522）分析处理有关案例。

【能力目标】
- ◇ 能处理一般跟单托收、带有押汇的跟单托收项下的汇票；能进行汇票的托收背书。
- ◇ 能根据业务要求制作并审核托收申请书。
- ◇ 能根据业务制作托收面函。
- ◇ 能处理银行间托收项下偿付指示业务。

任务一
托收业务概述

【教师任务】
- ◇ 指导学生上网查找有关托收结算方式的国际惯例。
- ◇ 提示学生完成作业所需要关注的主要知识点，如概括说明托收概念、种类。
- ◇ 对学生作业完成情况进行点评。

【学生任务】

◇ 课后阅读有关托收结算方式的国际惯例,从中详细把握托收结算的特点、当事人的权利义务关系及业务处理原则等内容。

◇ 掌握托收的关键术语,读懂教师提供的托收凭证样本,并以书面形式说明其内容,作为作业提交给教师。

教学活动 1　托收业务的含义和特点

【活动设计】

通过案例导入,引导学生进入托收结算方式的学习;进一步讲解托收的含义和特点,使学生深入理解和把握所学基础知识。

【案例导入】

2014年8月16日,大唐贸易有限公司职员张力,因为公司的一笔男式衬衫的出口货款50万美元需要收回,委托农业银行办理托收业务。(国外进口商是美国的 Lando Company Ltd.)。

分析思考: 什么是托收业务?托收业务有哪些类型?

【基础知识】

一、托收业务的定义

国际商会制定的《托收统一规则》(《URC522》)第二条对托收作了如下定义。托收是指银行根据收到的指示处理金融单据和/或商业单据,以便取得付款和/或承兑;凭付款和/或承兑交单;按照其他条款和条件交单。

托收定义中的"金融单据"是指汇票、本票、支票或其他类似用以取得款项的凭证;"商业单据"是指发票、运输单据、物权单据或其他类似单据或其他任何非金融单据的单据。

通俗地讲,托收是债权人为向债务人收取款项,出具债权凭证(包括汇票、本票、支票等)委托银行代为收款的一种支付方式。

从具体业务实践看,银行处理托收业务要比汇款业务复杂,其中要涉及提交票据和单据的过程,而且各国银行对托收的做法不同,因此熟悉和掌握有关托收的国际惯例对正确采用托收方式和处理托收业务十分必要。

二、托收业务的特点

(一) 托收是建立在商业信用基础之上的一种结算方式

跟单托收属商业信用,即商人间的信用,银行并不介入信用,称为无证托收。出口商与托收银行之间、托收银行与代收银行之间只是一种代理关系。无论是托收银行还是代收银行,在跟单托收方式中,只是对进出口货物的安全性、收汇的及时性负有道义上的责任,至于进口商能否按照规定的交单条件付款赎单,完全取决于其付款的能力和付款的愿望,银行并不承担付款的责任。

由于跟单托收方式纯属一种买卖双方的商业信用,银行只起结算中介作用,托收缺乏第三者对买卖之间交货和付款做出可靠的信用保证,因此,在以后的贸易实践中逐渐产生了比托收更先进的信用证结算方式。

(二) 托收方式是逆汇方式,即出票法

托收方式是出口方开出汇票,连同货运单据(即跟单汇票)委托银行要求进口方付款,进口方在收到货运单据经审单无误后通过银行对出口方付款。结算工具(汇票)的走向与货款的流向是逆向的,因此,托收方式是逆汇方式。

(三) 托收方式对进口商更加有利

出口商的货款通常要于货物发出后才能凭商业单据向进口商进行货款托收,占压了出口商自身的资金,因此,托收结算方式对进口商更有利。

由于托收业务中银行只是代出口商向进口商进行代收货款,银行只是代理人身份,两家银行概不承担付款责任,也不承担担保付款责任,货款能否收妥,何时收妥,收多收少完全取决于进口商,因此,这种结算方式对进出口商双方来说,利益风险很不平衡。对出口商而言,其风险要更大一些。

三、托收业务的种类

(一) 光票托收

光票即指不附带任何货运单据的汇票(其中仅附非货运单据,如发票、垫款清单等的汇票也属于光票范畴),包括国际汇票、银行支票、本票等。光票托收通常用于收取货款尾数、样品费、佣金、代垫费用等。在实际工作中,光票托收还包括许多委托行不能立即解付或因各种原因不能立即付款的各类票据。

光票托收有三个基本关系人,即出票人、付款人和受益人。

出票人签发票据给受益人,指示付款人向其指定的受益人(收款人)支付一定金额的款项。受益人将票据提交当地银行,当地银行作为受托银行接受票据受益人的委托,向异地的付款银行收款。如果受托行与付款行无直接的账户建立,则委托其国外联行或代理行代为向付款行收款,这一个过程为光票托收。

(二) 跟单托收

跟单托收是指附带有商业单据(主要是货运单据)的托收。跟单托收可以附带汇票也可以不附带汇票。不附带汇票的托收并不影响跟单托收的效果,此时,发票金额代表汇票金额。近几十年来,欧洲大陆的部分国家,对于即期托收业务已开始免除汇票的使用,

从而减轻了商人在汇票上加贴印花的负担。但是，不附带汇票的托收如果出现拒付，由于缺少独立于商业合同的票据，将对委托人产生不利影响。所以，不附带汇票的托收一般用于彼此信任的客户，同时也不需要利用汇票做流通工具的情况。对于远期托收业务，则不能免除汇票。因此，跟单托收最实质的要件是代表货权的运输单据。国际贸易中货款的托收大多采用跟单托收。

【知识链接】

国际跟单托收盛行的原因

据调查，欧美国家中许多企业 90% 的贸易额是采用托收、赊销等非信用证方式进行交易。在当今新型贸易保护主义愈演愈烈的国际贸易环境下，跟单托收与信用证结算方式相比，有着不可比拟的优势。

在买方市场下，进口商趋向于采用跟单托收结算方式。

其一，从资金占用程度来看，信用证结算方式的资金占用程度高于托收，进口商需支付保证金才能开证，而在跟单托收项下无需支付保证金，不占用进口商资金。

其二，由于程序繁琐，信用证结算方式下费用收取较高，从开证到付款，进口商需支付开证手续费、修改费、邮电费、审单费、不符点费、承兑费等，出口商需支付通知费、修改通知费、审单费、修改换单费等；而在跟单托收项下，进口商只需支付代收手续费，D/A 承兑交单方式下加付提示承兑费，出口商只需支付托收手续费、修改托收指示费。鉴于跟单托收的程序具有简便、费用低廉的特点，出口商为调动进口商采购货物的积极性、抢占市场先机，从而促成交易、扩大出口，愿采用跟单托收结算方式。

资料来源：文章《国际跟单托收风险和防范》（http://www.xzbu.com/3/view-727737.htm）。

教学活动2　托收业务的当事人

【活动设计】

通过案例导入，引导学生进入托收的深入学习，了解并掌握托收有哪些当事人，以及当事人之间的关系。

【案例导入】

2014年8月1日，农业银行同意为出口公司大唐贸易有限公司办理跟单托收业务。

分析思考：该笔托收业务涉及哪些当事人？他们之间的关系是怎样的？

【基础知识】

一、托收业务的当事人

银行接受委托，运用托收方式进行国际结算时，必须通过国外的联行或代理行才能完成托收业务。因此，托收方式涉及的基本当事人有债权人、债务人、债权人所在地银行和债务人所在地的银行。

（一）委托方（Principal）

委托人是指委托银行办理托收的当事人，一般是出口商。

（二）托收行（Remitting Bank）

托收行又称委托行，是指接受委托人的委托通过国外分行或代理行向债务人收取款项的银行，往往是出口商的账户行。

（三）代收行（Collecting Bank）

代收行又称受托行，是指接受委托行的委托，向债务人收取款项的银行，一般都是托收行的国外分行或代理行。

（四）付款人（Drawee）

付款人是指承担付款责任的人，一般是进口商。

（五）提示行（Presenting Bank）

提示行是指跟单托收中向付款人提示汇票和单据的银行，也称交单行。一般情况下，代收行可以委托与付款人有往来账户关系的银行为提示行，也可以自己做提示行。

（六）需要时的代理人（Principal's Representative in case of Need）

在托收业务中，如发生付款人拒付，委托人可指定在付款地的代理人代为料理货物存仓、转售、运回等事宜。这个代理人叫做"需要时的代理"。按照国际惯例，委托人如拟指定需要时的代理人，必须在托收委托书上写明此项代理人的权限，如在委托书中对代理人的权限未做规定，代收行可以不受理代理人的任何指示。超过规定权限的指示，代收行也可不予受理。

二、托收业务当事人间的关系

（一）委托人与付款人之间的关系

委托人与付款人在国际贸易买卖交易中，分别为出口商与进口商。他们之间的关系是买卖关系。出口商的义务是：必须按照合同规定向进口商按质按量交运货物，必须向进口商提交符合合同要求的单据种类和单据内容。进口商的义务是：在出口商向他提交了足以证明出口商已经履行了合同义务的单据时，按合同规定付款；如有违反合同规定致使对方造成损失时，违约方应负责赔偿。

（二）委托人与托收行之间的关系

委托人与托收行之间的关系是委托代理关系。两者关系的依据是托收申请书（Collection Application）。托收申请书实质上是委托人与托收行之间的委托代理合同，作为委托人

的出口商,必须履行的责任有:

1. 托收申请书中的指示必须是明确的。

(1) 交单方式。如付款交单还是承兑交单;是否可以分批付款,分批赎票;远期汇票提前付款可否给予进口商回扣或利息、逾期付款应否追加利息等。

(2) 货款收妥后的处理方式。托收行要在代收行已收妥货款并划入托收行的账户后,才会将货款付给委托人,代收行可以用电报或航函通知托收行,但采用哪一种方式则须根据托收行的要求。为此,委托人须在委托代理合同中确定用电报还是航函通知。

(3) 银行费用的处理。一般情况下,进口商和出口商各自负担本国银行的费用。根据银行惯例,如果在托收委托书中仅规定须由进口商负担费用,而进口商拒付费用时,则代收行可以将自己应收的费用从应汇给托收行的货款中扣除。如果托收委托书明确规定不准豁免该项费用,则托收行、代收行、提示行对因此而产生的付款延迟或额外开支不负责任。

(4) 拒付时是否需做拒绝证书。委托人在委托代理合同中应对遭到拒绝承兑或拒绝付款时是否做成拒绝证书给予明确指示。根据银行惯例,在委托人没有指示必须做成拒绝证书时,银行没有义务在拒付时做拒绝证书。

(5) 拒付后货物处理的方式。理想的处理方式是出口商能在进口当地找到买主就地将货物售出;如果出口商在进口地有可靠的代理人,他可以在汇票上记载预备付款人以应急;如果没有前述的两种可能性时,委托人应在托收申请书中明确指示银行,如发生拒付,在货物到达进口地后立即办理货物的提货、存仓和保险。

(6) 选定国外的代收行。如果委托人明确指示通过国外的某一代收行办理收款,如托收行与该代收行开有账户,则可按委托人指示办理;否则,须征得委托人同意后,由托收行自行选择一家代收行。

2. 及时指示。当银行将发生的一些意外情况通知委托人时,委托人必须及时指示,否则,因此而发生的损失由委托人自行负责。

3. 负担费用。委托人不但要向托收行支付手续费,而且应负担托收行为执行委托指示而支出的各种费用。即使托收行没有收到货款,委托人也必须支付这些费用;即使托收委托书中规定国外代收行的费用须由进口商负担并不得豁免,在进口商拒付货款时,国外代收行的费用也必须由委托人负担。

托收行在接受委托人的委托以后,其责任主要有:

(1) 执行委托人的指示。托收行在托收业务中完全处于代理人的地位,它必须根据委托人的指示办事。因此对于托收行来说,其最主要的责任就是:"托收委托书"的内容必须与委托人的申请书中的指示严格相符。如果对委托人的有些要求无法执行,应向委托人解释,由他修改申请书的内容以后再办理托收。

(2) 对委托人提供的单据是否与买卖合同相符合不承担责任。托收行没有审核单据内容的义务,托收行只需将收到单据的种类和份数与托收申请书中所列情况核对,如发现单据遗漏时,应立即通知委托人补交。在具体业务中,托收行一般会对委托人交来的主要单据进行重点核对,但这完全是银行对客户提供的服务,但不是应尽的责任。银行(包括托收行、代收行、提示行等银行）办理托收业务时，应与办理信用证业务一样，须善意和谨慎行事，这是一条基本的原则。

（3）负担过失的责任。银行在受理托收时，向委托人收取手续费，因此银行必须善意和谨慎地行事，凡因来按照申请书的指示而产生的后果银行应对其过失负责。

（三）托收银行与代收银行之间的关系

代收行是托收行的代理人，代收行须严格按照作为委托人的托收行所发出的托收委托书（Collection Advice）办事。因此代收行的基本责任与前述托收行的责任大致相同，并负有一些特殊责任：

1. 保管好单据。托收就是通过银行承兑交单或付款交单。进口商要取得单据，必须对汇票承兑或付款。因此代收银行在进口商未承兑或未付款时，绝对不能把单据交给进口商。此外，在进口商拒绝承兑或拒绝付款时，代收银行应立即要知托收银行，并且在通知中声明保管单据听候托收银行的指示。一般在发出这种通知后，如在合理时间内未能收到托收银行的进一步指示时，应发电催复。

2. 无义务对托收项下货物采取任何行动。按照银行的习惯做法，银行对跟单托收项下的货物，没有任何行动义务。但是，为了保护委托人的货物，不管有没有指示，如果银行采取了提货、存仓、保险等行动，则该银行对于货物的处理、货物的状况、对受托保管或保护该项货物的第三者所采取的行动或疏漏均不负责。不过代收银行必须将这些行动通知托收银行，银行对于货物因采取保护行。

3. 托收情况的通知。按照银行的习惯做法，代收银行应根据下列规则，通知托收情况。

（1）代收银行发给托收银行的所有通知或报道中必须列有合适的说明，其中必须列明托收银行的托收委托书编号。

（2）如无明确的指示，代收银行必须用最快的邮件，将托收情况的通知，包括付款通知、承兑通知、拒绝付款或拒绝承兑通知等，寄给托收行。如果代收银行认为事情紧急，也可以用更快的通知方法，如电报、电传或电子通讯系统等，费用由委托人负担。

（3）代收银行在提示托收单据而付款人拒绝付款、拒绝承兑时，应尽力查明理由并通知托收银行。

（四）代收银行与付款人之间的关系

代收银行与付款人之间并不存在契约关系。付款人对代收银行应否付款，完全根据他与委托人之间所订立的契约义务而决定，即以委托人提供的单据足以证明委托人已履行了买卖合同义务为前提。

教学活动3　托收业务流程

【活动设计】

通过案例导入，引导学生进入托收相关单据、凭证、报文的学习和填制。

【案例导入】

2015年4月，天津纺织品公司（Tianjin Textile Co.，No. 30，Renmin Rd.，Tianjin）向美国阳光进出口公司（Sunlight Export and Import Co.，No. 33 Cat Rd.，New York）出口一批男式衬衫，合同总金额为21.5万美元，托收银行是中国农业银行天津分行（ABC Tianjin Branch），代收银行是花旗银行纽约分行（Citibank New York branch）。销售合同的其他内容、汇票和单据情况如表4-1所示。

表4-1　天津纺织品公司汇票和商业单据情况表

汇票付款期限：at Sight								汇票金额：USD215000.00								
发票编号：AN2014069								发票金额：USD215000.00								
单据名称	汇票	发票	海关发票	海运提单正本	海运提单副本	航空运单	货物收据	保险单	装箱单/重量单	数量/质量/重量证	产地证	GSP FORM A	检验/分析证	受益人证明	船公司证明	电抄	装运通知
份数	2	3		3	1			3				1					1

双方约定采用即期付款交单的跟单托收方式进行货款支付。

分析思考：如何采用托收方式办理款项的结算？有哪些手续？如何填制相关凭证？

【基础知识】

一、托收申请书的一般内容和填制

托收申请书（Application for Documentary Collection）也称为托收委托书，是委托人与托收银行之间委托代理关系的合同，是银行办理托收业务的依据，是跟单托收业务中重要的文件，需由出口商按照业务内容谨慎进行填写。

办理托收业务，收款人必须根据交易合同填制托收申请书，如表4-2所示。

表 4-2

中国农业银行
AGRICULTURAL BANK OF CHINA

跟单托收申请书
APPLICATION FOR DOCUMENTARY COLLECTION

Date 日期_____

To: Agricultural Bank of China   Branch
致：中国农业银行   行
We enclose the following draft(s) / documents as specified hereunder which please collect in accordance with the instructions indicated herein.
兹附上汇票和单据如下，谨请贵行依照本申请书的要求为我公司办理托收。
This collection is subject to URC 522.
此托收遵循国际商会第 522 号出版物《托收统一规则》。

To: Collecting Bank (Full name & address)
致：代收行（全称和地址）

Drawer (Full name & address) 收款人（全称和地址）	Tenor（期限）	
	Draft / Inv. No. 汇票 / 发票号码	Currency and Amount 币种及金额
Drawee (Full name & address) 付款人（全称和地址）		

DOCUMENTS 单据

DRAFT	COM. INV.	PACKING LIST	B/L	N/N B/L	AWB.	ORIGIN CERT.	INS. POL.	INSP. CERT.	CERT.	CABLE COPY			

Special Instructions (See box marked "X") 特殊条款（用 "X" 在方框中标明）：
☐ Please deliver documents against ☐ payment ☐ acceptance.
请办理☐付款交单☐承兑交单。
☐ All your charges are to be borne by the drawee.
你行所有费用由付款人承担。
☐ In case of a time bill, please advise us of acceptance giving maturity date.
如果托收包含远期汇票，请通知我公司承兑到期日。
☐ In case of dishonour, please do not protest but advise us of non-payment / non-acceptance giving reasons.
如果发生拒付，无需拒绝证书但应通知我公司拒绝付款或拒绝承兑的原因。
☐ Please instruct the Collecting Bank to deliver documents only upon receipt of all their banking charges.
请指示代收行收妥全部银行费用后再提示单据。
☐

Disposal of proceeds upon collection （款项收妥后，请按照以下要求办理）

联系人：   电话：

申请人（盖章）

填写说明：

1. 抬头（Invoice Ietterherd），指该跟单托收申请书的抬头，即托收行，一般由银行事先印制好。

2. 委托日期（Date），是委托人向托收银行申请托收的日期。

3. 代收行（Collecting Bank）。该栏填写国外代收银笔的名称和地址，一般为进口商的开户银行。如果委托人不知道进口方的开户银行，则托收行将为委托人选样进口商所在国家或地区的一家银行进行通知，该代收行往往是托收行的国外分支行或代理行。

4. 收款人或申请人（Drawer）。委托人或申请人为出口商，该栏填写出口商的详细名称、地址、电话、传真号码。

5. 汇票的期限（Tenor）。该栏填写汇票的付款期限，如 at 30 days after sight。

6. 付款人（Drwee）。付款人为进口商，该栏填应写进口商的详细名称、地址、电话、传真号码。

7. 汇票/发票号码（Draft/Invoice No.）。该栏填写汇票/发票号码。

8. 托收的金额（Currency and Amount）。该栏填写托收的金额。

9. 随附的单据（Documents）。该栏填写委托人提交给托收银行正本和副本单据的名称和数量。如：

（1）汇票（Draft）；

（2）商业发票（Commercial Invoice）；

（3）装箱单（Packing List）；

（4）海运提单正本 B/L：该栏填写海运提单正本份数，如 3/3 表示船公共出具了 3 份正本，委托人把全部的 3 份正本提单都提交给了银行；

（5）海运提单副本 N/N B/L：N/N 表示 Non–negotiable，即不可转让海运单；

（6）空运单（AWB）：AWB 表示 Air Way Bill，即航空运单，该栏填写空运单的份数；

（7）产地证（origin CERT）；

（8）保险单（INS POL）；Insurance Policy，即保险单。

（9）检验证书（INSP CERT.）：Inspect Certificate，即检验证书；

（10）证明（CERT.）：Cerflncate，其他证书。

（11）电报复本（cable copy）等。

10. 托收条款（terms and condition）。托收条款一般包括以下几项内容，如果需要就注明一个标记（×）：

（1）要求代收方付款交单（D/P）或承兑交单（D/A），即指示交单条件；

（2）说明银行费用是否由付款人承担；

（3）通知申请人承兑日期和汇票的到期日；

（4）付款人拒绝付款或拒绝承兑，不用做拒绝通知书，但要通知申请人并说明原因；

（5）请告知代收行，只有在收到银行费用后，才能放单给付款人；

（6）其他：如果委托人有其他指示，在此处填写。

二、托收中的汇票

无论光票托收还是跟单托收，汇票都是不可缺少的票据。在托收过程中使用的汇票，一般出口商向进口商或银行签发，要求后者即期或在一个固定的日期或在可以确定的将来时间，对某人或某指定人或持票人支付一定金额的无条件的书面支付命令。

（一）托收中汇票的制作要点

前例托收业务中的汇票如下，汇票正面见图 4-1。

```
Exchange for USD21500.00          Tianjin, 15 April, 2015
        At sight of this First of Exchange pay to the order
of Tianjin Textiles Co. the sum of US. dollars two hundred fifteen thousand only.
Drawn Under shipment of male skirt from Tianjin to NEW YORK.
To: Sunlight Import and Export Co.                For Tianjin Textiles Co.
                                                        signature
```

图 4-1 汇票示例

汇票背面见图 4-2。

被背书人	Pay to the order of Industrial and Commercial Bank of China, tianjin branch for collection.	Pay to the order of CITIBANK NA, NEW YORK BRANCH for collection.
背书人	For Tianjin Textiles Co. signature	For CITIBANK NA, NEW YORK BRANCH signature

图 4-2 汇票示例

汇票属于资金单据，它可以代替货币进行转让或流通。因此，汇票是一种很重要的有价证券。除了汇票的一般要求，在托收收业务中，汇票的制作还应该注意以下方面：

1. 出票人（Drawer），在托收业务中，汇票的出票人一般为托收业务的委托人。

2. 受款人（Payee），在实际业务中，托收项下汇票的受款人一般使用指示抬头，如以买方 A CO. 指示方式为受款人，例如："Pay to the order of A CO."。

3. 付款人（Drawee），托收项下的付款人，即合同的买方，可根据合同的买方名称、地址填入，以备持票人查找、提示。根据《托收统一规则》规定：托收指示书应列明付款人或提示所在地的完整地址，代收行对于因所提供的地址不完整或不准确而引起的任何延误不承担责任。

4. 付款期限。付款期限可以是即期也可以是远期，取决于交单条件，如交单条件为即期付款交单（D/P at sight），在本栏填写"D/P at sight"。

5. 出票条款（Drawn under）。托收项下的出票条款一般要求列出为某某号合同项下装运多少数量的某商品办理托收，例如"Drawn under Contract No. ms1506 against shipment of ×× for collection"。

（二）托收背书（Endorsement for Collection）

1. 托收背书的含义。托收背书也称委托取款背书。在票据上清楚地注明持票人是委托被背书人以代为收取票款为目的而做的背书。托收背书，仅授予被背书人行使票据上权利的资格，代理取款，并不是转让票据的所有权。日内瓦统一票据法规定，凡在票据上标有"票款在托收中（Value In Collection）"、"为代收用（For Collection）"、"委托代收（By Procuration）"或其他类似含义的，都可发生托收背书的效力。

2. 托收背书的特点。在托收背书情况下，被背书人有两种权限：

（1）被背书人可以行使汇票上一切权利，例如请求承兑或付款权，在票据退票时发送退票的通知，或提出票据诉讼权利等。

（2）被背书人可以以同一目的再背书。换言之，被背书人可以再通过背书将其代理权转让给第三人，这时第二被背书人所行使的权利与第一被背书人相同，即只有代理收款的权利而没有对票据的所有权。在托收业务中，委托人在委托托收行收款和交单时，应在汇票上进行正确的托收背书，以保证顺利收款。

3. 托收背书的形式。托收背书常见的形式有两种：一是以出票人为收款人时所做的托书背书；二是以托收行为收款人时所做托收背书。

（1）以出票人为收款人。当托收行不向委托人提供融资服务时，委托人所开立汇票一般以委托人自己为收款人，在这种情况下，委托人向托收行进行托收委托时，开立汇票，出票人以"委托收款背书"方式，做第一次托收背书，交付给托收行，托收行再以"委托收款背书"方式，做第二次托收背书，交付给代收行，由代收行向付款人进行代收。托收汇票的制作与背书如图 4-2 所示。

（2）以托收行为收款人。当托收行向委托人提供出口押汇的融资服务时，委托人所开立汇票一般以托收行为收款人，托收行以"委托收款背书"方式，交付给代收行，由代收向付款人进行代收，只需做一次托收背书。

三、托收指示（Collection Order）及其制作

（一）概述

托收指示是托收行根据托收申请书制作的，目的是委托代收行为委托人向付款人收取款项。

托收行在收到委托人提交的托收申请书和相关单据，审核无误后，要编制托收指示，委托代收行代为向付款人收取款项。因此，托收指示应做到完整、准确、清楚、整洁。

国际商会《托收统一规则》第 322 号出版物时期称为托收命令（Collection Order），现在《托收统一规则》第 522 号出版物时期称为托收指示（Collection Instruction）。托收指示的重要性有三点：1. 所有送往托收的单据必须附有一项托收指示，注明该项托收将遵循《托收统一规则》第 522 号文件并且列出完整和明确的指示。银行只准允根据该托收指示中的命令和本规则行事；2. 银行将不会为了取得指示而审核单据；代收行仅被托收指示中载明的指示所引导。3. 除非托收指示中另有授权，银行将不理会来自除了他所收到托收的有关人/银行以外的任何有关人/银行的任何指令。

（二）托收指示的要点

托收行应根据托收申请书的内容和要求制作托收指示。托收行在制作指示时需注意：1. 托收指示中的内容应与托收申请书相一致；2. 索汇路线应使用规定的收汇账户行。

(三) 托收指示的内容和制作

托收指示必须包含URC522第4条B分条第1~11款表明正当托收业务所必需的详细资料。如果委托人/托收行没有提供所需的资料，则代收行对延迟或不符不负责任。代收行对于短少的资料应发出通知，在收到完全资料以前，代收行没有必要采取任何行动去办理托收业务。因此委托人/托收行必须确保所有、必要的资料和指示已经提供在托收指示中。

1. 收到该项托收的银行详情，包括全称、邮政和SWIFT地址、电传、电话和传真号码和编号。
2. 委托人的详情包括全称、邮政地址或者办理提示的场所以及，如果有的话，电传、电话和传真号码。
3. 付款人的详情包括全称、邮政地址或者办理提示的场所以及，如果有的话，电传、电话和传真号码。
4. 提示银行（如果有提示银行的情况下）的详情，包括全称、邮政地址以及电传和传真号码。
5. 待托收的金额和货币。
6. 所附单据清单和每份单据的份数。
7. 凭以取得付款和/或承兑和条件和条款。
8. 凭以交付单据的条件。

托收指示的格式示例如表4-3所示。

表4-3　　　　　　　　　　托收指示

DOCUMENTARY COLLECTION ORDER		
		ORIGINAL
DEAR SIR:		PLS ALWAYS QUOTE
WE ENCLOSE THE FOLLOWING DOCUMENTS FOR COLLECTION		OUR REFERENCE NO.:
DATE:		
TO (COLLECTING BANK):	DRAWER:	
DRAWEE:	Amount	
	Deliver documents against	
INVOICE NO:		MATURITY DATE:
DOCUMENTS:		
DRAFT	CERT OF ORIGIN	
INVOICE	BENE'S CERT	
B/L	QUALITY CERT	
N/N B/L	G. S. P. FORM A	
INSURANCE POLICY	AWB OR C/R	
P/W LIST	INSP CERT	
OTHER DOCUMENTS		
DISPOSAL OF PROCEEDS UPON COLLECTION:		

续表

Please pay/remit the proceeds by Telex/SWIFT to ( ) for credit of our account No. with them under their advice to us quoting our Ref. No. _____
SPECIAL INSTRUCTIONS AND/OR REMARKS：
( ) DELIVER DOCUMENTS AGAINST ( ) PAYMENT ( ) ACCEPTANCE.
( ) ALL YOUR BANKING CHARGES ARE FOR ACCOUNT OF DRAWEE.
( ) DO NOT WAIVE BANKING CHARGES AND/OR INTEREST.
( ) ADVISE US NON‑PAYMENT/NON‑ACCEPTANCE AND STATING REASONS BY TELETRANSMISSION
( ) HOLD DRAFT (S) AND DOCUMENTS PENDING FURTHER INSTRUCTIONS FROM US IN CASE OF NON‑PAYMENT/NON‑ACCEPTANCE.
( ) IF PAYMENT IS DELAYED COLLECT INTEREST AT % P. A. FOR THE PERIOD OF SUCH DELAY.
( ) SUBJECT TO UNIFORM RULES FOR COLLECTIONS (ICC PUBLICATION NO. 522)
( )
FOR ×× BANK

【单元实训】

出口托收业务练习

【实训资料】

2015年1月，长春贸易进出口公司向美国公司 A Construction Materials Co., Ltd, P. O. BOX12345, NEW YORK, USA。出口一批建筑材料，合同总金额为50万美元，双方约定采用即期付款交单（D/P at sight）的托收方式进行货款支付。托收银行是中国银行长春分行，代收银行是花旗银行纽约分行。2015年2月1日，长春贸易进出口公司备好各种单据向中国银行长春分行进行托收申请，若托收行接受申请并向长春该公司提供了出口押汇服务，请代长春贸易进出口公司负责人进行该张托收汇票的开立。

【实训要求】

1. 填制托收申请书。
2. 开立托收中的汇票。
3. 进行托收背书。根据业务背景，模拟该张汇票的背书。
4. 代中国银行长春分行制作托收指示。

任务二
托收的交单方式和业务流程

【教师任务】

◇ 讲授各种托收交单条件的含义和相应的托收业务流程。
◇ 讲授相关 SWIFT 报文的术语和编制。
◇ 对学生作业完成情况进行点评。

【学生任务】

◇ 掌握不同交单条件下的托收业务流程。
◇ 课后阅读有关不同交单方式下的托收案例,并进行比较分析。

教学活动1　付款交单方式业务流程

【活动设计】

通过案例导入,引导学生进入托收付款交单方式的学习。

【案例导入】

2014 年 9 月 1 日,出口商长春出口贸易公司职员王立强到中国银行长春分行办理一笔玩具的出口托收业务,其中,发票号为 20140116,金额为 USD50000.00,托收方式为 D/p AT 30 DAYS AFTER SIGHT。该公司共提交汇票 2 份,发票 3 份,装箱单 3 份,产地证 3 份,提单 3/3 份,保险单 2/2 份。进口商为 NEW YORK IMPORT TRADE CO. LTD,该公司账户行为 BANK OF AMERICA, NEW YORK BRANCH。

分析思考:跟单托收业务的流程是怎样的?D/P AT 30 DAYS AFTER SIGHT 是指什么?出口商在跟单托收业务申请阶段应该提交哪些文件?要了解这些问题首先需要弄清楚跟单托收方式的交单条件。

【基础知识】

跟单托收方式下,出口商在货物发运后,需负责将货运单据交付给进口商,根据其向进口商交付单据的条件不同,可以分为付款交单和承兑交单两种。不同的交单条件下跟单托收的程序都有所不同,对出口商、进口商的影响也不同。跟单托收的交单条件如图 4-3 所示。

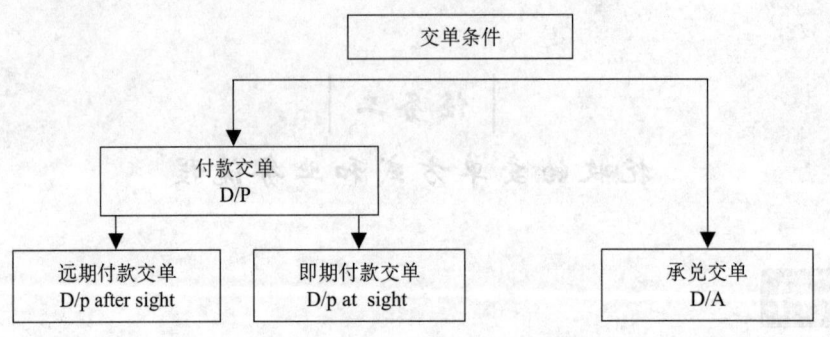

图 4-3 跟单托收的交单条件

一、付款交单条件的含义和分类

付款交单（Documents against Payment，简称为 D/P）是指代收行以进口商的付款为条件向进口商交单。付款交单根据付款时间的不同可分为即期付款交单和远期付款交单。

1. 即期付款交单（D/P at sight）。即期付款交单是指委托人开立即期汇票，代收行收到汇票和单据立即向进口商提示，进口商审单无误后付款，代收行将单据交付给进口商。采用这种方式，原则上代收行第一次提示单据时，付款人就应立即付款。

采用这种托收方式，原则上是第一次提示单据时就要付款。按照国际惯例，代收行给进口商赎取单据的时间为 24 小时，以便进口商能在第一次提示单据后的下一个工作日办理付款。

采用即期付款交单方式，出口商在进口商付款之前始终控制着单据，从而控制着货物，不会出现既收不到货款，又失去货物的情况，有利于降低风险。如果进口商付款，则出口商能迅速收到货款，避免资金积压，有利于提高资金的使用效率。

即期付款交单程序如图 4-3 所示。

2. 远期付款交单（Documents against Payment after Date or Sight，简称为 D/P after Date or Sight），是指委托人开出远期汇票，代收行收到远期付款的汇票和单据后，立即向付款人提示，付款人见票先办理承兑手续，汇票到期代收行再行提示，付款人付清货款后代收行交出单据。

二、付款交单条件下跟单托收的业务程序

（一）即期付款交单业务程序（如图 4-4 所示）

（二）远期付款交单业务程序

远期付款交单的跟单托收业务程序与即期付款交单业务程序的主要差异在于付款期限的不同。对于采用远期付款交单的出口商来说，远期付款交单在风险控制方面与即期付款交单类似，但要等到汇票到期、进口商付款时，才能收回货款。因此，远期付款交单不同程度地存在资金积压的问题，不利于高效率地使用资金。远期付款交单业务流程见图 4-5 所示。

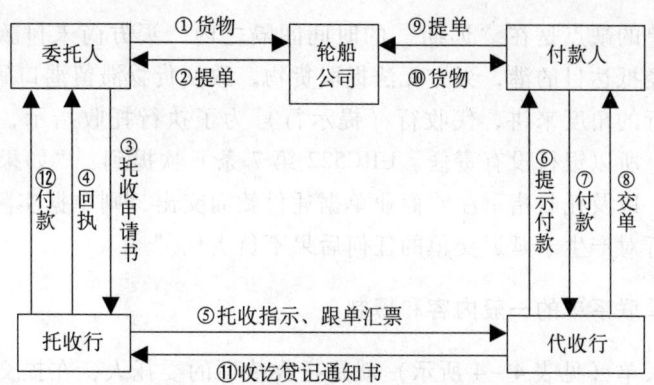

图4-4 即期付款交单业务程序

注：
①进出口双方签订贸易合同，约定采用即期付款交单的方式结算货款。出口商按合同规定向运输部门发运货物。
②运输部门收到货物后向出口商签发运输单据。
③出口商缮制符合合同规定的各种单据，开立即期汇票，填写"托收委托申请书"，声明"即期付款交单"，连同全套货运单据交托收行委托其代收货款。
④托收行清点无误后向委托人出具回单，在实务中，银行通常还需出口商在客户交单联系单上进行登记，作为收到汇票及单据的凭证。
⑤托收行缮制托收指示，连同汇票、货运单据等交代收行委托其代收货款。
⑥代收行按托收指示向进口商提示单据和汇票。
⑦进口商审核单据，确认单据无误后向代收行付款。
⑧代收行交单给进口商。
⑨进口商凭提单向船公司要求提货。
⑩进口商提取货物。
⑪代收行根据托收指示，编制MT400通知托收行款已收妥。

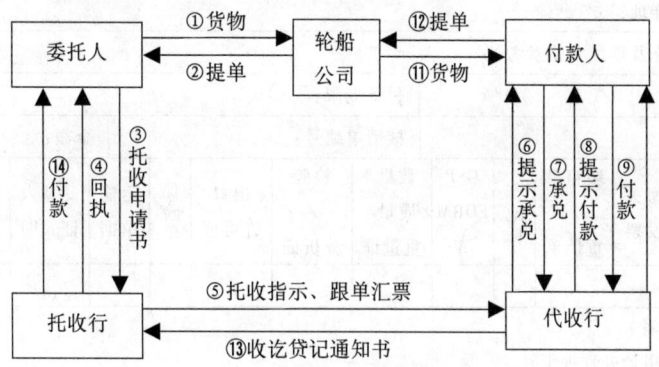

图4-5 远期付款交单业务程序

注：
①进出口双方签订贸易合同，约定采用远期付款交单的方式结算货款。出口商按合同规定向运输部门发运货物。
②运输部门收到货物后向出口商签发运输单据。
③出口商缮制符合合同规定的各种单据，开立远期汇票，填写托收委托申请书，声明"远期付款交单"，连同全套货运单据交托收行委托其代收货款。
④托收行清点无误后向委托人出具回单，作为收到汇票及单据的凭证。
⑤托收行缮制托收指示，连同汇票、货运单据等交代收行委托其代收货款。
⑥代收行按托收指示向进口商提示单据和汇票，要求进口商对远期汇票进行承兑。
⑦进口商审核单据，确认单据无误后对远期汇票进行承兑，并编制MT412通知托收行票据承兑情况。
⑧汇票到期后，代收行向进口商提示要求其进行付款。
⑨进口商付款。
⑩代收行交单给进口商。
⑪进口商凭提单向船公司要求提货。
⑫进口商提取货物。
⑬代收行根据托收指示，编制MT400通知托收行款已收妥。

远期付款交单的缺点是在"远期"的时间间隔之内,买方尚未付款,因而不能得到单据,但货物已经抵达目的港,买方无法提取货物,致使货物滞留港口码头,容易遭受损失或罚款。从银行的角度来讲,代收行(提示行)为了执行托收指示,不得不将单据延至付款以后交出,所以银行没有责任。URC522 第 7 条 c 款提到:"如果托收包含在将来日期付款的汇票,以及托收指示注明商业单据凭付款而交出,则单据实际只能凭这样付款才可交出,代收行对产生于延迟交单的任何后果不负责任。"

三、客户交单联系单的一般内容和填制

客户交单联系单(见表 4-4 所示)就是托收款项的委托人,在提交托收申请书办理托收业务并交单的时候,提交的一份说明收款方式、提交的单证明细、公司联系人的登记详单,以便银行检查单证和联系制单人。光票托收不需要交单,所以也不需要客户交单联系单。

表 4-4　　　　　　　　　　　　客户交单联系单

致：　　　　　　　　　　　　　　行

兹随附下列出口单据一套,信用证业务请按国际商会现行《跟单信用证统一惯例》办理,跟单托收业务请按国际商会现行《托收统一规则》办理。											
信用证	开证行：				信用证号：						
	信用证附　　　次修改			提单日期：	效期：			交单期限：　　　天			
无证托收	付款人全名及详址：										
	代收行外文名称及详址：（供参考）：										
	交单方式：( )D/P ( )D/A				付款期限：						
发票编号：				核销单编号：				金额：			
单据	名称	汇票	发票	海关发票	装箱单/重量单	产地证	GSP FORM A	数量/质量/重量证	检验/分析证	出口许可证	保险单	运输单据	受益人证明	船公司证明
	份数													

委办事项("×"者)
( )上述单据我司申请办理押汇；
( )上述单据系代理出口项下业务收妥后请原币划＿＿＿＿＿＿
开户行：＿＿＿＿＿＿　账号：＿＿＿＿＿＿
( )单据中有下列不符点：( )请向开证行寄单,我司承担一切责任；
　　　　　　　　　　　　( )请电询开证行同意后寄单；
　　　　　　　　　　　　( )请征询我公司意见；
　　　　　　　　　　　　(　　)＿＿＿＿＿＿＿＿＿＿＿＿

公司联系人：				联系电话：			公司签章：		
银行记录专栏	业务编号			接单日期：						
	银行费用：议付/托收：			邮费：		电费：	小计：		
	费用由　　承担			索汇方式：				寄单方式：	

续表

审单记录：		
	银行经办：	银行复核：
	审单日期：	审单日期：

四、MT400 报文和制作

MT400 的报文名称是付款通知（Advice of Payment）。代收行的具体处理分两步：①代收行收到托收指示，缮制代收赎单通知书，通知付款人付款赎单；②在进口商到期付款赎单后，代收行制作 MT400 报文发送给托收行，并向进口商收取托收费 10 美元。

MT400 报文的格式，如表 4-5 所示。

表 4-5　　　　　　　　　　MT400 报文的格式示例

20	Sending bank's TRN
21	Related Reference
32A	Date, Currency, Amount Collected
33A	Date, Currency, Proceeds Remmitted
58A	Beneficiary Bank
71B	Details of charges

MT400 报文内容解释和填制方法如下：

1. 20：Sending bank's TRN。本栏目是代收行编制的发报行编号，如本业务 444IC0012。

2. 21：Related Reference。本栏目是有关业务的编号，一般是托收行的业务参考号。如本业务是 111OC00222。

3. 32A：Date, Currency, Amount Collected。本栏目是代收金额。当项目代号是"32A："，表示到期日已经确定，如 32A：150428USD21500.00，表示代收金额为 21 500.00 美元，到期日为 2015 年 4 月 28 日。

当栏目代号是"32B"，表示无法确定到期日，如 32B：USD21500.00，表示代收金额为 21 500.00 美元，到期日未知。

当栏目代号是"32K"，表示到期日在某一段时间后，如 32K：D060STUSD21500.00，表示代收金额为 21 500.00 美元，到期日为见票后 60 天。其中 D 表示天，M 表示月；ST 表示见票后，BE 表示开出汇票后，CC 表示在货物清关后，FD 表示在货物经食品、药品检验后，FP 表示在第一次提示后，GA 表示货物到达后，ID 表示发票日期后，TD 表示签发运输单据后。

4. 33A：Date, Currency, Proceeds Remmitted。本栏目列明汇出款项的起息日、货币和金额。改金额通常为项目"32A"中的金额加上栏目"73"中金额，减去栏目"71B"的金额。若本业务起息日 2015 年 4 月 30 日，汇出金额为 21 490.00 美元，原因是扣除了本行费用 10 美元。

5. 58A：Beneficiary Bank。本栏目是收款行，列明收报行的分行，即托收行。如本业务是 ABOCCNBTJ120/AGRICULTRUAL BANK OF CHINA, TIANJINBRANCH.

6. 71B：Details of Charges。本栏目是费用明细，列明已从代收金额（32A）中扣除的费用金额。该栏目只有在该费用货币与托收金额一致时使用；如果不一致，报文将使用项目"72"列明这些费用。可能会出现以下代码：AGENT 表示代理商佣金，TELECHAR 表示我代理行费用，COMM 表示我行费用，CORCOM 表示我代理行费用，DISC 表示商业折扣，INSUR 表示保险费，POST 表示邮费，STAMP 表示印花税，WAREHOUS 表示码头费及仓储费。

（7）有的 MT400 报文中还有 52a, 53a, 54a 和 57a 栏目。

52a 的栏目名称是 Ordering Bank，代收行，若代收行不是发报行，而是发报行的分行时，报文使用该栏目，列明代收行的名称。

53a 的栏目名称是 Sender's Correspondence，发报行的代理行。

54a 的栏目名称是 Receiver's Correspondence，收报行的代理行。

57a 的栏目名称是 Account with Bank，账户行。如果收款行不是 54a 列明的银行，用该栏目。

教学活动 2　承兑交单方式业务流程

【案例导入】

2014 年 10 月 1 日，出口商长春出口贸易公司职员王立强到中国银行长春分行办理一笔玩具的出口托收业务，应进口方的要求，此次托收方式为 D/A AT 30 DAYS AFTER SIGHT。

分析思考：D/A, at 30 days after sight 的中文含义是什么？此种托收对于进、出口商有何利弊？

【活动设计】

通过案例导入，引导学生进入托收承兑交单方式的处理流程及其特点。

【基础知识】

一、承兑交单方式业务流程

承兑交单的跟单托收业务下，代收行向进口商交出单据的条件是进口商对出口商的汇票进行承兑,具体业务程序如图4-6所示。

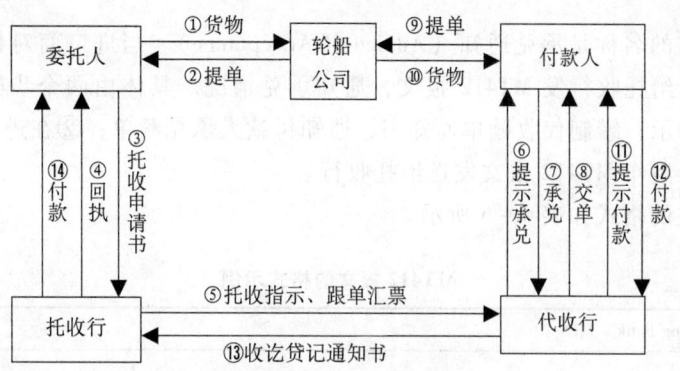

图4-6 承兑交单业务程序

注:

①进出口双方签订贸易合同,约定采用即期承兑交单的方式结算货款。出口商按合同规定向运输部门发运货物。

②运输部门收到货物后向出口商签发运输单据。

③出口商缮制符合合同规定的各种单据,开立远期汇票,填写托收委托申请书(Application for Collection),声明"承兑付款交单",连同全套货运单据交托收行委托其代收货款。

④托收行清点无误后向委托人出具回单,作为收到汇票及单据的凭证。

⑤托收行缮制托收指示书(Collection Instruction),连同汇票、货运单据等交代收行委托其代收货款。

⑥代收行按托收委托书向进口商提示单据和汇票,要求进口商对远期汇票进行承兑。

⑦进口商审核单据,确认单据无误后对远期汇票进行承兑,并用MT412报文通知托收行承兑情况。

⑧代收行交单给进口商。

⑨汇票到期后,代收行向进口商提示要求其进行付款。

⑩进口商付款。

⑪进口商凭提单向船公司要求提货。

⑫进口商提取货物。

⑬代收行根据托收指示,用MT400报文通知托收行款已收妥。

【知识链接】 承兑交单方式的特点

1. 承兑交单与远期付款交单都属于远期托收,出口商开具的都是远期汇票,但在承兑交单中,进口商只要承兑后便可得到单据,而此时汇票并未到期,进口商也未付款。

2. 对出口商来讲,承兑交单在货款收回的时间、资金占用方面同远期付款交单方式类似,出口商资金压力高于进口商。

3. 对出口商来讲,承兑交单在货款收回的时间、资金占用方面同远期付款交单方式类似,但承兑交单的风险比远期付款交单大,因为在交单后,进口商可能会破产或无力支付货款或延迟付款甚至无理拒付。

二、MT412 报文和制作

MT412 报文的名称是承兑通知（Advice of Acceptance）。当进口商对代收的远期汇票承兑后，代收行给托收行发 MT412 报文，通知承兑情况。具体由两个步骤的处理：①代收行收到托收指示，缮制代收赎单通知书，通知付款人承兑赎单；②在进口商到承兑汇票赎单后，代收行制作 MT412 报文发送给托收行。

MT412 报文的格式如表 4-6 所示。

表 4-6　　　　　　　　MT412 报文的格式示例

20	Sending bank's TRN
21	Related Reference
32A	Maturity Date, Currency, Amount Accepted
72	Sender to Receiver Information

MT412 报文内容解释和填制如下：

1. 20：Sending bank's TRN。本栏目是代收行编制的发报行编号，如本业务为 444IC0012。

2. 21：Related Reference。本栏目是有关业务的编号，一般是托收行的业务参考号。如本业务是 111OC00222。

3. 32A：Date, Currency, Amount Collected。本栏目是已承兑款项的到期日、货币和金额。如本业务为 32A：D000STUSD21500.00。

4. 72：Sender to Receiver Information 是附言。该栏目可能会出现以下代码：/BNF/ 表示下列附言给收费行；/ALCHAREF/ 表示付款人拒付所有费用；/DOMICH/ 表示该托收业务已由××银行处理；/HOLDING/ 表示已承兑汇票现由我行保管，到期将根据你行要求提示并要求付款；/OUCHAREF/ 表示付款人拒付我方费用；/SENDING/ 表示承兑汇票已经航邮你行；/UCHAREF/ 表示付款人拒付你方费用。

5. 栏目"20"、"21"和"32A"在并笔时可循环重复使用，但是最多不得超过十次。

教学活动 3　　按其他条款和条件交单

【案例导入】

2014 年 11 月 11 日，长春某进口商 A 公司与德国出口方 B 公司达成贸易合同，双方同意结算方式采用远期付款交单的托收方式。

2014年11月25日，货物、单据到达目的地长春，而付款期限未到，此时A公司进口商品在市场上销售价格较高，进口商A公司希望尽早提货，于是，A公司向代收行农业银行长春分行申请办理信托收据业务。

分析思考：什么是信托收据业务？办理该项业务对于进口商有何好处？该如何办理该项业务？

【活动设计】

1. 通过教师讲解，引导学生学习跟单托收其他交单方式。
2. 通过导入案例引导学生学习信托收据业务。

【基础知识】

一、概述

除采用付款交单和承兑交单两种交单方式外，在跟单托收实务中，还有分批部分付款、凭本票交单、凭付款承诺书交单、凭签字的信托收据交单等方式。这些交单方式的不同，在于获取单据的条件有别，处理流程基本相似，不再赘述。

分批部分付款，指凭一部分即期付款其余部分凭承诺在将来日期付款的单独汇票而交单。优点是减少出口商在承兑交单条件下的风险。

凭本票交单，即用本票代替汇票，凭本票交单。优点是可以避免由汇票带来的印花税，同时由于本票是由进口商开出的，它明确了进口商在约定的未来日期付款的责任。

凭付款承诺书交单，用付款承诺书代替本票或汇票，凭进口商的付款承诺书承诺在将来日期付款而交单。优点是节省印花税，付款较汇票更灵活。

凭签字的信托收据交单，进口商在付款前开立信托收据交给代收行，凭以借出货运单据先行提货，待收的货款后偿还代收行，换回信托收据。这种做法是远期付款交单托收的变通。优点是对进口商较为有利。凭买方或其银行开立保函担保在固定将来日期付款而交单。

二、信托收据（Trust Receipt，T/R）介绍

（一）信托收据的概念

信托收据又称进口押汇，是指在远期付款交单的托收业务中，当货物、单据到达目的地，而付款期限未到时，进口商为尽早提货而向代收行借出单据而出具的书面凭证。

进口商出具信托收据的目的是未付款时先向代收行借出单据并提货。这实际上是进口商向银行融资的一种方式，但并不是所有进口商都能通过出具信托收据得到融资。如前所述，代收行有保管好单据的责任。如果代收行借出了单据，付款人也因此提了货，那么代收行在到期日就必须向委托人（出口商）付款，除非是出口商主动授权代收行通过信托收据放单。因此，代收行为了控制风险，一般只是在付款人（进口商）信誉较好时才愿借出单据。

（二）信托收据记载的内容

1. 在进口商付款赎回信托收据之前，单据、货物的所有权仍属于代收行。
2. 进口商只能以货主（出口商或代收行）的名义提货，将货物存仓。如果出售货物，所得货款应如数存入银行，以便汇票到期时支付货款。
3. 如果代收行因借出单据而受到损失，进口商应负责赔偿。
4. 代收行可随时取消信托收据，收回单据及货物。

可见，信托收据具有借据及保证书的双重性质。

【单元实训】

跟单托收业务综合实训

2014年8月17日，出口商宏丰贸易有限公司（账号为893560008547982）职员李东雷委托模拟银行办理出口跟单托收业务，报关经营号为2201935425，合同号为IM200456988，发票号为CI456852，金额为USD50000.00，托收方式为"D/P At 1 Month After Date"。出口商宏丰贸易有限公司共提交汇票2份，商业发票3份，装箱单2份，产地证2份，提单3/3份，保险凭证2/2份，进口商为NewYork Photo Manufacture Co. LTD.，其开户行为JP Morgan Chase Bank。2014年8月18日，代出口商进行跟单托收申请书的填写。同日，代出口商进行客户交单联系单的填写。

1. 填写托收申请书。
2. 填写客户交单联系单。
3. 为代收行制作MT412报文。
4. 为代收行制作MT400报文。

任务三
跟单托收的风险及其防范

【教师任务】

◇ 指导学生上网查找有关托收结算方式的案例。
◇ 提示学生总结托收方式中进、出口双方面临的风险。
◇ 对学生作业完成情况进行点评。

【学生任务】

◇ 掌握托收业务中进出口双方可能面临的风险。
◇ 针对风险的类型设计相应的风险防范措施。

【活动设计】

通过案例导入,引导学生进入托收风险的类型以及如何防范风险内容的学习。

【案例导入】

2014年2月,我国A公司与英国B公司签订出口合同,支付方式为"D/P 120 Days After Sight"。中国C银行将单据寄出后,直到2014年8月尚未收到款项,遂应A公司要求指示英国D代收行退单,但到D代收行回电才得知单据已凭进口商B公司承兑放单,虽经多方努力,但进口商B公司以种种理由不付款,进出口商之间交涉无果。后中国C银行一再强调是英国D代收行错误放单造成出口商钱货损失,要求D代收行付款,D代收行对中国C银行的催收拒不答复。10月25日,D代收行告知中国C银行进口商已宣布破产,并随附法院破产通知书,致使出口商钱货两空。

分析思考:跟单托收方式有哪些风险?应如何防范?

【基础知识】

一、跟单托收方式中出口商的风险

托收这种方式是一种商业信用的结算方式,不论交单条件是D/P还是D/A,总是出口方发货在先收取货款在后。出口方与托收行之间,托收行与代收行之间的关系,仅是委托和接受委托,代理和接受代理的关系。正因为如此,在跟单托收业务中,出口方可能遭遇某种风险。

(一)进口方拒付的风险

进口方拒付风险是托收方式下出口商面临最大的风险,如进口方因故倒闭破产,因而无力偿付,导致出口商无法收回货款。

(二)市场风险

出口商发货后,如果货价突然下跌或者销售状况不价,进口方如果按合同进行付款就会无利可图,因此进口商会找各种借口拒绝赎单、提货、付款等。

(三)进口国风险

进口国风险可能是由于进口国政府的对外贸易、外汇管制方面的规定而造成某种风险。因政治或经济原因,进口国改革进口政策,例如,进口国政府对某些商品禁止或限制进口,或者在批汇方面施加某种限制,将导致进口商无法进口货物或申请不到所需外汇,也将不能向出口商进行付款。

二、出口商风险的防范

1. 要了解进口方作为贸易伙伴的资信和经营作风。
2. 及时把握出口商品在进口地的市场销售状况、行市趋势。
3. 弄清进口国的外贸管制和外汇管制情况;弄清进口国的海关和卫生检疫当局的各项规章制度和对方要求提供的某些特殊的单据。

4. 在结算方式上，出口方根据具体情况也可以先要求进口方预付一部分货款作为采用跟单托收方式的前提条件，有时也可以采用部分按信用证方式、部分按托收方式的办法，以便减少托收过程中可能产生的风险。此外，非采用托收方式时，则应力争多做 D/P，少做或不做 D/A。

5. 争取自办保险，采用 CIF/CIP 价格方式成交，以防进口商拒不赎单时，或货物遭受损失时，可以得到保险公司的赔偿。

6. 了解进口商的商业习惯和法律规定，做到对惯例风险的事先预防。

既然跟单托收方式对出口方具有诸多风险，那这种结算方式为什么被广泛采用，甚至占相当比重呢？其原因是贸易保护主义甚嚣尘上，出口竞争分外激烈。为开拓市场，推销出口商品，出口方在结算方式上一般要做出一些让步。

三、跟单托收方式中进口商的风险及防范

在跟单托收方式中，进口商面临的主要风险是付款提货后发现货物与原先的样品或要求有差距，甚至是假货。此种情况下，虽然进口商可以通过控告出口商不履约而要求赔偿，但这种跨国赔偿诉讼往往很困难。

针对前述风险，作为出口方和进口方，最根本的一条，是重在调查研究，掌握进口方和进口国的某些第一手资料和情况，采取相应的防范措施和办法：

进口商为了避免货物不符等风险，可采取如下几项措施：

1. 慎重选择出口商。在签订贸易合同之前，进口商可通过适当途径，对出口商的资信、经营作风等情况事先作好充分调查。

2. 交单条件最好选择承兑交单。对进口商来说，承兑交单比付款交单主动一些，但这与出口商的立场刚好相反。

3. 仔细审核单据。由于银行不负责审单，因此进口商要对单据进行仔细审核，防止票据和单据伪造。对某些单据可指定由国际上某些信誉卓著的机构出具。如为保证货物质量，可以要求出口商提供由一流商检机构出具的质量证。

4. 尽可能争取 FOB。采用 FOB 价格条件成交，进口商就可以用自己的船运输，并自己办理保险，从而可以防止出口商伪造单据、故意沉船、纵火等行为的发生。但需要注意的是，进口商的交单条件和价格条件往往与出口商处于相对的立场，因此要综合考虑，灵活运用。

【知识链接】

审慎选择代收行

UCR522 规定，代收行可以由出口商自行选择，也可以由托收行代为选择。托收行在替出口商选择代收行时，应本着审慎的原则，向出口商推荐历史悠久、熟知国际惯例、信誉卓著的代理行作为托收行，从而最大限度避将 D/P 远期付款交单视为 D/A 承兑交单处理和将代收行费用由进口商转嫁至出口商的风险。

首先，托收行应掌握各国银行对待 D/P 远期付款交单的态度。在美国，各银行做法不统一，一些银行接受 D/P 远期，认为只有在落实了付款保证或得到托收行授权的前提下才可以放单给出口商；一些银行将其视为 D/A 承兑交单。在德国、挪威、阿联酋，通常不接受 D/P 远期付款交单方式。在澳大利亚和智利，将 D/P 远期付款交单视为 D/A 承兑交单处理。在加拿大，D/P 只能做即期而不能做远期。而 D/P 远期发生纠纷在法国是找不到法律依据的。泰国的银行是接受 D/P 远期方式的。出口商选择的代收行一般是由进口商指定的，当进口商提供的代收行为本土银行而非托收行的代理行时，托收行应充分提醒其慎重。

其次，向代收行发出的托收指示中应明确指明"This documentary collection is subject touniform rules for collection ICC Publication NO. 522 1955 Revision"（本笔跟单托收受《托收统一规则》UCR522 约束）以及"All your bank charges are to be borne by the drawee, and do not waive if refused"（代收行费用由付款人承担且不可放弃）。对于 D/P 远期，则应强调"According to UCR522 ART. 7（C）, you are authorized to deliver documents to drawee only against their final payment for the full value of the accepted drafts"（根据 UCR522 第 7 款 c 项，只有付款人付清全部汇票款项后你行才被授权向其释放单据），并加上防止代收行擅自放单的语句"if you can not follow our instructions, please inform usa sap and hold the documents for further instructions"（如果你行无法执行该指示时，请及时告知我行并留存单据等待我行进一步指示）。最后，一旦代收行违背托收指示操作，托收行应多次通过电函与其交涉，摆出 UCR522 中具体条款与其据理力争，运用国际惯例充分保护出口商应有的利益。通常被动局面是可以挽回的。

资料来源：《国际跟单托收风险和防范》，http://www.xzbu.com/3/view-727737.htm。

【单元实训】

2014 年 3 月 11 日，我国甲公司与印度尼西亚乙公司签订一笔金额为 2 万美元的出口合同，约定以"D/P at sight"为付款方式。

在货物装船起运后，乙公司又要求国内出口商将提单上的托运人和收货人均注明为乙公司，并将海运提单副本寄给他。货到目的港后，乙公司便以暂时货款不够等原因不付款赎单，要求出口商将付款方式改为 D/A，并允许他先提取货物，否则就拒收货物。由于提单的收货人已记名为乙公司，使国内出口商无法将货物再转卖给其他客户，只能答应其要求。然后乙公司以货物是自己的为由，以保函和营业执照复印件为依据向船公司凭副本海运提单办理提货手续。货物被提走转卖后，乙公司不但不按期向银行付款，而且再也无法联系，使甲公司货款两空。

分析思考：该案中我国甲公司业务存在的漏洞有哪些？如何避免此案中的类似风险？

【综合实训】

实训目的

巩固托收基础知识,增强处理实务的能力,会解读英文托收申请书;能根据业务内容填写相关英文资料。

一、基础知识测试

(一)单选题

1. 在托收业务中,以下关系中不属于委托代理关系的是( )。
   A. 委托人和托收行　　　　　　　B. 托收行和代收行
   C. 代收行和付款人　　　　　　　D. 委托人和"需要时的代理"

2. 以下不属于代收行义务的是( )。
   A. 收到单据应与托收指示核对,如单据有遗失立即通知委托行
   B. 按单据的原样,根据托收指示向付款人提示
   C. 对于汇票上承兑的形式,负责表面上完整和正确之责
   D. 在汇票遭到拒绝承兑或拒绝付款时,负责作成拒绝证书

3. D/P,T/R 意指( )。
   A. 付款交单　　　　　　　　　　B. 承兑交单
   C. 付款交单凭信托收据借单　　　D. 承兑交单凭信托收据借单

4. 承兑交单方式下开立的汇票是( )。
   A. 即期汇票　　　　　　　　　　B. 远期汇票
   C. 银行汇票　　　　　　　　　　D. 银行承兑汇票

5. 在托收业务中,如发生拒付,为了照料处理存仓、保险,重行议价,转售或运回等事宜,委托人可指定一个在货运目的港的代理人办理,这个代理人是( )。
   A. 委托行　　　　　　　　　　　B. "需要时的代理"
   C. 代收行　　　　　　　　　　　D. 承运人

6. 对于托收商品的成交价格条件,应选用( ),以防进口商拒不赎单时,或货物遭受损失时,可以得到保险公司的赔偿。
   A. FOB　　　　　　　　　　　　 B. CIF
   C. CFR　　　　　　　　　　　　 D. EXW

7. 在托收业务中,原定的进口商拒绝付款赎单后,代收行的首要职责是( )。
   A. 主动将单据及时退回给委托行　　B. 代委托人提货存仓
   C. 保管好单据,听候委托人的处理意见　D. 委托承运人将货物运回

8. 在跟单托收业务中,出口商不能通过采取( )式来减少和消除风险。
   A. 调查了解进口商的资信和作风
   B. 尽可能争取"到岸价格"(CIF)交易,争取自办保险

C. 尽可能争取即期付款交单方式
D. 尽可能争取承兑交单方式

9. 付款交单凭信托收据借单是（　　）的融资。
   A. 进口商给予出口商　　　　　　B. 代收行给予进口商
   C. 代收行给予出口商　　　　　　D. 代收行或出口商给予进口商

10. 托收委托书原规定托收费用由付款人负担，但是付款人拒付票款时，其托收费用应该（　　）。
    A. 由托收行负担　　　　　　　　B. 由代收行负担
    C. 由委托人负担　　　　　　　　D. 由付款人负担

11. 跟单托收业务中，即期 D/P、远期 D/P、D/A 做法步骤不同主要发生在（　　）之间。
    A. 委托人与托收行　　　　　　　B. 委托人与代收行
    C. 托收行与代收行　　　　　　　D. 代收行与付款人

12. 某公司委托银行办理托收业务，银行分两次寄单。第一次航邮单据因航空失事丢失商检证书正本。付款人提出缺正本商检证书，拒付货款，对此（　　）。
    A. 银行有责任　　　　　　　　　B. 银行无责任
    C. 银行和委托人都有部分责任　　D. 以上说法都不对

（二）多选题

1. 在一笔托收业务中，下列（　　）不是托收行应做的工作。
   A. 制作托收指示　　　　　　　　B. 开立跟单汇票
   C. 向付款人提示跟单汇票　　　　D. 审查单据内容

2. 代收行在收到托收行寄来的单据和托收指示后，应审核（　　）。
   A. 单据种类是否与托收指示书上所列的一致
   B. 单据份数是否与托收指示书中所列的一致
   C. 单单是否一致
   D. 托收指示上是否注明了交单条件

3. 在跟单托收业务中，"需要时的代理人"的作用为（　　）。
   A. 拒付时代办货物的转售　　　　B. 拒付时代办货物的存仓、保险手续
   C. 向进口商提示单据，要求付款　D. 为买方承兑的汇票作担保

4. 光票托收一般用于（　　）的收取。
   A. 出口货款尾款　　　　　　　　B. 出口货款
   C. 佣金　　　　　　　　　　　　D. 样品费

（三）判断题

1. 托收是一种付款人主动向收款人支付货款的方式。　　　　　　　　　　（　　）
2. 托收业务中，银行负责点交所收到的单据的种类和各自份数，而不负责审查其具体内容和从单据中获得托收指示。　　　　　　　　　　　　　　　　　　（　　）
3. 托收需要借助银行才能实现货款的收付，所以托收属于银行信用。　　　（　　）
4. 托收业务中，代收行对于汇票上的承兑形式，只承担表面上完整和正确之责，不

负签字的正确性，或签字人是否有权限签署之责。   （   ）

5. 委托人在出口托收申请书上可指定代收行，如不指定，托收行可自行选择它认为合适的银行作为代收行。托收行由于使用其他银行的服务而发生的费用和风险，在前种情况下由委托人承担，在后种情况下由托收行承担。   （   ）

6. 银行可以根据自己的判断，来决定是否接受委托办理托收业务。   （   ）

7. 以信托收据提取的货物，其所有权并不随货物的转移而转移。   （   ）

8. 为了有利于托收的进行和防止不必要的争端，托收指示上应有"根据国际商会的《托收统一规则》办理"的字句。   （   ）

9. 尽管托收业务的结算基础是商业信用，银行必须核实委托人交付单据的种类和份数是否与托收指示中所列示的一致。若不一致，应立即电告委托人。   （   ）

10. 托收业务中，委托人必须向银行提交汇票，以便银行向付款人提示收款。（   ）

11. 托收指示中必须注明："Interests may not be waived"，代收行必须收妥货款连同利息后放单。   （   ）

（四）问答题

1. 托收方式的当事人有哪些？其各自的责任和权利分别是什么？
2. 为什么以托收方式结算贸易货款，出口商要争取以CIF价格成交？
3. 托收结算方式下，如何分别对进口商和出口商提供融资？
4. 在托收方式下，出口商通常以何种方式来降低自身的风险？
5. 对比即期付款交单、远期付款交单和承兑交单方式对进出品商的优势和劣势。

二、实训题：

1. 根据以下托收委托书，回答问题。

表4-7　　　　　APPICATION FOR DOCUMENTARY COLLECTION　Date：18th May, 2015

To：BANK OF CHINA　SHANGHAI We enclose the following draft (s) /documents as specified hereunder which please collect in accordance with the instructions indication herein. This collection is subject to URC522.	To：Collecing bank THE BANK OF TOKYO – MITSUBISHI LTD, ADDRESS： 2 – 10 – 22 KAYATO BLDG 4F AKSBONOCHO TACKKAWA SHI, TOKYO	
Drawer： SHANGHAI DONGFENG EXPORT AND IMPORT COMPANY ADDRESS： Room201, BuildingNo.3, No.12, Nanjingroad, BaoShanDistrict SHANGHAI, CHINA	Tenor AT SIGHT	
	Draft/Inv. No. 677776	Currency and Amount USD500 000.00
Drawee： RIQING EXPORT AND IMPORT COMPANY ADDRESS： P. O. BOX. 1589, NAGOYA, JAPAN		

DOCUMENTS

DRAFT	COM. INV.	PACKING LIST	B/L	N/N B/L	AWB.	ORIGIN CERT.	INS. CERT.	INSP. CERT.	CERT.	CABLE COPY	
2	3	3	3/3								

Special Instructions (See box marked "X")
（X） Please deliver documents against （X） payment （　） acceptance.
（X） All your charges are to be borne by the drawee.
（　） In case of a time bill, please advise us of acceptance giving maturity date.
（X） In case of dishonour, please do not protest but advise us of non‑payment/non‑acceptance giving reasons.
（X） Please instruct the Collecting Bank to deliver documents only upon receipt of banking charges.

Disposal of proceeds upon collection

联系人：杨戈　　　　　　　　　电话：0086‑023‑34222222　　　　　Authorized signature

1. 此托收委托书的托收行为（　　）。
   A. 中国银行上海分行　　　　　B. 东京东菱银行
2. 此托收委托书的代收行为（　　）。
   A. 中国银行上海分行　　　　　B. 东京东菱银行
3. 委托人也是收款人是（　　）。
   A. 上海东风进出口公司　　　　B. 瑞清进出口公司
4. 付款人是（　　）。
   A. 上海东风进出口公司　　　　B. 瑞清进出口公司
5. 该托收是（　　）。
   A. 见票即付　　　　　　　　　B. 远期付款
6. 汇票号码和金额（　　）。
   A. 677776，USD500000.00　　　B. 500000，677776
7. 所有的费用应该由（　　）承担。
   A. 委托人　　　　　　　　　　B. 付款人
8. 如果拒付，是否需要拒绝证书（　　）。
   A. 需要　　　　　　　　　　　B. 不需要
9. 商业发票的份数是（　　）。
   A. 2　　　　　　　　　　　　 B. 3

（二）根据以下所给条件填写托收申请书，并代替代收行填制 MT400（假定托收行该业务参考号 113OC00222）

2014 年 7 月 10 日，出口商长春进出口公司（账号：893560008547982；地址：长春市南关区繁荣路 536 号）职员张敏委托中国农业银行长春分行办理出口跟单托收业务。报关经营号为 2201935425，合同号为 IM201006088，发票号为 CI456852，金额为 HKD800000.00，托收方式为 D/P At Sight。出口商长春进出口公司共提交汇票 2 份，商业发票 3 份，装箱单 2 份，产地证 2 份，提单 3/3 份，保险单 2/2 份。进口商为 HongKong Dahua Manufacture Co. LTD.，地址：OLYMPIAN CITY 36 HOIFAI ROAD WEST KOWLOON），其开户行为 Bank of China（HongKong）Limited（编号：411IC0012.）。注：所有银行费用由进口商承担；远期汇票通知到期日；拒付时放弃拒绝证书，持单听候指示；不放弃银行费用；款项收妥后记入出口商账户。

项目五 | *Project 5*
信用证方式

【知识目标】
- ◇ 掌握信用证的含义和特点，熟练掌握信用证的主要内容。
- ◇ 准确把握信用证当事人的权利和义务。
- ◇ 掌握信用证的种类。
- ◇ 理解和掌握信用证结算的风险及防范措施。
- ◇ 了解关于信用证结算业务的国际惯例。

【能力目标】
- ◇ 熟练掌握信用证结算的业务流程。
- ◇ 能够熟练处理信用证结算下的各方业务。
- ◇ 能够根据国际贸易的实际需要恰当选择不同种类的信用证。

任务一
信用证概述

【教师任务】
- ◇ 指导学生上网查找有关信用证结算方式的国际惯例。
- ◇ 提示学生完成作业所需要关注的主要知识点。
- ◇ 对学生作业完成情况进行点评。

【学生任务】

◇ 课后阅读有关信用证结算方式的国际惯例，从中详细把握信用证结算的特点、当事人的权利义务关系及业务处理原则等内容。

◇ 掌握信用证类型及其用途。

教学活动1　信用证的含义和特点

【活动设计】

通过案例导入，引导学生进入信用证结算方式的学习；进一步讲解信用结算的含义和特点，使学生深入理解和掌握所学基础知识。

【案例导入】

中国大唐贸易有限公司外贸业务员李大伟，负责美国市场，目前与美国的 LANDO COMPANY LTD. 的业务人员 Jims Kart 进行出口女衣的谈判。除支付条款外，双方合约的其他条款都已达成。由于是第一次和对方合作，李大伟担心收汇安全问题，因此要求对方采用全TT50%预付，50%见装运单据传真件后付款。美国公司也担心收货安全问题，觉得中方提出的支付方式对己方风险大，且占用资金。

分析思考：是否有一种对买卖双方相对安全的支付方式用于国际贸易结算呢？

【基础知识】

一、信用证的含义

信用证（Letter of Credit，L/C）是银行开立的不可撤销的有条件的承诺付款的书面文件。它是开证银行根据开证申请人（即进口商）的要求和指示，对受益人（即出口商）签发的，保证在满足信用证要求和交来符合信用证规定的单据时，必定承兑和付款的书面文件。

在国际贸易活动，买卖双方可能互不信任，买方担心预付款后，卖方不按合同要求发货；卖方也担心在发货或提交货运单据后买方不付款。因此需要银行做为买卖双方的保证人，代为收款、交单，以银行信用代替商业信用。银行在这一活动中所使用的工具就是信用证。

对于信用证的定义，我们应从如下几个方面把握：

（一）以银行信用替代商业信用

信用证是开证银行做出的付款承诺，该承诺被接受后，做出承诺的人即成为第一付款人。使用信用证结算，银行取代了进口商成为第一付款人，进口商在银行无力支付时成为第二付款人。

（二）开证银行可以自己付款或委托其他银行代付

根据 UCP600 规定，开证行的付款方式有三种：一是开证银行直接付款或对汇票进行承兑或支付；二是指定另一银行付款或对汇票进行承兑或支付；三是授权其他银行议付。即授权其他银行以有追索权地买进受益人持有的单据的方式进行支付，然后单据受让人再向付款银行寄单要求其付款。

（三）银行的付款承诺是有条件的

根据 UCP600 规定，受益人只有在其行为符合信用证规定，且提交了符合信用证规定的单据时，银行才会付款，否则银行有权拒付。

二、信用证的特点

根据对信用证定义的理解，信用证有如下三个特点：

（一）信用证是银行信用，银行承担第一性付款责任

信用证是银行开出的有条件承诺付款文件，它以银行信用替代了商业信用，一经开出，银行就承担了第一性的付款责任。只要受益人行为符合信用证的规定，并提严格按信用证要求提交单据，银行就必须承担付款责任。

（二）信用证是一项独立文件，不依附于贸易合同

根据 UCP600 规定："就性质而言，信用证与可能作为其依据的销售合同或其他合同，是相互独立的交易。即使信用证中提及该合同，银行亦与该合同完全无关，且不受其约束。"

上述规定表明：信用证的开立会依据销售合同，即信用证开立时是以销售合同为基础的。信用证一旦开立，即成为独立于销售合同以外的自足文件，银行只对已经开立的信用证负责，而不会理会销售合同。

（三）信用证业务是单据业务，与货物无关

根据 UCP600 规定："银行处理的是单据，而不是单据所涉及的货物、服务或其他行为。"银行对任何单据的形式、充分性、准确性、内容真实性、虚假性或法律效力，或对单据中规定或添加的一般或特殊条件，概不负责；银行对任何单据所代表的货物、服务或其他履约行为的描述、数量、重量、品质、状况、包装、交付、价值或其存在与否，……也概不负责。"因此，信用证业务中银行只处理信用证要求的相关单据，并且只核查相关单据表面的相符性，对于货物及单据的其他内容是否真实并不负责。只要受益人行为符合信用证规定，并且所提交的单据"单证一致、单单一致"，做到表面上与信用证严格相符，银行就必须付款，而不管货物是否真实存在或单据的内容真实性。

教学活动 2 信用证涉及的当事人

【活动设计】

通过对案例导入的讲解分析引导学生思考信用证结算中可能涉及的当事人；通过讲解

使学生掌握信用证涉及各当事人的权利和义务。

【案例导入】

中国大唐贸易有限公司与美国 Lando. Co. Ltd. 签订了一份关于女装成衣的外贸销售合同，合同规定采用信用证方式作为结算方式。合同签订后，Lando 公司的 Jims Kart 来到花旗银行洛杉矶分行（CITI Bank International，Los Angels）办理信用证手续。

分析思考：信用证涉及了哪些当事人？各当事人之间的关系是怎样的？

【基础知识】

信用证业务涉及三个基本当事人，即开证申请人、开证行和受益人。此外，通常还会有其他当事人，即通知行、议付行、付款行和保兑行、承兑行、偿付行。

一、信用证涉及的当事人及其权利与义务

（一）开证申请人（Applicant）

开证申请人是向银行提交申请书申请开立信用证的人，一般为进出口贸易业务中的进口商。在国际贸易中，开证申请人根据贸易合同的规定到其有业务往来的银行申请开立信用证。开证申请人的权利与义务包括：

1. 依据合同申请开立信用证，支付相关费用。开证申请人应按贸易合同规定的时间和条件，向开证行申请开立信用证，支付所有的银行费用，并承担银行为他提供服务时所承担的风险。如果贸易合同未规定开证的具体时间，开证申请人应于合理的时间内开出信用证，以保证出口方能够在收到信用证后在合同规定的装运期内履行合同义务。

如卖方未能按合同相关规定履行自己的义务，开证申请人（即买方）有权拒开信用证。比如，贸易合同中规定"买方于卖方交付履约保证金后 5 日内向卖方开立信用证"，如果卖方未能按合同约定向买方交付履约保证金，则买方有权拒开信用证。

2. 提供开证担保，合理指示开证。开证申请人应于提交开证申请时根据要求向开证行提供开证提保。这些担保可以是开证押金、动产或不动产，也可以是第三者提供的担保，其具体形式应符合开证行的要求。以我国为例，开证行通常要求开证申请人提交开证押金，对于规模较小的贸易公司其押金额度通常为所开信用证金额的 100%，而对于规模较大的贸易公司，银行可能给予一定的授信额度，比如提交所开信用证金额的 50% 作为开证押金。

开证申请人应正确合理地填写开证申请书，使其既符合贸易合同规定，又使得所开立信用证简单明了，无非单据化条款。非单据化条款指没有表明要提供与之相符的单据条款，这种条款对受益人无约束力，银行不予理会。

3. 向开证行付款赎单。开证申请人应接受符合信用证条款的单据，向银行付款赎单。同时，申请人有审单、退单的权利，对于不符单据，开证申请人有权拒付并收回开证担保。

（二）开证行（Issuing Bank）

开证行是接受申请人（进口商）的要求向受益人（出口商）开立信用证的银行。该

银行一般是申请人的开户银行。开证行的权利与义务包括：

1. 开立和修改信用证。开证行有权依规定向开证申请人获取开证担保，收取相关费用。在获取开证提保和接受了开证申请书后，应严格遵照开证申请人的指示开立信用证，信用证开立后，如申请人提交改证申请，开证行应按要求进行修改。在开证和改证的过程中，开证行应向申请人提供适当建议和咨询服务。

2. 严格审核单据。信用证处理的是单据业务。开证行应按照所开信用证条款严格、仔细的审核所收到的单据，以保证单据表面没有不符点，符合"单证相符、单单相符"的原则。开证行如确定交单不符时有权拒付，并一次性通知提示人。

3. 承担第一性付款责任。信用证一旦开立，开证行就承担第一性的付款责任，只要提交的单据与信用证相符，开证行就必须按规定履行付款责任。即使开证申请人倒闭或无力付款，开证行对于相符交单也不能拒绝付款。

（三）信用证受益人（Beneficiary）

受益人是开证行在信用证中授权使用和执行信用证并享受信用证所赋予的权益的人，受益人一般为出口商。受益人的权利与义务包括：

1. 审核信用证。受益人有权根据贸易合同审核信用证条款，对与合同不符的条款要求开证申请人指示开证行进行修改，或者拒绝接受信用证。如果受益人依合同要求修改信用证，而开证申请人拒绝修改，则申请人构成违约，受益人可以提出索赔。

2. 提交正确、完整的单据。受益人接受信用证后，必须按信用证规定行事，履行相关义务，在规定期限内交付单据。受益人提交的单据应符合"单证一致、单单一致"的原则，否则银行可能拒付。

3. 要求付款、承兑或议付。受益人有权依照信用证条款和条件提交汇票及/或单据要求取得信用证的款项。受益人交单后，如遇开证行倒闭，信用证无法兑现，则受益人有权向进口商提出付款要求，进口商仍应负责付款。这时，受益人应将符合原信用证要求的单据通过银行寄交进口商进行托收索款。如果开证行并未倒闭却无理拒收，受益人或议付行可以诉讼，也有权向进口商提出付款要求。

（四）通知行（Advising Bank）

通知行是开证行在出口国的代理人。通知行的责任是及时通知或转递信用证及其相关修改，证明信用证的真实性并及时澄清疑点。通知行对信用证内容不承担责任。

信用证之所以通过银行传递而不直接交给受益人，就是要利用银行核对其真实性，保证受益人的权益。如通知行不能确定信用证的表面真实性，即无法核对信用证的签署或密押，则应毫不延误地告知从其收到指示的银行，说明其不能确定信用证的真实性。如通知行仍决定通知该信用证，则必须告知受益人它不能核对信用证的真实性。

（五）议付行（Negotiating Bank）

议付行是根据受益人的要求和提供的单据，在核实单证相符后向受益人买入单据，并向付款行或偿付行索回款项的银行。议付行能常位于受益人所在地，可能是通知行、保兑行或其他出口地的银行。

议付又被称作"买单"或"押汇"，是信用证的一种使用方法，指由一家信用证允许的银行即议付行，在相符交单下，买入该信用证项下的汇票和/或单据，按票面金额扣除从议付日到汇票到期之日的利息,将净款付给出口商垫付货款,向受益人提供资金融通。

在信用证业务中,议付行是接受开证行在信用证中的邀请并且信任信用证中的付款担保,凭出口商提交的,包括有代表货权的提单在内的全套出口单证的抵押而买下单据的。议付行议付后,向开证行寄单索偿。如果开证行发现单据有不符信用证要求的情况存在,拒绝偿付,则议付行有向受益人或其他前手进行追索的权利。在信用证实际业务中,有些国家的议付行并不垫付货款给受益人,如我国的银行采取"收妥结汇"的做法,这种行为并不构成真正的议付。

需要注意的是,不是所有的信用证都可以议付,一般只有开证行在信用证中规定允许议付时才能议付,而不能议付的信用证只能向开证行直接收款。

(六) 保兑行 (Confirming Bank)

保兑是指在开证行承诺之外做出的承付或议付相符交单的确定承诺,即由除开证行以外的银行对开立的信用证做出的对符合信用证条款的交单进行支付的承诺。保兑行是根据开证行的授权或要求对信用证加具保兑的银行。如开证行授权或要求另一家银行对信用证加具保兑,而该银行不准备照办时,它必须不延误地告知开证行;如果该银行为通知行,仍可通知此份未经加具保兑的信用证。然而保兑行一旦对信用证加具了保兑,就对信用证负独立的确定的付款责任,只要符合信用证规定的单据提交给保兑行,或提交给其他任何指定银行,并且构成相符交单,保兑行必须承付或无追索权地议付(如果信用证规定由保兑行议付)。

如遇开证行无法履行付款时,保兑行履行审单付款的责任。保兑行付款后只能向开证行索偿,因为它是应开证行的请求或授权为开证行加具保兑的。保兑行付款后无权向受益人或其他前手追索票款。

保兑行有权拒收有不符点的单据,但必须明白无误地向受益人表明这一态度,在此情况下,保兑行将不再承担其保兑项下的任何责任。

(七) 付款行 (Paying Bank)

付款行又称代付行,是开证行的付款代理人,指开证行在信用证中指定的信用证项下担当付款人的另一家银行。开证行通常指定与其有业务代理关系的通知行或其他银行作为付款。

付款行有权拒绝开证行的指定代为付款,但付款行一旦接受指定,它的审单付款责任与开证行一样,如发现不符点应即拒付,且一旦付款,即不得向受益人追索,而只能向开证行索偿。如开证行收到付款行寄来的单据发现不符点并拒付,付款行则要自己承担责任与损失。

(八) 承兑行 (Accepting Bank)

远期信用证如要求受益人出具远期汇票的,会指定一家银行作为受票行,由它对远期汇票做出承兑,这就是承兑行。

如果承兑行不是开证行,承兑后又最后不能履行付款,开证行应负最后付款的责任。若单证相符,而承兑行不承兑汇票,开证行可指示受益人另开具以开证行为受票人的远期汇票,由开证行承兑并到期付款。承兑行付款后向开证行要求偿付。

（九）偿付行（Reimbursing Bank）

偿付行是开证行指定的对议付行或付款行、承兑行进行偿付的代理人。

如果开证行与议付行或付款行、承兑行没有账户关系，特别是信用证采用第三国货币结算时，为了方便结算，开证行有时委托另一家有账户关系的、在货币所在国的银行代其向议付行、付款行或承兑行偿付。所以偿付行通常是代开证行偿付的第三国银行，或由通知行兼任。信用证中规定了偿付行，并没有免除开证行付款的责任，如果偿付行没有履行付款义务，开证行承担付款责任，并对索偿行的利息损失以及产生的费用负责。

【知识链接】

关于偿付行

如果信用证规定了偿付行，则信用证中必须声明是否按照信用证开立日正在生效的国际商会《银行间偿付规则》办理；如果信用证中未声明是否按照国际商会《银行间偿付规则》办理，则开证行必须向偿付行提供偿付授权书（Reimbursement Authorization），通知付款的金额、有权索偿银行等内容。议付行在议付或代付款后，把单据直接寄给开证行，同时向偿付行发出索偿书（Reimbursement Claim），偿付行收到索偿书后核对开证行偿付授权书，如与有权索偿银行相符，索偿金额不超过授权金额，则向索偿银行付款。偿付行偿付后向开证行索偿。如果开证行没有存款或存款不足，又无透支协议，则偿付行有权拒付。

根据惯例，偿付行只管偿付，退款与其无关。偿付行与信用证无直接关系，不接受或审核信用证项下的单据，不与受益人发生利益关系，因此偿付行的付款行为不能视为开证行的付款。如果在议付行将单据寄交开证行，开证行发现单据不符，而偿付行已经付款时，开证行只能向议付行要求退回已付款项，而不能向偿付行追索。

无论有没有发生偿付，偿付行的费用通常应由开证行承担。如果费用由受益人承担，开证行应在信用证和偿付授权书中予以注明；如偿付行的费用由受益人承担，则该费用应在偿付时从偿付金额中扣除。

二、信用证主要当事人之间的关系

（一）开证申请人与受益人之间是买卖合同关系

开证申请人通常是国际贸易合同的买方，受益人通常为卖方，双方订立的合同中约定以信用证方式支付货款，则买方应依合同的规定开立信用证，卖方则应依合同发货并提供符合信用证要求的单据。

（二）开证行与开证申请人之间是以开证申请书及其他文件确定的委托合同关系

在此合同关系中，开证行的主要义务是依开证申请书开立信用证并谨慎地审核一切单据，确定单据在表面上符合信用证。开证申请人则应交纳开证押金或提供其他保证，交纳开证费用并付款赎单。

（三）开证行与受益人之间形成了事实上的合同关系

开证行与受益人两者之间不存在直接的合同关系，但开证行一旦开立信用证，双方之间就形成了事实上的合同关系，即：开证行向受益人承担对相符交单的付款责任，其权利与义务建立的基础是信用证条款。

（四）通知行与开证行之间是委托代理关系

通知行接受开证行的委托，代理开证行将信用证通知受益人，并由开证行支付佣金给通知行。因此，通知行可以拒绝开证行指定通知有关信用证，并且如果同意指定，只负责审查信用证的表面真实性。

（五）开证行与议付行不存在直接合同关系

开证行与议付行不存在直接合同关系，两者间的关系确立需依据信用证条款的规定，议付行以汇票及/或单据持有人的身份对开证行主张权利。由于议付行根据开证行的邀请与付款承诺向受益人垫付款项，开证行有义务对议付行提交的表面相符单据付款，有权拒付不符单据。在开证行拒付的情况下，议付行作为正当持票人并要据其与受益人之间的协议，对受益人享有追索权。

（六）通知行与受益人和开证申请人之间不存在合同关系

通知行通知受益人是因其对开证行负有义务，不是因为通知行与受益人之间有合同关系而对受益人负有此项义务。根据UCP600规定：信用证及其修改可以通过通知行通知受益人，但通知行通知信用证不构成兑付或议付的承诺。通知行与开证申请人之间不存在直接关系。

（七）开证行与保兑行是委托代理关系

当开证行委托一家银行为信用证作保兑时，该银行可以接受也可以拒绝委托。一旦该银行接受委托对信用证进行保兑，则成为该信证的保兑行，承担保兑行的全部责任义务并享有相应权利。

（八）受益人与保兑行之间具有与开证行相同的权利义务

保兑行承担与开证行相同权利和义务，因为保兑行在开证行开立的信用证上加注了"保兑"字样，与受益人之间形成了事实上了合同关系。一方面它作为开证行的代理人，另一方面它又以当事人的身份对受益人独立承担责任。保兑行与开证行一样承担对受益人相符交单付款的责任，且一旦付款不得向受益人追索。

（九）开证行与付款行是委托代理关系

付款行是开证行的付款代理人，根据他们之间的业务代理协议承担代理付款责任。付款行承担审单的责任，并对不符单据有权拒付，但一旦付款则不得再以交单不符为由向受益人追索，只能向开证行索偿。而开证行向付款行付款后如发现单据不符，可以向付款行进行追索，其损失由付款行自行承担。

教学活动3　信用证的种类

【活动设计】

通过对案例导入的分析解读，引导学生学习思考不同种类的信用证；通过对基础知识讲解使学生掌握信用证的主要类型及其应用。

【案例导入】

Lando. Co. Ltd. 的业务员 Jims Kart 来到花旗银行洛杉矶分行咨询信用证开立业务。银行国际业务部的 Porter 接待了他。Jims Kart 向 Porter 讲解了信用证的种类。

分析思考：信用证的种类有哪些？

【基础知识】

信用证诞生以来在不同的国家和地区被广泛使用，其所涉及的业务也千差万别。常见的信用证依据其性质、期限、是否需要保兑、可否转让以及信用证之间的关系等，可以分为如下几种：

一、跟单信用证和光票信用证

（一）跟单信用证（Documentary Credit）

跟单信用证是指凭跟单汇票或仅凭单据付款的信用证。此处的单据指代表货物所有权的单据（如海运提单等），或证明货物已交运的单据（如铁路运单、航空运单、邮包收据）。

（二）光票信用证（Clean Credit）

光票信用证是指凭不随附货运单据的光票（Clean Draft）付款的信用证。银行凭光票付款，也可要求受益人附交一些非货运单据，如发票、垫款清单等。在国际贸易的货款结算中，绝大部分使用跟单信用证。

二、保兑信用证和不保兑信用证

（一）保兑信用证（Confirmed Letter of Credit）

保兑信用证是指开证行开出信用证后，由另一银行保证对符合信用证条款规定的单据履行付款义务。信用证一经保兑，保兑行承担的责任与开证行一致，两者同样是承担第一性的付款责任。保兑行通常是通知行，有时也可以是出口地的其他银行或第三国银行。在保兑信用证下，意味着不但有开证行不可撤销的付款保证，而且保兑行也提供同样的付款保证。这种有双重保证的信用证对出口商最为有利。

使用保兑信用证主要有两个原因：一是，受益人对开证银行信用不信任或对进口国政治状况有顾虑，为了安全收款，要求资信很好的第三方银行加以保兑。二是，有些出口国家法律、法规规定，受益人只能接受经本地银行保兑的信用证。

保兑通常是经开证行邀请第三方银行加具。还有一种是"沉默保兑"，是指贸易合同中没有规定开立保兑信用证，但受益人在通知行收到信用证通知时自己要求通知行对该信用证保兑，银行根据其与受益人之间的书面约定，单方面对信用证加具保兑。沉默保兑是受益人银行对受益人的一种授信业务，一般对受益人的财务状况等有一定的要求。

（二）不保兑信用证（Unconfirmed Letter of Credit）

不保兑信用证是指开证银行开出的信用证没有经另一家银行保兑。通知行在给受益人的信用证通知中一般会写上：This is merely an advice of credit issued by the above mentioned bank which conveys no engagement on the part of this bank.（这是上述银行所开信用证的通知，我行只通知而不加保兑。）

一般当开证银行资信良好、成交金额不大时，都使用不保兑的信用证。我国的银行信誉好，有足够的偿付能力，因此开立信用证时通常不接受第三方银行保兑。

三、即期付款信用证、承兑信用证、延期付款信用证和议付信用证

（一）即期付款信用证（Sight Payment Credit）

即期付款信用证是指开证行或指定的付款行收到与信用证条款相符的单据即予付款的信用证。此种信用证一般在信用证中注明"即期付款兑现（by payment at sight）"。

即期付款信用证一般不需要汇票，也不需要领款收据，付款行或开证行只凭与信用证相符的单据付款。付款行通常由通知行兼任，付款行付款后，不得对受益人追索，因此受益人交单、取款很方便，对受益人非常有利。

（二）承兑信用证（Acceptance Credit）

承兑信用证是指远期付款并需要使用远期汇票的信用证。信用证中的表述通常为："by acceptance of drafts at：×××days."

承兑信用证要求受益人开立以指定银行为付款人的远期汇票，连同规定的单据向指定银行作承兑交单，银行确认相符交单后，即收下单据并对汇票进行承兑后交还受益人（或受益人的委托银行），并承担到期付款的责任。承兑行可以是开证行，也可以是开证行指定的其他银行，如付款行、保兑行、通知行等。

（三）延期付款信用证（Deferred Payment Credit）

延期付款信用证是指远期付款不需要汇票的信用证，开证行在信用证中规定货物装船后若干天付款，或开证行收到单据后若干天付款。信用证中表述通常为："by deferred payment at：×××days."

延期付款信用证的业务与承兑交单类似，银行收到单据后，将单据交给申请人，银行在信用证规定的付款到期日才付款，因此出口商交单后不能立即得到付款，且由于没有汇票，出口商也不能贴现得到融资。一般来说，在出口业务中若使用这种信用证，货价应比银行承兑远期信用证高一些。

（四）议付信用证（Negotiation Credit）

议付信用证是指信用证规定由某一银行或任何银行为受益人相符交单进行议付，开证人保证对议付后取得善意持票人身份的银行及时偿付的信用证。信用证中通常的表述为："by negotiation"。其中,指定某一银行议付的信用证称为"限制议付信用证,其通常表述为:"Available with ×××Bank by negotiation";任何银行都有权议付的信用证称为"公开议付信用证"或"自由议付信用证",其表述通常为:"Available with any bank by negotiation"。

议付信用证可以是即期的也可以是远期的,一般要求开立汇票。

四、可转让信用证、不可转让信用证和背对背信用证

(一)可转让信用证(Transferable Credit)

可转让信用证是指信用证的受益人(第一受益人)可以要求信用证中授权的转让银行,将该信用证全部或部分转让给一个或数个受益人(第二受益人)使用的信用证。可转让信用证必须在信用证中注明其是可转让的,否则就是不可转让信用证。其表述通常为:"Form of Documentary Credit:transferable"。

1. 开证行授权的转让行指被授权付款、承担延期付款责任、承兑或议付的银行或当信用证是自由议付时在信用证中特别授权的转让银行。

2. 可转让信用证只能转让一次,即只能由第一受益人转让给第二受益人。第二受益人不得要求将信用证转让给其后的第三受益人,但是,再转让给第一受益人,不属被禁止转让的范畴。

3. 信用证只能按原证规定条款转让,但信用证金额、商品的单价、到期日、交单日及最迟装运日期可以减少或缩短,保险加保比例可以增加,信用证申请人可以变动。

(二)不可转让信用证(Non-transferable Credit)

不可转让信用证是指受益人不能将信用证的权利转让给他人的信用证。凡信用证中未注明"可转让"字样者,就是不可转让信用证。

(三)背对背信用证(Back to Back Credit)

背对背信用证是指受益人要求原证的通知行或其他银行以原证为基础和保证,另开一张内容相似的新信用证,这张信用证就是背对背信用证。它是一种从属性质的信用证。背对背信用证的特点如下:

1. 背对信用证的开立并非原始信用证申请人和开证行的意旨。

2. 背对背信用证与原证是两个独立的信用证,同时并存。

3. 背对背信用证的受益人不能获得原证开证行的付款保证,只能得到背对背开证行的付款保证。

4. 背对背信用证一经开立,其开证行就要承担相应的义务,与原证开证行无关。

背对背信用证的使用目的与可转让信用证大致相同,通常都是中间商贸易或转口贸易时使用。当进口商在信用证上不愿意加列可转让条款时,中间商往往用原证为抵押,申请开立一张内容近似的新证,即背对背信用证,给实际供货商。新证开立时,原证仍有效,由开立新证的开证行代原受益人保管,以原证项下收到的款项来支付背对背信用证开证行垫付的资金,这样中间商就不必因向实际供货商购货而支付货款。中间商通过这种操作可以实现融资,并获取利润。

五、循环信用证(Revolving Credit)

循环信用证是指信用证被全部或部分使用后,其金额又恢复到原金额,可再次使用,

直至达到规定的次数或规定的总金额为止。循环信用证主要用于进出口买卖双方订立长期合同,分批交货,而且货物比较大宗单一的情况下,进口方可节省开证手续和费用,同时也可简化出口人的审证、改证等手续,有利于合同的履行。

(一) 按时间循环的循环信用证

信用证上规定受益人每隔多少时间可循环使用信用证上规定的金额。如:信用证金额为 5 万美元,两个月循环一次,有效期为 12 个月。时间循环信用证又可分为两种:一是,累积性循环信用证,即指受益人在规定期限内可以支取的信用证金额有余额,则该笔余额可以转到下期一并使用;二是,非累积性循环信用证,是指受益人在规定期限内可以支取的信用证金额有余额不能转到下期一并使用。

(二) 按金额循环的循环信用证

信用证每期金额用完后,可恢复到原金额循环使用,直到规定的总金额用完为止。有三种循环方式:一是,自动循环,即信用证在每次装货议付后,不必等待开证行通知即可自动恢复到原金额;二是,半自动循环,即信用证在每次装货议付后,经过一定时间方可恢复原金额并再度使用;三是,非自动循环,即信用证在每次装货议付后,经开证行通知,才能恢复原金额再度使用。

六、对开信用证 (Reciprocal Credit)

对开信用证,是指两张信用证的开证申请人互以对方为受益人而开立的信用证。对开信用证的特点是第一张信用证的受益人(出口人)和开证申请人(进口人)就是第二张信用证的开证申请人和受益人,第一张信用证的通知行通常就是第二张信用证的开证行。两张信用证的金额相等或大体相等,两证可同时互开,也可先后开立。对开信用证多用于易货交易或来料加工和补偿贸易等业务。

七、预支信用证

预支信用证又称为红条款信用证,是指开证行授权指定银行向受益人预付全部或部分信用证金额,由开证行保证偿还利息的信用证。

一般做法是开证行在开证申请人的请求下,在信用证上加列条款,授权出口地银行凭出口商签发的光票,在交单前就向出口商预先垫付全部或部分货款,以帮助出口商备货装运,等出口商交单议付时,预支行再从议付金额中扣除已垫付的本息。这是一种装船前的资金融通,意在帮助出口商生产或采购所出售的货物。

由于过去信用证以信开为主,信用证上的预支条款为了醒目起见,通常用红字打印,故称也称为"红条款信用证"。

八、假远期信用证

假远期信用证,又称买方远期信用证,是指开证行开出远期信用证,同时在信用证条款中承诺单证相符情况下即期付款,开证申请人到期再偿付开证行的信用证。假远期信用证是开证行为开证申请人提供的一种融资便利,利息一般由开证申请人负担。信用证中常用表述为:"Usance drafts to be negotiated at sight and discounted by us, discount charges and acceptance commission are for Importer's account."

【单元实训】

一、案例分析

【实训设计】

将学生分成若干组，以小组为单位合作完成案例分析任务；将本次任务结果作为技能成绩加以记录。

【实训流程】

步骤一：阅读案例

中国 A 公司从法国 B 公司购买灯泡生产线。合同规定分两次交货、分批开证。A 公司应于货到目的港后 60 天内进行复验，若货物与合同规定不符，A 公司凭所在国的商品检验证书向 B 公司索赔。合同订立后，A 公司按合同规定向银行申请并开立首批货物的信用证。B 公司装船后凭相符单据向议付银行求议付，开证银行在单证相符的情况下对议付行偿付了款项。在第一批货物尚未到达目的港前，第二批货物的开证期临近，A 公司又申请银行开出信用证。此时，首批货物抵达目的港；经检验发现，货物与合同规定严重不符。A 公司当即通知开证行，称：拒付第二次信用证项下的货款，并请听候指示。然而，开证行在收到议付行寄来的第二批单据后，经审核无误，再次偿付议付行。但当开证行要求 A 公司付款赎单时遭到拒绝。

思考分析：

1. A 公司和开证行的行为否合理？
2. A 公司拒付货款赎单的做法是否符合国际惯例？
3. 从本案你可以看到信用证结算的哪些特点，并分析本案信用证当事人的相互关系。

步骤二：独立分析

由各小组成员根据所学知识进行独立分析，形成书面材料。

步骤三：分析解答

随机抽取三名学生解读结果，结合信用证详细分析，并解答学生提出的问题。

步骤四：实训总结

1. 综合总结实训涉及的知识。
2. 总结实训的参与度与学生表现情况。

二、信用证种类判定

【实训设计】

将学生分成若干组，以小组为单位完成任务；每组的任务结果作为作业，评判后作为技能成绩加以记录。

【活动步骤】

步骤一：以 PPT 展示不同种类的信用证。

可转让信用证、循环信用证、假远期信用证、预支信用证、即期信用证、远期信用证、承兑信用证。

步骤二：每种信用证由学生独自判定种类，并说明原因，记录下相关条款和文句。

步骤三：教师随机抽取三个小组的任务结果，进行逐个分析讲解。

步骤四：对任务完成情况进行总体点评和说明。

任务二
信用证结算的业务流程

【教师任务】

◇ 指导学生完成信用证结算流程的分析任务，详细讲解信用证结算的基本流程。

◇ 详细讲解信用证结算项下各业务环节的要点，帮助学生理解、掌握相关知识，并能进行实际操作。

◇ 对学生作业和任务完成情况进行点评、分析。

【学生任务】

◇ 每个学生课后上网查询至少两个世界知名银行的信用证结算流程，并进行对比分析，从而熟练掌握信用证业务的基本流程。

◇ 每个学生上网查询两个信用证样本，对样本中的单据要求进行分析，写出所需要的单据，并比较单据要求的异同。

◇ 学生根据给定的贸易合同填写信用证开证申请书；根据给定的信用证填写信用证通知单；根据给定合同，审核信用证，填写信用证修改申请书。

信用证结算业务要经过许多环节，其基本流程如图 5-1 所示。

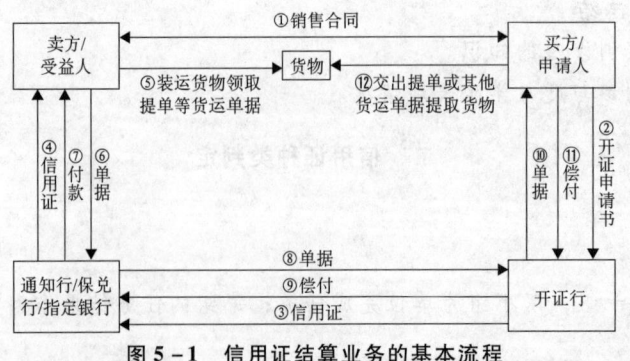

图 5-1 信用证结算业务的基本流程

①申请人和受益人订立销售合同,约定以跟单信用证的支付方式。
②申请人根据销售合同制作开证申请书,向开证行申请开立信用证。
③开证行开立信用证,并传递给通知行。
④通知行向受益人通知信用证。
⑤受益人接受信用证后发货并根据信用证要求制作单据。
⑥受益人备齐单证,向指定银行交单。
⑦指定银行审单无误后议付,或办理即期付款,或承担延期付款责任,或承兑远期汇票。
⑧指定银行寄单给开证行要索偿。
⑨开证行收到单据后审单无误后向指定银行偿付。
⑩开证行接受单据后,通知开证申请人按预先订立的偿付协议付款赎单。
⑪申请人按照预先订立的协议付款给开证行,取得单据。
⑫申请人向承运人交单提取货物。

教学活动1 信用证的申请和开立

【活动设计】

通过对案例合同的分析解读,引导学生学习思考信用证的结算的流程;通过讲解使学生掌握申请人申请开立信用证和银行开立信用证的流程。

【案例导入】

美国 Lando Company Ltd. 与大唐贸易有限公司签订了一份外贸合同,合同规定采用信用证作为付款方式。合同签订后,Lando 公司的 Jims Kart 到 Citi Bank 办理信用证的开证手续。

分析思考: 应如何进行信用证的申请和开立?

【基础知识】

一、申请人申请开立信用证

签订贸易合同后,进口商根据贸易合同的约定的开证内容及要求,填制"开证申请书",连同银行要求的其他材料,交给开证行申请开立信用证。开证申请书的内容是开证行对外开立信用证的依据,因此内容要与进口合同"证同一致",才能保证信用证的内容与进口合同的内容一致,真正达到保证进出口业务顺利进行的目的。本业务的外贸合同见表5-1。

二、开证行对申请开证客户的初审

银行对开证申请人提交的有效凭证进行合规性和表面一致性的审核。具体如下:

表 5–1

SALES CONTRACT

NO.: GP123456　　　　　　　　　　　　　　　　DATE: Aug. 26th, 2014

THE SELLER: DT Trading Co., Ltd.　　　　　　**THE BUYER:** Lando Co., Ltd.

Room 207 Yamao No.111 Zhongshan Rd., Shenyang,　　No. 123 Wooden Avenue, Los Angels,

China　　　　　　　　　　　　　　　　　　　　U.S.A.

This Contract is made by and between the Buyer and Seller, whereby the Buyer agrees to buy and the Seller agrees to sell the under-mentioned commodity according to the terms and conditions stipulated below:

Commodity & specification	Quantity	Unit price	Amount
Ladies' 55% Acrylic 45% cotton Knitted Blouse	120 Cartons	USD48.50/Doz CIF Los Angels	USD 29100.00

TOTAL CONTRACT VALUE: SAY U.S. DOLLARS TWENTY NINE THOUSAND ONE HUNDRED ONLY.

PACKING: 5 Dozens/Carton

PORT OF LOADING AND DESTINATION:

From Shenyang, China to Los Angels, U.S.A.

TIME OF SHIPMENT :

Shipment on or before Oct. 20th, 2014 with partial shipment are not allowed transhipment is allowed

INSURANCE: the seller shall cover insurance against all risks for 110% of the total invoice value as per relevant ocean marine cargo clause of P.I.C.C.dated Jan.1st,1981.

TERMS OF PAYMENT : 100% of contract value paid by Letter of Credit at sight,to reach the seller 30 days before the month of shipment remained valid for negotiation in china until the 15th day after the date of shipment.

DOCUMENTS:

+ Signed Invoice in quadruplicate.

+ Full set of clean on board ocean Bill of Lading marked "freight prepaid" made out to order of issuing bank blank endorsed notifying the applicant.

+ Packing List in quadruplicate.

+ Certificate of Chinese Origin certified by Chamber of Commerce or CCPIT.

+ Shipping advice showing the name of the carrying vessel, date of shipment, marks, quantity, net weight and gross weight of the shipment to applicant within 1 day after the date of Bill of Lading.

OTHER CLAUSE:

（1） Transshipment is allowed.

（2） 1 set shipping sample will be sent to the buyer before shipment.

In witness thereof, this S/C is signed by both parties in two original copies, each party holds one copy.

Signed by:

　　　　　　THE SELLER:　　　　　　　　　　**THE BUYER:**

　　　　　　DT Trading E Co., Ltd.　　　　　　　Lando Co., Ltd.

　　　　　　　李大伟　　　　　　　　　　　　*Jime Kant*

【知识链接】 外贸合同支付条款

进出口双方在贸易合同中的支付条款中规定采用信用证结算方式。一般在合同支付条款中应说明以下几点：

1. 以信用证方式结算。只有在合同中规定凭信用证结算时，进口商才有向其所在银行申请开证的义务。

2. 明确信用证的种类。信用证有很多种类，不同种类的信用证的银行责任、有效期及流通方式有所不同，合同中应明确规定。

3. 信用证送达卖方的期限。出口商可以要求在合同中作具体规定，以防卖方晚开信用证造成的损失。

4. 开证银行的选择。为保障收汇安全，出口商可在合同中要求对开证行的资信地位作出规定。如果没有明确规定，进口商可自行确定开证行。

5. 信用证支付时间、货币和金额。如果合同中对装运数量订有"约"数或溢短装条款，应要求信用证金额中也注明"约数"或规定与溢短装条款相应的金额。

6. 信用证的有效期及到期地点。为保证出口商结汇安全，应明确规定信用证到期地点与有效期。

1. 对外付汇的资格。银行可联网查询外汇管理部门发布的"进口单位名录（单）"，查询申请人是否具备对外付汇的资格。

2. 对于首次办理开证业务的客户，银行还应审核其营业执照（副本）、组织机构代码证书及"对外贸易经营者备案登记表"等并留存上述材料的复印件。对于首次申请开证的申请人，还需出具"单位基本情况表"和"进口信用证业务承诺书"用于明确其今后在开证申请书及信用证修改申请书上所使用签章的形式。

三、进口商填写开证申请书

开证申请书（见表 5-2）是开证行对外开证的依据，也是与开证申请人之间明确相互权利义务的重要合同。

四、开证行开立信用证

对开证资料审核无误后，银行即可开立信用证，具体工作如下：

1. 通知行的选择。

（1）如申请人应出口方要求指定了通知行，且通知行与开证行有代理行关系时，应确定该行为通知行。

（2）如申请人无特别指定或指定的通知行与开证行无代理行关系时，在征得申请人同意后选择受益人所在地与开证行有代理行关系的银行作为通知行。

2. 制作 SWIFT 报文。落实好开证条件后，便可制作 SWIFT 报文。一般采用标准的 SWIFT MT700/701 报文格式。制作信用证报文时，必须选择信用证适用的国际惯例，并遵循银行内部指导手册要求。

3. 开出信用证。根据制作好的 SWIFT 报文，通过 SWIFT 国际结算系统进行操作处理，系统自动生成进口信用证的业务编号，开出信用证。

4. 费用收取。进口开证业务的费用于信用证开立时一并收取。

收取保证金或其他形式的担保，并依开证申请书指示开立信用证，把信用证的内容发送给出口商所在地的通知行，以通知给受益人。信用证一经开出，申请人与开证行就形成了法律上的合同关系，各自承担自己的义务享受自己的权利。

表 5-2　　　IRREVOCABLE DOCUMENTARY CREDIT APPLICATION

TO: CITI BANK INTERNATIONAL LOS ANGELS		Date: SEP. 01, 2014	
☐ Issue by airmail　　☐ With brief advice by teletransmission ☐ Issue by express delivery ☒ Issue by teletransmission (which shall be the operative instrument)		Credit No. Date and place of expiry NOV. 06, 2014 IN CHINA	
Applicant LANDO COMPANY LTD. No. 123 Wooden Avenue Los Angels, U. S. A.		Beneficiary (Full name and address) DT TRADING COMPANY LTD. Room 207, Yamao Mansion No. 111, Zhongshan Road Shenyang, P. R. CHINA	
Advising Bank		Amount USD29100.00 SAY U. S. DOLLARS TWENTY NINE THOUSAND ONE HUNDRED ONLY	
Partial shipments ☐ allowed　☒ not allowed	Transhipment ☐ allowed　☒ not allowed	Credit available with By ☐ sight payment　　☐ acceptance ☒ negotiation ☐ deferred payment at against the documents detailed herein ☒ and beneficiary's draft (s) for　100　% of invoice value at　＊＊＊＊　sight drawn on CITI Bank International Los Angels	
Loading on board/dispatch/taking in charge at/from THE PORT OF LOS ANGELS not later than　　　　　OCT. 20, 2014 For transportation to:　　DALIAN PORT, CHINA			
☐ FOB　　　　☐ CFR　　　　☒ CIF ☐ or other terms			

续表

Documents required: (marked with X)
1. (X) Signed commercial invoice in 3 copies indicating L/C No. and Contract No.
2. (X) Full set of clean on board Bills of Lading made out to order and blank endorsed, marked " freight [　] to collect/ [　] prepaid [X] showing freight amount" notifying THE APPLICANT WITH FULL NAME AND ADDRESS .
(　) Airway bills/cargo receipt/copy of railway bills issued by _____ showing "freight [　] to collect/ [　] prepaid [　] indicating freight amount" and consigned to _____ .
3. (X) Insurance Policy/Certificate in 3 copies for 110 % of the invoice value showing claims payable in _____ in currency of the draft, blank endorsed, covering All Risks, War Risks and _____ .
4. (X) Packing List/Weight Memo in 3 copies indicating quantity, gross and weights of each package.
5. (　) Certificate of Quantity/Weight in _____ copies issued by _____ .
6. (　) Certificate of Quality in ____ copies issued by [　] manufacturer/ [　] public recognized surveyor ____ .
7. (X) Certificate of Origin in 2 copies.
8. (　) Beneficiary's certified copy of fax/telex dispatched to the applicant within ____ days after shipment advising L/C No., name of vessel, date of shipment, name, quantity, weight and value of goods.

Other documents, if any
_____CERTIFICATE ISSUED BY THE BENEFICIARIES INDICATING THAT THE GOODS ARE BRAND NEW AND IN CONFORMITY WITH THE CREDIT.
　　CERTIFICATE ISSUED BY THE MASTER OR THE CARRIER OWNER OR THE AGENTS CERTIFYING THAT THE CARRYING VESSEL INDICATED IN THE B/L IS CLASSIFIED AND NOT OVERAGE.

Description of goods:
　　LADIES' 55% ACRYLIC 45% COTTON KNITTED BLOUSE

Additional instructions:
1. (X) All banking charges outside the opening bank are for beneficiary's account.
2. (X) Documents must be presented within 15 days after date of issuance of the transport documents but within the validity of this credit.
3. (　) Third party as shipper is not acceptable, Short Form/Blank back B/L is not acceptable.
4. (　) Both quantity and credit amount _____% more or less are allowed.
5. (X) All documents must be sent to issuing bank by courier/speed post in one lot.
(　) Other terms, if any
ALL DOCUMENTS SHOULD BE DATED AND INDICATE THIS L/C NUMBER

Stamp of Applicant
Lando Co. Ltd.
Jims Kart

客户应填写开证申请书的内容包括：

1. 申请书抬头（To）。在申请书的抬头后面填写开证行：CITI Bank INTERNATIONAL LOS ANGELS。

2. 申请日期（Date）。在本栏目填写申请日期：SEP. 01. 2014。

3. 信用证开立方式。采用电开，即 SWIFT 开，在"Issue by teletransmission"前打"×"（×表示正确选项）。

4. 开证申请人（Applicant）。本栏目填写开证申请人，即进口合同的买方的名称和地址：

Lando Co., Ltd. No. 123 Wooden Avenue, Los Angels, U.S.A.

5. 受益人（Beneficiary）。本栏目填写开证受益人，即进口合同的卖方的名称和地址：DT Trading Co., Ltd. Room 207 Yamao No. 111 Zhongshan Rd., Shenyang, China。

6. 通知行（Advising Bank）。本栏目填写通知行的名称和地址，若卖方没有提供，由开证行指定。

7. 金额（Amount）。本栏目填写信用证金额的大小写金额：USD 29100.00，SAY U.S. DOLLARS TWENTY NINE THOUSAND ONE HUNDRED ONLY。

8. 分批装运（Partial Shipment）。根据进口合同规定，不允许分批装运，在 not allowed 前打"×"。

9. 转运（Transshipment）。根据进口合同规定，不允许转运，在 not allowed 前打"×"。

10. 装运港（Loading on board）。本栏目填写装运港：The Port of Los Angels。

11. 目的港（For transportation to）。本栏目填写目的港：Dalian Port, China。注意若有转运港，在目的港后加上：Via, London, U.K. Via Hong Kong。

12. 最迟装运日期（not later than or Latest Date of Shipment）。本栏目的最迟装运日期：Oct. 20, 2014。

13. 贸易术语（Trade Terms）。本栏目在 CIF 前打"×"。

14. 指定银行和兑用方式（Credit available with…by…）。在 Credit available with 后填写指定银行，再选择对应的兑用方式。本业务根据合同规定，在 Credit available with 后填写，并在 negotiation 前打"×"。

15. 汇票条款（Draft Terms）。若出具汇票，本栏目填写汇票金额、期限和付款人。本业务的汇票金额填写发票金额的 100%，期限填写 at sight。Drawn on 后填写付款人 CITI Bank International Los Angels。

16. 单据条款（Documents Required）。根据进口合同的要求或实际需要选择所需提供的单据。本业务选择商业发票、海运提单、装箱单、数量和质量证明、原产地证、装运通知，并按照合同要求进行填写。

17. 货物描述（Description of Goods）。本栏目填写的货物描述：Ladies 55% Acrylic 45% Cotton Knitted Blouse。

18. 特殊条款（Additional Conditions）。

①费用条款。选择常用条款：All banking charges outside the opening bank are for beneficiary's account。

②交单期。根据实际情况，规定装船日后 15 天交单。Documents must be presented within days after the date of issuance of the transport documents but within the validity of this credit.

19. 信用证有效期和交单地点（Date and place of expiry）。交单地点一般情况下在受益人所在国，信用证有效期一般是最迟装运日期加上交单期，本业务填写：Nov. 06. 2014 in China。

20. 签章（Signature）。申请书内容填写准确后，申请人要在正面和背面分别进行盖章和签名。

教学活动2　信用证的开立形式

【活动设计】

通过案例导入中的信用证，引导学生阅读信用证，掌握信用证的开立形式和主要内容。

【案例导入】

花旗银行洛杉矶分行的Porter认真审核了Jims Kart提供的相关资料和开证申请书，立即着手开立MT 700报文的制作。

分析思考：MT 700报文包含哪些内容？

一、信用证的开立形式

信用证根据其开立的方式和使用方法的不同，可以分为信开信用证和电开信用证。

（一）信开信用证

信开信用证是指开证行用信函格式开立的信用证，并以航邮方式将信用证传递给通知行或受益人的方式，是一种传统的开立信用证的方式。由于信开信用证通过邮寄，费用比电开信用证低，但时间较长。现在，因为通信技术越来越发达，信开信用证已不多见。

（二）电开信用证

电开信用证是指开证行以电子文本的形式开立，并用加注密押的电报、电传或SWIFT系统等电信方式进行传递的信用证。

电开信用证可分为全电信用证和简电信用证。

1. 简电信用证（Brief Cable）。简电信用证指仅记载信用证金额、有效期等主要内容的电开信用证，其目的是预先通知出口商，以便其早日备货。简电信用证一般条款不全，只列出信用证号、受益人、品名、合同号、装运期、有效期等，有的电文条款虽全，但往往有"详见航邮"（"Details Airmailed" or "Airmailing Details"）之类的字样。所以简电开信用证通常不是信用证的有效文本，现在也已经不常见。

2. 全电信用证（Full Cable）。全电信用证是开证行以电文形式开出的内容齐全的信用证，没有任何保留条件或含糊不清的条款。现在由于通信技术的发展，大多客户选择全电开信用证，而且银行在开立全电信用证时大多使用SWIFT系统。

二、信用证的内容

（一）信用证本身的说明

信用证中应包含信用证的类型（Form of Documentary Credit）、信用证号码（Documentary Credit No.）、适用规则（Applicable Rules）、开证日期（Date of Issue）、有效期和地点（Date and Place of Expiry）等。

（二）信用证的当事人

1. 必须记载的当事人。

（1）申请人（Applicant），一般是进口商。

（2）受益人（Beneficiary），一般是出口商。

（3）开证行（Applicant Bank）。开证行的表述还有：Issuing Bank、Establishing Bank、Opening Bank。

（4）通知行（Advising Bank）通知行的表述还有：Notifying Bank、Advise through Bank。

2. 其他可能记载的当事人。

（1）议付行（Negotiating bank）。议付行的表述还有：Available with…by Negotiation、Honoring Bank。

（2）付款行（Paying Bank）。付款行的表述还有：Drawee Bank。

（3）保兑行（Confirming Bank），常以通知行作为保兑行，或者是其他第三家银行。

（4）承兑行（Accepting Bank）。

（三）信用证的金额和汇票

1. 信用证的金额（Currency Code，Amount）。在信用证中的表达方式大致相似，包括币别代号、金额、加减百分率等，例如：

Up to an aggregate amount of USD 5,000.（总金额为 5,000 美元。）

Percentage Credit amount 03/03.（总金额上下浮动 3%。）

2. 汇票条款。汇票条款主要包括汇票的金额、到期日、出票人、付款人等。例如：

All drafts drawn under this credit must contain the clause "Drawn under Bank of China, Paris credit No. 196325 dated 18th. May, 2010". （根据本信用证开具的汇票，必须包含如下条款："根据巴黎中国银行 2010 年 5 月 18 日所开立的第 196325 号信用证开具"。）

（四）运输条款

运输条款包括运输方式、装运地和目的地、最迟装运日期、可否分批装运或转运。

1. 装运港（Port of Loading）、目的港（Port of Discharge）、装运期（Shipment Period），例如：

Shipment from Chinese port to New York not later than Mar. 08, 2014.（自中国口岸装运货物驶往纽约，不得迟于 2014 年 3 月 8 日。）

2. 分批装运（Partial Shipment）、转运条款（Transshipment），例如：

Partial Shipment：Allowed 或 Partial Shipment：Not Allowed

Transshipment：Allowed 或 Transshipment：Not Allowed

（五）货物条款（**Description of Goods**）

信用证中货物描述栏里的内容一般包括货名、品质、数量、单价、价格术语等。例如：

Description of Goods：100% Cotton Apron as Per S/C NO. AH107

ART NO.　　　　　QUANTITY　　　　　UNIT PRICE

49394 (014)	2000PIECES	USD1.00
49395 (014)	2000PIECES	USD1.00
49396 (014)	3500PIECES	USD1.25
49397 (015)	4000PIECES	USD1.25

CIF SINGAPORE

(六) 单据条款（Documents Required）

单据条款说明要求提交的单据种类、份数、内容要求等。常见的信用证要求的单据包括：①汇票（Bill of Exchange）；②商业发票（Commercial Invoice）；③原产地证书（Certificate of Origin）；④提单（Bill of Lading）；⑤保单（Insurance Policy）；⑥检验证书（Inspection Certificate）；⑦受益人证明（Beneficiary's Certificate）；⑧装箱单（Packing List）或重量单（Weight List）。

(七) 其他规定

其他规定包括对交单期的说明、银行费用的说明、对议付行寄单方式、议付和索偿方法的指示等内容。如：

1. 费用：所有费用，包括索偿费用由受益人承担。（CHARGES：All charges and commissions are for account of beneficiary including reimbursing fee.）

2. 交单时间：单据须在装运期后十五日内提交，并且提交时间须在信用证有效期内。（Documents must be presented within 15 days after the date of shipment, but within the validity of this credit.）

3. Original Documents to be remitted our address (Buyukdere CAD., NO.78 - 34394 Mecidiyekoy, Istanbul – Turkey) by DHL courier.（正本单据须用 DHL 快递寄送至我方如下地址：Buyukdere CAD., NO.78 - 34394 Mecidiyekoy, Istanbul, Turkey。）

4. INSTR TO PAY/ACCEP/NEG：Upon receipt of documents at our counters conforming to the terms and conditions of this L/C, we shall credit you according to your instructions.（对付款银行/承兑银行/议付银行说明：我方收到符合信用证条款的单据后会按你方指示付款。）

5. If the documents presented with any discrepancies from beneficiary to your good bank or we find any descrepancies when we received the documents we will claim USD50.00 for each discrepancy.（如果受益人向你方银行提交的单据中有不符点，或者我们收到单据后发现有不符点，每一不符点，我们将扣除 50 美元。）

三、SWIFT 信用证

现在银行间传递的信用证，几乎都使用 SWIFT 系统处理和传递信息，受益人收到的信用证大多是 SWIFT - MT700/MT701 跟单信用证的格式。只有在信用证内容超过 MT700 格式容量时，信用证才由一个 MT700 加上一个甚至多个（最多三个）MT701 组成。MT700 格式容量对大部分跟单信用证来说已经足够。

MT700 格式跟单信用证关键术语如表 5-3 所示。

表 5-3　　　　　　　　　　　　　　MT700 格式代号

Status	Tag（代号）	Field Name（栏目名称）
M	27	Sequence of Total（报文页次）
M	40A	Form of Documentary Credit（跟单信用证类别）
M	20	Documentary Credit Number（信用证编号）
O	23	Reference to Pre-Advice（预先通知的编号）
O	31C	Date of Issue（开证日期）
M	40E	Applicable Rules（适用规则）
M	31D	Date and Place of Expiry（信用证的到期日及到期地点）
O	51a	Applicant Bank（开证行）
M	50	Applicant（开证申请人）
M	59	Beneficiary（受益人）
M	32B	Currency Code & Amount（信用证的币种与金额）
O	39A	Percentage Credit Amount Tolerance（信用证金额允许浮动的范围）
O	39B	Maximum Credit Amount（最高信用证金额）
O	39C	Additional Amounts Covered（可附加金额）
M	41a	Available With…By…（指定的银行及兑付方式）
O	42C	Drafts at…（汇票付款期限）
O	42a	Drawee（汇票付款人）
O	42M	Mixed Payment Details（混合付款指示）
O	42P	Deferred Payment Details（延迟付款指示）
O	43P	Partial Shipments（分批装运）
O	43T	Transshipment（转装）
O	44A	Place of Taking in Charge/Dispatch from…/Place of Receipt（装船发运和接受监管/收到货物的地点）
O	44E	Port of Loading/Airport of Departure（装货港/始发站机场）
O	44F	Port of Discharge/Airport of Destination（卸货港/目的地机场）
O	44B	Place of Final Destination/For Transportation to…/Place of Delivery（货物发运的最终目的地/交货地）
O	44C	Latest Date of Shipment（最迟装运日）
O	44D	Shipment Period（装运期）
O	45A	Description of Goods and/or Services（货物/劳务描述）
O	46A	Documents Required（单据要求）
O	47A	Additional Conditions（附加条款）
O	71B	Charges（费用）
O	48	Period for Presentation（交单期限）
M	49	Confirmation Instructions（保兑指示）
O	53a	Reimbursing Bank（偿付行）
O	78	Instructions to the Paying/Accepting/Negotiating Bank（银行间指示）
O	57a	"Advise Through" Bank（通知行）
O	72	Sender to Receiver Information（附言）

注：M 为报文中必选项，O 为报文中可选项。

SWIFT 信用证见表 5-4。

表 5-4

27	SEQENCE OF TOTAL:	1/1
40A	FORM OF DOCUMENTARY CREDIT:	IRREVOCABLE
20	DOCUMENTARY CREDIT NO.:	0190805
31C	DATE OF ISSUE:	140903
31D	EXPIRY DATE AND PLACE	141106, CHINA
40E	APPLICABLE RULES	UCP LATEST VERSION
50	APPLICANT BANK:	CITI BANK INTERNATION, LOS ANGELS, USA
51D	APLLICANT	LANDO COMPANY LTD.
		NO. 123 WOODEN AVENUE NEW YORK, U. S. A.
		TEL: +1-212-6532144
59	BENEFICIARY:	DT. TRADING COMPANY LTD.
		ROOM 207 YAMAO MASION,
		NO. 111 ZHONGSHAN ROAD,
		SHENYANG, CHINA.
		TEL: +86-24-65342517
32B	CURRENCY CODE & AMOUNT:	USD24250.00
41D	AVAILABLE WITH…/BY:	ANY BANK
		BY NEGOTIATION
42C	DRAFTS AT:	30 DAYS AFTER SIGHT FOR FULL INVOICE VALUE
42D	DRAWEE:	ISSUING BANK
43P	PARTIAL SHIPMENTS:	NOT ALLOWED
43T	TRANSSHIPMENT:	NOT ALLOWED
44E	LOADING/DISPATCH AT/FROM:	DALIAN, CHINA
44F	PORT OF DISCHARGE	THE PORT OF LOSANGELS
44C	LATEST DATE OF SHIPMENT:	141020
45A	DESCRIPTION OF GOODS:	

LADIES' 55% ACRYLIC 45% COTTON KNITTED BLOUSE AT TOTAL AMOUNT USD 24250.00.

46A　DOCUMENTS REQUIRED:

1. SIGNED BENEFICIARY'S COMMERCIAL INVOICES IN ONE ORIGINAL AND 3 COPIES, CERTIFIED BY C. C. P. I. T AND BEARING THIS CLAUSE: "WE CERTIFY THAT INVOICES ARE IN ALL RESPECTS CORRECT AND TRUE BOTH WITH REGARD TO THE PRICE AND DESCRIPTION OF GOODS REFERRED TO THEREIN AND THAT THE COUNTRY OF ORIGIN OR MANUFACTURER OF THE GOODS IS CHINA"
2. CERTIFICATE OF ORIGIN IN TWO ORIGINAL ISSUED OR CERTIFIED BY C. C. P. I. T TO THE EFFECT THAT THE GOODS UNDER EXPORT ARE OF CHINESE ORIGIN AND THAT SAID CERTIFICATE SHOULD SHOW THE NAME OF FACTORY OR PRODUCER OF SUCH GOODS.
3. FULL SET OF CLEAN (ON BOARD) MARINE BILLS OF LADING IN 3/3 ORIGINALS ISSUED BY SHIPPING CO'S IT'S LETTER NEAD FORMAT ISSUED TO THE ORDER OF THE CITBANK BANK SHOWING FREIGHT PREPAID AND INDICATING NAME AND ADDRESS OF THE SHIPPING COMPANY'S AGENT IN LOS ANGELS.
4. PACKING LIST IN 3 COPIES.
5. INSURANCE POLICY IN 3 COPIES FOR 110% OF THE INVOICE VALUE.
6. CERTIFICATE ISSUED BY THE BENEFICIARIES INDICATING THAT THE GOODS ARE BRAND NEW AND IN CONFORMITY WITH THE CREDIT.

续表

7. CERTIFICATE ISSUED BY THE MASTER OR THE CARRIER OWNER OR THE AGENTS CERTIFYING THAT THE CARRYING VESSEL INDICATED IN THE B/L IS CLASSIFIED AND NOT OVERAGE.
47A   ADDITIONAL CONDITIONS：
1. ALL DOCUMENTS SHOULD BE DATED AND INDICATE THIS L/C NUMBER.
2. NEGOTIATION OF DOCUMENTS UNDER RESERVE/GUARANTEE IS NOT ACCEPTABLE.
3. ALL DOCUMENTS MUST BE SENT TO ISSUING BANK BY COURIER IN ONE LOT.
4. A FLAT FEES FOR USD50. 00 – OR EQUIVALENT WILL BE DEDUCTED FROM EACH SET OF DISCREPANT DOCUMENTS AS DISCREPANCY FEES.
5. DOCUMENTS RECEIVED BY US AFTER 12 OCLOCK WILL BE STAMP RECEIVED ON THE SECOND DAY DATE.
6. IF THE ISSUING BANK DETERMINE THAT THE PRESENTED DOCUMENTS IS A DISCREPANT DOCUMENT, THE DISCREPANT DOCUMENTS WILL BE HELD UNDER THE PRESENTING BANK DISPOSAL UNTILL RECEIVES AWAIVER OF THE DISCREPANCIES FROM THE APPLICANT BY AGREES TO ACCEPT THE DISCREPANT DOCUMENTS AND THE ISSUING BANK HOLD HIS RIGHTS TO DELIVER THE DOCUMENTS TO THE APPLICANT IF ACCEPTED PRIOR TO YOUR INSTRUCTIONS.
7. ALL REQUIRED STAMPS MUST BE IN ENGLISH AND BEARS SIGNED MANUALY.
71B   CHARGES   ALL BANKS CHARGES OUTSIDE U. S. A. INCLUDING REIMB. AND PMT. TRANSFER CHARGES ARE ON BENEF'S A/C.
49   CONFIRMATION INSTRUCTION：   WITHOUT
53A   REIMBURSMENT BANK：   CHASUS33XXX
78   INSTR TO PAY/ACCEP/NEG：
1. PLS FORWARD TO THE CITY BANK LOS ANGELS THE ORIGINAL SET OF DOCUMENTS BY SPECIAL AIR COURIER AND THE DUPLICATE BY AIRMAIL IN STRICT CONFORMITY WITH L/C TERMS.
2. IN REIMBURSMENT TO DOCUMENTS NEGOTIATED IN FULL COMPLIANCE WITH L/C TERMS YOU ARE AUTHORIZED TO DRAW ON OUR USD A/C WITH JP MORGAN CHASE BANK, N. Y – USA AFTER FIVE WORKING DAYS FROM YOUR AUTH. SWIFT MSG. ADVICE TO US.

57D   ADVISE THROUGH BANK：   BANK OF CHINA SHENYANG BR.
                                        SWIFT CODE：SCBLCNSXIMN
                                        A/C NO. USD 222222

开证行可以应申请人的要求开立信开信用证或电开信用证。由于现代通信科技的发展，使用 SWIFT 格式的全电开信用证已经成为主要的信用证方式，信开和简电开方式已很少使用。

教学活动3　信用证的通知和保兑

【活动设计】

通过讲解分析案例导入，引导学生理解信用证通知业务；通过讲解基础知识，使学生掌握信用证通知和保兑业务，并能进行实际操作。

【案例导入】

2014年9月3日，大连银行沈阳支行收到美国花旗银行开来的MT700格式信用证电文，银行国际结算部孙明审核后制作如下信用证通知书，并对该信用证进行保兑操作，即在正本信用证上作"此证我行已保兑，单据请交大连银行"的批注。

分析思考：应如何审核信用证？应如何缮制信用证通知书？

【基础知识】

一、通知行通知信用证

通知行接到信用证后，须按如下规则进行操作：

（一）核验信用证的表面真实性

对于电开信用证主要是核验密押相符和检查开证行有没有列入银行内部欺诈或可疑的银行名单中。现在，通过SWIFT系统7字头报文格式开来的信用证及其修改（例如MT700）均已经过SWIFT系统自动核押，无须人工核验。

（二）核查信用证有无软条款等存在其他欺诈的可能性

通过核查，如果信用证有无软条款等确定没有其他欺诈的可能性，即可制作"信用证通知书"。

（三）制作信用证通知书

现在信用证通知书一般通过银行国际结算系统生成，一式两联，第一联连同正本信用证通知受益人，第二联连同信用证副本由通知行留底存档。信用证正本及信用证通知书第一联上应加盖通知行的信用证通知专用章。具体格式如表5-5所示。

表5-5　　　　　　　　　信用证通知书

```
                    ADVICE OF LETTER OF CREDIT
                        THE BANK OF DALIAN
                  P. O. BOX 123456 ××××× RAOD,
                          LIAONING, CHINA
                 TEL：024 - 22222222   FAX：024 - 33333333
```

TO（致）
DT TRADING COMPANY LTD.
SWIFT CODE：×××JISKIS DATE（日期）　　　　　　05. SEP. 2014
OUR REF NO.（我行通知编号）　　　　　　　　　　DL256487932254
LC NO（信用证号）　　　　　　　　　　　　　　　0190805
DATE OF ISSUE（开证日）　　　　　　　　　　　　03. SEP. 2014
ISSUER（开证行）　　　　　　　　　　　　　　　CITIBANK INTERNATIONAL LOS ANGELES U.S.A
LC AMOUNT（信用证金额）　　　　　　　　　　　USD 24,250.00
EXPIRY DATE（效期）　　　　　　　　　　　　　06. NOV. 2014
LATEST SHIPMENT DATE（最迟装运期）　　　　　　20. OCT. 2014
DEAR SIRS,（敬启者）

续表

WE HAVE PLEASURE IN ADVISING YOU, THAT WE HAVE RECEIVED FROM THE AFK BANK A LETTER OF CREDIT, CONTENTS OF WHICH ARE AS PER ATTACHED SHEET (S). THIS ADVICE AND THE ATTACHED SHEET (S) MUST ACCOMPANY THE RELATIVE DOCUMENTS WHEN PRESENTED FOR NEGOTIATION. 兹通知贵司，我行收到上述银行信用证一份，现随付通知，贵司交单时，请将本通知书及信用证一并提示。 PLEASE NOTE THAT THIS ADVICE DOES NOT CONSTITUTE OUR CONFIRMATION OF ABOVE L/C NOR DOES IT CONVEY ANY ENGAGEMENT OR OBLIGATION ON OUR PART. 本通知书不构成我行对此信用证之保税及其他任何责任。 IF YOU FIND ANY TERMS AND CONDITIONS IN THE L/C WHICH YOU ARE UNABLE TO COMPLY WITH AND/ORANY ERROR (S), IT IS SUGGESTED THAT YOU CONTACT APPLICANT DIRECTLY FOR NECESSARY AMENDMENT (S) SO AS TO AVOID ANY DIFFICULTIES WHICH MAY ARISE WHIEN DOCUMENTS ARE PRESENTED. 如本信用证中有无法办到的条款及/或错误，请直接与开证申请人联系进行必要的修改，以排除交单时可能发生的问题。 UNDER THE TERMS AND CONDITIONS OF THIS LETTER OF CREDIT WE HAVE CALCULATED THE FOLLOWING. FEES： FEES THAT WILL BE CHARGED AT LATER DATE： ADVISING FEE, 1 UNIT   CNY   200 SUBJECT TO UCP LATEST VERSION 适用UCP最新版本规则。 IF YOU HAVE ANY FURTHER QUERIES, PLEASE DON'T HESITATE TO CONTACT US ON THE ABOVE MENTIONED MUMBER. 如果贵司有任何疑问，请按上述业联系方式与我行联系。 THIS IS A COMPUTER - GENERATED LETTER, NO SIGNATURE REQUIRED. 此通知为电脑生成，无须签字。

（四）不能核验表面真实性的信用证的处理

如果通知行不能核验信用证的表面真实性，必须毫不迟疑地告知开证行，并在信用证通知中告知受益人不能核验该证，或者可以选择不通知信用证，此时通知行也必须毫不延迟地告知开证行，无须说明拒绝通知的理由。

二、保兑行保兑信用证

一般来说，受益人如果认为开证行资质不好或对开证行资信不了解，可在贸易合同中申明进口方须开立保兑信用证，同时约定保兑行为受益人熟悉的信用良好的银行对信用证加以保兑。

此时，开证行开证后会要求约定银行（通常为出口地通知行）对信用证加具保兑（We request you to advise the beneficiary adding your confirmation），被邀请的银行如果同意该请求即成为保兑行。如果通知行愿意保兑，则注明："我行保兑此证（We hereby confirm the credit）"或另在信用证通知书上注明加上保兑之意，并可限定保兑的范围。这时的通知行也是保兑行。

如果受邀请银行不愿保兑，保兑行必须毫不延迟地通知开证行。

【知识链接】

保兑行的业务操作

一、审查客户及开证行资信

1. 若信用证中要求加具保兑，应首先审查受益人的资信，原则上只对业务、资信均为银行接受的客户为受益人的信用证加具保兑。

2. 应审查开证行资信，对开证行所在国家或地区政治、经济风险高、开证行资信差、付汇慢及非代理行来证等，原则上不予保兑。

二、保兑业务操作

1. 对已同意保兑的信用证，应向受益人明确承担的保兑责任是在信用证规定的期限内将相符的单据提交到保兑行。

2. 对银行已加保的信用证，必须对信用证每次修改的具体内容予以审查，以决定是否将保兑责任扩展至修改，若对修改不加具保兑，应立即通知受益人及开证行。

3. 对已加保的信用证，建立保兑表外科目。

4. 对保兑信用证项下单据交单，应依据《跟单信用证统一惯例》，按照"单证一致、单单相符"的原则，严格审核单据。

5. 保兑业务档案由信用证通知岗位人员按照业务流水编号归档。

教学活动4　信用证的审核和修改

【活动设计】

通过讲解案例导入，引导学生学习信用证的审核和修改；通过对基础知识的讲解，使学生掌握信用证各方审核人的审核要点，掌握信用证修改申请书的填写方法。

【案例导入】

2014年9月5日，大唐贸易有限公司的李大伟收到信用证后仔细审核，发现信用证金额为："USD 2425.0"，与合同不符，因此发函给Jims Kart，要求对方修改信用证金额为："USD24250.00"。

分析思考：信用证修改申请书应如何填写？

【基础知识】

一、信用证的审核

（一）银行审证

银行（通知行）的审证侧重于与收汇有关的问题，以保证国内货物出口后能安全收汇。通知行收到国外来证后，应考虑进口国的政治经济形势与开证行的资信，以决定是否通知信用证；如决定通知信用证，必须合理小心地审查信用证的表面真实性。

1. 开证行资信的审查。开证行的资信状况是出口商能否安全收汇的基础。影响开证行资信的主要因素有：开证行所在国的宏观经济形势及其对开证行的影响大小；开证行的实力，包括资本额与资产负债总额大小；开证行的信誉与经营作风；开证行与通知行以往的合作关系等。如果发现开证行的资信与来证金额不相称，应根据不同情况采取安全措施，或要求由其他资信好的大银行加具保兑。

2. 对受益人的审查。受益人必须是当地有权办理出口业务的企业。受益人的名称地址应与实际相符。如受益人为外地企业，应转由当地分行通知。如当地不具备通知条件，可直接通知受益人。

3. 对信用证付款责任的审查。UCP600虽然取消了关于可撤销信用证的规定，但一些信用证上虽未注明"可撤销"字样，却在特别条款中规定在某种情况下可以撤销，这类条款俗称"软条款"。对这类信用证应视为可撤销信用证，银行一般不接受。

4. 对信用证使用货币的审查。信用证一般应使用可自由兑换的货币。如信用证规定的计价货币为一种外币，而用另一种外币偿付，一般不应接受；如视具体情况需要接受，应注意信用证上的折算时间与折算汇率是否合理。通常的做法是，议付行根据当日的汇率将计价货币折算成支付货币向国外索偿。

5. 对信用证偿付方式的审查。对信用证偿付方式的审查应按照国际贸易中通常使用的方式，并且以有利于安全收汇的原则进行。如果信用证列有货到付款、验货合格付款等特殊条款，因不利于收汇，应在了解成交合同后，提出修改意见。

6. 对信用证生效的审查。有些信用证规定必须取得某种条件或某种文件之后才能生效。如进口商取得许可证或当局签发的授权书后，信用证才能生效。银行通知未生效信用证时，一般应在信用证正本上明显加注"此证暂未生效，应在生效通知到达后再办理出运"字样。

7. 对信用证装运期、到期日和到期地点的审查。银行应与出口商联系，掌握装效期长短的合理性。有些信用证规定到期地点在国外，这种规定受益人不易控制，如不是业务特殊需要，应要求受益人或由银行经洽商将国外到期修改为境内到期。

8. 对保兑条款的审查。凡信用证由第三家银行保兑的，保兑责任必须明确包括提供保兑行的确认书。同时，对保兑行的资信进行审查。如开证行要求通知行保兑，通知行应根据对开证行的资信状况及其所在国政治经济形势决定是否加具保兑。

9. 对银行费用的审查。信用证应按贸易合同规定声明银行费用的负担。如果信用证中规定银行费用由受益人承担，银行应与受益人联系以证实是否与合同相符。如果此规定并非合同约定而是进口商强行加列，应要求受益人联系申请人修改或向开证行声明银行费用的承担者。

另外，通知行还应该对信用证要求的单据、保险条款等进行必要的审查。信用证要求的单据必须是出口国政策许可，出口商能够得到的；信用证条款与条款之间、单据与单据之间不能有矛盾之处。如果保险是由出口商办理，应审查信用证所规定的保险险别和保险条款是否为出口国保险公司所能承担的。

（二）受益人审证依据

1. 符合外贸合同。现行的外贸合同大多是由卖方提供固定格式合同达成的。这种签约方式虽然简便易行、节约时间，但是空白合同留下的空间有限，有些条款又不尽合理，不可能把买卖双方特别是买方对于某种商品的特殊要求都填写上去。为了自身利益，买方在开立信用证时，可能在信用证里加列一些合同中没有的条款。因此，审查信用证是否与外贸合同的条款相符，是外贸单证员收到信用证后首先要做的工作。

2. 遵循政策法令。即来证内容有无违反我国政策法令规定的地方。

3. 业务实际情况。即来证内容有无受益人办不到的内容；有无影响受益人安全及时收汇或增加受益人费用开支的内容。如果发现来证与合同不符，必须立即联系开证申请人改证。

二、信用证的修改程序

在审核信用证后，如发现有需要修改的条款，应及时联系进口方通过开证银行对信用证进行修改。在货物出运前做好审证和改证工作，才能最大限度地防止"拒付"或"迟付"，为及时、安全收汇创造条件。信用证的修改并无次数限制，但受益人最好将信用证上的不符点一次性提出，避免发生一改再改的情况，以节约改证费用和时间。

（一）信用证修改业务流程

1. 开证申请人提出修改要求。

受益人审核信用证后，如发现有不符点应给开证申请人发改证函，协商改证事宜。受益人不可能直接联系开证行办理改证事宜。

2. 协商一致后，开证申请人填写改证申请书（见表5-6），向开证行提出改证申请。

表5-6　　　　　Application for Amendment to Documentary Credit

To: CITIBANK INTERNATIONAL, LOS ANGELES	Date: SEP. 06, 2014
Beneficiary: DT. TRADING COMPANY LTD. Room 207 Yamao Mansion No. 111 Zhongshan Road Shenyang, P. R. C. TEL: 86-24-65342517	Credit Number: 0190805
This Amendment is to be dispatched by: ☒Full Teletransmission　　Courier	
held for: Collection at your counter (Contact person: Tel.:)	

续表

☐ Extend latest shipment date to (DD/MM/YY):			☐ Extend expiry date to:
☒ Increase Decrease the amount of the credit to a total of USD24250.00			
Covering additional quantity of:			
Other amendments:			
☒ All other terms and conditions of the documentary credit remain unchanged.			
Charges to be paid by	☒ Applicant	☐ Beneficiary	We request you to amend the documentary credit to reflect the changes set out in this application. We confirm that except to the extent of the changes accepted and made by Hang Seng Bank (China) Limited, the terms and conditions of the documentary credit remain in full force and effect.
☒ Add confirmation on this amendment DC Confirmation charges	☒ Applicant	☐ Beneficiary	Authorised Signature (s) and Chop (s) (please use Signature (s) /Chop (s) filed with Bank
☐ Fix exchange for the increased amount of the credit.			
☐ Do not fix exchange for the increased amount of the credit.			
For Bank use			
Authorised Signature (s) and Chop (s)			
(please use Signature (s) /Chop (s) filed with Bank			
Debit all charges to our account No.			
Bills A/C No.:			Fax No.:
Contact:			Tel No.:

  3. 开证银行修改信用证，并将信用证修改书发送给原通知行。

  4. 原通知行向出口商通知该信用证修改书。

  （二）修改信用证应掌握的原则和应注意的问题

  1. 开证行发来信用证修改书，并经所有当事人同意后，信用证修改才算生效。如果当事人任何一方不同意修改则修改不能成立，信用证仍以原条款为准。特别需要注意的是：开证申请人对受益人要求改证的通知的同意并不具备信用证修改的法律效力，受益人不能因对方同意修改信用证而发货，否则容易造成损失。

  2. 保兑行有权不对修改保兑，但它必须不延误地将该情况通知开证行和受益人。

  3. 受益人可以用行动表示是否接受修改。

  4. 同一信用证中的多处修改，应一次性提出；修改内容必须全部接受或全部拒绝，不能接受其中一部分而拒绝其余部分。

  5. 受益人提出修改信用证，应用通知开证申请人或开证行，同时规定一个修改书到达的时限。修改通知书必须经原通知行传递才有效。如开证人或开证行直接寄给出口企业的应提请原通知行证实。

6. 受益人收到通知银行的"修改通知书"后,才能办理装运事宜,绝不可仅凭买方通知"证已改"或其他类似的通知就发货装船。

7. 对收到的修改通知书应认真进行审核,如发现修改内容有误或不能接受的,出口企业有权拒绝接受,并应及时作出拒绝修改的通知送交通知行,以免影响合同的顺利履行。

8. 修改手续费一般由提出修改的一方负担。国内银行按修改次数计算修改费用,不按信用证金额收费。

(三) 开证行改证的渠道、方式和生效

UCP600 规定:如一家银行利用一家通知银行的服务将信用证通知给受益人,它也必须利用同一家银行的服务通知修改。如果信用证和通知书由两家银行分别通知,不仅不合常理,也极易造成混乱,因此,信用证修改须经原通知行通知受益人。

预先通知开证的做法也同样适用于改证。开证行一经发出修改信用证的预通知,也就承担了必须立即修改信用证的责任,而且预通知与随后的修改书条款内容必须一致。如果开证行想免除这一责任,可以在预通知中说明它并不承担一定修改信用证的责任。同样,如果通知行收到的修改信用证的通知内容不清楚或不完整,可以一面给受益人一个预先通知,但必须说明由于内容不全或意思不清仅供参考,因此引起的后果,银行不负任何现任;一面将情况告知开证行,要求开证行发出内容完整、意思清楚的修改书。

根据 UCP600 的规定,开证行从发出信用证修改之日起,就不可撤销地受其所发出修改的约束。

(四) 受益人对信用证修改的处理

信用证的修改最终要得到受益人的同意才能生效。受益人收到由通知行转来的信用证修改书后,应该向通知行明确表态是不接受修改。如果受益人因故迟迟未能做出表态,则以交单情况为准:如所交单据与修改的内容相符,则视为已接受修改;如所交单据与修改的内容不符而与原证相符,则视为拒绝修改。只要受益人没有表态同意接受修改,原证条款仍然有效。

教学活动 5　信用证的履行

【活动设计】

通过讲解分析引导学生了解信用证并理解信用证的履行;通过对基础知识的详细讲解,使学生掌握信用证履行中各当事人的业务活动及履行要点。

【案例导入】

大唐贸易有限公司的李大伟,收到信用证修改通知书后生产备货,于 2014 年 10 月 8 日在大连港装运。取得货运单据后,李大伟按信用证的规定准备全套单据,于 10 月 10 日向大连银行沈阳支行交单议付。

大连银行沈阳支行收到单据后，根据《大连银行出口信用证业务操作规程》严格审核信用证，并未发现不符点，通过国际结算系统进行出口议付的操作处理。国际结算系统自动生成出口议付业务编号，并通过国际结算系统制作寄单面函、快邮面函和以电代邮面函等业务凭证；将单据直接寄往开证行，向其索汇。

花旗银行收到大连银行沈阳支行寄出的单据后，进行审单，并无不符点，立即通知开证申请人 Lando Company Ltd. 公司付款赎单。信用证申请人收到通知后，审核单据，并无不符点，向花旗银行付款取得全套单据。花旗银行向大连银行沈阳支行办理偿付业务。

大连银行收到账户行的贷记报文或其他入账凭证后，通过国际结算系统进行出口信用证的收汇操作，并为大唐贸易有限公司办理相应的款项入账手续。

【基础知识】

一、受益人交单

受益人接受信用证后，按信用证规定发货、准备信用证规定的全套单据，在信用证规定的交单期内，连同信用证一并送交指定银行。

（一）受益人交单需注意的问题

1. 单据的种类和份数与信用证的规定相符。

2. 单据内容正确，包括所用文字与信用证一致。如信用证规定与合同不一致，交单时应以信用证规定为准。

3. 交单时间必须在信用证规定的交单期和有效期之内。信用证交单的期限由以下三种因素决定：①信用证的失效日期；②装运日期后所特定的交单日期；③银行在其营业时间外，无接受提交单据的义务。

另外，信用证中有关装运的任何日期或期限中的"止"、"至"、"直至"、"自从"和类似词语，都可理解为包括所述日期。"以后"一词应理解为不包括所述日期。"上半月"、"下半月"应理解为该月一日至十五日和十六日至该月的最后一日，首尾两天均包括在内。"月初"、"月中"或"月末"，应理解为该月一日至十日、十一日至二十日、二十一日至该月最后一日，首尾两天均包括在内。

4. 交单要及时，不能超过运输单据签发日期后 21 天，即不能超过信用证的有效期。

（二）交单方式

1. 两次交单或称预审交单。受益人在运输单据签发前，先将其他已备妥的单据交银行预审，发现问题及时更正，待货物装运后收到运输单据，立即交给银行，可以当天议付并对外寄单。

2. 一次交单。即受益人将包括货运单据在内的全套单据备齐后一次性送交银行。

两种交单方式中，一次交单缺点在于银行审单后若发现不符点需要退单修改，耗费时日，容易造成逾期而影响收汇安全；而采用两次交单方式则可以避免这种情况，加速收汇。

二、银行审单和办理付汇业务

信用证指定银行收到受益人所提交的单据后，根据银行内控流程，按照"表面相符"

原则严格审核受益人所交单据。单据经审核确认无不符点之后，银行根据信用证规定的不同付汇方式办理议付或承兑/承担延期付款责任或付款。

（一）议付（Negotiation）

根据 UCP600，议付是指信用证指定银行在相符交单下，在其应获偿付的银行工作日当天或之前向受益人预付或者同意预付款项，从而购买汇票（其付款人为指定银行以外的其他银行）及/或单据的行为。

信用证业务中的议付有两种：一是限制议付，即开证行在信用证中指定某银行对信用证进行议付，如信用证中规定"Available with ×××bank by negotiation（由×××银行议付）"或"Negotiation under this credit is restricted with ××× bank（本信用证议付限于×××银行）"；二是自由议付，即信用证未明确规定由某一银行进行议付，受益人可自由选任何愿意办理议付业务的银行。

办理议付时，受益人将全套单据交给议付行，议付行根据"表面一致"原则审核单据无误后，将扣除自议付日至估计收到票款日的利息和手续费后的汇票余额支付给受益人。议付后，议付行留下汇票及单据，对信用证做批注后将其交还受益人。需要注意的是：受益人向议付行交单，无论是限制议付还是自由议付，议付行付款后对受益人有追索权，开证行若拒付，议付行可以向受益人追索已付款项。

在我国银行实际业务中，议付概念大部分指向出口地银行交单据，出口地银行审单无误后，并不向受益人付款，而是将单据经寄开证行，待收到付后才向受益人付款。其实质并非 UCP 600 中所定义的议付，而是代理交单。

（二）承兑/承担延期付款责任

在远期信用证结算中，受益人发货后，向信用证规定的银行（开证行或保兑行或其他指定银行）提交全套单据，银行审单无误后办理承兑/延期付款责任手续，待汇票到期或延期付款时间到期，规定银行凭原寄单人或善意持票人提示的汇票对外付款。

在办理承兑承担延期付款责任业务时，银行有如下两种方式：

1. 以发送通知电文方式承兑/承担延期付款责任。远期信用证下单据相符或单据不符但开证申请人同意接受不符点的，银行于收单后 5 个工作日内向寄单行发送承兑或承担延期付款责任通知电文。

2. 以邮寄承兑汇票方式承兑。如果寄单人要求将远期汇票承兑后将寄回，银行应予照办，并在给寄单人的信函中注明：We herewith return the accepted draft which please present to us for payment on maturity. 在这种情况下，如寄单人不要求承兑通知电文，银行可不再另行发送承兑通知电文，但一般情况下，为方便银行账务处理和业务的后续操作，仍通过国际结算系统作信用证承兑的相关操作。

（三）付款

在即期信用证结算时，受益人发货后，一般通过受益人开户银行向信用证规定的银行（开证行或保兑行或其他指定银行）提交全套单据，银行审单无误后，于收到单据后 5 个银行工作日内向寄单人付款。

需要注意的是：受益人如向保兑行、开证行或指定的付款行交单，后者需要审单，确定单据相符后，向受益人付款。此时无论是保兑行的付款，还是开证行或指定付款行的付款，对受益人都是无追索权的。

三、寄单和索偿

议付行议付单据、或信用证规定的银行承兑/承担延期付款责任或付款后，按照信用证的要求将单据一次或分次寄开证行，并向开证行或偿付行发出索汇通知，进行索偿。

1. 确定寄单方法。信用证中一般都会有寄单方法的说明，例如一次性将全部单据寄出或者将所有单据分两批寄出。索偿行应严格按信用证的规定行事，以免遭到拒付。

2. 认准索汇对象。银行必须严格地依据信用证规定的索偿目标寄单索偿，确定索偿目标是开证行、保兑行还是偿付行。

3. 采用信用证规定的索偿传送载体。索偿传送载体是指信息载体和资金划拨的工具。如信用证对索偿传送载体有明确规定，索偿行必须按此行事；如信用证中没有规定传送载体，索偿行可根据实际情况选择采用载体工具。一般来说，索偿行在信用证允许的情况下，应采用电汇索偿，特别是大额索偿，并指示偿付行发电通知收妥外汇。

4. 选择合理的索汇路线。国际贸易中使用不同的货币，而不同的货币有不同的结算中心，所以索偿行应依照信用证的偿付条款，结合本行在国外的分支行和代理行的分布以及各种货币账户的开设等情况，确定最短捷的索汇路线。

四、议付时对不符单据的处理

如果议付行发现单据存在不符点且无法修改，应通知受益人，按其指示办理：

（一）退受益人更改

如果信用证效期与交单期未到，则退回受益人作修改。

（二）电提议付

议付行向开证行电提，即电告开证行不符点征询意见，单据保留在议付行。议付行在收到开证行同意议付的电文后，可以正常进行议付。如开证行同意付款，再行议付并寄单；如不同意，受益人可及早收回单据，设法改正。但议付行采用此方法时应谨慎审单后再电提，以免引起后期银企纠纷。如开证行电复不同意接受不符点或经过两次催询（第1次于发电后7天左右，第2次相隔5天左右）后仍无答复者，议付行可将全套单据提交出口商，由出口商自行处理。

（三）表提议付

受益人向议付行出具保函，然后直接议付。议付行向开证行索偿时说明"凭保议付"（Documents Negotiated Against Beneficiary's Indemnity），并表提不符点，即在面函上申明不符点，要求开证行联系申请人，并回复是否接受不符点并付款赎单。若申请人接受不符点，则开证行正常向议付行付款或回复议付行按信用证规定索偿。

（四）表提不符点出单

如果信用证有效期与交单期已过，且单据又有较严重的不符点，可与受益人协商，议付行向开证行寄单，并把不符点开列在寄单函上，征求开证行意见，由开证行接洽申请人是否同意付款。在接到肯定答复后议付行即行议付；如申请人不予接受，则开证行退单，议付行照样退单给受益人。受益人一般较少采纳此种方法。

（五）担保议付

受益人向议付行出具保函（Letter of Indemnity），议付行不向开证行说明不符点，进行正常议付。

（六）跟单托收

如单据中不符点较多或者较为严重，出口商同意将单据按信用证项下托收处理，通知行在寄单索汇通知书上须注明"WE SEND DOCUMENTS UNDER THE CREDIT FOR PAYMENT."，并将不符点单据寄交开证行，同时将议付费/付款费改为验单费（HANDLING CHARGES）。议付行使用托收寄单，并在寄单面函中说明不符点。此时，单证不符使受益人失去了开证行的付款保证，银行信用已经变成了商业信用。

五、开证行审单、偿付

（一）开证行审单偿付

开证行收到单据，根据信用证及相关规则和惯例审单，在最多五个银行工作日内审单完毕，判定是否交单相符。如果确定单证相符后开证行应立即承付，即：进行即期付款或承诺延期付款并承诺在到期日付款或承兑受益人开出的汇票，并于到期日付款。

（二）开证行对不符交单的处理

如开证行审单后，发现单据与信用证规定不符，构成不符交单，可按如下方式处理：

1. 拒付。根据UCP600的规定，开证行/保兑行拒付单据必须做到拒付时必须以单据为依据；必须在五个银行工作日内拒付；以电讯方式通知寄单行；要说明全部不符点并说明单据听候处理或退回。在实际业务中，如果开证行没有按照上述的规定办理，就无权宣称单据不符合信用证条款。

UCP600中规定开证行对于不符点单据可以自行决定拒付；也可以根据自身的决定与申请人联系是否放弃不符点。一般来说，如果申请人不接受不符点，开证行就会按上述规定拒付，并用MT734拒付通知报文（见表5-7）发出拒付通知书。

表5-7 MT 734 报文内容

M/O	Tag	Field name	Content/Options
M	20	Sender's TRN	16x
M	21	Presenting Bank's Reference	16x
M	32A	Date and Amount of Utilisation	6n3a15number
O	73	Charges Claimed	6*35x
O	33a	Total Amount Claimed	A or B
O	57a	Account With Bank	A, B or D
O	72	Sender to Receiver Information	6*35x
M	77A	Discrepancies	20*35x
M	77B	Disposal of Documents	3*35x

说明：M/O 为 Mandatory 与 Optional 的缩写，前者是指必选项目，后者为可选项目。

拒付后，如经过进出口双方协商后申请人同意接受单据，开证行要及时通知寄单行请其授权放单,并办理对外付款或承兑手续;而如果申请人依然坚持不接受不符点的,开证行则应及时将全套单据退还寄单行,由进出口双方自行解决。

2. 自行决定联系申请人放弃不符点。

如果申请人同意接受不符点,就出具书面指示办理付款或承兑赎单手续,然后开证行向寄单行付款或承兑。

【知识链接】

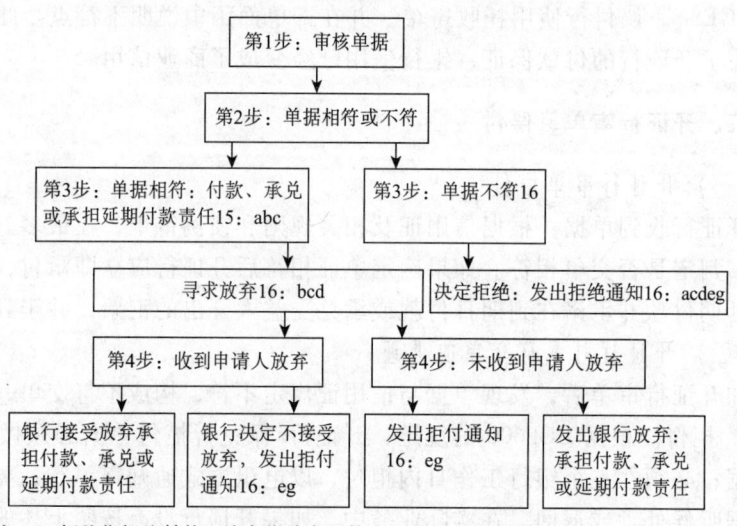

开证行审核单据后的处理程序图（附UCP600对应条款号码）

注：1. 拒绝指拒绝付款；放弃指放弃不符点,承担相应责任。
2. 附UCP600对应条款号码便于查找、学习、遵循和业务规范。

六、申请人付款赎单

开证行接受单据进行偿付后,立即通知开证申请人付款赎单。开证申请人在接到开证行付款赎单的通知书后,在付款前对单据予以审核,在确定单据无误后,向开证行付清应付款项,赎回全套单据。

【单元实训】

一、分析解读信用证

【实训设计】

将学生分成若干组,以小组为单位合作完成信用证解读任务；将本次任务结果作为技能成绩加以记录。

【实训流程】

步骤一：给出材料（SWIFT信用证见表5-8）。

表 5-8

27	SEQUENCE OF TOTAL:	1/1
40	FORM OF L/C:	IRREVOCABLE
20	DOCUMENT CREDIT NO.:	0190805
31C	DATE OF ISSUE:	140918
31D	DATE AND PLACE OF EXPIRE:	141220 CHINA
51D	APPLICANT BANK:	THE HOUSING BANK INT'L TRADE OPERATION P. O. BOX JORDAN.
50	APPLICANT:	M/S: BEE IMP. AND EXP. GROUP P. O. BOX AMMAN 11118 JORDAN TEL: 00962 - 62222
59	BENEFICIARY:	COG GROUP CO. LTD NO. 619 HUBIN SOUTH RD XIAMEN, CHINA TEL: 0086 - 592 - 22222
32B	CURRENCY CODE&AMOUNT:	USD35985.00
39A	PERCENTAGE CREDIT AMOUNT:	05/05
41A	AVAILABLE WITH…BY:	SCBLCNSXXXX BY PAYMENT
43P	PARTIAL SHIPMENT:	ALLOWED
43T	TRANSSHIPMENT:	ALLOWED
44E	PORT OF LOADING:	TIANJIN PORT, CHINA
44F	PORT OF DISCHARGE:	AQABA PORT, JORDAN
44C	LATEST DATE OF SHIPMENT:	141130
45A	DESCRIPTION OF GOODS:	

2300 SQM OF GRANITE PRODUCT (MONGOLLAN BLACK - DEGREE OF POLISHED MORE 90 0/0) AT TOTAL AMOUNT USD35, 985.00. ALL OTHER DETAILS AS INVOICE NO. XM2007082701, DATED 25/3/2014 FOB TIANJIN/CHINA.

46A DOCUMENTS REQUIRED:

1. SIGNED BENEFICIARY'S COMMERCIAL INVOICES IN ONE ORIGINAL AND 3 COPIES, CERTIFIED BY C.C.P.I.T AND BEARING THIS CLAUSE: "WE CERTIFY THAT INVOICES ARE IN ALL RESPECTS CORRECT AND TRUE BOTH WITH REGARD TO THE PRICE AND DESCRIPTION OF GOODS REFERRED TO THEREIN AND AS INVOICE NO. XM2007082701 DATED 25.3.2014 INDICATED IN THIS CREDIT AND THAT THE COUNTRY OF ORIGIN OR MANUFACTURER OF THE GOODS IS CHINA.
2. CERTIFICATE OF ORIGIN IN ONE ORIGINAL AND 3 COPIES ISSUED OR CERTIFIED BY C.C.P.I.T TO THE EFFECT THAT THE GOODS UNDER EXPORT ARE OF CHINESE ORIGIN AND THAT SAID CERTIFICATE SHOULD SHOW THE NAME OF FACTORY OR PRODUCER OF SUCH GOODS.
3. FULL SET OF CLEAN (ON BOARD) MARINE BILLS OF LADING IN 3/3 ORIGINALS ISSUED BY SHIPPING COMPANY'S. IT'S LETTER NEAD FORMAT ISSUED TO THE ORDER OF THE HOUSING BANK SHOWING FREIGHT PAYABLE AT DESTINATION AND NOTIFY M/S: BEE IMPORT AND EXPORT GROUP AND INDICATING NAME AND ADDRESS OF THE SHIPPING COMPANY'S AGENT IN JORDAN.
4. PACKING LIST IN 3 COPIES.
5. CERTIFICATE OF WEIGHT IN 3 COPIES.
6. CERTIFICATE ISSUED BY THE BENEFICIARIES INDICATING THAT THE GOODS ARE BRAND NEW AND IN CONFORMITY WITH THE CREDIT.

续表

7. CERTIFICATE ISSUED BY THE MASTER OR THE CARRIER OWNER OR THE AGENTS CERTIFYING THAT THE CARRYING VESSEL INDICATED IN THE B/L IS CLASSIFIED AND NOT OVERAGE.
8. CERTIFICATE ISSUED, SIGNED AND STAMPED BY THE OWNERS, CARRIERS, MASTER, CHARTERERS OR AGENTS OF THE VESSEL CERTIFYING THAT THE CARRYING VESSEL IS SUBJECT TO INTERNATIONAL SAFETY MANAGEMENT CODE (ISM) CARRIES VALID SAFETY MANAGEMENT CERTIFICATE (SMC) AND DOCUMENT OF COMPLIANCE (DOC) FOR THE PURPOSE OF PRESENTING THEM TO THE PORT AUTHORITIES.

47A ADDITIONAL CONDITIONS:
1. ALL DOCUMENTS SHOULD BE DATED AND INDICATE THIS L/C NUMBER AND THE HOUSING BANK FOR TRADE AND FINANCE NAME AND ISSUANCE DATE.
2. NEGOTIATION OF DOCUMENTS UNDER RESERVE/GUARANTEE IS NOT ACCEPTABLE.
3. ALL DOCUMENTS SHOULD BE ISSUED IN ENGLISH LANGUAGE.
4. SHIPMENT OF REQUIRED GOODS ON DECK ACCEPTABLE.
5. THIRD PARTY DOCUMENTS ARE NOT ACCEPTABLE.
6. B/L MUST SHOW THE CONTAINER(S) SEAL(S) NUMBER(S) ALWAYS WHENEVER SHIPMENT EFFECTED BY CONTAINER(S).
7. FREIGHT FORWARDER TRANSPORT DOCUMENT IS ACCEPTABLE.
8. SHORT FORM B/L IS NOT ACCEPTABLE.
9. A FLAT FEES FOR USD50.00 OR EQUIVALENT WILL BE DEDUCTED FROM EACH SET OF DISCREPANT DOCUMENTS AS DISCREPANCY FEES.
10. L/C AMOUNT TO READ: +/- 5 0/0 USD THIRTY FIVE THOUSAND NINE HUNDRED EIGHTY FIVE.
11. ALL DOCUMENTS SHOULD BE ISSUED IN THE NAME OF M/S: BEE IMPORT AND EXPORT GROUP EXCEPT B/L TO BE ISSUED TO THE ORDER OF THE HOUSING BANK AND NOTIFY M/S BEE IMPORT AND EXPORT GROUP.
12. 5 0/0 MORE OR LESS IN QUANTITY AND AMOUNT IA ACCEPTABLE.
13. DOCUMENTS RECEIVED BY US AFTER 12 O'CLOCK WILL BE STAMP RECEIVED ON THE SECOND DAY DATE.
14. EXCLUDE ARTICLE 14 I, J AND K SO ALL DOCUMENTS MUST BE DATED WITHIN L/C VALIDITY AND SHOW THE ADDRESS AND CONTACT DETAILS FOR BOTH APPLICANT AND BENEFICIARY AS STATED IN THE L/C SHIPPER OR CONSIGNOR OF THE GOODS INDICATE ON ANY DOX MUST BE THE BENEFICIARY OF THE CREDIT.
15. IF THE ISSUING BANK DETERMINE THAT THE PRESENTED DOCUMENTS IS A DISCREPANT DOCUMENT THE DISCREPANT DOCUMENTS WILL BE HELD UNDER THE PRESENTING BANK DISPOSAL UNTILL RECEIVES AWAIVER OF THE DISCREPANCIES FROM THE APPLICANT BY AGREES TO ACCEPT THE DISCREPANT DOCUMENTS AND THE ISSUING BANK HOLD HIS RIGHTS TO DELIVER THE DOCUMENTS TO THE APPLICANT IF ACCEPTED PRIOR TO YOUR INSTRUCTIONS.
16. ALL REQUIRED STAMPS MUST BE IN ENGLISH AND BEARS SIGNED MANUALY.
17. EXCLUDE ARTICLE 18A IV AND B.
18. EXCLUDE ARTICLE 26 B.

71B CHARGES
ALL BANKS CHARGES OUTSIDE JORDAN INCLUDING REIMB. AND PMT. TRANSFER CHARGES ARE ON BENEF'S A/C.

49	CONFIRMATION INSTRUCTION	CONFIRM
53A	REIMBURSMENT BANK	CHASUS33XXX
78	INSTR TO PAY/ACCEP/NEG	

续表

A –	PLS FORWARD TO THE HOUSING BANK AMMAN – JORDAN THE ORIGINAL SET OF DOCUMENTS BY SPECIAL AIR COURIER AND THE DUPLICATE BY AIRMAIL IN STRICT CONFORMITY WITH L/C TERMS.
B –	IN REIMBURSMENT TO DOCUMENTS NEGOTIATED IN FULL COMPLIANCE WITH L/C TERMS YOU ARE AUTHORIZED TO DRAW ON OUR USD A/C WITH JP MORGAN CHASE BANK, N.Y – USA AFTER FIVE WORKING DAYS FROM YOUR AUTH. SWIFT MSG. ADVICE TO US.
57 D ADVISE THROUGH BANK	STANDARD CHARTERED BANK XIAMEN BR. SWIFT CODE: SCBLCNSXIMN A/C NO. USD 222222

步骤二：独立解读。

由学生独立解读，填写事先分发给学生的"信用证分析表"见表 5 – 9。

表 5 – 9　　　　　　　　　　信用证分析表

信用证分析表
跟单信用证类别：
信用证编号：
开证日期：
信用证的到期日及到期地点：
开证行：
开证申请人：
受益人：
信用证的币种与金额：
信用证金额允许浮动的范围：
指定的银行及兑付方式：
汇票付款人：
分批装运：
转运：
装船运港：
目的港：
装运期：
货物描述：
单据种类及要求：

续表

有无不可接受的软条款：	
交单期限：	
有无保兑：	
偿付行：	
通知行：	

步骤三：分析解答。

随机抽取三名学生解读结果，结合信用证详细分析，并解答学生提出的问题。

步骤四：实训总结。

1. 综合总结实训涉及的知识。
2. 总结实训的参与度与学生表现情况。

二、信用证审核与改正练习

根据 ST03 - 011 外贸合同，由 CITI BANK，LOS ANGELS 开证行开立的 ST111 - 102010 号信用证，经中国银行沈阳分行国际业务部审核结果如表 5 - 10，要求写出如何改正。

表 5 - 10

序号	项目代码	存在问题	如何更正
1	31C	开证期 2014 年 6 月 10 日与合同不符，合同规定不可迟于 2014 年 6 月 20 日	
2	*31D	信用证到期日太近，应最迟装运期在 2014 年 7 月 31 日后 10 天—20 天左右。到期地点为开证申请人所在国，对出口商不利，无法保证单证到达开证行时间	
3	*50	开证申请人地址为 1678 Rord，不是 1768 Rord	
4	*59	受益人所在城市应为 ShenYang，而不是 Shenang	
5	*32B	金额栏币别应为 USD，而不是 HKD，按合同规定 L/C 金额应有 10% 的上下浮动	
6	42C	汇票应为 B/L 日期后 90 天，不是见票后 90 天	
7	43P	合同规定允许分批装运，而 L/C 不允许	
8	43T	合同规定允许转运，而 L/C 不允许	
9	44B	目的港按照合同规定应该做成 Los Angels 不是 New York	
10	44C	合同规定装运期在 7 月 31 日之前，而信用证最迟装运期为 20140820	
11	45A	单价的计价货币应为 USD，不是 HKD；合同贸易术语是 CIF，而不是 CFR	

续表

序号	项目代码	存在问题	如何更正
12	45A	包装应为木箱包装（STRONG WOODEN CASES），而不是标准包装（STANDARD PACK）	
13	46A	合同规定商业发票上显示合同号码应为ST03-011，而不是ST02-011	
14	46A	所需单据中漏写 NO SOLID PACKING CATEFICATE ISSUED BY MANUFACTURER	

三、信用证业务模拟操作

【实训设计】

将学生分成若干组，以小组为单位合作完成案例分析任务；将本次任务结果作为技能成绩加以记录。

活动步骤

步骤一：引入案例。

Universal Trading Co. Ltd 与 LPG Internation Corporation 签订贸易合同，如表5-11。

表5-11　　　　　　　　　　SALES CONTRACT

```
NO. CT20140822                                    DATE：AUGUST 15, 2014
THE BUYER：UNIVERSAL TRADING CO., LTD
ADDRESS：RM 1201-1216 GAOLIAN BUILDING CHEZHAN ROAD, WENZHOU, CHINA
TEL：86-577-86739000  FAX：86-577-86739001
THE SELLER：LPG INTERNATION CORPORATION
ADDRESS：333 BARRON BLVD., INGLESIDE, ILLINOIS (UNITED STATES)
NAME OF COMMODITY：MEN'S DENIM UTILITY SHORT
SPECIFICATIONS：COLOR：MEDDEST SANDBLAS
FABRIC CONTENT：100% COTTON
PACKAGE：10 DOZEN IN A CARTON
QUANTITY：2000 CARTON
PRICE TERM：FOB NEW YORK
USD 285/CARTON
TOTAL AMOUNT：USD570,000.00
COUNTRY OF ORIGIN AND MANUFACTURERS：UNITED STATES OF AMERICA, VICTORY FACTORY
PARTIAL SHIPMENT AND TRANSSHIPMENT ARE PROHIBITTED
SHIPPING MARK：ST
              NO. 1…UP
TIME OF SHIPMENT：BEFORE SEPTEMBER 25, 2014
PORT OF SHIPMENT：NEW YORK
PORT OF DESTINATION：WENZHOU, CHINA
```

续表

INSURANCE: TO BE COVERED BY BUYER.
PAYMENT: BY IRREVOCABLE FREELY NEGOTIABLE L/C AGAINST SIGHT DRAFTS FOR 100PCT OF INVOICE VALUE OPENED WITHIN 10 DAYS OF THE SIGNING OF THIS CONTRACT AND THE DOCUMENTS DETAILED HEREUNDER.
DOCUMETNS:
1. SIGNED COMMERCIAL INVOICES IN TRIPLICATE
2. PACKING LIST IN TRIPLICATE
3. FULL SET OF CLEAN ON BOARD BILL OF LADINGS MADE OUT TO ORDER AND BLANK ENDORSED NOTIFYING THE APPLICANT WITH FULL NAME AND ADDRESS MARKED FREIGHT COLLECT.
4. CERTIFICATE OF ORIGIN IN DUPLICATE
5. BENEFICIARY'S CERTIFIED COPY OF FAX TO THE APPLICANT WITHIN 1 DAY AFTER SHIPMENT ADVISING GOODS NAME OF VESSEL, INVOICE VALUE, DATE OF SHIPMENT, QUANTITY AND WEIGHT.
OTHER TERMS AND CONDITIONS:
1. L/C TO BE ISSUED BY TELETRANSMISSION.
2. THE BUYER SHALL BEAR ALL BANKING CHARGES INCURRED INSIDE THE ISSUING BANK.
3. ALL DOCUMENTS MUST BE MAILED IN ONELOT TO THE ISSUING BANK BY COURIER SERVICE.
4. PRESENTATION PERIOD: WITHIN 10 DAYS AFTER THE DATE OF SHIPMENT.

THE SELLER	THE BUYER
LPG INTERNATION CORPORATION	UNIVERSAL TRADING CO., LTD
TOM WHITE	王明

步骤二:模拟申请开证业务。

依据外贸合同,填写信用证开证申请书向中国银行温州分行申请开立信用证。

1. 读懂 CT20100822 号外贸合同。
2. 根据 CT20100822 号外贸合同填制信用证开证申请书(见表 5-12)。

表 5-12　　　　　　　　　　　信用证开证申请书
IRREVOCABLE DOCUMENTARY CREDIT APPLICATION

(1) TO:		(2) Date:
(3) ☐Issue by airmail　　(4) ☐With brief advice by teletransmission		(7) Credit No.
(5) ☐Issue by express delivery		
(6) ☐Issue by teletransmission (which shall be the operative instrument)		(8) Date and place of expiry
(9) Applicant		(10) Beneficiary (Full name and address)
(11) Advising Bank		(12) Amount
		(15) Credit available with
(13) Partial shipments	(14) Transhipment	By
☐allowed　　☐not allowed	☐allowed　　☐not allowed	

续表

(16) Loading on board/dispatch/taking in charge at/from (17) not later than (18) For transportation to： ☐FOB ☐CFR ☐CIF ☐or other terms (19)	☐sight payment ☐acceptance ☐negotiation ☐deferred payment at against the documents detailed herein ☐and beneficiary's draft (s) for ＿＿ % of invoice value at ＿＿＿＿＿＿＿ sight drawn on

(20) Documents required：(marked with X)
1. ( ) Signed commercial invoice in ＿＿ copies indicating L/C No. and Contract No. ＿＿
2. ( ) Full set of clean on board Bills of Lading made out to order and blank endorsed, marked " freight [ ] to collect/ [ ] prepaid [ ] showing freight amount" notifying ＿＿＿＿＿＿＿＿＿＿＿ .
( ) Airway bills/cargo receipt/copy of railway bills issued by ＿＿＿＿＿＿＿＿＿＿＿ showing "freight [ ] to collect/ [ ] prepay [ ] indicating freight amount" and consigned to ＿＿＿＿＿＿＿＿＿＿＿ .
3. ( ) Insurance Policy/Certificate in ＿＿ copies for ＿＿ % of the invoice value showing claims payable in ＿＿ ＿＿＿＿＿＿＿＿＿＿＿ in currency of the draft, blank endorsed, covering All Risks, War Risks and ＿＿＿＿ ＿＿＿＿＿＿＿＿ .
4. ( ) Packing List/Weight Memo in ＿＿ copies indicating quantity, gross and net weights of each package.
5. ( ) Certificate of Quantity/Weight in ＿＿＿ copies issued by ＿＿＿＿＿＿＿ .
6. ( ) Certificate of Quality in ＿＿＿ copies issued by [ ] manufacturer/ [ ] public recognized surveyor ＿＿＿＿ ＿＿＿＿＿ .
7. ( ) Certificate of Origin in ＿＿＿ copies .
8. ( ) Beneficiary's certified copy of fax/telex dispatched to the applicant within ＿＿＿ days after shipment advising L/C No., name of vessel, date of shipment, name, quantity, weight and value of goods.
Other documents, if any
(21) Description of goods：
(22) Additional instructions：
1. ( ) All banking charges outside the opening bank are for beneficiary's account.
2. ( ) Documents must be presented within ＿＿ days after date of issuance of the transport documents but within the validity of this credit.
3. ( ) Third party as shipper is not acceptable, Short Form/Blank back B/L is not acceptable.
4. ( ) Both quantity and credit amount ＿＿＿＿ % more or less are allowed.
5. ( ) All documents must be sent to issuing bank by courier/speed post in ＿＿＿ .
( ) Other terms, if any
(23) We request you to issue on our behalf and for our account your irrevocable credit in accordance with the above instruction (marked × where appropriate) .
This credit will be subject to the uniform customs and practice for documentary credit (2007 revision, Publication No. 600 of the International Chamber of Commerce, Paris, France), insofar as thy are applicable.
(24) STAMP OF APPLICANT：

步骤三：模拟开证行受理开证业务。

1. 扮演开证行的小组审核申请人提交的文件，重点审核贸易合同和开证申请书是否相符。

2. 受理开证业务申请，并开立信用证，模拟填写 MT 700 格式报文（见表 5-13）。

表 5-13　　　　　　　　　　　　　MT 700 报文

FM：	
Date：	
Send to：	

27	
40A	
20	
23	
31C	
40E	
31D	
51a	
50	
59	
32B	
39A	
39B	
39C	
41a	
42C	
42a	
42M	
42P	
43P	
43T	
44A	
44E	
44F	
44B	
44C	
44D	
45A	
46A	
47A	
71B	
48	
49	
53a	
78	
57a	
72	

步骤三：模拟通知行通知业务处理。

1. 模拟通知行收到信用证后的审核业务。根据开证行小组填制的 MT700 报文内容和贸易合同进行审核。

2. 审核合格后，模拟制作信用证通知书（见表 5-14）。

表 5-14　　　　　　　　　　　　信用证通知书

ADVICE OF LETTER OF CREDIT
CHINA CONSTRUCTION BANK
P. O. BOX 123456 ZHONGSHAN RAOD,
LIAONING, CHINA
TEL：024-22222222　FAX：024-33333333
TELEX：375050

SWIFT CODE：CCBJISKIS
TO（致）
ABC Company
DATE（日期）：
OUR REF NO.（我行通知编号）：
LC NO（信用证号）：
DATE OF ISSUE（开证日）：
ISSUER（开证行）：
LC AMOUNT（信用证金额）：
EXPIRY DATE（效期）：
LATEST SHIPMENT DATE（最迟装运期）：
DEAR SIRS（敬启者）。
WE HAVE PLEASURE IN ADVISING YOU THAT WE HAVE RECEIVED FROM THE AFK BANK A LETTER OF CREDIT, CONTENTS OF WHICH ARE AS PER ATTACHED SHEET (S). THIS ADVICE AND THE ATTACHED SHEET (S) MUST ACCOMPANY THE RELATIVE DOCUMENTS WHEN PRESENTED FOR NEGOTIATION.
（兹通知贵司，我行收到上述银行信用证一份，现随付通知，贵司交单时，请将本通知书及信用证一并提示。）
PLEASE NOTE THAT THIS ADVICE DOES NOT CONSTITUTE OUR CONFIRMATION OF ABOVE L/C NOR DOES IT CONVEY ANY ENGAGEMENT OR OBLIGATION ON OUR PART.
（本通知书不构成我行对此信用证之保税及其他任何责任。）
IF YOU FIND ANY TERMS AND CONDITIONS IN THE L/C WHICH YOU ARE UNABLE TO COMPLY WITH AND/OR ANY ERROR (S), IT IS SUGGESTED THAT YOU CONTACT APPLICANT DIRECTLY FOR NECESSARY AMENDMENT (S) SO AS TO AVOID ANY DIFFICULTIES WHICH MAY ARISE WHIEN DOCUMENTS ARE PRESENTED.
（如本信用证中有无法办到的条款及/或错误，请直接与开证申请人联系进行必要的修改，以排除交单时可能发生的问题。）
UNDER THE TERMS AND CONDITIONS OF THIS LETTER OF CREDIT WE HAVE CALCULATED THE FOLLOWING FEES：
FEES THAT WILL BE CHARGED AT LATER DATE：
ADVISING FEE, 1 unit　　CNY 200
SUBJECT TO UCP LATEST VERSION
（适用 UCP 最新版本规则。）

任务三
信用证的风险及防范

【教师任务】

◇ 指导学生查找、分析资料。
◇ 向学生分析和讲解信用证风险及防范的案例。
◇ 对学生的作业完成情况进行评判。

【学生任务】

◇ 上网查询信用证结算中风险的案例，并进行风险类型的总结分析。
◇ 理解信用证结算中所面临的风险，熟练掌握信用证结算中风险防范的措施。

教学活动1 信用证的风险

【活动设计】

通过案例导入引导学生认识信用证结算中存在的风险，并进行思考；通过讲解基础知识中的信用证，引导学生阅读信用证，掌握信用证的开立形式和主要内容。

【案例导入】

2014年3月4日，中仁物资进出口有限公司（以下称中仁公司）与韩国千德国际有限公司（下称千德公司）签订了一份进口合同，合同标的总价值50万美元、2000吨的热轧卷板；装运港为釜山港，目的港为中国大连港；采用分批装运方式履行。合同签订后，中仁公司于2014年7月1日依约开出受益人为千德公司，金额为200万美元增减5%，代号为fibxm96698-xg的远期不可撤销信用证，信用证规定货物装运时间不迟于2014年7月15日，付款日期为2015年1月14日，后更改信用证交货地点为中国天津港。

千德公司在议付期内向议付行交付了全套单据。中仁公司于2014年7月18日向开证行保证承兑而取得了全套单据，开证行于同月25日对汇票进行承兑。千德公司取得承兑汇票后转让给了英国伦敦的一家公司。

中仁公司获得单据后，持单前往天津港提货，但海运提单所载货轮上并无合同项下货物。后中仁公司查明，千德公司提供的装运单据和提单都是虚假的，只得向法院提起诉。然而，虽然法院判令中仁公司胜诉，但千德公司早已骗取货款消失。同时，由于银行已经对合同项下汇票进行承兑，不得不对英国的善意持票人进行支付，中仁公司也不得不向银行支付货款,造成了巨大损失。

分析思考:信用证结算的风险有哪些?

【基础知识】

尽管信用证方式是建立在银行信用基础上的结算方式,但由于此方式下的出口商、各银行以及进口商等相关当事人在业务处理的过程中以信用证条款为基础,以出口商提交的单据为中心,而且信用证项下出口商提交的单据与实际发运的货物相分离,因此信用证项下各当事人可能面临更多、更复杂的风险。

一、出口商所承担的主要风险

(一) 拒付的风险

在信用证业务中,造成拒付的原因多种多样,有些是合理拒付,有些是无理拒付,常见的主要有以下几种情况:

1. 单证不符。单据的名称或内容与信用证条款规定的不同。如信用证中规定所需产地证为普惠制产地证,而出口商提交的却是一般产地证。

2. 单单不符。单据与单据之间内容不相一致。如信用证中规定受益人证明中要注明全套副本单据已经快递寄给开证申请人,快递收据作为结汇单据,而出口商交单时却无此内容快递收据。

3. 国际市场价格因素的影响。买方在开立信用证时希望取得预期的利润,但由于种种原因,致使在该批货物到达目的地时,市场价格下跌,只赔不赚,于是买方毁约。在单据上挑剔错误,以拒付或以退货相要挟,迫使卖方作出让步。

(二) 当事人丧失支付能力的风险

信用证以银行信用取商业信用,在整个信用证交易中,开证行是责任中心,如若开证行倒闭或无法履行承诺,就不能对单据进行偿付,直接威胁议付行或出口商的利益。

(三) 信用证欺诈的风险

1. 伪造信用证欺诈。有些进口商使用非法手段制造假信用证,或窃取其他银行已印好的空白格式信开信用证,或无密押电开信用证,或假印鉴开出信用证,签字和印鉴无从核对,或开证银行名称、地址不详等。对于假信用证,若出口商没有发现信用证系假造而交货,将导致钱货两空。

这种欺诈一般有如下特征:信用证不经通知行便直接送达受益人手中;所用信用证格式为陈旧或过时格式;信用证签字笔画不流畅,或采用印刷体签名;信用证条款自相矛盾,或违背常规;信用证要求货物空运,或提单做成申请人为收货人等。

伪造信用证诈骗又可分为以下几种情况:

(1) 申请人诈骗。申请人诈骗是行骗人扮演开证申请人角色,用伪造的假冒信用证,行骗通知行和受益人的信用证诈骗。此类诈骗在目前的信用证诈骗案中比例较大。诈骗分子的真实身份,有的来自国内,有的来自国外,还有的是内外勾结。诈骗的主要手法是通过伪造信用证,用无密押电开信用证或假印鉴信开信用证骗取受益人货物。

(2) 开证行诈骗。开证行诈骗是诈骗分子以虚拟的开证行的名义,利用伪造的信用证，欺骗通知行和受益人的信用证诈骗。此类诈骗的迷惑性在于利用信用证当事人对银行信用的信任，忽视对开证行的资信调查，趁机行骗。

2. 软条款信用证。软条款信用证又称"陷阱"信用证。所谓"软条款"，是指信用证中加列各种条款致使信用证下的开证行付款与否不是取决于单证是否表面相符，而是取决于第三者的履约行为。从表面上看，软条款信用证是合法的真的信用证，实际上信用证中规定一些限制性条款，或条款不清，责任不明，使受益人的利益处于无保障的状态之中。常见的软条款如下：

（1）难以实施的条款。该类条款实施起来有较大难度以致于无法在规定时间内完成，或者该类条款实施起来会带来无法把握的风险。常见的这类条款有：①要求在装运后很短时间内寄单或交单的条款，如，"所有单据必须在装运日提交到我行"。②将提单发货人做成申请人并要求空白背书的条款，如，"提单做成空白抬头和空白背书并且表明开证申请人为发货人"，空白背书需要由发货人做出，而如果提单发货人做成申请人，则这样的规定实施起来很困难，并且提单发货人做成申请人的话，受益人将失去提单下的发货人应有的权利。③要求发票、检验证书等单据由进口国特定的机构或人员签字或出具的条款，如，"检验证书由申请人指定的两名专家出具并签名，该签名的样本由开证行保存"，申请人指定的专家如不出具并签署检验证书，则受益人无法交单；即使专家出具并签署了检验证书，由于受益人手中并没有指定专家签名的样本，无法判断提交的检验证明会不会被开证行以签名不符为由拒付。

（2）无法操作的条款。比如，要求除发票外的所有单据不得显示发票编号码的条款，"除发票和汇票外，其他提交的单据不得显示发票编号"，但有些官方或半官方单据要求必须显示有关发票的编号及出具日期，比如原产地证或出口许可证等。

（3）高风险条款。指操作起来并不困难，但却可能给受益人带来很高风险的条款。如：①要求装运后将一份空白抬头、空白背书的正本提单直接寄给申请人的条款，"受益人证明中要声明1/3空白抬头、空白背书的正本提单已于装运后一天直接航邮给申请人"，申请人获得一份已经空白背书的正本提单后即可提货，如果受益人交单发生问题，将钱财两空。②信用证在开证行所在国到期，"我行现开出这份以你方为受益人的跟单信用证，信用证到期地点和时间分别为开证行柜台和2014年4月26日"，信用证在国外到期，有关单据必须寄送国外，由于我们无法掌握单据到达国外银行所需的时间且容易延误或丢失，有一定的风险。

（4）限制性条款。
①限制信用证生效条款。如信用证中注明"本证暂不生效，待进口许可证签发通知后生效"，或注明"等货物经开证人确认后再通知信用证方能生效。"②限制性付款条款。如信用证规定："信用证项下的付款要在货物清关后才支付"、"开证行须在货物经检验合格后方可支付"，"在货物到达时没有接到海关禁止进口通知，开证行才付款"等。③对装运的限制。如："货物装运日期、装运港、目的港须待开证人同意，由开证行以修改书的形式另行通知"；信用证规定禁止转船，但实际上装运港至目的港无直达船只等。④其他限制条款。信用证中对受益人的交货和提交的各种单据加列各种限制，如："出口货物须经开证申请人派员检验，合格后出具检验认可的证书"、"货物样品先寄开证申请人认

可，认可电传作为议付单据之一"等。

（5）额外增加费用的条款。比如：要求受益人承担事先未约定的银行费用的条款，如："除日本以外的所有其他银行费用都由受益人承担"，开证国日本以外的费用可能包括通知费、保兑费、传递费、议付费、转让费、偿付费和付款费、邮电通讯费用等，如果都要承担可能会是一笔不小的数目。

3. 信用证的规定过于苛刻，对出口商造成潜在的风险。

（1）信用证对货物的品质要求很细微、很严格，容易造成出口商有时不注意或难于满足这些要求。如对某些产品的出口，信用证要求出口商必须满足对方国家或某一国产品的质量标准等。这样出口商也将面临巨大的收汇风险。

（2）信用证对银行保证的有效期、对货物的装船日期以及对出口商的交单日期规定得比较短促。出口商较难满足这些要求，不能提供相应的单据，很容易造成对方拒付。

（3）信用证规定海运提单的收货人为开证申请人，造成出口商难于控制货物。众所周知，此时的提单仅仅是货物收据，而不是物权证书。进口商无须提单即可提取货物，而出口商则不能很好地掌握这些货物，丧失了对货物的控制权。

（4）信用证规定 1/3 或 2/3 正本海运提单自寄开证申请人，不利于出口商控制货物。由于此时的提单通常为物权证书，且每份提单对货物的效力相同，因此如果出口商将一份或两份正本提单直寄申请人，则易发生进口商用提单提货后指示开证行以各种理由挑剔出口商提交的单据并拒付。这样出口商会钱货两空。

（5）信用证规定的有效日期及有效地点均在开证行所在地。这样，出口商的交单日期就要提前，开证行对出口商提供的付款保证期限，从实际操作而言就缩短了。出口商难以保证准时按照信用证的要求将单据交到开证行手中，易形成不符点，因此出口商收汇将面临巨大风险。

（6）信用证方式下的银行费用均由出口商负担，加大出口商的成本。信用证业务中的银行不仅包括出口商国内的，而且也涉及进口商国内的，有时还可能涉及第三国的银行。由于各个银行提供的服务不同、收费标准不同，因此如果信用证业务中的所有银行费用都由出口商承担，则出口商的业务成本将大大增加，这对出口商是极为不利的。

二、进口商所面临的主要风险

在信用证业务中，由于各当事人处理的是单据，而不是实际货物，因此出口商只要提交与信用证条款相符的单据，开证行就应付款。这样，进口商获得单据后可能面对以下风险：

（一）伪造单据的信用证诈骗

伪造单据的信用证诈骗，是信用证受益人在货物不存在或货物与信用证项上规定不符的情况下，以伪造的单据诱使开证行因形式上的单证相符而无条件付款的信用证诈骗。此类诈骗利用了信用证方式单证相符、单单相符的特点，用伪造的方式，欺骗开证行、通知行和受益人。银行凭单付款，不对货物负责的工作原则，是此类诈骗得手的一个重要因素。另一个重要因素是诈骗分子挖空心思，企图将有关单据伪造得天衣无缝，真假难辨。

1. 进口商获得的是虚假单据。单据不是由合法的签发人签发，而由诈骗人或诈骗人委托他人伪造、或在合法签发人签发单据后进行篡改，改变单据中的有关内容，使单证相符，骗取货款。

2. 进口商凭单据提取的货物与合同的规定不符。出口商利用信用证下银行付款仅凭单据，而不过问货物实际情况的特点，装运不是信用证及合同所规定的合格的货物，而很可能是一文不值的垃圾，甚至货物根本不存在，使进口商蒙受重大损失。这种情况下，单据本身是真实的，是由合法签发人签发，但单据的内容与单据所代表货物的实际情况不符。

（二）出口商获预支信用证下银行预付款后延迟发货或挟款潜逃

预支信用证下银行对出口商的预支款项通常是在获得进口商及开证行的指示后进行的。预支的目的本来是帮助出口商准备货物，但当出口商获得付款后不发货或者消失时，进口商预付的款项就要遭受损失。

（三）对开信用证下货物或设备进口后对方迟迟不开证

对开信用证下货物或设备进口后对方迟迟不开证，使得进口商遭受损失。对开信用证是用于"三来一补"贸易形式下的特殊信用证。进口商授权银行向对方开出信用证进口原料和设备的本意在于利用这些原料和设备生产产品后，反过来向对方出口，但当对方迟迟不开证或开来的信用证不生效时，进口商会遭到巨大损失。

教学活动 2　信用证的风险防范

【活动设计】

通过解读案例导入，引导学生思考信用证风险的防范措施；通过基础知识讲解分析，使学生掌握买卖双方在信用证结算下的风险防范措施。

【案例导入】

中国飞龙贸易有限公司与印尼 GALUKU 公司于 2014 年 2 月 10 日达成一份出口农用机械设备的合同，约定以信用证方式结算，合同金额为 10 万美元。2014 年 2 月 15 日，飞龙公司收到一份由印尼雅加达亚欧美银行（ASIANUERO－AMERICAN BANK, JAKARTA, INDONESIA）开立的受益人为飞龙公司的信用证，金额为 10 万美元。

公司业务人员李丰拿到信用证后，发现信用证中有如下条款："Aditional Conditions *47A："Payment must be effective upon receipt of our Inspection Certificate"；Documents Reuired *46A： "Comercial invoice in 3 copies to be certified by the Indonesia counsel at your end"。李丰认为第一项条款限制了信用证的生效，使信用证的生效与否掌握在申请人的手中；第二项条款也比较难以实现，因为无法确定印尼中国领事馆是否提供这种服务。据此判断，这是典型的软条款信用证。李丰一方面联系 GALUKU 公司业务人员，要求修改信用证，一方面将这一情况汇报给主管领导，并联系印尼的老客户询问 GALUKU 公司的资信情况。

之后，飞龙贸易有限公司收到 GALUKU 公司拒绝修改信用证的函电，而印尼的老客户也回函称：GALUKU 公司只是一个皮包公司，有诈骗的前科。至此，可以确定，该信用证为 GALUKU 公司开立的软条款信用证，其基本动机是诈骗我方出口货物。

分析思考：应如何防范信用证风险？

【基础知识】

一、出口商对风险的防范措施

（一）做好客户的调查研究

调查客户资信是保障交易顺利、安全进行的第一步。一个好的贸易伙伴可以给企业带来兴旺发达，而与不明底细的中间商、皮包公司进行交易，就可能带来风险，遭受经济损失。因此，要对贸易对手的资信情况、经营作风、经营能力进行调查了解。

（二）做好开证行的资信调查

当接到进口商要求其银行开立的带有各种条款的信用证时，面对对方银行的付款保证，出口商应做好开证行的资信调查。信用证属于银行信用，开证行承担首先付款的责任。所以，资信良好、信誉卓著的第一流银行开来的信用证，是安全收汇的保证。因此，对开证行的资金能力、财务状况、经营作风要进行调查了解。如开证行的等级太低，应要求资信较好的银行开证；若对开证行的状况不是很了解时，出口商可以要求进口商指示开证行去邀请出口地银行对其开出的信用证加具保兑，这样当出口商拿到保兑信用证时，出口商就可以获得除开证行之外的第二家银行的付款保障。

（三）做好审证工作

在出口业务中，审证工作是银行与外贸企业共同的责任。其中银行着重审核开证行的政治背景、资信能力、付款责任和索汇路线等内容。外贸企业应加强与银行的联系，密切配合。外贸企业着重审核信用证内容与买卖合同是否一致。若发现是伪造的信用证，出口商应立即采取措施避免损失。通过审证若发现有"软条款"，应立即以最快捷的通讯方式与进口商协商，要求改证，对信用证的"软条款"不予接受。

（四）学会通过单据来控制货物

一般而言，海运提单是物权证书，海运提单的抬头应做成对出口商比较有利的空白抬头形式，这样，通过背书转让，出口商可以把单据交付其委托的银行，才能有效地操控货物。

（五）投保出口信用保险

尽管信用证方式建立在银行信用基础上，但对出口商而言不是说没有风险了。出口商在发运货物前可以向出口国保险机构投保出口信用保险以转移和降低收汇风险，从而保障安全收汇。只有这样，业务双方才能防患未然。具体而言，出口商应了解进口商的生产经营状况、经营实力、经营规模，有无不良出货记录等。

（六）发生拒付时应采取的措施

在信用证交易中，一旦发生单据为开证银行拒绝承兑或付款的情况，出口商应立即采取下列措施，以减少损失。

1. 研究拒付的理由并与往来银行商讨对策。出口商在接到银行拒付的通知之后,应仔细研究其拒付的理由是否充分,是否确因单据有问题,造成单证不符或单单不符,如果不是因为此种原因,或虽有微小的不符但一般不构成拒付时,就应考虑到其他原因,或者开证银行由于买方的信用、财务状况不佳,恐其无力赎单而故意以无关紧要的瑕疵拒付的情况是很多的。如发生这种情况就要从法律上、惯例中寻找依据,并主动与往来银行的有关专业人士研究对策。如认为其拒付理由十分牵强、不充分,应通过往来银行,按照统一惯例的有关规定据理力争,讨得公道。

2. 直接与买方或其代理商交涉。因信用证交易是单据交易,只有卖方提交的单据完全符合信用证的规定条款时,开证银行才付款。单据虽然只有微小的瑕疵,卖方也不能强迫开证银行付款,在这种情况下,只能直接向买方或其代理商交涉。

二、进口商对风险的防范措施

(一) 加强资信调查

开证前,进口商应了解出口商的生产经营状况、经营实力、经营规模,有无不良出货记录等等。在国际贸易业务中,不仅出口商需要了解进口商,而且进口商同样需要知道出口商的情况。

(二) 合理制定信用证中货物条款

进口商作为信用证业务中的买方,其对出口商发运的货物是非常关心的,但由于信用证业务的特点之一就是单据与实际货物相脱离,因此,进口商只能通过信用证中加列一些条款来约束出口商发运货物。比如:要求出口商提交商品相关的检验证书,如质量检验证书、数量/重量检验证书等等。这样进口商可以对出口商发运的货物加以控制,以避免出口商不发货、发假货、发残次货物及少发货等行为的发生。

(三) 特殊信用证加列保护条款

对开信用证下应规定收到对方银行开来信用证时,本方银行开出的信用证方可生效。只有加列此条款才可以避免对方货物出口后由于不开证或不及时开出信用证而造成已生产的产品不能出口的损失。

预支信用证下进口商应要求开证行在信用证中加列"此信用证下预付款项应伴随着出口商货物的准备以及发运情况分批支付"条款。

(四) 加强审单工作

对进口业务,买方还应加强审单工作,以避免由于伪造单据或欺诈性单据而带来的损失。针对欺诈性单据,买方可在买卖合同中规定货物在装运前由一个信誉卓著的检验机构(如日内瓦通用公证行)负责对货物进行检验,并规定检验证书中的一份由该检验机构直接寄给议付行或开证行,以便银行在审单时将之与卖方所提交的检验证书核对,对重要的进口商品或大型成套设备的进口,买方还可指定由本国或自己所熟悉的商检机构到装运港检验及监装。

(五) 合理利用信用证欺诈例外原则

在信用证支付方式中,卖方以单据欺诈手段骗取货款的案件不断发生,如果固守信用证独立与合同这一原则,势必纵容这些诈骗分子,使买方处于极为不利的地位。有鉴于此，为了打击国际贸易中出现的欺诈行为，不少国家的法律、判例对欺诈行为提出了相应的处理原则。如果在银行对卖方提交的单据付款或承兑以前，发现或获得确凿证据，证明卖方确有欺诈行为，买方就可以要求银行停止对卖方付款，或请求法院向银行颁布禁令，禁止银行付款；同时，银行在这种情况下也没有义务对表面符合信用证条款，而实际上含有欺诈内容的单据付款。

【单元实训】

案例分析

【实训设计】

将学生分成若干组，以小组为单位合作完成案例分析任务；将本次任务结果作为技能成绩加以记录。

【实训流程】

步骤一：阅读案例。

青岛青海有限公司（卖方）与美国大华纺织有限公司（买方）达成一份出口丝织品合同，规定以信用证结算。2014年11月，卖方收到信用证见表5-15，请根据所学知识审核信用证，找出信用证中可能对卖方造成损失的"软条款"。

表5-15

27	SEQENCE OF TOTAL：	1/1
40A	FORM OF DOCUMENTARY CREDIT：	IRREVOCABLE
20	DOCUMENTARY CREDIT NO.：	CRED1523349
31C	DATE OF ISSUE：	140906
31D	EXPIRY DATE AND PLACE：	141102 U.S.A
40E	APPLICABLE RULES：	UCP LATEST VERSION
50	APPLICANT BANK：	CITI BANK INTERNATION, LOS ANGELS, USA
51D	APLLICANT：	UNITED OVERSEAS TEXTILE CORP. 220E 8TH STREET A682 LOS ANGELES, U.S.A.
59	BENEFICIARY：	QINGDAO QINGHAI CO., LTD. 186 CHONGQIN ROAD, QINGDAO, CHINA
32B	CURRENCY CODE &AMOUNT：	USD58575.00
39A	PERCENTAGE CREDIT AMOUM TOLERANCE	10/10
41D	AVAILABLE WITH…/BY：	AVAILABLE BY YOUR MANUALLY SIGNED DRAFT ON AT 90 DAYS D/A SIGHT FOR FULL INVOICE VALUE OF SHIPMENT
42P	DEFERRED PAYMENT DETAILS	AT 90 DAYS AFTER B/L DATE
43P	PARTIAL SHIPMENTS：	NOT ALLOWED

续表

43T	TRANSSHIPMENT:	NOT ALLOWED
44A	LOADING/DISPATCH AT/FROM:	QINGDAO PORT, CHINA
44F	PORT OF DISCHARGE	LOS ANGELES PORT, U.S.A
44C	LATEST DATE OF SHIPMENT:	141017

45A DESCRIPTION OF GOODS:
TRADE TERMS: CIF LOS ANGELES PORT, U.S.A. ORIGIN: CHINA.
71000M OF 100% POLYESTER WOVEN DYED FABRIC AT USD0.75 PER M, WIDTH: 150CM, >180G/M2

46A DOCUMENTS REQUIRED:
SIGNED DETAILED PACKING LIST: (1) CERTIFICATE OF ORIGIN. (2) HAND SIGNED INSURANCE POLICY/CERTIFICATE COVERING MARINE INSTITUTE CARGO CLAUSES A (1.1.1982), INSTITUTE STRIKE CLAUSES CARGO (1.1.1982), INSTITUTE WAR CLAUSES CARGO (1.1.1982) FOR 110PCT OF THE INVOICE AMOUNT. (3) INSPECTION CERTIFICATE ISSUED AND SIGNED BY TWO EXPERTS NOMINIATED BY THE APPLICANT, THE SPECIMEN SIGNATURES OF THE INDIVIDUAL WHO WERE AUTHORIZED WERE KEPT BY US.

47A ADDITIONAL CONDITIONS:
10PCT MORE OR LESS IN AMOUNT AND QUANTITY ALLOWED. NOTIFY PARTY WILL BE ADVISED LATER BY MEANS OF L/C AMENDMENT THROUGH OPENING BANK UPON INSTRUCTIONS FROM THE APPLICANT.

48:	PERIOD FOR PRESENTATION	WITHIN 15 DAYS AFTER SHIPMENT BUT WITHIN THE VALIDITY OF THIS CREDIT
71B	CHARGES	ALL CHARGES AND COMMISSIONS OUTSIDE U.S.A. ARE FOR BENEFICIARY'S ACCOUNT
49	CONFIRMATION INSTRUCTION:	WITHOUT

78 INSTRUCTIONS TO THE PAYING/ACCEPTING/NEGOTIATING BANK:
AT MATURITY DATE, UPON RECEIPT OF COMPLYING DOCUMENTS C/O OURSELVES, WE WILL COVER THE REMITTING BANK AS PER THEIR INSTRUCTIONS.

步骤二：独立审核信用证。

由学生独立解读审核上述信用证，填写事先分发给学生的"信用证分析表"，列出"软条款"。

步骤三：分析解答。

随机抽取三名学生分析审核结果，结合信用证详细分析，并解答学生提出的问题。

步骤四：实训总结。

1. 综合总结实训涉及的知识。
2. 总结实训的参与度与学生表现情况。

【综合实训】

信用证业务实训

【实训目标】

学习与巩固信用证业务知识和技能。

【实训任务】

本教学项目的实训活动要完成两项任务：一是对基础知识和分析思考题进行闭卷测试；二是完成信用证业务实验的全部业务。

一、基础知识测试

（一）单选题

1. 开证行在信用证中承担付款责任是（　　）。
A. 无条件的　　　　　　　　　　B. 可以撤回的
C. 自行决定的　　　　　　　　　D. 第一性的且不可撤销的

2. 信用证的基础是买卖合同，当信用证与买卖合同规定不一致时，受益人应要求（　　）。
A. 开证行修改　　　　　　　　　B. 开证申请人向开证行申请修改
C. 通知行修改　　　　　　　　　D. 保兑行修改

3. 在信用证业务中，议付行处理单据的标准是（　　）。
A. 只看单据，不看货物　　　　　B. 既看单据，又看货物
C. 只管货物，不看单据　　　　　D. 根据情况不同单货处理的标准也不同

4. 信用证上如未明确付款人，则制作汇票时，受票人应为（　　）。
A. 开证申请人　　　　　　　　　B. 开证银行
C. 议付行　　　　　　　　　　　D. 任何人

5. 根据国际商会《跟单信用证统一惯例》的规定，如果信用证上未注明"不可转让"的字样，该信用证应视为：（　　）。
A. 可转让信用证　　　　　　　　B. 不可转让信用证
C. 远期信用证　　　　　　　　　D. 由受益人决定可转让或不可转让

6. 在合同规定的有效期，（　　）负有申请开立信用证的义务。
A. 卖方　　　　　　　　　　　　B. 买方
C. 开证行　　　　　　　　　　　D. 议付行

7. 在交易金额较大，对开证行的资信不了解时，为保证货款的及时收回，买方最好选择（　　）。
A. 可撤销信用证　　　　　　　　B. 远期信用证
C. 承兑信用证　　　　　　　　　D. 保兑信用证

8. 关于信用证的有效期，除特殊规定外，银行将拒绝接受迟于运输单据出单日期（　　）天后提交的单据。
A. 20　　　　　　　　　　　　　B. 30
C. 25　　　　　　　　　　　　　D. 21

9. 假远期信用证的实质是（　　）。
A. 即期信用证　　　　　　　　　B. 远期信用证
C. 可转让的信用证　　　　　　　D. 中间商信用证

10. 某付款行的工作人员因为在审证过程中粗心大意，未能发现发票上的货物名称与信用证上的名称不符，发票上的货物是 ABC，而信用证上则是 ACB，在向开证行索偿时遭到拒付，该付款行应如何处理（   ）。

   A. 要求开证行承担第一性付款责任，必须偿付

   B. 要求申请人向其付款

   C. 开证行不付款，则向受益人追索回已付款项

   D. 由于是其自身的错误造成的，必须自行承担损失

11. 海运提单的签发日期是（   ）。

   A. 货物开始装船的日期　　　　　　B. 货物装船完毕的日期

   C. 船只到达装运港的日期　　　　　D. 船只离开装运港的日期

12. 某信用证规定单据之一为："保险单，投保一切险，投保金额为发票金额的 120%"。受益人在投保时操作失误，按发票金额 130% 投保。交单后，开证行以保险单与信用证要求不符为由拒付，我方应如何处理（   ）。

   A. 因保单确实与信用证不符，只能自行承担责任，改信用证结算为托收

   B. 要求开证行照付，并申明照付理由：保险加成可以多，但不可以少

   C. 与开证行协商，承认自己失误，请求付款

   D. 与开证申请人协商，请求其帮助向开证行申请付款

13. 在下列有关可转让信用证的说明中，错误的说法是（   ）。

   A. 该证的第一受益人可将信用证转让给一个或一个以上的人使用

   B. 该证的第二受益人不得再次转让

   C. 该证转让后由第二受益人对合同履行负责

   D. 可以分成若干部分分别转让

14. 保兑信用证的保兑行的付款责任是（   ）。

   A. 在开证行不履行付款义务时履行付款义务

   B. 在开证申请人不履行付款义务时履行付款义务

   C. 承担第一付款义务

   D. 付款后对受益人具有追索权

15. 商业发票通常由（   ）出具。

   A. 信用证的受益人　　　　　　　　B. 信用证的申请人

   C. 船公司　　　　　　　　　　　　D. 任何人

16. 信用证中规定："签字的商业发票一式两份"，则受益人在交单时应（   ）。

   A. 出具两张发票，都必须受益人手签

   B. 出具两张发票，不必签字即可

   C. 出具两张发票，正本符合签字要求即可，另一份可以是复印件

   D. 出具两张发票，两份都必须是正本，符合正本签字要求

（二）多选题

1. 下列关于可转让信用证的表述正确的为（   ）。

   A. 只有信用证上明确书明可转让字样，受益人才有权要求银行将信用证的全部或一

部分一次转让给一个或者数个本国或者外国的第三者，由第二受益人在其所在地交单议付

B. 信用证转让时，只能按原条款转让，但其中的金额、单价可以降低，有效期和装货期可以缩短，保险加保比例可以增加

C. 信用证转让后，第一受益人仍应对交货承担合同义务

D. 信用证的修改必须得到第一受益人与第二受益人的同意

2. 背对背信用证主要用于(　　　)。

A. 中间商转售他人货物　　　　B. 转口贸易

C. 一般贸易　　　　　　　　　D. 进料加工

3. 对开信用证经常用于(　　　)。

A. 易货贸易　　　　　　　　　B. 一般贸易

C. 加工贸易　　　　　　　　　D. 进料加工

4. 信用证结算时汇票的付款人可以是(　　　)。

A. 开证行　　　　　　　　　　B. 保兑行

C. 议付行　　　　　　　　　　D. 信用证中规定的付款行

5. 下列说法正确的是(　　　)。

A. 信用证是依据贸易合同开立的，但独立于合同之外

B. 信用证一经开立，开证行就承担第一性付款责任，无论如何受益人都可从开证行获得付款

C. 在信用证支付方式下，受益人只要在信用证规定的有效期内向某一银行提交符合信用证规定的全部单据，银行就必须履行付款义务

D. 信用证中的单据在描述货物时都可以使用概括性语言，只要其描述与信用证中不冲突即可，这些单据不包括商业发票

（三）判断题

1. 某交易使用信用证结算，货物装船后受益人获得已装船清洁提单但尚未送银行议付，获悉开证申请人破产倒闭，则受益人无法从开证银行得到货款。　　　　（　　　）

2. 买卖合同规定买方须开立"可转让信用证"，卖方在收到的信用证中虽无"可转让"字样，但仍可要求通知行将该证转让给其他人使用。　　　　　　　　（　　　）

3. 只要在信用证有效期内，受益人向银行提交符合信用证要求的单据，开证行必须付款。　　　　　　　　　　　　　　　　　　　　　　　　　　　　（　　　）

4. 保兑信用证结算时，受益人可以向保兑行交单也可以向开证行交单，无论向谁交单，一旦获得付款，对方都没有追索权，即使付款后发现单据不符也是如此。（　　　）

5. 可转让信用证只能转让一次。　　　　　　　　　　　　　　　　（　　　）

（四）问答题

1. 什么是信用证？信用证的特点是什么？

2. 信用证的主要当事人有哪些？

3. 保兑信用证和不保兑信用证有什么不同？保兑行如何对信用证进行保兑？

4. 什么是软条款信用证，其主要表现形式有哪些？

二、实训题

(一) 案例分析

A 公司与 B 公司签订一进口合同，进口钢材 5000 吨。合同规定 B 公司在 2014 年 7 月装船。A 公司 2014 年 7 月 5 日开出信用证（见表 5-16），信用证规定最迟的装船期是 7 月 28 日。A 公司于 7 月 5 日将 L/C 副本传真给 B 公司。但 B 公司在没有征得 A 公司同意，又没有要求修改信用证的情况下，于 7 月 31 日装船，并取得日期为 7 月 31 日的海运提单并缮制单据向开证行索偿。开证行认为单据不符，并告知 A 公司，A 公司随即告知开证行拒付并退单给 B 公司。

请分析：

1. B 公司装运日期是否符合合同规定？
2. A 公司是否有权利拒付？为什么？

(二) 信用证业务

表 5-16

27	SEQENCE OF TOTAL：	1/1
40A	FORM OF DOCUMENTARY CREDIT：	IRREVOCABLE
20	DOCUMENTARY CREDIT NO.：	30-0038-556987
31C	DATE OF ISSUE：	141025
31D	EXPIRY DATE AND PLACE：	141102, CHINA
40E	APPLICABLE RULES：	UCP LATEST VERSION
51D	APLLICANT：	RAIN DREANS INTERNATIONAL, INC.
		10-14, KODENMACHO NIHONBASHI CHUO-KU, TOKYO, JAPAN
59	BENEFICIARY：	SHANGHAI WENTONG CO., LTD.,
		1125 YANCHANG ROAD,
		SHANGHAI, CHINA
32B	CURRENCY CODE &AMOUNT：	USD9915.00
41D	AVAILABLE WITH…/BY：	ANY BANK
		BY NEGOTIATION
42C	DRAFTS AT：	DRAFT (S) AT SIGHT FOR FULL INVOICE COST
42D	DRAWEE：	ISSUING BANK
43P	PARTIAL SHIPMENTS：	ALLOWED
43T	TRANSSHIPMENT：	PROHIBITED
44A	LOADING/DISPATCH AT/FROM：	CHINESE PORT
44F	PORT OF DISCHARGE	JAPANESE PORT
44C	LATEST DATE OF SHIPMENT：	141104
45A	DESCRIPTION OF GOODS：	
KNIT WEAR：		
393B71039 (AR_ C5628) 600PCS		
393B71040 (AR_ C5629) 1000PCS		
393B71041 (AR_ C5630) 500PCS		
393B71042 (AR_ C5631) 500PCS		

续表

```
CFR JAPANESE PORT
46A   DOCUMENTS REQUIRED：
1. SIGNED COMMERCIAL INVOICE IN 2 COPIES.
2. FULL SET LESS ONE ORIGINAL OF CLEAN ON BOARD MARINE BILLS OF LADING MADE OUT TO THE ORDER
   OF SHIPPER AND BLANK ENDORSED, MARKED 'FREIGHT PREPAID', NOTIFY APPLICANT.
3. ONE ORIGINAL B/L SHOULD BE SENT TO L/C APPLICANT BY DH WITHIN 2 DAYS AFTER SHIPMENT AND
   BENEFICIARY'S CERTIFICATE TO THIS EFFECT IS REQUIRED.
4. PACKING LIST IN 2 COPIES.
47A   ADDITIONAL CONDITIONS：
THIRD PARTY'S AND FACTORY'S NEEDLE INSPECTION CERTIFICATE SHOULD BE FAXED WITH SHIPPING DOCUMENTS.

71B   CHARGES                         ALL BANKING CHARGES OUTSIDE JAPAN ARE FOR
                                      BENEFICIARY'S ACCOUNT.
48A   PERIOD OF PRESENTATION          DOCUMENTS MUST BE PRESENTED WITHIN 15 DAYS
                                      AFTER THE DATE OF SHIPMENT BUT WITHIN THE VA-
                                      LIDITY OF THIS CREDIT.

49    CONFIRMATION INSTRUCTION：      WITHOUT
78    INSTR TO PAY/ACCEP/NEG：
INSTRUCTIONS TO THE NEGOTIATING BANK：T. T. CLAIM FOR REIMBURSEMENT IS PROHIBITED. ON RECEIPT
OF DOCS IN ORDER, WE'LL REMIT AS PER YR INSTRUCTION. ALL DOCS TO BE SENT TO US IN TWO LOTS BY
COURIER SERVICE.
ADD. : 1 - 5 UCHISAIWACHO 1 - CHOME CHIYODA - KU, TOKYO 100 - 0011 JAPAN.
DISCREPANT FEE OF USD50. 00/JPY5000 - EQUIVALENT AND CABLE CHG OF USD20. 200/JPY2000 - TO BE DE-
DUCTED FROM PROCEEDS, FOR DISCREPANT DOC.
```

根据上述信用证回答一下问题：

1. 此信用证开证的报文格式为（　　）。

   A. MT 700　　　　　　　　　　　　B. MT 707

   C. MT 101

2. 开证日期为（　　）。

   A. 141104　　　　　　　　　　　　B. 141120

   C. 141025

3. 信用证金额加减百分比是（　　）。

   A. 15%　　　　　　　　　　　　　B. 10%

   C. 5%

4. 提交的货物名称是（　　）。

   A. 针织服装　　　　　　　　　　　B. 梭织服装

   C. 牛仔裤

5. 该信用证中规定受益人需提交的提单是（　　）。

   A. 清洁已装船提单

   B. 不清洁已装船提单

C. 备运提单

6. 该信用证项下的分批装运栏填的是（　　）。

A. ANY
B. ALLOWED
C. NOT ALLOWED

7. 货物的卸货港是（　　）。

A. CHINESE PORT
B. SHANGHAI PORT
C. JAPANESE PORT

8. 商业发票（　　）份并须签署。

A. 1
B. 2
C. 3

9. 日本以外的所有银行费用由（　　）负责。

A. 受益人
B. 开证人
C. 开证银行

10. 信用证的受益人（　　）。

A. SHANGHAI WENTONG CO., LTD.
B. RAIN DREANS INTERNATIONAL, INC.
C. MIZUHO BANK LTD.

项目六 $\quad$ Project 6

国际结算中常用的商业单据

【知识目标】
- ◇ 掌握制单的依据和工作要求。
- ◇ 掌握商业发票、装箱单、原产地证、运输单据、保险单据、汇票等单据的相关知识。
- ◇ 掌握审单的原则、步骤和要求。
- ◇ 熟悉汇票、发票、海运提单等单据的审核要点。
- ◇ 熟悉不符点单据的处理办法。

【能力目标】
- ◇ 能以受益人身份，根据信用证制作或办理商业发票、装箱单、原产地证、运输单据、保险单据、汇票等主要结汇单据。
- ◇ 能以银行身份审核信用证项下汇票、发票和海运提单等主要单据。
- ◇ 掌握不符点的辨识和处理技巧。

任务一 商业单据概述

【教师任务】
- ◇ 讲解商业单据的含义、特点和种类。
- ◇ 对学生作业完成情况进行点评。

【学生任务】
◇ 了解商业单据的含义、类型，理解其特征。
◇ 阅读有关商业单据的国际惯例。

【活动设计】

通过案例导入，引导学生进入商业单据的学习；进一步讲解其含义、特点和种类，使学生深入理解和把握相关知识。

【案例导入】

A 银行开立了一张不可撤销信用证，经由通知行 B 银行通知给了受益人。该信用证对单据方面的要求如下：
1. 商业发票；
2. 装箱单；
3. 由 SSS 检验机构出具的检验证明书；
4. 海运提单表明货物从 PPP 港运至 DDD 港，提单做成开证行抬头。

分析思考：国际结算中需要哪些商业票据？应如何制作？应如何审核？

【基础知识】

一、商业单据的含义

国际贸易单证（International Trade Documents），简称单证（Documents）。《托收统一规则》第二条指出："单据是指金融单据和/或商业单据。其中金融单据是指汇票、本票、支票或其他类似的可用于取得款项支付的凭证；商业单据是指发票、运输单据、所有权文件或其他类似的文件，或者不属于金融单据的任何其他单据。"广义概念是指国际贸易合同签订、履行过程（货物交付、运输、保险、检验、通关、结算等各环节）中所用的各种单据、文件和证书。狭义概念是指国际贸易买卖双方用于货款结算的单据和信用证。本书所讲单证为狭义的单证。

UCP600 第五条规定："单据与货物/服务/行为 Banks deal with documents and not with goods, services or performance to which the documents may relate. 银行处理的是单据，而不是单据所涉及的货物、服务或其他行为。"由此可见，单证在国际结算中有着不可替代的作用。

二、商业单据种类

单据是办理货物的交付和货款的支付的一种依据。单据可以表明出口商是否履约以及履约的程度。进口商品以单据作为提取货物的货权凭证，有了单据，就表明有了货物。

单据的种类如表 6-1 所示：

（一）《托收统一规则》（《URC522》）的分类

1. 金融单据，是指具有货币属性，汇票、支票、本票或其他用于取得付款资金的类似凭证。

2. 商业单据，是指除了金融单据以外的所有单据。

（1）基本单据，包括商业发票、海运提单、保险单等。

（2）附属单据：①进口国官方要求的单据：领事发票、海关发票、原产地证明等；②买方要求的单据：装箱单、重量单、品质证书、寄单证明、寄样证明、装运通知、船龄证明等。

（二）《跟单信用证统一惯例》（《UCP600》）的分类

1. 运输单据，包括海运提单；非转让海运单；租船合约提单；多式联运单据；空运单据；公路、铁路和内陆水运单据；快递和邮包收据；运输代理人的运输单据等。

2. 保险单据，包括保险单、保险凭证、承保证明、预保单等。

3. 商业发票。

4. 其他单据，包括装箱单、重量单和各种证明书。

（三）UN/EDIFACT 的分类

EDI 国际通用标准将单据分为九大类：生产单据、订购单据、销售单据、银行单据、保险单据、货运代理服务单据、运输单据、出口单据、进口和转口单据。

（四）按照单据形式分类

单据按照单据的形式分为纸面单据和电子单据。

【知识链接】

商业单据的作用

现代国际贸易绝大部分采用凭单交货、凭单付款方式。特别在信用证业务中，银行及所有当事人处理的是单据而不是实际货物，如果单据中有不符合信用证要求的地方，开证行可以拒绝承担付款责任，买方可以拒付货款。在国际交往中，商业单据主要有以下作用：

（一）商业单据是合同履行的必要手段和证明

目前，国际贸易中常用的三种贸易合同（FOB 合同、CFR 合同和 CIF 合同），按照国际商会《2000 年国际贸易术语解释通则》（INCOTERMS2000）的解释，均是以卖方提交与货物有关的单证作为其对交货义务的履行，而买方的付款责任均是以收到卖方提交的单证为前提。

（二）商业单据是国际结算的基本工具

随着国际贸易的发展，国际贸易货物单据化，使得商品买卖通过单据买卖来实现。在当今的出口结算支付方式中，最主要的是信用证支付方式，这种支付方式已将实际商品的买卖转化为单据的买卖。卖方交单即意味着交付了货物，而买方付款后就可以赎单，则代表着买到了商品。双方的结算自然就不再以货物作为依据，而是以单据作为依据了。

单据和货物对流的原则已成为国际贸易中商品买卖和支付的一般原则。由此可见，在出口业务中，正确、完整、及时地缮制好单证。

（三）商业单据是一项政策性很强的涉外工作

商业单据作为一种涉外商务文件，它必然体现了国家的对外政策，因此，单证处理要严格按照国家有关外贸的各项法规和制度办理。商业单据主要用于交货、结算，并需要在国外流通，发生纠纷时又常常是处理争议的依据。因此，它又是重要的涉外法律性文件。在国际贸易中，已经形成了许多被多数国家承认和采用的法律和惯例，不同贸易对象又有各自的特殊法规和惯例，这些法规和惯例涉及的面很广，国际贸易单据作为涉外的法律文件，必须与国外有关法律（如《票据法》）、规则（如《托收统一规则》）、惯例（如《跟单信用证统一惯例》）相适应。

【单元实训】

请同学们分组，相互提问和回答以下问题：
1. 回答商业单据的含义？
2. 商业单据有哪些类型？

任务二
商业发票、海关发票及其他发票

【教师任务】

◇ 讲解商业发票的基本作用、基本内容以及制作方法。
◇ 对学生作业完成情况进行点评。

【学生任务】

◇ 了解商业发票的基本作用、基本内容以及正确的制作方法。
◇ 课后阅读有关商业发票的国际惯例。

教学活动1　商业发票

【活动设计】

通过案例导入，引导学生进入商业单据的学习；进一步讲解其含义、特点和种类，使学生深入理解和把握相关知识。

【案例导入】

我国某 A 公司向 B 公司出口一批玉制品。B 公司开来信用证，部分条款规定：100 箱玉制品（包括 50 箱"嫦娥奔月"和 50 箱"惜春作画"）。在特别条款中对议付行银行规定："议付行注意：……要求议付行将其中第一套单据以航空挂号邮寄我香港分行，第二套单据由次班航邮寄。"A 公司根据对方开来的信用证的有关条款规定，按时办理了装运，于 2014 年 8 月 14 日备妥信用证所要求的所有单据向银行办理了议付手续。开证行在 8 月 22 日收到单据后经审核发现单证不符：第×××号发票对商品名称的描述不全。我方信用证规定商品名称为："玉制品"（其中包括"嫦娥奔月"和"惜春作画"）。在你方发票上寻找不着我方信用证规定的"玉制品"的商品名称，仅表示 50 箱"嫦娥奔月"和 50 箱"惜春作画"，不符合信用证要求……，故我方无法接受你方单据，经研究决定将你方全套份数单据全部退回，请验收。"

分析思考：商业发票的作用是什么？商业发票应包含哪些内容？应如何开具？

【基础知识】

一、商业发票的含义

商业发票（Commercial Invoice），简称发票（Invoice），是卖方（出口商）向买方（进口商）开具的载有交易货物名称、数量、价格等内容的总清单，是装运货物的总说明，是贸易双方交接货物、结算货款的主要单据，也是进口国计征关税和买卖双方索赔、理赔的重要依据。商业发票虽不是物权凭证，但是全套单据的中心，是制作其他单据的依据，是国际结算中使用的最主要的单据之一。

二、商业发票的内容

商业发票（见表 6-1）根据信用证或合同条款要求由各公司自行制定，并无统一的格式，但基本栏目大致相同。发票在结构上分为首文、正文和结尾三部分。首文部分包括发票的名称、发票的号码、出口商的名称和地址、发票的出票日期、信用证或合同号码、发票的抬头人、运输工具和航线等。正文部分是发票的主要部分，主要描述商品的全面情况，包括唛头、货物的描述、数量、单价和总价等。结尾部分包括信用证要求在发票上证明或声明的其他内容、发票制作人签章等。

（一）发票名称

根据《国际标准银行审单实务》ISBP 的规定，若信用证只要求发票而未作进一步定义，则提交"发票（Invoice）""商业发票（Commercial Invoice）""海关发票（Customs Invoice）""税务发票（Tax Invoice）""领事发票（Consular Invoice）"等形式的发票都可以接受，但是"临时发票（Provisional Invoice）""形式发票（Pro-forma Invoice）"或类似的发票不可接受，除非信用证另有授权；当信用证要求提交商业发票时，标为"发票"和"商业发票"的单据都是可以接受的。

表 6-1　　　　　　　　　商业发票样式

FUJIAN FAZHAN I/E CO., LTD.				
NO. 5 RENMIN RD., FUZHOU, P.R. CHINA				
COMMERCIAL INVOICE				
To:		Invoice No.:		
		Invoice Date:		
		S/C No.:		
		S/C Date:		
From:		To:	NEW YORK, U.S.A.	
Marks and Numbers	Number and kind of package Description of goods	Quantity	Unit Price	Amount
N/M				
		TOTAL:		
SAY TOTAL:				

（二）出票人名称和地址

根据 UCP600 的规定，若信用证无另外规定，商业发票的出票人为受益人。发票的顶端往往要有醒目的出票人名称、详细地址，该名称和地址要与信用证受益人名称和地址相一致。出票人名称字体要略大于正文字体，填写时请注意受益人名称和地址不能同行放置，而且必须是名称地址的全称。许多出口企业在印制空白发票时就印好这些内容，或可一并打印出来。如是这样，业务员无需填写此栏。

（三）受单人或抬头名称和地址

根据 UCP600 的规定，若信用证无另外规定，商业发票的受单人或抬头为开证申请人。如采用托收或其他支付方式，填写合同的买方名称和地址。

（四）发票号码、发票日期、信用证号码、合同号码等参考信息

1. 发票号码由出口商统一编制，一般采用顺序号，便于查找核对。

2. 发票日期应在合同签订之后，同时早于提单日期，不能迟于信用证有效期。根据 UCP600 的规定，如果 L/C 没有特殊规定，银行可以接受签发日期早于开证日的发票。

3. 信用证号码参照信用证缮制。

4. 合同号应与信用证上列明的一致；其他支付方式下，须表示合同号。如一笔交易有几份合同，都应打在发票上。

（五）起运地和目的地

该项目为非必需栏目，可以省略。如不省略，运输路线要严格与信用证一致，不得超过信用证的范围，同时起运地和目的地应与提单一致。如果货物需要转运，转运地点也应明确地表示出来。例如：货物从上海经汉堡转船至英国伦敦，应填写"From Shanghai to London, U.K. with transshipment (W/T) at Hamburg."

（六）唛头（Shipping Marks）

应按信用证或合同的规定填写，并与提单、托运单等单据严格一致。如无指定，出口商可自行设计唛头，唛头一般以简明、易于识别为原则。唛头内容包括名称的缩写、合同号（或发票号）、目的港、件号等内容。如无唛头，或是裸装货、散装货等，应打上 N/M (No Mark)。

（七）货物描述（Description of Goods）

发票中的货物描述是发票的中心内容，包括商品的名称、数量和商品的包装及件数。发票中的货物描述必须与信用证规定的一致。货物细节可以在发票中的若干地方表示，当合并在一起与信用证规定一致即可。如货物描述中的单价、数量和金额等可以显示在对应的栏目中。在其他一切单据中，货物描述可使用与信用证中货物描述无矛盾的统称。由此可见，信用证对发票描述的要求高于其他单据。发票中的货物描述必须反映实际装运的货物。商品包装及件数的填写应与实际装运的数量包装单位及其单据一致，同时标明货物的毛重、净重及包装尺码等。

（八）数量、单价和金额

发票的总值不能超过信用证规定的最高金额。凡"约""大概""大约"或类似的词语，用于信用证数量、单价和金额时，应理解为有关数量、单价和金额不超过 10% 的增减幅度。值得注意的是，商品数量单位一定要与单价中的数量单位一致。

单价由计价货币、单位数额、计量单位和价格术语等四部份组成。如果信用证中写明了贸易术语的来源，则发票必须表明相同的来源。发票必须显示信用证要求的折扣或扣减。发票还可显示信用证未规定的与预付款或折扣等有关的扣减额。

金额必须准确计算，正确制打，并认真复核，特别要注意小数点的位置是否正确，金额和数量的横乘、竖加是否有矛盾。

（九）各种证明文句

国外来证有时要求在发票上加注各种费用金额、特定号码、有关证明句，一般可将这些内容打在发票商品栏以下的空白处，大致有以下几种：

1. 加注运费、保险费和 FOB 金额。
2. 注明特定号码。如进口证号、配额许可证号码等。
3. 制打证明句。如出口新加坡享受 GSP 待遇，往往要求加注"发展中国家声明"；又如有些来证要求加注木质包装证明句等。
4. 对于来证要求苛刻的，如来证要求卖方在列出一系列详细费用，包括成本、海洋运费、内陆运费、包装费、银行费、外包装费、码头和港口费、转运费以后，再给出 CFR 价的总额。对此要求应从实际情况出发是否接受，如果难以达到，应及时要求对方修改相应条款。

5. 出票人签章（Signature）。根据UCP600规定商业发票可不必签字，但有时来证规定发票需要签字的，还是要签字。商业发票只能由信用证中规定的受益人出具，除非信用证另有规定。应在发票上注明"正本"（ORIGINAL）字样，并由出票人签字。

如信用证有"SIGNED COMMERCIAL INVOICE…"字样，则发票必须签字。在无手签要求的情况下，可以使用印鉴，但若信用证要求"MANULLY SIGNED"或"HAND SIGNED"，则必须手签。

（十）发票份数

发票有正副本之分，发票正副本份数的确定方法包括：

1. 若信用证规定"发票若干份（Invoice in × copies）"时，如发票三份，则提交至少一份正本发票。

2. 若信用证规定"一份发票（One invoice）"或"发票一份（Invoice in one copy）"时，则需提交一份正本发票。

3. 若信用证规定"发票的一份（One copy of invoice）"时，则提交一份副本发票即符合要求，当然也可提交一份正本发票。

教学活动2　海关发票及其他发票

【活动设计】

通过案例导入，引导学生进入海关发票的学习，进一步讲解其内容和制作，使学生深入理解和把握海关发票及其他发票相关知识。

【基础知识】

一、海关发票

海关发票（Customs Invoice/Certified Invoice），是进口商向进口国海关报关的证件之一。其内容较一般商业发票复杂。海关发票的作用是便于进口国按国别及信用不同税率征收关税。采用海关发票的有加拿大、澳大利亚、新西兰等国。

（一）海关发票的作用

供进口国海关核定货物的原产地国，以采取不同的国别政策；供进口商向海关办理进口报关、纳税等手续；供进口国海关掌握进口商品在出口国市场的价格情况，以确定是否低价倾销，以便征收反倾销税；供进口国海关作为统计的依据。

（二）海关发票的内容

海关发票是由有关国家政府规定的，其内容比一般的商业发票复杂。尽管各国制定的海关发票格式不同，但一般包括三大部分，即价值部分（Certificate of Value）、产地部分（Certificate of Origin）和证明部分（Declaration），所以海关发票通常被称为"Combined Certificate of Value and of Origin"。

海关发票的内容主要包括：
①填写海关发票日期、地点；②供货方名称及地点；③收货方名称及地点；④运输工具；⑤订单（合同）号码；⑥发票号码；⑦货物简称；⑧货物原产国家；⑨货物的唛头、数量、件数；⑩单价以及总值；⑪各项费用详表。

（三）海关发票的缮制
1. 与商业发票的相应项目必须完全一致。
2. 须列明国内市场价或成本价时，应注意其低于销售的离岸价。
3. 经准确核算的运费、保险费及包装费。
4. 海关发票应以收货人或提单的被通知人为抬头人。
5. 签具海关发票的人可由出口单位负责办事人员签字，证明人须另由其他人员签字，不能是同一人。

（四）海关发票缮制注意事项
1. 海关发票的填制，重点在于证明原产地和商品的 FOB 价值，所以，"产地"栏不能漏填。如果以 CIF 或者 CFR 成交的商品，必须正确计算运费及保险费，如果估算过高，将受进口国海关的指责，或者退回重新填写。特别是来证要求提供保险单账单，或将实际运费加注在海运提单上时，海关发票上的保险费和运费金额，必须要和实际上付出的费用一致。
2. 签字时，卖方必须以个人名义签字，要求用手签写，不得以公司名义签章。
3. 在填制海关发票时，如果有错打以及涂改的地方，不能加盖校对章，必须由出票签字人用钢笔加注小签。
4. 海关发票的抬头人一般应填写收货人。如果收货人不在货物的到达港，则应填写到达地被通知人的名称。
5. 海关发票上的金额、数量、毛净重等项目，必须与商业发票、提单上所填写的内容完全一致。
6. 海关发票各栏目都必须填写，无实际内容的可注上"NIL"或者"N/A"（Not Applicable）或打虚线划掉，不能在海关发票上留有空白栏目。
7. 需提供海关发票的国家都有不同的格式，名称也不尽相同，填制时必须根据不同的格式仔细填制。如果格式用错，进口国海关将拒绝接受。
8. 海关发票格式不一，不同国家或地区有其本国或本地区规定的专门格式，来证内一般有规定，切勿用错格式。
9. 凡是商业发票上和海关发票上共有的项目和内容，必须与商业发票保持一致，不得相互矛盾。
10. 关于海关发票价格构成的填写，海关发票一般均要求列明构成该价格的各项费用，若按 CIF 价格条件成交，则应分别列明运费，保险费和 FOB 价格，这三者的总和应与 CIF 货值相等。此外，尚应列明包装费，打包费，货物运至装运港码头的搬运费等费用。"出口国当地市场价格"以本国人民币表示。但该栏价值应比 FOB 价格低 4~5% 左右，否则会被认为是低价倾销。
11. 有些国家的格式有"费用栏"，填写时应尽量填全。如果有"是否包括在国内市场价内"的要求,也应给予表明。如果填"不包括"或"包括"都直接影响"国内市场价"的计算额,应注意计算的正确。

12. 关于海关发票的签署,要求以个人名义用手签方式签署的海关发票,则不盖公章;如需要监签人(证明人),也要手签、海关发票的签字人或其他单据的签字人不得作为监签人。海关发票如有涂改,须由原缮制人用钢笔小签,不能加盖校对印章,也不得由监签人代行。

13. 海关发票的"原产地"一项应填"中国"字样,切勿漏掉。

14. 海关发票是用外文印制的,填写时一般要用相应的外文进行,要求文字简洁。

15. 西非海关发票中,有以个人名义签字的,要求填写见证人,签字则该"见证人"不能出现在其他出口单据上,即签字人与见证人是两个独立的身份出现方有效。

二、形式发票和厂商发票

(一) 形式发票

形式发票是在没有正式合同之前,经双方签字或盖章之后产生法律效力的充当合同的文件,它包括产品描述、单价、数量、总金额、付款方式、包装、交货期等。形式发票本来只是在客户确认了价格并下了定单之后卖方所做的使对方再次确认的发票,但在没有正式合同之前形式发票即是合同。

形式发票的作用有:①作为数量化的报价;②作为销售确认;③买方凭其可以申请办理输入许可、外汇许可和开立信用证。

(二) 厂商发票

厂商发票(Manufacturer's Invoice)是出口货物的制造厂商所出具的以本国货币计算,用来证明出口国国内市场的出厂价格的发票。要求提供厂商发票的目的是检查出口国出口商品是否有销价倾销行为,供进口国海关估价,核税以及征收反倾销税之用。

厂商发票的作用有:①发票是交易的合法证明文件,是货运单据的中心,也是装运货物的总说明;②发票是买卖双方收付货款和记账的依据;③发票是买卖双方办理报关、纳税的计算依据;④在信用证不要求提供汇票的情况下,发票代替了汇票作为付款依据;⑤发票是出口人缮制其他出口单据的依据。

【单元实训】

制作或办理商业发票

【实训设计】

将学生分组,练习能以受益人身份,根据信用证制作商业发票;将实训成绩予以记录。

【实训步骤】

步骤1:阅读以下资料。

2014年4月16日,福建发展进出口有限公司与美国Develop Footwear Inc. 签订的雪地靴出口合同，具体内容见表6－2：

表6－2   SAIES CONTRACT

NO. GP1499   DATE：Apr. 16th, 2014
The Seller：Fujinan Huaxin I/E Co. , Ltd   The Buyer：Develop Footwear Inc.
            No. 5 Renmin Rd. , Fuzhou   No. 1 Cat Rd. , New York
            China   U. S. A.

This Contract is made by between the buyer and Seller, whereby the Buyer agrees to buy and the seller agrees to sell the undermentioned commodity according to the terms and condiitions stipulated between：

Commodity & specification	Quantity	Unit price	Amount
Article No. 5001	4800 pairs	USD15. 6/pair	USD74880. 00
Article No. 5002	4800 pairs	USD14. 8/pair	USD71040. 00
TOTAL	9600 pairs		USD145920. 00

Total Contract Value：SAY U. S. DOLLARS ONE HUNDRED AND FORTY FIVE THOUSAND NINE HUNDRED AND TWENTY ONLY.

Packing：6 pairs/carton

Port of Loading and Destination：FromXianmen, China to New York, U. S. A.

Time of Shipment：

（1）2400 pairs of Article No. 5001 and 2400 pairs or Article No. 5002 shipped in Jul. 2014

（1）2400 pairs of Article No. 5001 and 2400 pairs or Article No. 5002 shipped in Aug. 2014

Insurance：covered by the buyer.

Terms and Payment：30% of contract value paid by T/T within 15 days after the contract date；The remaining paid by Leter of Credit at sight

Documents：

+ Singned Invoice in quadruplicate.

+ Full set of clean on board Bill of Lading marked "freight prepaid" made out to order of ussuing bank endorsed notifying the applicant.

+ Packing，list in quadruplicate.

+ Certificate of Chinese Origin certified by Chamber of Commerce or CCPIT.

+ Shipping advice showing the name of carrying vessel, date of shipment, marks, quantity, net weight and gross weight of the shipment to applicant within 1 day after the date of Bill of lading.

Other Clause：

（1）Transshipment is allowed.

（2）1 set shipping sample will be sent to the buyer before shipment.

Signed by：

    The Seller：   The Buyer：

Fujian Huaxin I/E Co. , Ltd.   Develop Footwear Inc.

    李发展   *TOM SMITH*

4月29日，福建发展进出口有限公司外贸业务员刘帆收到了中国银行福建省分行国际业务部的信用证通知书（见表6－3）和信用证后，根据合同与审核该信用证没有问题，将制作或办理主要结汇单据。

表 6-3

27	SEQENCE OF TOTAL:	1/1
40A	FORM OF DOCUMENTARY CREDIT:	IRREVOCABLE
20	DOCUMENTARY CREDIT NO.:	980625
31C	DATE OF ISSUE:	140429
31D	EXPIRY DATE AND PLACE:	140915, CHINA
40E	APPLICABLE RULES:	UCP LATEST VERSION
50	APPLICANT:	DEVELOP FOOTWEAR INC.
		NO. 1 CAT RD., NEW YORK, U.S.A
59	BENEFICIARY:	FUJIAN HUAXIN I/E CO., LTD.
		NO. 5 RENMIN RD., FUZHOU, P.R. CHINA
32B	CURRENCY CODE &AMOUNT:	USD 102144.00
41D	AVAILABLE WITH…/BY:	ANY BANK
		BY NEGOTIATION
42C	DRAFTS AT:	AT SIGHT
42A	DRAWEE:	BANK OF CHINA, NEW YORK
43T	TRANSSHIPMENT:	ALLOWED
44A	LOADING/DISPATCH AT/FROM:	XIAMEN, CHINA
44F	PORT OF DISCHARGE	NEW YORK, U.S.A.
44C	LATEST DATE OF SHIPMENT:	141020
44D	SHIPMENT PERIOD:	

2400PAIRS OF ARTICLE NO. 5001 AND 2400PAIRS OF ARTICLE NO. 5002 SHIPPED IN JULY. 2014; 2400PAIRS OF ARTICLE NO. 5001 AND 2400PAIRS OF ARTICLE NO. 5002 SHIPPED IN AUG. 2014.

45A DESCRIPTION OF GOODS:

PAC BOOTS AS PER ORDER NO. 8778

ART. NO.	QUANTITY	UNIT PRICE	AMOUNT
5001	4800PAIRS	USD15.60/PAIR	USD74880.00
5002	4800PAIRS	USD14.80/PAIR	USD71040.00

AT CFR NEW YORK, U.S.A.

46A DOCUMENTS REQUIRED:

1. SIGNED IN INK INVOICE IN QUADRUPLICATE.
2. FULL SET OF CLEAN ON BOARD OCEAN BILL OF LADING MARKED "FREIGHT PREPAID" MADE OUT TO ORDER OF ISSUING BANK BLANK ENDORSED NOTIFYING THE APPLICANT.
3. PACKING LIST IN QUADRUPLICATE.
4. CERTIFICATE OF CHINESE ORIGIN CERTIFIED BY CHAMBER OF COMMERCE OR CCPIT.
5. SHIPPING ADVICE SHOWING THE NAME OF THE CARRYING VESSEL, DATE OF SHIPMENT, MARKS, QUANTITY, NET WEIGHT AND GROSS WEIGHT OF THE SHIPMENT TO APPLICANT WITHIN 1 DAY AFTER THE DATE OF BILL OF LADING.

47A ADDITIONAL CONDITIONS:

1. ALL DOCUMENTS MUST INDICATE THE NUMBER OF THIS CREDIT.
2. ALL PRESENTATIONS CONTAINING DISCREPANCIES WILL ATTRACT A DISCREPANCY FEE OF USD50.00 PLUS TELEX COSTS OR OTHER CURRENCY EQUIVALENT. THIS CHARGE WILL BE DEDUCTED FROM THE BILL AMOUNT WHETHER OR NOT WE ELECT TO CONSULT THE APPLICANT FOR A WAIVER.

续表

71B	CHARGES	ALL CHARGES OUT OF ISSUING BANK ARE FOR ACCOUNT OF BENEFICIARY.
49	CONFIRMATION INSTRUCTION:	WITHOUT
78	INSTR TO PAY/ACCEP/NEG:	
	ALL DOCUMENTS ARE TO BE REMITTED IN ONE LOT BY COURIER TO BANK OF CHINA, LONG BEACH, P O BOX 8, NO.99 CAT RD., LONG BEACH, U.S.A	

步骤2：制作商业发票。

7月1日，福建发展进出口有限公司外贸单证员刘帆根据信用证和以下相关信息，制作符合信用证要求的商业发票。（见表6-4）

表6-4

		FUJIAN FAZHAN I/E CO., LTD.			
		NO.5 RENMIN RD., FUZHOU, P.R. CHINA			
		COMMERCIAL INVOICE			
To:			Invoice No.:		
			Invoice Date:		
			S/C No.:		
			S/C Date:		
From:			To:	NEW YORK, U.S.A.	
Marks and Numbers	Number and kind of package Description of goods		Quantity	Unit Price	Amount
N/M					
			TOTAL:		
SAY TOTAL:					

(1) 品名、规格、数量。

雪地靴，ART. NO. 5001：2400双；

ART. NO. 5002：2400双。

(2) 商业发票号码：14GP0101。

(3) 商业发票日期：2014年7月1日。

(4) SHIPPING MARKS：N/M。

任务三 运输单据

【教师任务】

◇ 讲解运输单据的基本作用和国际惯例，掌握海运提单的内容及制作方法。
◇ 对学生作业完成情况进行点评。

【学生任务】

◇ 了解运输单据的基本作用和国际惯例。
◇ 掌握海运提单的内容及制作方法。
◇ 课后阅读有关运输单据的国际惯例。

教学活动 1 海运提单

【活动设计】

通过案例导入，引导学生进入运输单据、尤其是海运单据的学习；进一步讲解其内容和制作，使学生深入理解和把握相关知识。

【案例导入】

某出口公司 A 对马来西亚贸易公司出口一批茶叶。买方开来信用证，其提单条款规定："Full set of clean ocean bill of lading made out to order marked 'freight prepaid' and 'on board' ……"。A 公司按照 L/C 信用证规定，装船并制作结汇单据向银行交单议付。单据到国外，开证行提出如下单证不符："L/C 规定 注明'ON BOARD'"，你提单上并没有上述文句表示，因此与 L/C 不符。"

分析思考：海运提单中应包含哪些内容？

【基础知识】

一、运输单据概述

运输单据（Transport Documents）是承运人收到承运货物签发给出口商的证明文件，它是交接货物、处理索赔与理赔以及向银行结算货款或进行议付的重要单据。

不同的运输方式使用的运输单据不同，而不同的运输单据在内容和作用上也各不相同，其中以海运提单最为重要。

运输单据包括海洋运输使用提单、铁路运输使用铁路提单、航空运输使用航空提单、邮包运输使用邮包收据，多式联合运输则使用联合运输提单或联合运输单据。

二、海运提单的含义

海运提单（Marine Bill of Lading 或 Ocean Bill of Lading），简称"提单"（B/L），是指由船长或承运人或其代理人在收到货物后签发给托运人的货物收据，并负责将货物运送到指定目的港，交付给收货人的一种货权凭证。海运提单格式见表 6-5。

表 6-5 　　　　　　　　　　　海运提单格式

1. Shipper			B/L No. 中海集装箱运输（香港）有限公司 CHINA SHIPPING CONTAINER LINES（HONGKONG） Cable：CSHKAC　　Telex：87986 CSHKAHX Port – to – Port or Combined Transport BILL OF LADING
2. Consignee			
3. Notify Party（carrier not to be responsible for failure to notify）DEVELOP FOOTWEAR INC.			RECEIVED in external apparent good order and condition, except otherwise noted. The total number of containers or other packages or units shown in the Bill of Lading receipt, is said by the shipper to contain the goods described above, which description the carrier has no reasonable means of checking and is not part of the Bill of Lading. One original Bill of Lading should be surrendered, except clause 22 paragragh 5, in exchange for delivery of the shipment. Signed by the consigned or duly endorsed by the holder in due course. Whereupon the other original（s）issued shall be void. In accepting this Bill of Lading, the Merchants agree to be bound by all the terms on the face and back hereof as if each had personally signed this Bill of Lading. WHEN the place of Receipt of the Goods is an inland point and is so named herein, any notation of "ON BOARD", "SHIPPED ON BOARD" or words to like effect on this Bill of Lading shall be deemed to mean on board the truck, trail car, air craft or other inland conveyance（as the case may be）, performing carriage form the Place or Receipt of the Goods to the Port of Loading. SEE clause 4 on the back of this Bill of Lading（Terms continued on the back hereof Read Carefully） ORIGINAL
4. Pre – carriage by		5. Place of Receipt	
6. Ocean Vessel		7. Port of Loading	
8. Port of Discharge		9. Place of Delivery	10. Final Destination（of the goods – not the ship）
11. Marks & Nos. Container Seal No.	12. No. of Containers or Packages	13. Description of Goods	14. Gross Weight　15. Measurement

续表

N/M				
16. Description of Contents for Shipper's Use Only (CARRIER NOT RESPONSIBLE)				
17. Total Number of containers and/or packages (in words)：				
18. Freight & Charges	19. Revenue Tons	20. Rate	21. Per	22. Prepaid	23. Collect
24. Ex. Rate：	25. Prepaid at	26. Payable at	27. Place and date of issue	
	28. Total Prepaid	29. No. of Original B(s)/L	Signed for the Carrier	

提单的作用在于：一是证实已按提单所列内容收到货物；二是提单是代表货物所有权的凭证，收货人或提单的合法持有人有权凭提单向承运人提取货物。由于提单是一种物权凭证，因而可以转让或抵押。三是提单是承运人与托运人之间运输契约的证明，是承运人与托运人处理双方在运输中的权利和义务问题的主要依据。

三、海运提单的关系人

海运提单的关系人包括承运人（Carrier）和托运人（Shipper）两个方面。承运人亦称船方，可能是船舶的所有人，即船东，或者是租船人。《跟单信用证统一惯例》第23条对银行接受提单的条件是，提单表面要注明承运人的名称。托运人亦称货方，可能是发货人，或者是收货人。

根据提单抬头人的不同和背书转让，又出现以下关系人：

1. 受让人（Transferee或Assignee），是指经过背书转让接受提单的人，也是提单的持有人。受让人有向承运人要求提货的权利，但也承担了托运人在运输合约上的义务。

2. 收货人（Consignee），是指提单的抬头人、受让人（被背书人）、持有人或记名提单载明的特定人。收货人有在目的港凭提单向承运人要求提货的权利。

3. 持有人（Holder），是指经过正当手续持有提单的人。例如，不记名提单经过记名背书转让，或者空白背书，经过交付的受让人，可以凭提单领取货物。

4. 被通知人（Notify Party），是指收货人的代理人，不是提单的当事人。空白抬头提单注明被通知人，便于承运人在货到目的港时，通知办理报关提货手续。在信用证方式下，被通知人往往是开证申请人（即实际的买方），但因信用证是由银行开出的，在其未赎单付款前，只能作为被通知人负责照顾货物，而没有所有权。

四、海运提单的种类

海运提单的种类多种多样，大致可分为以下几种：

（一）根据货物是否装船，分为已装船提单和备运提单

已装船提单（On Board B/L）是指表明货物已经装上指定的船舶后所签发的提单。这种提单可以凭提单上印就的"On Board（已装船）"的字样和装运日期表示货物已装船。

备运提单（Received for Shipment B/L）又称收妥待运提单或收货待运提单，是指承运

人在收到托运货物等待装船期间向托运人签发的提单。银行一般不接受这种提单。

（二）根据货物表明状况有无附加批注，分为清洁提单和不清洁提单

清洁提单（Clean B/L）是指货物装船时"外表状况良好"，未加有关货损或包装不良之类批语的提单。

不清洁提单（Unclean B/L）是指有承运人加注了托运货物外表状况不良或存在缺陷等批语的提单。例如，提单上批有："One case broken, content exposed"（有一箱破损，内装货物暴露）等文字。在实际业务中，买方不接受这种提单。

（三）根据提单抬头不同，分为记名提单、不记名提单和指示提单

记名提单（Straight B/L）是指填明收货人姓名或名称地址的提单。例如"Pay to ×× only"，这种提单只能由特定的收货人提货，不能背书转让，国际贸易中很少使用。

不记名提单（Blank B/L）是指不具体规定收货人、收货人留空或填"来人（Bearer）"的提单。这种提单不需要背书即可转让，并且凭单交货，风险大，国际贸易中很少使用。

指示提单（Order B/L）是指在提单的收货人栏内填写"凭指示（to Order）"或"凭××指示（to the order of…）"的字样，这种提单可以通过背书转让给第三者，因此又称为"可转让提单"，这种提单在国际贸易中应用得最为广泛。

海运提单背书的类型包括以下三种：

1. 当收货人一栏填写凭指示（to Order）、凭托运人指示（to Order of Shipper）时由托运人（Shipper）背书。

2. 当收货人一栏填写凭开证申请人或其他商号公司指示时，由开证申请人或其他商号公司背书。

3. 当收货人一栏填写凭某银行指示时，由该银行背书。

海运提单的背书包括以下两种方式：

（1）空白背书：只写背书人的名称及地址。

（2）记名背书：既写背书人的名称及地址，又书写被背书人（转让对象）的名称及地址。在实际业务中很少使用记名背书。

（四）根据运输方式不同，分为直达提单、转船提单和联运提单

直达提单（Direct B/L）是指同一船舶将货物直接从起运港运达目的港的提单。在这种提单下，船方责任明确，权利和义务易于处理。

转船提单是指从起运港载货的船舶不直接驶往托运货物的目的港，须在其他港口换船转运，并由签发提单的轮船公司负责代办转运手续的海运提单。

联运提单（Through B/L）用于"海陆""海河"或"海海"联运。第一承运人在货物起运港签发运往最终目的地的提单，并收取全程运费。货物到达转运港后，由第一承运人代货主将货物交与下一程航运的承运人，再运往目的港。各程承运人的责任，只限于其本身经营船舶所完成的运输。

（五）根据船舶经营方式不同，分为班轮提单和租船提单

班轮提单（Liner B/L or Regular Line B/L）是指由班轮承运而签发的提单。班轮公司租给托运人的不是整船而是部分舱位，所以托运货物不论多或少船方都可接受。班轮装运货物，船方负责装船、理舱、卸货，装卸费用计算在班轮费之内。班轮提单船方的责任是以提单印就条款为依据。

租船提单（Charter Party B/L）是指承运人根据租船合同而签发的提单。在这种提单上注明"一切条款、条件和免责事项按××年××月××日的租船合同"或批注"根据×××租船合同开立"字样。这种合同受租船合同条款的约束。银行或买方在接受这种提单时，通常要求卖方提供租船合同的副本。

（六）根据提单格式和内容繁简，分为全式提单、简式提单

全式提单（Long Form B/L）是指由正面记载事项，背面列有规定承运人、托运人之间权利与义务的提单。这种提单在国际贸易中广泛使用。

简式提单（Short Form B/L）是指只有正面记载事项，而背面无条款的提单，这种提单银行一般不接受。

（七）根据提单使用效力，分为正本提单和副本提单

正本提单（Original B/L）是指提单上有承运人、船长或其代理人签名盖章并注明签发日期的提单。这种提单在法律上是有效的单据。正本提单上必须要标明"正本"（Orignal）字样。正本提单一般签发一式两份或三份（个别也有只签发一份的），凭其中的任何一份提货后，其余的即作废。为防止他人冒领货物，买方与银行通常要求卖方提供船公司签发的全部正本提单，即所谓全套提单。

副本提单（Copy B/L）是指提单上没有承运人、船长或其代理人签字盖章，而仅供参考之用的提单。副本提单一般都标明"副本"（Copy）或"不可转让"（Non Negotiabal）字样，副本提单不得标明"正本"字样。

五、海运提单的主要内容

由于海运提单具有货物收据、运输契约证明、物权凭证三种作用，牵涉托运人、承运人、收货人的责任和权益，所以内容比较多，但其本身仍可分为正面记载和背面印就条款两个部分，即可变部分和固定部分。固定部分是指提单背面的运输契约，这一部分一般是不作更改的；可变部分是指海运提单正面的内容。

海运提单正面记载的主要内容有：①写明"BILL OF LADING"（提单）字样；②船舶的名称及航班号；③托运人（即出口商）名称及地址；④承运人（即船公司）名称及地址；⑤收货人（即进口商）名称及地址；⑥货物名称、重量、件数、包装和唛头；⑦起运港名称及地点；⑧目的港名称及地点；⑨运费条款；⑩提单号码与份数；⑪提单签发日期和地点；⑫船主或其代理人（轮船公司）签字等内容。

提单背面的印就条款，是作为确定承运人和托运人之间、承运人和收货人及提单持有人之间的权利和义务的主要依据。

印就条款的主要内容有：①适用法律条款（Law of Suit Clause）；②承运人的责任条款（Carrier's Responsibly Clause）；③承运人的免责条款（Exception Clause）；④变更航线条款（Deviation Clause）；⑤危险品条款（Dangerous Cargo Clause）；⑥交货条款（Delivery Clause）；⑦承运人和收货人应共同负担海上风险以及船舶相撞所遭受的损失；⑨索赔条款（Claim Clause）等。

教学活动 2　　航空运单

【活动设计】

通过案例导入，引导学生进入航空运单和其他运单的学习；进一步讲解其内容和制作，使学生深入理解和把握相关知识，以及正确的制作方法。

【基础知识】

一、航空运单的含义

航空运单（Airway Bill）是承运人与托运人之间签订的运输契约，也是承运人或其代理人签发的货物收据。航空运单不可作为核收运费的依据和海关查验放行的基本单据。但航空运单不是代表航空公司的提货通知单。在航空运单的收货人栏内，必须详细填写收货人的全称和地址，而不能做成指示性抬头。

二、航空运单的作用

航空运单与海运提单有很大不同，与国际铁路运单相似。它是由承运人或其代理人签发的重要的货物运输单据，是承托双方的运输合同，其内容对双方均具有约束力。航空运单不可转让，持有航空运单也并不能说明可以对货物要求所有权。航空运单的作用如下：

1. 航空运单是发货人与航空承运人之间运输合同。
2. 航空运单是承运人签发的已接收货物的证明。
3. 航空运单是承运人据以核收运费的账单。
4. 航空运单是报关单证之一。出口时航空运单是报关单证之一。在货物到达目的地机场进行进口报关时，航空运单也通常是海关查验放行的基本单证。
5. 航空运单同时可作为保险证书。如果承运人承办保险或发货人要求承运人代办保险，则航空运单也可用来作为保险证书。
6. 航空运单是承运人内部业务的依据。航空运单随货同行，证明了货物的身份。运单上载有有关该票货物发送、转运、交付的事项，承运人会据此对货物的运输做出相应安排。

航空运单的正本一式三份，每份都印有背面条款，其中一份交发货人，是承运人或其代理人接收货物的依据；一份由承运人留存，作为记账凭证；一份随货同行，在货物到达目的地，交付给收货人时作为核收货物的依据。

【知识链接】

其他运输单据

一、铁路和公路运单

铁路运输分为国际铁路联运和通往港澳的国内铁路运输,分别使用国际铁路货物联运单和承运货物收据。当通过国际铁路办理货物运输时,在发运站由承运人加盖日戳签发的运单叫"铁路运单 Railway Bill"。铁路运单是由铁路运输承运人签发的货运单据,是收、发货人同铁路之间的运输契约。

铁路运单一律以目的地收货人作记名抬头,一式两份。正本随货物同行,到目的地交收货人作为提货通知;副本交托运人作为收到托运货物的收据。在货物尚未到达目的地之前,托运人可凭运单副本指示承运人停运,或将货物运给另一个收货人。

铁路运单只是运输合约和货物收据,不是物权凭证,但在托收或信用证支付方式下,托运人可凭运单副本办理托收或议付。

公路运单与铁路运单基本相似,不再赘述。

二、多式联运单据

国际多式联运(International Multimodal Transport),简称多式联运,是在集装箱运输的基础上产生和发展起来的,是指按照国际多式联运合同,以至少两种不同的运输方式,由多式联运经营人将货物从一国境内的接管地点运至另一国境内指定交付地点的货物运输。国际多式联运适用于水路、公路、铁路和航空多种运输方式。在国际贸易中,由于85%~90%的货物是通过海运完成的,故海运在国际多式联运中占据主导地位。

多式联运单据(Combined Transport Documents, CTD)是指证明国际多式联运合同成立及证明多式联运经营人接管货物,并负责按照多式联运合同条款支付货物的单据。

多式联运单据是指证明多式联运合同以及证明多式联运经营人接管货物并负责按照合同条款交付货物的单据。

多式联运单据由承运人或其代理人签发,其作用与海运提单相似,既是货物收据也是运输契约的证明、在单据作成指示抬头或不记名抬头时,可作为物权凭证,经背书可以转让。

三、邮包收据和专递

邮包收据(Parcel Post Receipt)是邮包运输的主要单据,它既是邮局收到寄件人的邮包后所签发的凭证,也是邮局方和发货方之间运输契约的凭证,但不能凭以提货。当邮包发生损坏或丢失时,它还可以作为索赔和理赔的依据。但邮包收据不是物权凭证。

专递（或快递）是比一般航空邮件更为快捷的运送方式，按照预先确定的计划赶班发运，传递物件的过程衔接紧密。专递公司（如EMS、DHL、UPS等）签发的收据或证明与一般的邮包收据相同。

四、电子提单

电子提单，是指通过电子数据交换系统（Electronic Data Interchange，EDI）传递的有关海上货物运输合同的数据。

电子提单不同于传统提单，它是无纸单证，即按照一定规则组合而成的电子数据。各有关当事人凭密码通过 EDI 进行电子提单相关数据的流转，既解决了因传统提单晚于船舶到达目的港，不便于收货人提取货物的问题，又具有一定的交易安全性，因而有着广阔的应用前景。INCOTERMS 1990、INCOTERMS 2000 和 UCP600 明确允许使用电子提单。1990 年，在国际海事委员会第 34 届大会上通过了《国际海事委员会电子提单规则》。该规则可以由当事人协议适用。联合国国际贸易法委员会也通过了《1996 年联合国国际贸易法委员会电子商务示范法》。1997 年，我国交通部颁布了《国际海上集装箱运输电子数据管理办法》，为我国有关电子提单的使用和管理提供了相关依据。

【单元实训】

制作订舱委托书，办理海运提单

【实训设计】

将学生分组，以受益人身份根据信用证制作订舱委托书，办理海运提单；实训结果予以评分记录。

【实训步骤】

步骤 1：回顾任务二中实训项目背景。

步骤 2：制作订舱委托书。

刘帆根据信用证、商业发票、装箱单和以下信息，制作订舱委托书，办理订舱和海运提单确认手续。

（1）船名、航线和船期：中海集装箱运输股份有限公司 2014 年 7 月 9 日的船，船名为 APL DENMARK，航线号为 140W。

（2）货物用两个 40 尺柜，门到门集装箱运输。

2014 年 7 月 1 日，刘帆根据信用证、商业发票、装箱单和相关信息，制作如下订舱委托书，办理订舱手续。

表 6-6

订舱委托书

2014 年 7 月 1 日

托运人		合同号	
		发票号	
		信用证号	
		运输方式	
收货人	TO THE ORDER OF	启运港	
		目的港	
		装运期	
通知人		可否转运	
		可否分批	
		运费支付方式	
		正本提单	

唛头	货名	包装件数	总毛重	总体积
N/M				

注意事项			
受托人：		委托人：	
电话：	传真：	电话：	传真：
联系人：		联系人：	李发展

步骤 3：办理海运提单。

刘帆订舱成功后，货物办理报关手续，装运后，出具以下海运提单（见表 6-7）。

表 6-7

1. Shipper		B/L No.
		中海集装箱运输（香港）有限公司 CHINA SHIPPING CONTAINER LINES（HONGKONG） Cable：CSHKAC　Telex：87986 CSHKAHX Port – to – Port or Combined Transport **BILL OF LADING**
2. Consignee		
3. Notify Party (carrier not to be responsible for failure to notify) TEL：		Received in external apparent good order and condition, except otherwise noted. The total number of containers or other packages or units shown in the Bill of Lading receipt, is said by the shipper to contain the goods described above, which description the carrier has no reasonable means of checking and is not part of the Bill of Lading. One original Bill of Lading should be surrendered, except clause 22 paragragh 5, in exchange for delivery of the shipment. Signed by the consigned or duly endorsed by the holder in due course. Whereupon the other original (s) issued shall be void. In accepting this Bill of Lading, the Merchants agree to be bound by all the terms on the face and back hereof as if each had personally signed this Bill of Lading. When the place of Receipt of the Goods is an inland point and is so named herein, any notation of "ON BOARD", "SHIPPED ON BOARD" or words to like effect on this Bill of Lading shall be deemed to mean on board the truck, trail car, air craft or other inland conveyance (as the case may be), performing carriage form the Place or Receipt of the Goods to the Port of Loading. See clause 4 on the back of this Bill of Lading (Terms continued on the back hereof Read Carefully) **ORIGINAL**
4. Pre – carriage by	5. Place of Receipt	
6. Ocean Vessel	7. Port of Loading	

续表

8. Port of Discharge		9. Place of Delivery	10. Final Destination（of the goods – not the ship）		
11. Marks & Nos. Container Seal No.	12. No. of Containers or Packages	13. Description of Goods		14. Gross Weight	15. Measurement
N/M				1	
16. Description of Contents for Shipper's Use Only（Carrier not Responsible）					
17. Total Number of containers and/or packages（in words）：					
18. Freight & Charges	19. Revenue Tons	20. Rate	21. Per	22. Prepaid	23. Collect
24. Ex. Rate：	25. Prepaid at	26. Payable at		27. Place and date of issue	
	28. Total Prepaid	29. No. of Original B(s)/L		Signed for the Carrier	

任务四 保险单据

【教师任务】

◇ 讲解保险单据的基本作用；掌握保险单据的主要内容及缮制的方法；
◇ 对学生作业的完成情况进行点评。

【学生任务】

◇ 了解保险单据的基本作用；
◇ 掌握保险单据的主要内容及缮制的方法；
◇ 课后阅读有关保险单据的国际惯例。

教学活动 1　保险单据概述

【活动设计】

通过案例导入，引导学生进入保险单的学习；进一步讲解其含义、作用、当事人和种类，使学生深入理解和把握保险单的基础知识。

【案例导入】

某货轮在某港装货后，航行途中不慎发生触礁事故，船舶搁浅，不能继续航行。事后船方反复开倒车强行浮起,但船底划破,致使海水渗入货舱,造成船货部分损失。为使货轮能继续航行,船长发出求救信号,船被拖至船坞修理,暂卸下大部分货物。前后花了10天,共支出修理费5000美元,增加各项费用支出(包括员工工资)共3000美元。当船修复后继续装上原货起航。次日,忽遇恶劣气候,使船上装载的某货主的一部分货物被海水浸湿。

分析思考:被保险人是否有权向保险公司索赔?

【基础知识】

一、保险单的含义

保险单(Insurance Policy)简称为保单,保险人与被保险人订立保险合同的正式书面证明。保险单必须完整地记载保险合同双方当事人的权利、义务及责任。保险单记载的内容是合同双方履行的依据。根据我国《保险法》规定,保险合同成立与否并不取决于保险单的签发,只要投保人和保险人就合同的条款协商一致,保险合同就成立,即使尚未签发保险单,保险人也应负赔偿责任。保险合同双方当事人在合同中约定以出立保险单为合同生效条件的除外。

二、保险单的作用

保险单的作用是,在被保险货物遭受损失时,它是被保险人索赔的主要依据,也是保险公司理赔的主要依据。

三、保险的当事人

保险合同的当事人就是在保险合同中享有权利承担义务的人,包括保险人和被保险人和受益人。

(一)保险人

保险人又称承保人,是指与投保人订立保险合同,收取保险费,在保险事故发生或保险期满时承担损失赔偿或给付保险金责任的保险经营组织。常见的保险人包括保险公司、保险商和保险经纪人。在我国保险合同中,所谓保险人就是指依法经营保险业务的保险公司,属于企业法人。

(二)被保险人

被保险人是指其财产或人身受保险合同保障,当保险事故发生或保险期满时享有保险金请求权的人。如前所述,对于"为自己投保的保险",被保险人与投保人是一人,被保险人是保险合同的当事人。对于"为他人投保的保险",投保人与被保险人是不同的人,此时的被保险人在理上一般被称作是保险合同的关系人,但也有人将其视为合同的当事人。

被保险人在保险事故发生或保险期满时,享有保险赔偿请求权或保险金给付请求权。因此,对财产保险,被保险人必须是保险标的的所有人或其他权利人,即应当具有物权或债权的或法定的其他利益,在保险事故发生时遭受经济利益损失。对人身保险,被保险人以自己的生命或身体作为保险标的，保险事故发生或保险期满时，被保险人基于自己的人身或生命健康遭受到损害或约定的利益期限届至而有权请求保险金给付。在没有指定受益人的条件下，被保险人是保险合同中法定的享有保险金请求权的人。

（三）受益人

受益人是指人身保险合同中由被保险人或者投保人指定的享有保险金请求权的人。

四、保险单据的类型

（一）保险单（Insurance Policy）

俗称大保单，是保险人与被保险人之间订立保险合同的一种正式证明，具有法律效力，对双方当事人均具有约束力。它是保险人根据被保险人的要求，表示已接受承保责任而出具的一种独立文件。在保险单正面有双方约定保险标的物的有关内容。背面印有海洋运输货物保险条款，其中包括基本险的责任范围，还有除外责任、责任起讫、被保险人的义务和索赔期限等。它是一种正规的保险单据，是被保险人在货物发生损失时进行索赔的主要依据。

（二）保险凭证（Insurance Certificate）

俗称小保单。保险凭证是保险人为了简化手续，把保险单的条款作了简略的一种文件。现实中很少使用，只有正面，其背面是空白的，没有载明保险条款，所以它是保险单的一种简化形式。保险单与保险凭证具有同等法律效力。

（三）联合保险凭证（Combined Insurance Certificate）

保险公司不另出保险单，利用商业发票在上面加盖章戳，注明保险编号、承保险制、金额、装载船名、开船日。

（四）预约保险单（Open Policy）

又称开口保险单、敞口保单，一般适用于经常有相同类型货物需要陆续装运的保险。预约保险单载明保险货物的范围、承保险别、保险费率、每批运输货物的最高保险金额以及保险费的计算办法。凡属预约保险单规定范围内的货物，一经起运保险合同即自动按预约保险单上的承保条件生效，但要求投保人必须向保险人对每批货物运输发出起运通知书，也就是将每批货物的名称、数量、保险金额、运输工具的种类和名称、航程起讫点、开航或起运日期等通知保险人，保险人据此签发正式的保险单证。

（五）暂保单（Cover Note）

又称为临时保险单。是保险人签发正式保单前所出立的临时证明。暂保单的有效期一般为30天。为了分散风险，进口商在 FOB 或 CFR 条件下，通常预先与保险人订立合同，保险人先签发暂保单，UCP600 中已经禁用。

（六）保险批单（Endorsement）

保险批单是保险公司在保险单开立后，根据投保人的需求，变更保险合同内容的一种书面证明，一般附贴在原保险单或保险凭证上。在保险合同中，批单具有和保险单同等的法律效力。批单的法律效力优于原保险单的同类条款。

【实训案例】

某出口商向日本出口了300箱茶叶，按照贸易合同规定投保一切险。货物在运输过程中由于船舱破裂漏水，致使部分茶叶受潮。

试问对此出口商应向保险公司索赔还是向船公司索赔？

分析：出口商应当向保险公司索赔，因为一切险的承保范围包括了一般附加险——淡水雨淋险。

教学活动 2　　保险单据的内容和缮制

【活动设计】

通过案例导入，引导学生进入保险单据的内容和缮制的学习；进一步讲解其内容和制作，使学生深入理解和把握相关知识，以及正确制作方法。

【基础知识】

不同保险公司出具保险单据内容大同小异，多以英国劳合社船货保险单（S. G. Policy）为蓝本。保险单据具体内容和缮制如下：

一、保险合同的当事人

保险合同的当事人有保险人、被保险人、保险经纪人、保险代理人、勘验人、赔付代理人等。

被保险人（Insured）即保险单的抬头，正常情况下应是 L/C 的受益人，但如 L/C 规定保单为"To order of ×× bank"或"In favor of ×× bank"，应填写"受益人名称 + held to order of ××× bank 或 in favor of ××× bank"；如 L/C 要求所有单据以 ×× 为抬头人，保单中应照录；如 L/C 要求中性抬头（third party 或 in neutral form），填写"To whom it may concern"；如要求保单"made out to order and endorsed in blank"，填写"受益人名称 + to order"；L/C 对保单无特殊规定或只要求"endorsed in blank"或"in assignable/negotiable form"，填写受益人名称。

保险公司可以自己名义签发保单并成为保险人，其代理人是保险经纪人；保险代理人代表货主；勘验人一般是进口地对货物损失进行查勘之人；赔付代理人指单据上载明的在目的地可以受理索赔的指定机构，应详细注明其地址和联系办法。

二、项目的一致性

保险货物项目（Description of Goods）、唛头、包装及数量等货物规定应与提单保持一致。

三、保险金额（Amount Insured）

保险金额是所保险的货物发生损失时保险公司给予的最高赔偿限额，一般按 CIF/CIP 发票金额的 110% 投保，加成如超出 10%，超过部分的保险费由买方承担可以办理，L/C

项下的保单必须符合 L/C 规定，如发票价包含佣金和折扣，应先扣除折扣再加成投保，被保险人不可能获得超过实际损失的赔付，保险金额的大小写应一致，保额尾数通常要"进位取整"或"进一取整"，即不管小数点部分数字是多少，一律舍去并在整数部分加"1"。

四、保费（Premium）和费率（Rate）

保费和费率通常事先印就"As Arranged"（按约定）字样，除非 L/C 另有规定，两者在保单上可以不具体显示。保险费通常占货价的比例为 1%～3%，险别不同，费率不一（水渍险的费率约相当于一切险的 1/2，平安险约相当于 1/3；保一切险，欧美等发达国家费率可能是 0.5%，亚洲国家是 1.5%，非洲国家则会高达 3% 以上）。

五、运输方面的要求

开航日期（Date Of Commencement）通常填提单上的装运日，也可填"As Per B/L"或"As per Transportation Documents"；起运地、目的地、装载工具（Per Conveyance）的填写与提单上的操作相同。

六、承保险别（Conditions）

承保险别是保险单的核心内容，填写时应与 L/C 规定的条款、险别等要求严格一致；在 L/C 无规定或只规定"Marine/Fire/Loss Risk""Usual Risk"或"Transport Risk"等，可根据所买卖货物、交易双方、运输路线等情况投保 All Risks、WA 或 WPA、FPA 三种基本险中的任何一种；如 L/C 中规定使用中国保险条款（CIC）、伦敦协会货物条款（ICC）或美国协会货物条款（AICC），应按 L/C 规定投保、填制，所投保的险别除明确险别名称外，还应注明险别适用的文本及日期；某些货物的保单上可能出现 IOP（不考虑损失程度/无免赔率）的规定；目前许多合同或 L/C 都要求在基本险的基础上加保 War Risks 和 SRCC（罢工、暴动、民变险）等附加险；集装箱或甲板货的保单上可能会显示 JWOB（抛弃、浪击落海）险；货物运往偷盗现象严重的地区/港口的保单上频现 TPND（偷窃、提货不着险）。

七、赔付地点（Claim Payable At/In）

此栏按合同或 L/C 要求填制。如 L/C 中并未明确，一般将目的港/地作为赔付地点。

八、日期（Date）

日期指保单的签发日期。由于保险公司提供仓至仓（W/W）服务，所以出口方应在货物离开本国仓库前办结手续，保单的出单时间应是货物离开出口方仓库前的日期或船舶开航前或运输工具开行前。除另有规定，保单的签发日期必须在运输单据的签发日期之前。

九、签章（Authorized Signature）

签章即保单由保险公司签字或盖章以示保险单正式生效。单据的签发人必须是保险公司/承保人或他们的代理人，在保险经纪人的信笺上出具的保险单据，只要该保险单据是由保险公司或其代理人，或由承保人或其代理人签署的可以接受；UCP 规定除非 L/C 有特别授权，否则银行不接受由保险经纪人签发的暂保单。

十、保单的份数

当 L/C 没有特别说明保单份数时，出口公司一般提交一套完整的保险单，如有具体份数要求，应按规定提交，注意提交单据的正（Original）、副本（Copy）不同要求。

十一、保单的其他规定

保单号码（Policy Number）由保险公司编制；投保及索赔币种以 L/C 规定为准；投保地点一般为装运港/地的名称，如 L/C 或合同对保单有特殊要求也应在单据的适当位置加以明确。

【单元实训】

制作订投保单，办理投保单

【实训设计】

将学生分组；练习能以受益人身份，根据信用证制作订投保单，办理投保单；将实训结果评分记录。

【实训步骤】

步骤 1：回顾任务二中实训项目背景。

2014 年 4 月 16 日，福建发展进出口有限公司与美国 Develop Footwear InC. 签订雪地靴出口合同。

步骤 2：制作投保单。

由于本业务为 CFR 贸易术语，故投保应由买方自行处理，但为保持买卖双方的良好合作关系，特由卖方外贸单证员刘帆代为投保。5 月 21 日，刘帆根据信用证、商业发票、装箱单和相关信息，制作投保单，办理投保和保险单（见表 6-8）。

表 6-8

货物运输保险投保单
APPLICATION FORM FOR CARGO TRANSPORTATION INSURANCE

投保单号：BJ123456

被保险人：
INSURED：_____

发票号（INVOICE NO.）

合同号（CONTRACT NO.）

信用证号（L/C NO.）

发票金额（INVOICE AMOUNT）_____ 投保加成（PLUS）____

续表

兹有下列物品向中国大地财产保险股份有限公司投保（INSURANCE IS REQUIRED ON THE FOLLOWING COMMODITIES：）

标记 MARKS & NOS	包装及数量 QUANTITY	保险货物项目 DESCRIPTION OF GOODS	保险金额 AMOUNT INSURED
N/M			

启运日期：　　　　　　　　　　装载工具：
DATE OF COMMENCEMENT _____ PER CONVEYANCE _____
自　　　　　　　　　经　　　　　　　　　至
FORM _____ VIA _____ TO _____
提单号：　　　　　　　　　　赔款偿付地点：
B/L NO. _____ CLAIM PAYABLE AT _____
投保险别：（PLEASE INDICATE THE CONDITIONS &/OR SPECIAL COVERAGES）
COVERING ALL RISKS OF CIC OF PICC (1/1/1981) INCL. WAREHOUSE TO WAREHOUSE AND I. O. P..
▲INSURANCE POLICY MUST SHOWN：
(1) NAME OF ISSUING BANK：BANK OF CHINA, LONDON BRANCH, U. K.
DATE OF ISSUE：MARCH 25, 2014
(2) THE CLAIMING CURRENCY IS USD

请如实告知下列情况：（如'是'在（　）打'×'）IF ANY, PLEASE MARK '×'：
1. 货物种类　　袋装（　）　散装（　）　冷藏（　）　液体（　）　活动物（　）　机器/汽车（　）　危险品等级（　）
　　GOODS BAG/JUMBO　BULK　REEFER　LIQUID　LIVE ANIMAL　MACHINE/AUTO　DANGEROUS CLASS
2. 集装箱种类　　普通（　）　　开顶（　）　　框架（　）　　平板（　）　　冷藏（　）
　　CONTAINER　ORDINARY（　）OPEN（　）FRAME（　）FLAT（　）REFRIGERATOR（　）
3. 运输工具　　海轮（　）　　飞机（　）　　驳船（　）　　火车（　）　　汽车（　）
　　BY TRANSIT　SHIP（　）PLANE（　）BARGE（　）TRAIN（　）TRUCK（　）
4. 船舶资料　　　船籍（　　）　　　　　　　　　船龄（　　）
　　PARTICULAR OF SHIP　RIGISTRY _____ AGE _____

备件：被保险人确认本保险合同条款和内容已经完全了解　　投保人（签名盖章）APPLICANT'S SIGNATURE
THE ASSURED CONFIRMS HEREWITH THE TERMS AND
CONDITIONS OF THESE INSURANCE CONTRACT
FULLY UNDERSTOOD

　　　　　　　　　　　　　　　　　　　电话（TEL）
投保日期（DATE）_____　地址（ADD）_____

本公司自用（FOR OFFICE USE ONLY）
费率　　　　　　　　　保费　　　　　　　　　　　　　　　　备注：
RATE　AS ARRANGED　　PREMIUM　AS ARRANGED　_____
经办人 BY _____　核保人 _____　负责人 _____
总公司地址：上海市浦东南路855号　电话：021-58369588　邮政编码：200120　网址：www.ccic-net.com.cn

步骤3：办理投保手续。

外贸单证员填写好投保单之后，向中国大地财产保险股份有限公司提出投保申请。2014年5月21日，保险公司接受投保，且出具保险单（见表6-9）：

表6-9

中国大地财产保险股份有限公司
China Continent Property&Casualty Insurance Company Ltd.

货物运输保险单
CARGO TRANSPORTATION INSURANCE POLICY

发票号（INVOICE NO.）

合同号（CONTRACT NO.）

信用证号（L/C NO.）

保单号次
POLICY NO. BJ908769

被保险人：INSURED：

中国大地财产保险股份有限公司（以下简称本公司）根据被保险人的要求，由被保险人向本公司缴付约定的保险费，按照本保险单承保险别和背面所载条款与下列特款承保下述货物运输保险，特立本保险单。

THIS POLICY OF INSURANCE WITNESSES THAT CHINA CONTINENT PROPERTY & CASUALLY INSURANCE COMPANY LTD. (HEREINAFTER CALLED "THE COMPANY") AT THE REQUEST OF THE INSURED AND IN CONSIDERATION OF THE AGREED PREMIUM PAID TO THE COMPANY BY THE INSURED, UNDERTAKES TO INSURE THE UNDERMENTIONED GOODS IN TRANSPORTATION SUBJECT TO THE CONDITIONS OF THIS OF THIS POLICY AS PER THE CLAUSES PRINTED OVERLEAF AND OTHER SPECIAL CLAUSES ATTACHED HEREON.

标记 MARKS&NOS	包装及数量 QUANTITY	保险货物项目 DESCRIPTION OF GOODS	保险金额 AMOUNT INSURED
N/M			

总保险金额
TOTAL AMOUNT INSURED：

保费：   启运日期   装载运输工具：
PERMIUM： AS ARRANGED   DATE OF COMMENCEMENT： JULY, 9 2014   PER CONVEYANCE：

自   经   至   CMA CGM VELA,
FROM：   VIA   TO   VOY. NO. FL600W

承保险别：
CONDITIONS：

COVERING ALL RISKS AND WAR RISK OF CIC OF PICC (1/1/1981) INCL. WAREHOUSE TO WAREHOUSE AND I. O. P

所保货物，如发生保险单项下可能引起索赔的损失或损坏，应立即通知本公司下述代理人查勘。如有索赔，应向本公司提交保单正本（本保险单共有2份正本）及有关文件。如一份正本已用于索赔，其余正本自动失效。

IN THE EVENT OF LOSS OR DAMAGE WITCH MAY RESULT IN A CLAIM UNDER THIS POLICY, IMMEDIATE NOTICE MUST BE GIVEN TO THE COMPANY'S AGENT AS MENTIONED HEREUNDER. CLAIMS, IF ANY, ONE OF THE ORIGINAL POLICY WHICH HAS BEEN ISSUED IN TWO ORIGINAL(S) TOGETHER WITH THE RELEVANT DOCUMENTS SHALL BE SURRENDERED TO THE COMPANY. IF ONE OF THE ORIGINAL POLICY HAS BEEN ACCOMPLISHED. THE OTHERS TO BE VOID.

续表

赔款偿付地点 CLAIM PAYABLE AT	中国大地财产保险股份有限公司 China Continent Property & Casualty Insurance Company Ltd.
出单日期 ISSUING DATE	*杨菲* (Authorized Signature)

任务五 其他单据

【教师任务】

◇ 讲解商品检验检疫证书、产地证明书和包装单据的基本作用；掌握商品检验检疫证书、产地证明书和包装单据的主要内容及缮制的方法；

◇ 对学生作业完成情况进行点评。

【学生任务】

◇ 了解商品检验检疫证书、产地证明书和包装单据的基本作用；

◇ 掌握商品检验检疫证书、产地证明书和包装单据的主要内容及缮制的方法；

◇ 课后阅读有关其他单据的国际惯例。

教学活动1 商品检验检疫证书

【活动设计】

通过案例导入，引导学生进入商品检验检疫证书的内容和缮制的学习；进一步讲解其内容和制作方法，使学生深入理解和把握相关知识。

【案例导入】

国外B公司通过银行开出一张L/C，以某农产品出口公司A为受益人。L/C有关包装条款规定："……Packing: In tins of 25 kgs. net each; 2 tins to a wooden case……" A公司根据L/C证要求制单时发现，信用证规定的货物包装与合同规定的包装不一致。L/C证规定"Wooden Case"（木箱）装，合同规定"Wooden Crate"（木条箱）装，实际的货物也是木条箱包装。此时，离装船时间还有三天，如果要修改信用证已经来不及了。为了能顺利结汇，A 公司决定改用木箱装。货物装船后 A 公司收到 B 公司的改证申请书："因我方疏忽，其中'Wooden Case'应改为"Wooden Crate"。"A 公司经研究后决定拒绝修改，将修改书退回。

分析思考：A 公司是否能顺利结汇？

【基础知识】

一、商品检验检疫证书的含义

商品检验检疫证书（Inspection Certificate）是指进出口商品经商品检验检疫机构检验、鉴定后出具的证明检验检疫结果的书面文件。商品检验检疫证书的种类很多，在实际进出口商品交易中，应在检验检疫条款中规定检验检疫证书的类别及其商品检验检疫的要求。

二、商品检验检疫证书的主要作用

商品检验检疫证书的主要作用包括：①作为履行合同的法律依据；②作为议付的有效单据，出入境货物申报通关的重要凭证；③作为索赔、仲裁和诉讼举证等的法律文件。

三、检验检疫证书的种类

检验检疫证书包括如下几类：①品质检验证书（Inspection Certificate Of Quality）；②重量或数量检验证书（Inspection Certificate of Weight or Quantity）；③包装检验证书（Inspection Certificate of Packing）；④兽医检验证书（Veterinary Inspection of Certificate）；⑤卫生/健康证书（Sanitary/Health Inspection Certificate）；⑥消毒检验证书（Disinfection Inspection Certificate）；⑦熏蒸证书（Inspection Certificate of Fumigation）；⑧残损检验证书（Inspection Certificate of Damaged Cargo）；⑨船舱检验证书（Inspection Certificate on Tank/Hold）；⑩价值证明书（Certificate of Value）。

四、商品检验检疫证书的基本内容及缮制要求

各国不同内容的检验检疫证书因其本身所需证明的内容不同格式略有不同。检验检疫证书一般都包括以下内容：

1. 出证机关、地点及证书的名称。如果信用证并未规定出具的机关，则由出口商决定。如果信用证规定了"有权机构（指有公证资格或经政府授权的机构）"（COMPETENT AUTHORITY）出证，则应根据具体情况由有关的检验检疫机构出具。检验证明书的出证地点应在货物装船口岸，除非信用证另有规定。检验检疫证书的名称则应与合同或信用证规定相符。

2. 发货人。此栏一般填写出口商的名称（中英文）。在信用证方式下通常为信用证的受益人；托收方式下为委托人，即合同的买方。

3. 收货人。在信用证支付方式下按照信用证的规定填写，一般为开证申请人，除非信用证另有规定，此栏一般不必填写或用"——"表示。如出口商为中间商，收货人一

栏可做成"TO WHOM IT MAY CONCERN"或"TO ORDER"。托收方式下为委托人,即合同的买方。

4. 品名、报验数量、重量、包装种类及数量、到达口岸、运输工具、唛头等项目应与商业发票及提单上所描述的内容完全一致。货物名称可以用统称。

5. 检验结果。此栏是检验检疫证书中最重要的一项,在此栏中记载报验货物经检验的现状。货物现状能够衡量货物是否符合合同或信用证规定,也是交接货物或索赔、理赔的具有法律效力的证明。

6. 签证日期。检验检疫证书的出具日期为实际检验检疫日期,应不迟于提单日期。如出口货物为鲜货等保质期很短的商品,最好在提单日之前一两天或与提单日期相同,否则,检验过早不能证明装运时货物的质量。

7. 签字盖章。由检验检疫局盖章并由检验该批货物的检验员手签。如果信用证指定检验机构,则应由信用证指定的检验机构盖章并签字;如果信用证没有特别指定检验机构,任何检验机构均可出具,并须盖章和签署。

【知识链接】

填写出口商品检验检疫证书的注意事项

一、信用证品质条款的内容品质检验证书必须予以说明;

二、货物的包装件数或数量是数量检验证书的重要内容,应与信用证要求相符;

三、检验检疫的结果应符合合同和信用证的要求。

教学活动 2 原产地证书

【活动设计】

通过前案例导入,引导学生进入一般原产地证明书和普惠制产地证明书的内容和缮制的学习;进一步讲解其内容和制作方法,使学生深入理解和把握相关知识。

【基础知识】

一、原产地证书

(一) 概述

原产地证明书(Certificate of Origin,C/O)是出口商应进口商要求而提供的、由公证机构或政府或出口商出具的证明货物原产地或制造地的一种证明文件,是证明货物原产地或制造地的证明文件。它是进口国海关采取不同的国别政策、国别待遇,如实行差别关税、控制进口配额的书面依据,也是通关、结汇和有关方面进行贸易统计的重要依据。

(二)原产地证书的作用

原产地证书是贸易关系人交接货物、结算货款、索赔理赔、进口国通关验收、征收关税的有效凭证,它还是出口国享受配额待遇、进口国对不同出口国实行不同贸易政策的凭证。

(三)原产地证书的类型

根据原产地证书的签发机构不同、使用范围不同、证书格式不同,分为四种类型,具体见表6-10。

表6-10 原产地证书的类型表

	简称	签发机构	证书格式
一般原产地证	C/O 产地证	中国国际贸易促进委员会(CCPIT) 出入境检验检疫局(CIQ)	商务部统一格式
普惠制原产地证	GSP 产地证	出入境检验检疫局(CIQ)	格式 A、格式 59A、格式 APR
欧盟纺织品专用产地证	EEC 产地证	中国商务部(MOFTEC)	统一格式
对美国出口纺织品声明书	DCO 产地证	出口商	格式 A、格式 B、格式 C

我国多使用贸促会出具的证书。

(四)一般原产地证的申领

中华人民共和国原产地证明书(Certificate of Origin of the People's Republic of China),简称一般原产地证明书书,又称普通产地证,是证明我方出口货物确系中国制造的法律文件。依据其签发者不同,一般原产地证明书可分为以下四种:①出口商自己出具并签发的产地证;②生产厂家自己签发的产地证;③中国国际贸易促进委员会(简称贸促会)签发的产地证,即商会产地证;④出入境检验检疫局签发的产地证。

(五)一般原产地证的缮制

第一栏(Exporter):出口商品名称、地址、国别,此栏出口商名称必须是经检验检疫局登记注册,其名称、地址必须与注册档案一致。必须填明在中国境内出口商的详细地址、国名(CHINA)。如果出口单位是其他国家或地区某公司的分公司,申请人要求填境外公司名称时可填写。但必须在中国境内的出口商名称后加上 ON BEHALF OF(O/B)或 CARE OF(C/O)再加上境外公司名称。

第二栏(Consignee):收货人的名称、地址和国别一般应填写最终收货人名称,即提单通知人或信用证上特别声明的收货人,如最终收货人不明确或为中间商时可填"TO ORDER"字样。

第三栏(Means of transport and route):运输方式和路线填明装货港、目的港名称及运输方式(海运、空运或陆运)。经转运的,应注明转运地。格式为"FROM…TO…BY…(VIA…)"。多式联运要分阶段说明。

第四栏(Country/region of destination):目的地,指货物最终运抵港、或国家、地区,一般应与最终收货人(第二栏)一致。不能填写中间商国家名称。

第五栏(For certifying authority use only):签证机构专用栏,此栏留空。签证机构在签发后发证书、补发证书或加注其他声明的使用。

第六栏(Marks and numbers):唛头及包装号,此栏应照实填具出口发票上所列唛头的完整的图案、文字标记及包装号。如唛头多本栏填不下,可填在第七、八、九栏的空白处,如还不够,可以附页填写。如图案文字无法缮制,可附复印件,但须加盖签证机构印章。如无唛头,应填 N/M 字样。此样不得出现"香港、台湾或其他国家和地区制造"等字样。

第七栏(Number and kind of packages; description of goods):商品名称,包装数量及种类,此栏应填明商品总称和具体名称。在商品名称后须加上大写的英文数字并用括号加上阿拉伯数字及包装种类或度量单位。

如同批货物有不同品种则要有总包装箱数。最后应加上截止线(＊＊＊),以防止填伪造内容。国外信用证有时要求填具合同、信用证号码等,可加在截止线下方空白处。

第八栏(H.S Code):商品编码。此栏要求填写四位数的 H.S. 税目号,若同一证书含有多种商品,应将相应的税目号全部填写。

第九栏(Quantity):数量和重量。此栏应填写商品的计量单位。以重量计算的要填注毛重或净重。若同一证书包含有多种商品,则量值的填写必须与七、八栏中商品名称、商品编码相对应,有的还必须填写总数。

第十栏(Number):发票号与日期。此栏不得留空。必须按照所申请出口货物的商业发票填写。月份一律用英文缩写。该栏日期应早于或同于十一栏和十二栏的申报和签发日期。

第十一栏(Declaration by the exporter):出口商声明。该栏由申领单位已在签证机构注册的人员签字并加盖企业中英文印章,手签人的签字与印章不得重合。同时填定申领地点和日期,该栏日期不得早于发票日期(第十栏)。

第十二栏(Certification):签证机构注明。申请单位在此栏填写签证日期和地点,然后,由签证机构已授权的签证人签名、盖章。签发日期不得早于发票日期(第十栏)和申请日期(第十一栏)。如有信用证要求填写签证机关名称、地址、电话、传真以及签证人员姓名的,需仔细核对,要求准确无误。

一般原产地证见表6-11。

表6-11 一般原产地证

ORIGINAL	
1. Exporter	Certificate No.
2. Consignee	CERTIFICATE OF ORIGIN OF THE PEOPLE'S REPUBLIC OF CHINA

续表

3. Means of transport and route	5. For certifying authority use only			
4. Country/region of destination				
6. Marks and numbers	7. Number and kind of packages; description of goods	8. H. S. Code	9. Quantity	10. Number and date Of invoices
11. Declaration by the exporter The undersigned hereby declares that the above details and statements are correct, that all the goods were produced in China and that they comply with the Rules of Origin of the People's Republic of China.	12. Certification It is hereby certified that the declaration by the exporter is correct.			
	插入贸促会的章			
Place and date, signature and stamp of authorized signatory	Place and date, signature and stamp of certifying authority			

二、普惠制产地证

（一）普惠制产地证的含义和给惠国家

普惠制产地证（FORM A 或 GSP FORM A）是根据发达国家给予发展中国家的一种关税优惠制度——普遍优惠制，签发的一种优惠性原产地证。采用的是格式 A，证书颜色为绿色。在对外贸易中，可简称为 FORM A 或 GSP FORM A。

（二）普惠制产地证的办理程序

1. 注册登记。由申请签发普惠制产地证书的企业（公司）事先向当地商检机构办理注册登记手续。

2. 申请出证。申报手签人在本批货物出运前五日到商检机构办理申请事宜。

3. 签发证书。商检机构在调查或抽查的基础上，逐一审核申请单位提交的有关单证，无误后签发《普惠制原产地证书》，交申请单位。

（三）普惠制产地证的缮制

填写普惠制原产地证格式 A 的各栏目内容，向出入境检验检疫局申领。

1. 出口商名称、地址、国家。此栏不得留空，填写出口商的名称、详细地址及国家（地区）。

2. 收货人的名称、地址、国家。该栏应填给惠国最终收货人名称。

3. 运输方式和路线。一般应填装货、到货地点〈始运港、目的港〉及运输方式〈如海运、陆运、空运〉。

4. 供官方使用。此栏由签证当局填写，申请签证的单位应将此栏留空。在正常情况下，此栏应空白。在特殊情况下，签证当局在此栏加注，如：①货物已出口，签证日期迟于出货日期，签发"后发"证书时，此栏盖上"ISSUED RETROSPECTIVELY"红色印章。②证书遗失、被盗或损毁，签发"复本"证书时盖上"DUPLICATE"红色印章，并在此栏注明原证书的编号和签证日期，并声明原发证书作废，其文字是"THIS CERTIFICATE IS IN REPLACEMENT OF CERTIFICATE OF ORIGIN NO…. DATED…WHICH IS CANCELLED."

5. 商品顺序号。如同批出口货物有不同品种，则按不同品种、发票号等分列1、2、3……，以此类推。单项商品，此栏填1。

6. 唛头及包装号。填具的唛头应与货物外包装上的唛头及发票上的唛头一致，唛头不得出现中国以外的地区或国家制造的字样，如MADE IN HONG KONG等。

如货物无唛头应填"无唛头"，即"N/M"或"NO MARK"。如唛头过多，此栏不够填，可填打在第七、八、九、十栏截止线以下的空白处。如还不够，此栏打上"SEE THE ATTACHMENT"，用附页填打所有唛头，在右上角打上证书号，并由申请单位和签证当局授权签字人分别在附页末页的右下角和左下角手签、盖印。附页手签的笔迹、地点、日期均与第十一、十二栏相一致。

7. 商品名称、包装数量及种类。包装件数量必须用英文和阿拉伯数字同时表示；商品名称必须具体填明，商品的商标、牌名（BRAND）及货号（ARTICLE NUMBER）一般可以不填。商品名称等项填完后，应在下一行加上"＊＊＊"表示结束的符号，以防止加填伪造内容。国外信用证有时要求填具合同、信用证号码等，可加填在此栏空白处。

8. 原产地标准。此栏用字最少，但却是国外海关审核的核心项目。对含有进口成分的商品，因情况复杂，国外要求严格，极易弄错而造成退证查询，应认真审核、慎重填具。现将填写该栏原产地标准符号的一般规定说明如下：

（1）完全原产品，不含任何进口成分，出口到所有给惠国，填"P"。

（2）含有进口成分的产品，出口到欧盟、挪威、瑞士和日本，填"W"，其后加上出口产品的HS税目号，如W42.02。条件：①产品列入了上述给惠国的"加工清单"符合其加工条件；②产品未列入"加工清单"，但产品生产过程中使用的进口原材料和零部件要经过充分的加工，产品的HS税目号不同于所用的原材料或零部件的HS税目号。

（3）含有进口成分的产品，出口到加拿大，填"F"。条件：进口成分的价值未超过产品出厂价的40%。

（4）含有进口成分的产品，出口到波兰，填"W"，其后加上出口产品的HS税目号，如W42.02。条件：进口成分的价值未超过产品离岸价的50%。

（5）含有进口成分的产品，出口到俄罗斯、乌克兰、白俄罗斯、哈萨克斯坦、捷克、斯洛伐克六国，填"Y"，其后加上进口成分价值占该产品离岸价格的百分比，如"Y"38%。条件：进口成分的价值未超过产品离岸价的50%。

（6）运往澳大利亚、新西兰的商品，此栏可以留空。

9. 毛重或其他数量。此栏应以商品的正常计量单位填写，如"只""件""双"

"台"、"打"等。以重量计算的则填毛重,只有净重的,填净重亦可,但要标上"N.W. (NET WEIGHT)"。

10. 发票号码及日期。此栏的日期必须按照正式商业发票填具。

11. 签证当局的证明。此栏填打检验检疫局的签证地点、日期。检验检疫局签证人经审核后在此栏〈正本〉签名,盖签证印章。此栏日期不得早于发票日期(第十栏)和申报日期(第十二栏),而且应早于货物的出运日期(第三栏)。

12. 栏目出口商的申明。在生产国横线上填英文的"中国"(CHINA)。进口国横线上填最终进口国,进口国必须与第三栏目的港的国别一致。凡货物运往欧盟范围内,进口国不明确时,进口国可填 EU。

另外,申请单位应加盖单位印章及授权人手签,标上申报地点、日期。

最后通过向出入境检验检疫局申请到以下普惠制原产地证格式 A。

教学活动3　包装单据

【活动设计】

通过案例导入,引导学生进入包装单据的内容和缮制的学习;进一步讲解其内容和制作,使学生深入理解和把握相关知识,以及正确制作方法。

【基础知识】

一、包装单据

(一)包装单据的含义

包装单据是指一切记载或描述商品包装情况的单据,是商业发票的附属单据,也是货运单据中的一项重要单据。通常用于进口地海关验货、公证行检验、进口商核对货物,也是买卖双方结算货款的单据之一。国际贸易交易中的货物,除了一小部分货物属于散装货物或裸装货物外如谷物、矿砂、煤炭等,绝大多数货物都需要提交包装单据。

(二)包装单据的作用

1. 包装单据是出口商缮制商业发票及其他单据时计量、计价的基础资料。
2. 包装单据是进口商清点数量或重量以及销售货物的依据。
3. 包装单据是海关查验货物的凭证。
4. 包装单据是公证或商检机构查验货物的参考资料。

(三)包装单据种类

根据不同商品有不同的包装单据,常用的有以下几种:

1. 装箱单(Packing List/Packing Slip)。又称包装单,重点说明每件商品包装的详细情况,表明货物名称,规格,数量,唛头,箱号,件数和重量,以及包装情况,尤其对不定量包装的商品要逐件列出每件包装的详细情况。对定量箱装,每件商品都是统一的重量,则只需说明总件数多少,每箱多少重量,合计重量多少,如果信用证来证条款要求提供详细装箱单,则必须提供尽可能详细的装箱内容,描述每件包装的细节,包括商品的货号、色号,尺寸搭配,毛净重及包装的尺寸等内容。

2. 重量单（Weight List/Weight Note）。重量单是在排除装箱单上提供的内容外,尽量详细地表明商品每箱毛重,净重及总重量的情况,供买方安排运输,存仓时参考。重量单一般起码要具备编号及日期、商品名称、唛头、毛重、净重、皮重、总件数等内容。

3. 尺码单（Measurement List）。偏重于说明货物每件的尺码和总尺码,即在装箱单内容的基础上在重点说明每件不同规格项目的尺码和总尺码。如果货物不是每件统一尺码的应逐一列明每件的尺码。

4. 其他的还有花色搭配单（Assortment List）、包装说明（Packing Specification）、详细装箱单（Detailed Packing List）、包装提要（Packing Summary）、重量证书（Weight Certificate/Certificate of Weight）、磅码单（Weight Memo）等。

（四）包装单据的内容

包装单据并无统一固定的格式,制单时可以根据信用证或合同的要求和货物的特点自行设计,但包装单据应大致具备以下内容:

1. 编号和日期（Number and Date）。
2. 合同号码或信用证号码（Contract Number or L/C Number）。
3. 唛头（Shipping Mark）。
4. 货物名称、规格和数量（Name of Commodity、Specifications and Quantities）。
5. 包装件数及件号、包装件尺码（Numbers and Measurement）。
6. 包装类别（Kinds of Packing）。
7. 货物毛净重（Gross and Net Weight）。

由于进口商不想让实际买主了解货物的详细成本价格情况,包装单据一般不记载货物的单价和总价。

（五）包装单据的缮制

根据信用证、货物实际出运信息和已制作的商业发票,制作符合信用证要求的装箱单:

1. 单据名称。单据名称应符合信用证规定。如信用证要求提供重量单,则名称应写为"Weight List";如信用证要求提供尺码单,则名称应写为"Measurement List"。

2. 抬头。除非信用证特别要求,否则银行可接受装箱单表面无抬头（即无开证申请人名称和地址）的表示。

3. 号码和日期。本栏目一般填发票号码和日期,如信用证未作规定,也可不注明出单日。

4. 唛头。填写唛头,且须与发票、信用证及实物印刷完全一致。本业务填写:同商业发票。

5. 货物描述及数量。装箱单中所表明的货物应为发票中所描述的货物,但可用于其单据无矛盾的统称表示。依据业务填写:同商业发票。

6. 包装数、净重、毛重和体积。填写商品的包装数、净重和毛重。注意净重和毛重是以千克为单位,保留整数。填写商品的体积,单位是立方米,且保留三位小数。

7. 其他。根据信用证中关于装箱单的特殊要求条款,制作时应在装箱单上注明。如

"所有单据注明信用证号码、开证日期和开证行名称"等。

8. 签署。当信用证没有规定装箱单签名时,可以不盖章签名,当然也可以盖章签名。

【单元实训】

制作或办理装箱单、装运通知、一般原产地证

【实训设计】

将学生分组;练习能以受益人身份,根据信用证制作或办理装箱单、装运通知、一般原产地证和汇票;实训评分记录。

【实训步骤】

步骤1:了解背景资料。

以受益人身份,根据信用证制作或办理装箱单、装运通知、一般原产地证和汇票。2014年4月16日,福建发展进出口有限公司与美国Develop Footwear InC.签订的雪地靴出口合同。

步骤2:制作装箱单。

2014年7月1日,福建发展进出口有限公司外贸单证员刘帆根据信用证和以下相关信息,制作符合信用证要求的装箱单。

(1) 品名、规格、数量。雪地靴,ART. NO. 5001:2400双;ART. NO. 5002:2400双。

(2) 包装(见表6-12)。

表6-12　　　　　　　包装情况表

规格	纸箱尺寸	每箱净重	每箱毛重	装箱量
ART. NO. 5001	70厘米×46厘米×40厘米	12.6千克	17.3千克	6双/箱
ART. NO. 5002	70厘米×46厘米×40厘米	10千克	14.6千克	6双/箱

(3) 商业发票号码:14GP0101。

(4) 商业发票日期:2014年7月1日。

(5) SHIPPING MARKS:N/M。

根据上述资料,制作以下装箱单(见表6-13)。

表6-13　　　　　　　装箱单示例

| FUJIAN FAZHAN I/E CO., LTD. |
| NO. 5 RENMIN RD., FUZHOU, P. R. CHINA. |
| PACKING LIST |

To:		Invoice No.:	
		Invoice Date:	
		S/C No.:	
		S/C Date:	

续表

From:		To:					
Marks and Numbers	Number and kind of package Description of goods	Quantity	Package	G.W	N.W	Meas.
N/M						
TOTAL:						
SAY TOTAL:						

步骤 3：制作和申领一般原产地证。

2014 年 7 月 2 日，刘帆根据信用证、商业发票和装箱单，制作和申领如下一般产地证（见表 6-14）。

表 6-14　　　　　　　一般原产地证样式

ORIGINAL				
1. Exporter		Certificate No.		
2. Consignee		CERTIFICATE OF ORIGIN OF THE PEOPLE'S REPUBLIC OF CHINA		
3. Means of transport and route		5. For certifying authority use only		
4. Country/region of destination				
6. Marks and numbers	7. Number and kind of packages; description of goods	8. H. S. Code	9. Quantity	10. Number and date Of invoices
N/M				
11. Declaration by the exporter The undersigned hereby declares that the above details and statements are correct, that all the goods were produced in China and that they comply with the Rules of Origin of the People's Republic of China.		12. Certification It is hereby certified that the declaration by the exporter is correct.		

续表

Place and date, signature and stamp of authorized signatory	Place and date, signature and stamp of certifying authority

步骤4：制作装运通知。

2014年7月9日，刘帆根据信用证、商业发票、装箱单和相关信息，制作如下装运通知（见表6-15）。

表6-15

SHIPPING ADVICE			
TO:		ISSUE DATE:	
		S/C. NO.:	
		L/C NO.:	
		L/C DATE:	
		ISSUING BANK:	
Dear Sir or Madam:			
We are glad to advice you that the following mentioned goods has been shipped out, full details were shown as follows:			
Invoice Number:			
Bill of loading Number:			
Ocean Vessel:			
Port of Loading:			
Date of shipment:			
Port of Destination:			
Containers/Seals Number:			
Description of goods:			
Shipping Marks:			
Quantity:			
Gross Weight/Net Weight:			
Total Value:			
Thank you for your patronage. We look forward to the pleasure of receiving your valuable repeat orders. Sincerely yours,			

| 任务六 |
| 审核单据 |

【教师任务】

◇ 讲解审单的原则、步骤和要求；汇票、发票、海运提单等单据的审核要点；不符点单据的处理办法；
◇ 对学生作业完成情况进行点评。

【学生任务】

◇ 了解审单的原则、步骤和要求；汇票、发票、海运提单等单据的审核要点；
◇ 能以银行身份审核信用证项下汇票、发票和海运提单等主要单据；
◇ 能掌握不符点的处理技巧；
◇ 课后阅读有关审单的《UCP600》条款。

教学活动1　审单原则、方法及要求

【活动设计】

通过案例导入，引导学生进入审单的学习；进一步讲解其原则、方法和要求，使学生深入理解和把握相关知识。

【案例导入】

2014年10月29日，我国某出口公司A与荷兰的B公司签订了一份贸易合同，合同约定采用CIF条件，装运日期不晚于11月8日，以不可撤销的即期L/C方式支付。11月3日，B公司通过银行开来了L/C。但A公司尚未备妥货物，此时若要修改装运期，可能会陷入被动。不得已，A公司于11月14日将货物装上船后便向船方出具保函，由船方签发了倒签提单。

A公司备齐L/C中所有单据，向银行交单并顺利结汇。货到目的港后，B公司发现货物于11月14日才装船，显然与提单日期不一致。因此，B公司以A公司倒签提单构成违约与欺诈行为为由，要求A赔偿。

分析思考：B公司是否有权索赔？银行在此次业务中有无过错？

【基础知识】

单据的审核是对已缮制、备妥的诸单据对照信用证（信用证结算方式）或合同的有关内容进行单单、单证的复核和审查，发现问题，及时修改以实现安全收汇的目的。

一、审单的原则

在信用证结算方式下，业务员审单的原则是单货一致、单证一致、单单一致；银行审单的原则是单证一致、单单一致。在托收结算方式下，业务员审单的原则是单货一致、单约一致、单单一致；银行审单的原则是审核单据的名称、份数是否与托收申请书一致，并无审核单据内容的义务；在汇款结算方式下，业务员审单的原则是单货一致、单约一致、单单一致。

1. 单证一致。单证一致是指所提交的单据在种类、份数和内容上都要与信用证的要求一致。单证一致具体体现在：①单据与信用证条款相符；②单据与 UCP 和 ISBP 等信用证国际惯例相符。

2. 单单一致。单单一致是指所提交单据内容之间要一致。单单一致审核时，要以发票为中心来审核各单据之间的一致情况。

3. 单约一致。单约一致是指各单据要与合同条款一致。

4. 单货一致。单货一致是指单据要与实际装运货物一致。

本教学活动以信用证项下的单据审核为例，介绍单据的审核原则、基本要求和方法。

二、审单的基本要求

（一）及时性

单据的及时性表现在两个方面：一是一笔业务的整套单据中，各种单据的出单日期必须合理、有序，即每一种单据的出单日期必须既符合国际贸易惯例、商业习惯和要求，又不能超出信用证或合同规定的有效期；二是全套单据的交单应及时。在信用证支付方式下尤其要注意交单议付日期不得超过信用证规定的有效期。如信用证规定了交单期，则必须在此期限前交单；如信用证没有规定交单期，按《跟单信用证统一惯例》第 43 条规定：银行将拒绝接受迟于装运日期后 21 天提交的单据，但无论如何，提交的单据不得迟于信用证的到期日。

（二）正确性

单据的正确性表现在两个方面：一是要求各种单据必须符合有关国际贸易惯例和进口国的有关法令和规定；二是要求各种单据就同一笔业务来讲必须做到"三相符"（单据与信用证相符、单据与单据相符和单据与货物相符）。

（三）完整性

单据的完整性表现在三个方面：一是单据的内容要完整；二是单据的种类要完整；三是单据的份数要完整。

（四）整洁性

整洁是指要求单据的外观质量要简明、清洁。如果单据不整洁，除外观质量差、制单水平低，还给人以单据不真实的印象，从而影响收汇。单据的整洁性要求如下：

1. 单据填写时应字迹清晰、易认，语法正确，语句流畅。
2. 单证内容应力求简化。
3. 尽量减少或杜绝差错涂改现象。一份单据不允许多次涂改，个别需要涂改，应加盖校对章；有些单据的栏目不允许涂改，缮制时应特别注意。如汇票的付款人、金额等项目。
4. 格式设计和缮制应尽可能标准化、规范化。由出口商自行拟制的单据要求栏目布局合理，排列整齐，主次分明。

三、信用证结算方式下审单的依据

一是，按照《跟单信用证统一惯例》的规定审单。必须按照《跟单信用证统一惯例》的要求，合理谨慎地审核信用证要求的所有单据，以确定其表面上是否与信用证条款相符。

二是，按照信用证所规定的条件、条款审单。当信用证的规定与《跟单信用证统一惯例》有抵触时，则应遵循信用证优先于《跟单信用证统一惯例》的原则，按照信用证的要求审核单据。这其中又包括表面一致性和内容相符性两条原则：①遵循表面一致性原则。受益人提交的单据名称及其内容等表面上必须与信用证规定完全一致。②遵循内容相符性原则。

三是，按照银行的经营思想、操作规程审单。

四是，按照普遍联系的观点，结合上下文内容审单。

五是，按照合情、合理、合法的原则审单。所谓合情、合理、合法是指审单员应根据自己所掌握的国际贸易结算知识，对各种单据的完整性和准确性，作出合乎情理的判断。

六是，按照单据的商业功能和结算功能相统一的原则审单。即审单时应着重考虑其商业功能。

四、审单的基本方法

为了提高单证工作的质量，除了要求审单人员在工作时思想必须高度集中之外，也要讲究工作方法以求取得事半功倍的效果，以信用证业务为例，有以下几种审单方法：

（一）纵横审单法

首先以信用证与出口单据的发票自上而下，进行逐字逐句的核对，再将其他单据与信用证的有关条款核对，这叫做纵向审单；完成纵向审单之后，再以发票为中心与其他种单据进行核对，特别注意共有项目是否相一致，这就是横向审单。这种方法可归纳成：先修改，再开始；证在左，单在右；逐条来，莫急燥；单证符，顺利过；若不符，写下来；单据间，亦相符；如不符，要记住；审单毕，洽前道，改单据，或担保。具体可分解成如下步骤：

1. 拿到信用证和单据后，应先查看有无信用证修改，而且这些修改中是否有受益人"不接受"的批注。
2. 如果该证有修改，而且受益人都接受，那么将修改内容在信用证的原条款上做好相应记录，确保信用证条款是有效完整的。

3. 接下来按信用证条款的先后顺序对单据逐一审核。条款涉及哪种单据，就将这种单据找出并进行审阅，审毕将单据放在固定和便于翻阅的位置。

4. 确保单据中的内容与信用证条款相一致，如不一致，应随手记录在工作单上。

5. 除了将单据内容与信用证条款相核对外，还应注意单据中某些内容在信用证中虽然没有规定，但与其他单据有联系。这时也应找出相对应的单据进行核对，确保单据与单据之间内容一致。

6. 审单完毕后，将所发现的不符点一并与前道业务环节沟通，落实解决的办法。

（二）先数字后文字审单法

在单据的数量比较集中时，可以先将单据的所有数字，如单价、总价、数量、毛净重、尺码、包装件数等数据进行全面的复核，然后再采用纵横审单法对其他内容进行审核。

（三）按装运日期审单法

出口业务量大，批次又多的企业。为了保证及时收汇，可以按照货物装运日期的先后依次进行审单，争取在提单签发之前完成预审工作，及时改正差错，以便在取得正本提单后可以立即向银行交单。

（四）分地区客户审单法

不同的国别地区、不同的进口商对出口单证的要求各异，但同一国别地区或同一客户对出口单据的要求则基本相同，审单人对世界各地区或进口商的单证特点往往不能全面掌握，因此，对某一地区客户的特殊要求往往会有所疏漏。为了提高效率和质量，业务量较大的单位，可以采用分地区客户审单的工作方法。

（五）先读后审法

先读后审法是先将信用证从头到尾通读一遍，然后再按信用证条款依次进行审单。这种方法可归纳成：读全文，阅修改；有要点，做记号；通读后，再审单；证在左，单在右；单证符，顺利过；若不符，写下来；单据间，亦相符；如不符，要记住；审单毕，洽客户。具体有如下几个步骤：

1. 首先对信用证全文进行阅读，边读边记忆，并随手在需要特别注意的地方做个记号，以便审单时引起重视。

2. 查看有无信用证修改，而且这些修改中是否有受益人"不接受"的批注。

3. 如果信用证有修改，而且受益人都接受，那么将修改内容在信用证的原条款上做好相应记录，确保信用证条款是有效完整的。

4. 按单据的主次关系审核。首先将核心单据，例如发票和提单先行审阅，然后以它们为参照物，将其他辅助单据，例如装箱单和受益人证明等与之核对。同时，注意将信用证有关这类单据的规定贯穿于此，做到单证一致、单单相符。如发现任何不符点，应立即记录在工作单上。

5. 审单完毕后，将所发现的不符点一并与前道业务环节沟通，落实解决的办法。

（六）先审后读法

先审后读法是按信用证条款依次审核各种单据后，再通读信用证全文，确保任何一条款未被遗漏。

五、主要单据的审核要点

（一）汇票的审核要点

1. 应注明正确的信用证号码。
2. 确保汇票的出票日期和地点正确。
3. 签字及/或出票人的名称与受益人的名称一致。
4. 确保汇票是以开证行或保兑行为付款人。
5. 确保汇票金额大小写一致，并与信用证规定、发票相符。
6. 确保汇票的期限与信用证所规定相符。
7. 收款人应是受益人或交单银行。
8. 如果需要背书，确保已正确背书。确认是否有限制性背书。
9. 确保汇票上的利息条款符合信用证要求。

（二）商业发票的审核要点

1. 除非信用证另有规定，商业发票的出具人与汇票的出票人应相同，在绝大多数情况下为信用证的受益人。
2. 除非信用证另有规定，抬头为开证申请人；不得为"形式发票"或"临时发票"；货物描述和信用证的商品描述相符；没有表现出来任何附加的、不利的货物描述涉及物状态或价值的；发票上包括信用证所提及的货物细节、价格条款；发票上提供的其他资料如唛头、号码、运输通知等与其他单据一致。
3. 发票上的货币与信用证一致；发票金额与汇票金额一致；发票金额不超过信用证可使用的余额；如不允许分批装运，发票应包括信用证要求的整批装运金额，如允许分批装运，金额在总、分之间互不矛盾，并与信用证规定、汇票相符。
4. 按照信用证要求发票已被签字，或公证人证实、合法化、签证等；关于装运、包装、重量、运费或其他有关的运输费用符合其他单据上所载明的；提交正确张数的正本及副本；显示的合同号与信用证规定一致；注意上下浮动幅度，如信用证的金额、单价、商品数量前有"大约"（About、Circa）字样，则有关金额、单价、数量允许有10%上下浮动幅度；除非信用证规定货物的数量不得增减外，在所支款项不超过信用证金额的条件下，货物的数量准许有5%上下的浮动幅度，但当信用证规定数量以包装单位或个体计数时，此项浮动不适用。

（三）运输单据的审核要点

1. 运输单据的种类必须与信用证规定相符；运输单据应具备法定条件并由运输公司（如船公司、航空公司等）或其代理人签名；除非信用证另有规定，必须提交全套提单。
2. 收货人和被通知人名称、地址、起运港、目的港、装运日期等，应符合信用证规定。
3. 除非信用证另有规定，发货人（Shipper）通常为受益人或转让信用证中的受让人，但若是受益人以外的一方作为发货人，也可接受。
4. 提单货物描述一般符合信用证所说明的货物描述，货名可以用统称（General Term），唛头、数量、重量、船名、线路等应与信用证相符，并与其他单据一致。

5. 提单上价格条款或有关运费的记载必须与信用证及其他单据一致。如 CIF、CFR，相应的费用记载应为"Freight Prepaid"（运费已预付）或"Freight Paid"（运费已付）；FOB，相应的费用记载应为"Freight Collect"（运费到付）或"Freight Payable at Destination"（目的地支付运费）；提单抬头若为"To Order of Shipper""To Shipper's Order""To Order"，均应作背书；收妥备运提单（Received B/L），必须于货物实际装船后，加注"On Board"（已装船）字样及已装船日期；修改提单，必须在更正处加盖更正章及船公司或其代理人，或船长的小签（Initial Signature，即签上姓氏，也叫简签）；运输单据上没有条款使其有瑕疵或不清洁。

（四）保险单的审核要点

1. 应明确保险单的全套正本份数，并且除非信用证另有规定，必须提交全套正本保险单；

2. 保险单据必须由保险公司（Insurance Company）或承保人（Underwriters）或他们的代理人（Agents）开立及签署，除非信用证另有规定，银行不接受由保险经纪人（Broker）签发的暂保单（Cover Note）。

3. 保险单日期必须早于或等于提单日期；除非信用证另有规定，保险单显示的金额、币别必须与信用证要求一致。

4. 投保的险种必须符合信用证的要求，若信用证使用了含义不明确的条款，如"通常险别"（Usual Risks）或"惯常险别"（Customary Risks），银行当按照所提示的保险单予以接受。

5. 除非信用证另有规定，银行将接受证明受免赔率（Franchise）或免赔额约束的保险单据。当信用证规定"投保一切险"时，银行应接受含有任何"一切险"批注或条文的保险单据，不论其有无"一切险"标题，甚至表明不包括某种险别；

6. 保险单的船名、航程、装运港、目的港、唛头等应与提单、发票等其他单据一致；应表明赔付地、在目的地的支付赔款代理人、支付的货币种类，信用证如无此项规定，赔付地点可以选择在进出口人的任何一方；

7. 信用证要求保险单（Insurance Policy）时，不得以保险凭证（Insurance Certificate）代替，反之则可以；份数完全符合信用证规定的数量。

（五）产地证的审核要点

1. 它是独立的单据，不要与其他单据联合起来，必须由信用证指定的机构出具，若信用证无此规定，可以由包括受益人在内的任何人出具。

2. 按照信用证要求，它已被签字、公证人证实、合法化、签证等；内容必须符合信用证的要求，并与其他单据不矛盾。

3. 如信用证规定货物为该地生产，则产地证必须表明为某地生产；载明原产地国家，应该符合信用证的要求。

4. 含有检验意义的产地证的日期不能迟于提单；特殊产地证的格式必须符合进口国惯例的要求；份数不能少于信用证规定的数量。

（六）装箱单、重量单的审核要点

单据的名称和份数必须和信用证要求相符；货物的名称、规格、数量及唛头等，必须与其他单据相符，可以相互补充，不可互相矛盾；数量、重量及尺码的小计必须吻合，并与信用证、提单、发票等单据相符；提供的单据份数不能少于信用证规定的数量。

教学活动2　常见的不符点及处理方法

【活动设计】

通过案例导入，引导学生进入单据不符点的学习；进一步讲解常见的不符点及其处理方法，使学生深入理解和把握相关知识。

【案例导入】

某出口商A公司向加拿大B公司购买一批货物。国外开来信用证中，其提单条款为："Full set of clean on board ocean bill of lading made out to orderer marked freight prepaid……。"A公司交货后按照信用证要求提供了海运提单，该提单的收货人栏按照L/C的要求填写的是："TO ORDERER"。船代提出从来未有这样填制过收货人，是否是将"TO ORDER"写错了，多了"ER"。A公司认为这完全是按照信用证要求填写，应该无误，否则无法结汇。单据寄达国外后，开证行提出拒付货款，理由是提单的收货人填写错误，不符合信用证的要求，故无法接受。分析A公司提单抬头的写法是否有误？开证行拒付是否可行？

分析思考：A公司提单抬头的写法是否有误？开证行是否应该拒付？

【基础知识】

一、常见的不符点

（一）单据的共同不符点

1. 过有效期（L/C Expired）：单据提交时已超过了信用证所规定的有效期。

2. 过装船期（Late Shipment）：运输单据的装运日期超过了信用证所规定的最迟装船期。

3. 过交单期（Late Presentation）：单据提交的日期超过信用证所规定的货物装船后向指定银行提示单据的交单期限。如果信用证要求汇票，则汇票出具日应是单据提示日，如果信用证未要求汇票，且无特殊说明，则寄单行的索汇面函日期将被认为是交单日期。

（二）汇票常见的不符点

1. 汇票的出票日期迟于信用证规定的有效期（Draft presented after expired date）。
2. 汇票的到期日未能确定（Draft payable on an indeterminable date）。
3. 汇票金额超过信用证金额（Amount of draft greater than amount of credit）。
4. 汇票的背书有误（Bill of exchange not endorsed correctly）。
5. 汇票规定的有效期限与信用证规定的不符（Tenor not as shown on credit）。
6. 汇票上的付款人有误（Draft drawn on the wrong party）。

7. 汇票的出票人非信用证的受益人（Draft not drawn by beneficiary of credit）。

8. 汇票金额不足（Short drawing）。

9. 出票人未签字（Signature of drawer missing）。

10. 未按信用证金额比例开立汇票（Draft are drawn incorrectly or for an amount disproportionate to the amount of the credit）。

11. 汇票未按信用证要求开立以指定银行或指定人为付款人（Draft not drawn on bank of party specified on credit）。

12. 汇票收款人名称不符（Drawer incorrect）。

13. 汇票的收款人未背书（draft not endorsed by payee）。

14. 币别有误（Draft drawn in ×× (currency) instead of ×× (currency)）。

15. 未按规定列出"利息条款"或"出票条款"（Required interest clause or drawn drawee, if any, missing）。

16. 错记或漏记信用证号码（Documentary credit number absent or incorrect）。

17. 汇票金额与发票金额不符（the amount shown on the invoice and bill of exchange differ）。

（三）商业发票常见的不符点

1. 出票人名称不符，即非信用证的受益人（Not issued by beneficiary of credit）。

2. 发票日期迟于信用证的有效期（Invoice dated later than expiry date of credit）。

3. 进口商的名称与信用证开证申请人不一致（Buyer's name not identical to applicant's name as shown in the credit）。

4. 商业发票对货物的描述与信用证不符（Merchandise description not identical）。

5. 发票金额超过信用证金额，或超出其允许增减的范围（Total amount of money on invoice exceeds or not within permitted leeway）。

6. 发票金额与汇票金额不符（The amounts shown on the invoice and draft differ）。

7. 单价超出规定的幅度（Unit price not within permitted leeway）。

8. 未按信用证要求加具签证（Not visaed, when required by credit）。

9. 提交发票的份数不足（Insufficient number of invoice copies）。

10. 在信用证禁止分运的情况下，发票作成分批装运（Partial shipments）。

11. 在信用证未授权的情况下，发票货物说明中有"已用过""二手货""重新装配"等字样（Notation that merchandise is "used", "second hand" or "rebuilt", not authorized by credit）。

12. 未按信用证规定而分批出口（Partial shipments made, when forbidden by credit）。

13. 价格条件与信用证规定不符（Price term not as specified in the credit）。

14. 未按信用证要求分列费用支出（no breakdown of charges as required by the credit）。

15. 商业发票所列的装运条件不正确（Invoice does not show correct shipping terms）。

16. 信用证要求签字而未签字（Not signed）。

17. 商业发票的参考号码与信用证上的不一致（Reference number on invoice not in accordance with credit）。

18. 抬头的标示不合信用证要求（Invoice not made out to applicant's name as show in

credit)。

（四）提单常见的不符点

1. 不洁净提单，即提单上有不良的批注（Clause or unclean bills of lading presented）。
2. 信用证规定提交海运提单，提交的却是内陆水路运输单据（Inland water way transport documents presented instead of ocean B/L）。
3. 收货人名称与信用证要求不符（Consignee's names not as per credit）。
4. 无"已装船"的证明（No evidence of goods actually "shipped on board"）。
5. 提单上的被通知人与信用证所规定者不一致（B/L notify party differs from that of credit）。
6. 提单所列的货物与信用证所列的货物不一致（Description of goods not consistent with credit）。
7. 提单未在有效期内提示（Shipping documents not presented in the expiry period）。
8. 提单的背书有误（Bills of lading not endorsed correctly）。
9. 提单上的唛头与信用证不一致（Marks differ from credit）。
10. 违反信用证规定而用了租船提单（Charter party bill of lading break stipulation of the credit）。
11. 提单上的起运港与信用证规定不符（Port of lading not as per credit）。
12. 提单上的卸货港与信用证规定不符（Port of discharge not as per credit）。
13. 提单上的转运路线与信用证规定不符（Transshipment route not as per credit）。
14. 提单上的装运船舶的国籍与信用证规定不符（Nationality of the carrying vessel not as per credit stipulation）。
15. 提单上的"已装船"的批注没有标明日期，或批注的日期迟于信用证规定的装运期（"On board" notation not dated, or dated after latest shipment date on credit）。
16. 提单上未注明运费已付还是未付（Bill of lading does not evidence whether freight is paid or not）。
17. 提单上有"货装甲板"的批注（"Goods shipped on deck"）。
18. 信用证禁止转运时却提交转运提单（Transshipment effected when forbidden by credit）。
19. 信用证规定允许转运，但提单所示的转运港口与信用证规定的港口不一致。
20. 未按信用证规定证明运费支付金额（No evidence freight has been paid not listed amount of freight paid when required by credit）。
21. 信用证规定的价格条件为 CIF 或 CFR（运费保险费在内或运费在内）时，提单提示上未有"运费已付"字样（Absence of "freight paid" statement on bill of lading where the credit call for CIF or CFR shipment）。
22. 未按规定提交全套有效提单（Less than fullest of bill of lading presented）。
23. 信用证规定须提交直接提单，但提交的是不记名提单（Bill of lading made out to order where as credit stipulates "straight" bill of lading）。
24. 提单未按信用证规定签证或背书（Not visaed or missing endorsement when required by credit）。

25. 信用证要求提单副本也须签字时,所提交的提单副本上却没有签字(Non negotiable bill of lading not signed when required)。

26. 提单为无装船日期的"备运提单"("No on board date on the received for shipment" bill of lading presented)。

27. 提单上的数量与信用证规定不符。

28. 提单上的特别记载非信用证所允许者(Additional remarks or alterations on bill of lading not approved by the credit)。

(五)保险单据常见的不符点

1. 提示的保险单据种类与信用证的要求不符(Presentation of an insurance document of a type other than that required by the L/C)。

2. 保险的币别与信用证的币别不一致(Insurance cover expressed in a currency other than that of the L/C)。

3. 保险金额与信用证规定不符(Amount of insurance not as shown on L/C)。

4. 保险的种类与信用证规定不符(Insurance risks covered not as specified in the L/C)。

5. 承保的公司与信用证要求不一致(Not issued by an insurance company as required by the L/C)。

6. 保险不足额(Under insured)。

7. 保险单上的货物描述与信用证有矛盾(Merchandise description conflicts with L/C)。

8. 保险项目少于信用证规定的投保险类(Insurance risks covered less than those specified in the L/C)。

9. 保险单上的装运港或卸货港与信用证规定不一致(Port of loading or discharge not as shown on L/C)。

10. 保险凭证次于信用证所要求的级别。

11. 投保生效日期未从提单日期起算(Insurance not effective from the date on the shipping document)。

12. 保险日期迟于装运日期(Insurance dated later than shipped on board date)。

13. 受益人未在保单上背书(Endorsement missing, when policy is payable to the order of the beneficiary)。

14. 保险单的背书不正确(Insurance document endorsed incorrectly)。

15. 保险单的受益人与信用证所规定者不符(Insurance policy/certificate made out to… whereas L/C stipulates to…)。

16. 保险单上的理赔地点与信用证规定不符(Insurance policy indicating place of settling claim differs from that in the credit)。

17. 保险单上的唛头和件数与提单不一致(Marks and numbers are inconform to those on bill of lading)。

18. 保单日期与批单日期不一致(The endorsement dated which differs from the insurance policy)。

19. 保险单漏载理赔地点(Insurance policy not indicating place of settling claim)。

20. 保险单上未载明船名（Insurance policy not indicating name of vessel）。
21. 信用证规定应向保险公司提交起运通知书时没有照办（No evidence that shipment has been advised to Insurance Company）。
22. 未提交全套保险单据（Full sets of insurance documents not presented）。
23. 保险单的更正处未见有更正章或签名（Corrections in the insurance policy are not authenticated）。

（六）其他单据常见的不符点

1. 原产地证。
（1）货物名称与信用证有矛盾（Name of goods on certificate of origin differs from that in the credit）。
（2）签发机构与信用证规定的不符。
（3）没有签署（Certificate of origin not signed/not visaed）。
（4）份数不足（Full sets of Certificate of Origin not presented）。
（5）未注明制造厂商名称（Maker's name not shown）。
（6）产地证日期迟于信用证有效期限（Certificate of Origin dated later than expiry date in the credit）。

2. 海关发票。
（1）所提供的海关发票非信用证中所要求的官方发票。
（2）所列货物名称、唛头、代号及件数中有一项或多项与信用证不符。
（3）原产地国家或地区名称不符。
（4）出口商或进口商的名称、地址不符。
（5）未按信用证要求加列特别条款。
（6）商品的数量、单价、总值、净重、毛重中的有关项目与商业发票不符。

3. 装箱单。
（1）所列货物的重量、体积、件数、商品名称等与其他单据不符。
（2）包装方法与发票所列不符。
（3）每件包装单位的内容未分开列明（如果信用证要求）。

4. 重量单。
（1）单据彼此间的唛头不一致（Irregular shipping marks）。
（2）未注明每件包装重量。
（3）内容与其他单据不符（Not comply with all specific conditions enumerated in other documents）。

5. 各种检验证书。
（1）未按信用证要求提供检验证书。
（2）签发人与信用证规定不符。
（3）所列内容与其他单据不符。
（4）出证日期迟于装运日期。
（5）所列的检验结果与信用证要求不符。

（6）填写的项目不全。

6. 其他方面常见的不符点。

（1）单据未按信用证规定方式寄发（Documents not disposed of as specified by the credit）。

（2）信用证所要求的单据不全（Absence of documents called for under the L/C）。

（3）单据的类别不能接受（Class of documents not acceptable）。

（4）所提交的单据没有按规定签章（Absence of signatures where required on documents）。

（5）唛头与号数在各单据之间不同（Marks and Numbers differ between documents）。

（6）各单据间重量、数量互相矛盾（Weights or quantity differ between documents）。

（7）同一单据的内容前后矛盾（Documents contents inconsistent with each other）。

（8）交单金额超过信用证金额（Credit amount exceeded）。

（9）单据未在规定的时间内提示（Documents not presented in time）。

（10）未按信用证规定的程序发货（Irregularity of shipping schedule）。

二、不符单据的处理

（一）出口项下不符单据的处理

对于经审核有不符点的出口单据，一般有以下几种处理情况：

1. 退受益人更改。如果信用证有效期与交单期未到，则劝其退改。

2. 表题不符点出单。如果信用证有效期与交单期已过，且单据又有较严重的不符点，可与受益人协商，议付行向开证行寄单，并把不符点开列在寄单函上，征求开证行意见，由开证行接洽申请人是否同意付款。在接到肯定答复后议付行即行议付；如申请人不予接受，则开证行退单，议付行照样退单给受益人。受益人一般较少采纳此种方法。

3. 电提不附点。对于不符点无法更改且金额较大的单据，可与受益人协商，议付行暂不向开证行寄单，而是用电传或传真通知开证行单据不符点。如开证行同意付款，再行议付并寄单；如不同意，受益人可及早收回单据，设法改正。但议付行采用此方法时应谨慎审单后再电提，以免引起后期银企纠纷。如开证行电复不同意接受不符点或经过两次催询（第1次于发电后7天，第2次相隔5天）后仍无答复者，议付行可将全套单据提交出口商，由出口商自行处理。

4. 作托收处理。如单据中不符点较多或者较为严重，出口商同意将单据按信用证项下托收处理，通知行在寄单索汇通知书上须注明"WE SEND DOCUMENTS UNDER THE CREDIT FOR PAYMENT."，并将不符点单据寄交开证行，同时将议付费/付款费改为验单费（HANDLING CHARGES）。由于此种处理方法使受益人完全失去了开证行的付款保证，单据是否被接受，完全取决于申请人的信誉情况。

（二）进口项下不符单据处理

对于审核有不符点的进口单据，一般有以下几种处理的方法：

1. 拒付。根据 UCP600 的规定，开证行/保兑行拒付单据必须做到拒付时必须以单据为依据；必须在 5 个银行工作日内拒付；以电讯方式通知寄单行；要说明全部不符点和说明单据听候处理或退回。在实际业务中，如果开证行没有按照上述的规定办理，就无权宣称单据不符合信用证条款。

UCP600 中规定开证行对于不符点单据可以根据自身的决定与申请人联系是否放弃不符点。一般来说，如果申请人不接受不符点，开证行就会按上述规定拒付，并用 MT734 拒付通知报文（见表 6-16）发出拒付通知书。

表 6-16　　　　　　　　　　　MT 734 报文内容

M/O	Tag	Field name	Content/Options
M	20	Sender's TRN	16x
M	21	Presenting Bank's Reference	16x
M	32A	Date and Amount of Utilisation	6n3a15number
O	73	Charges Claimed	6*35x
O	33a	Total Amount Claimed	A or B
O	57a	Account With Bank	A, B or D
O	72	Sender to Receiver Information	6*35x
M	77A	Discrepancies	20*35x
M	77B	Disposal of Documents	3*35x

说明：M/O 为 Mandatory 与 Optional 的缩写，前者是指必选项目，后者为可选项目。

拒付后，如经过进出口双方协商后申请人同意接受单据，开证行要及时通知寄单行请其授权放单，并办理对外付款或承兑手续；如果申请人依然坚持不接受不符点的，开证行则应及时将全套单据退还寄单行，由进出口双方自行解决。

2. 放弃不符点，申请人付款赎单。

如果申请人同意接受不符点，就出具书面指示办理付款或承兑赎单手续，然后开证行向寄单行付款或承兑。

【单元实训】

出口信用证项下的审单和不符点处理

【实训目标】

商业单证的错误主要是从对应的 SWIFT 信用证代码内容对比发现的，并知道如何改正不符点。

【实训背景和实训任务】

一、根据单据审核，发现商业发票缮制错误如表 6-17 所示，请写出对应的 SWIFT 信用证栏目代码，以及如何改正。

表 6-17

序号	错误	信用证栏目代号	改正
1	商品名称应为 65% Poliester, 35% cotton ladies skirt, 误写为 ladies skirt		
2	货号为 A101/WHITE 的箱数应为 24 箱, 误写为 200 箱		
3	唛头应为 BBB S/C LT07060 GDANSK C/NO. 1-740		
4	单价的数量单位应为 DOZ, 误写为 PCE		
5	商业发票没有按照信用证要求手签		

二、根据单据审核,发现装箱单缮制错误如表 6-18 所示,请写出对应的 SWIFT 信用证栏目代码,以及如何改正。

表 6-18

序号	错误	信用证栏目代号	改正
1	商品名称应为 65% Poliester, 35% cotton ladies skirt, 误写为 ladies skirt		
2	货号为 A101/WHITE 的箱数应为 24 箱, 误写为 200 箱		
3	唛头应为 BBB S/C LT07060 GDANSK C/NO. 1-740		
4	装箱单不能显示信用证号码		

三、根据单据审核,发现提单缮制错误如表 6-19 所示,请写出对应的 SWIFT 信用证栏目代码,以及如何改正。

表 6-19

序号	错误	信用证栏目代号	改正
1	提单的抬头应为 TO ORDER OF SUN BANK, P.O. BOX 201, GDANSK, POLAND		
2	通知人的地址应为 P.O. BOX 205, GDANSK, POLAND		
3	装运港为大连而不是上海		
4	唛头应为 BBB S/C LT07060 GDANSK C/NO. 1-740		
5	商品名称是 LADIES SKIRT, 而不是 LADIES SHIRT		
6	正本提单的份数应为 3 份, 不是 2 份		
7	提单的签发日期应为 2014 年 12 月 20 日, 误写为 2014 年 12 月 10 日		
8	提单应注明净重 5600KGS		

四、根据单据审核,发现保险单缮制错误的如表 6-20 所示,请写出对应的 SWIFT 信用证栏目代码,以及如何改正。

表 6-20

序号	错误	信用证栏目代号	改正
1	发票号码应为 CBA010，误写为 CBA001		
2	被保险人应为：DAHUA IMPORT AND EXPORT CO. 误写为 DAHAU IMPORT AND EXPORT CO.		
3	保险金额小写为 USD67810.00，大写不正确		
4	目的地误写为 GDAND，应为 GDANSK		
5	货物保险项目应是 LADIES SKIRT，而不是 LADIES SHIRT		
6	投保险别应为 F. P. A. OF. PICC，误为 ALL RISKS OF PICC		
7	保单日期应为 2015 年 3 月 30 日或之前，不是 2014 年 3 月 30 日或之前		
8	投保金额为发票金额的 110%，而不是 130%		

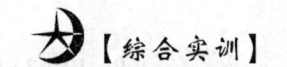

【综合实训】

国际结算中常用单据综合实训

一、基础知识测试

（一）单选题

1. 以下（　　）为物权凭证。
   A. 商业发票　　　　　　　　　　B. 空白指示提单
   C. 保险单　　　　　　　　　　　D. 记名提单

2. 以下除了（　　）之外必须有签发者授权签字或盖章。
   A. 跟单汇票　　　　　　　　　　B. 海运提单
   C. 商业发票　　　　　　　　　　D. 保险单

3. 铁路运单、邮包收据和航空运单共有的特点是（　　）。
   A. 都是记名抬头　　　　　　　　B. 都是物权凭证
   C. 无须承运人签章　　　　　　　D. 都有两份正本

4. 保单显示"投保一切险"，表示其中不包括（　　）承保的范围。
   A. 平安险　　　　　　　　　　　B. 水渍险
   C. 一般附加险　　　　　　　　　D. 特殊附加险

5. 通常开证行可以接受的货运单据是（　　）。
   A. 租船提单　　　　　　　　　　B. 倒签提单
   C. 洁净提单　　　　　　　　　　D. 备运提单

6. 一信用证规定应出运 2500 台工业用缝纫机，总的开证金额为 USD 305 000，每台单价为 USD 120。则出口商最多可发货的数量和索汇金额应为( )。

A. 2 500 台, USD 300 000　　　　B. 2 530 台, USD 303 600

C. 2 540 台, USD 304 800　　　　D. 2 500 台, USD 305 000

7. 一提单对所运货物批注如下: "ONE WOODEN CASE BE STRENGTHENED BY TWO IRON STRIPS"。这份提单是( )。

A. 直达提单　　　　　　　　　　B. 清洁提单

C. 肮脏提单　　　　　　　　　　D. 倒签提单

8. 除非 L/C 特别规定,一般说来,"清洁已装船"运输单据即指( )。

A. 单据上有 on board 批注和承运人签章,但没有对货物及/或包装缺陷情况的描述和批注

B. 既没有 on board 批注和签章,也没有对货物及/或包装缺陷情况的描述和批注

C. 单据上注明 on deck 字样,并由承运人签章

D. 表明货物已收妥备运且外表无破损

9. L/C 的开证金额为 JPY 30 000 000。发票的 CIF 价为 JPY 29 995 000。L/C 规定受益人应按照 110% 的发票金额向保险公司投保,当时汇率为 USD1 = JPY132,则保额为( )。

A. USD 249 960　　　　　　　　B. JPY 33 000 000

C. JPY 32 994 500　　　　　　　D. USD 250 000

10. L/C 规定的最迟装运期为 3/25,货物出运后的 15 天内交单,L/C 有效期为 4/5。受益人取得的提单上 "On Board" 日期为 3/24,则受益人最迟应于( )交单。

A. 4/9　　　　　　　　　　　　B. 3/25

C. 4/20　　　　　　　　　　　　D. 4/5

11. "单单一致"在纵审时,以( )为中心。

A. 保险单　　　　　　　　　　　B. 商业发票

C. 海运提单　　　　　　　　　　D. 装箱单

12. 一份信用证规定有效期为 2014 年 11 月 15 日,装运期为 2014 年 10 月,未规定装运日后交单的特定期限,实际装运货物的日期是 2014 年 10 月 10 日。根据 UCP600 规定,受益人应在( )前向银行交单。

A. 2014 年 11 月 15 日　　　　　B. 2014 年 10 月 31 日

C. 2014 年 10 月 15 日　　　　　D. 2014 年 10 月 25 日

13. 某开证行 2014 年 3 月 1 日(星期一)收到 A 公司交来的单据,根据 UCP600 规定,最迟的审单时间应截止到( )。

A. 2014 年 3 月 5 日　　　　　　B. 2014 年 3 月 6 日

C. 2014 年 3 月 7 日　　　　　　D. 2014 年 3 月 8 日

14. 根据 UCP600 规定,如果信用证规定诸如 "in triplicate"、"in three fold"、"in three copies" 等用语要求提交多份单据,则至少提交( )正本,其余使用副本单据来满足。

A. 一份　　　　　　　　　　　　B. 二份

C. 三份　　　　　　　　　　　　D. 四份

15. 根据 UCP600 规定开证行、保兑行审核票据的最长期限为收到单据翌日起第

（　　）个银行工作日。

　　A. 五　　　　　　　　　　　　B. 七
　　C. 九　　　　　　　　　　　　D. 十

16. 在出口业务中，国外客户往往要出口方提供"GSP 产地证"。在我国该证书的签发机构是（　　）。

　　A. 商会　　　　　　　　　　　B. 行业公会
　　C. 贸促会　　　　　　　　　　D. 出入境检验检疫局

17. ICC（A）的承保风险类似我国的（　　）。

　　A. 平安险　　　　　　　　　　B. 水渍险
　　C. 一切险　　　　　　　　　　D. 附加险

18. 某外贸公司与国外一进口商订立销售合同，我方出售长毛绒玩具 10000 个。合同规定，2014 年 5 月 30 日前开出信用证，6 月 20 日前装船。4 月 28 日买方按期来证，有效期 6 月 30 日。由于卖方按期装船发生困难，故书面向买方申请将装船期延至 7 月 5 日，买方回函表示同意，但未通知开证银行。7 月 3 日货物装船后，卖方 7 月 4 日到银行议付时，遭到拒绝。请问银行是否有权拒绝议付？为什么？（　　）。

　　A. 银行有权拒绝议付，因为开证申请人没有通过开证行修改信用证
　　B. 银行无权拒绝议付，因买卖双方只约定装船期改变，未改变信用证条款
　　C. 银行无权拒绝议付，因为只要买卖双方同意改变装船期，意味着信用证条款即发生改变
　　D. 银行有权拒绝议付，因为开证行还应接受买卖双方的合同约束

19. 提单与保险单背书后可以转让，它们转让的（　　）。

　　A. 均是物权　　　　　　　　　B. 均是权益
　　C. 前者是物权，后者是权益
　　D. 既不是物权也不是权益

20. 海运提单和航空运单（　　）。

　　A. 均为物权凭证
　　B. 均为可转让的物权凭证
　　C. 前者是物权凭证；后者不可转让，不作物权凭证
　　D. 前者不可转让，不作物权凭证；后者是物权凭证

（二）多选题

1. 所谓单证是指进出口业务中使用的各种（　　），如商业发票、提单等，买卖双方凭借这些单证来处理货物的交付、运输、保险、商检和结汇等。

　　A. 单证　　　　　　　　　　　B. 证书
　　C. 检验检疫证书　　　　　　　D. 保险单

2. 托收项下单证也须做到（　　），并密切关注进口国有关法规的规定与变化。

　　A. 单同一致　　　　　　　　　B. 单单一致
　　C. 单证一致　　　　　　　　　D. 单货一致

3. 单证缮制的具体要求是（　　）。

　　A. 正确　　　　　　　　　　　B. 完整

C. 及时 D. 简明和整洁

4. 装运期的规定办法通常有（　　）。
   A. 明确规定具体装运期限 B. 规定在收到信用证后若干天
   C. 规定在某一天装运完毕 D. 笼统规定近期装运

5. 按提单对货物表面状况有无不良批注，可分为（　　）。
   A. 清洁提单 B. 转船提单
   C. 联运提单 D. 不清洁提单

6. 按运输方式分，提单有（　　）。
   A. 直运提单 B. 转船提单
   C. 联运提单 D. 舱面提单

7. 按照提单收货人抬头的不同，提单可分为（　　）。
   A. 已装船提单 B. 指示提单
   C. 记名提单 D. 不记名提单

8. FCA 适用的运输方式是（　　）。
   A. 公路运输 B. 铁路运输
   C. 航空运输 D. 江河及海洋运输
   E. 多式联运

9. 《通则》中 FOB 的变形可分为（　　）。
   A. 班轮条件 B. 船底交接
   C. 平舱费在内 D. 理舱费在内
   E. 吊钩下交货

10. 采用 FCA 条件时，卖方应负的责任是（　　）。
    A. 订立运输契约 B. 按时交货
    C. 办理出口手续 D. 提交交货凭证
    E. 通知买方已装运

11. 下列哪句对开证申请人的表述是不正确的（　　）。
    A. 发现单据与信用证不符，可以拒绝付款
    B. 发现单据与货物不符，不能退回货款
    C. 发现单据与合同不符，可以拒绝付款
    D. 发现单据之间不符，可以依据信用证条款拒绝付款

12. 采用信用证结算方式，银行拒付的理由只能是（　　）。
    A. 单单不符 B. 货物与合同不符
    C. 单证不符 D. 货物与信用证不符

13. 信用证业务中，（　　）承担审查单据的责任。
    A. 开证行 B. 议付行
    C. 保兑行 D. 偿付行

14. 根据 UCP600 规定，银行在审查单据中对（　　）不负责。
    A. 单据真实性的实质审查 B. 单据有效性的实质审查

C. 货物的实际装运　　　　　　　　D. 买卖双方资信及履约情况

15. 如果银行收到信用证没有规定的单据，银行将（　　）。
   A. 把单据退还交单人　　　　　　B. 将单据照转
   C. 对此单据承担责任　　　　　　D. 对此单据不承担责任

16. 因下列（　　）情况开证行有权拒付票款。
   A. 单据内容与信用证条款不符　　B. 实际货物未装运
   C. 单据与货物有出入　　　　　　D. 单据与单据互相之间不符
   E. 单据内容与合同条款不符

17. 相符交单是指受益人所交单据与（　　）相符。
   A. Contract　　　　　　　　　　B. UCP600
   C. ISBP　　　　　　　　　　　　D. L/C

18. 以下关于保险凭证的正确叙述是（　　）。
   A. 保险凭证俗称"小保单"，是一种简化的保险单
   B. 保险凭证既有正面内容，又有背面条款
   C. 保险凭证与保险单具有同等效力
   D. 在实务中，保险凭证可以代替保险单
   E. 保险凭证只在进口业务中使用

19. 用于议付信用证项下结算的汇票可以是（　　）。
   A. 即期汇票　　　　　　　　　　B. 远期汇票
   C. 商业汇票　　　　　　　　　　D. 银行汇票

20. 根据UCP600的规定，如果海运提单表面注明承运人名称，则（　　）。
   A. 签署人需要表明其身份
   B. 签署人不需要表明其身份
   C. 若为代理人签署，还必须表明被代理人身份
   D. 若为代理人签署，无须表明被代理人身份

（三）判断题
1. 不清洁提单是说提单上有污渍。　　　　　　　　　　　　　　　　（　　）
2. 海运提单的签发日期是指货物开始装船的日期。　　　　　　　　　（　　）
3. 海运提单、铁路提单、航空运单都是物权凭证，都可以通过背书转让。（　　）
4. 合同中的装运条款为"9/10月份装运"，我出口公司需将货物于9月、10月两个月内，每月各装一批。（　　）
5. 按照国际惯例，凡是装在同一航次及同一条船上的货物，即使装运时间与装运地点不同，也不作为分批装运论处。（　　）
6. 空白抬头、空白背书的提单是指既不填写收货人又不要背书的提单。（　　）
7. 为了避免货物中途转船延误时间，造成货损货差，在FOB条件下进口时，最好争取在合同中规定"不准转船"条款。（　　）
8. 使用班轮运输货物时，货方不再另行支付装卸费，船货双方也不计算滞期费、速遣费。（　　）

9. 铁路运单、航空运单性质上与海运提单相同，都可作为物权凭证在市场上流通转让。（　　）

10. 我出口公司按照合同的规定于 8 月 1 日发运了货物并取得提单，于 8 月 30 日向银行提交全套合格单据要求付款。按照 UCP600 的规定，只要未超过信用证有效期，银行就有义务付款。（　　）

11. 信用证中注明"invoice in three copies"，受益人向银行交单时，提供了三张副本发票。这样做违反了信用证规定。（　　）

12. 审核提单时应注意海运提单一般为"备运提单"，而多式联运提单属于"已装船"提单。（　　）

13. 信用证要求海运提单，货物运抵 LATTAKIA PORT IN TRANSIT TO MAMASCUS，而提单实际显示：PORT OF DISCHARGE：LATTAKINA，PLACE OF DELEVERY DAMASCUS (SYRIA)，因此，与信用证对海运提单的要求不符。（　　）

14. 提单的收货人栏在填写"To order of shipper"内容情况下，提单应经背书才能转让。（　　）

15. 根据 UCP600 规定，标明"正本"（Original）字样的单据为正本单据，须经出单人签署方为有效，标明"副本"（Copy）或不标明"正本"字样的单据为副本单据，无须签署。（　　）

16. 发票中的数量、单价和金额可以冠以"大约"（About）或类似的文字。（　　）

17. 海运托运单和海运提单都是托运人和承运人运输合同的契约，尽管形式不同，但作用是相同的。（　　）

18. 合同规定装运时间为"2014 年 5/6 月份装运"，则卖方交货时应在 5 月和 6 月每月交一批。（　　）

19. 如果信用证中的 44F 域是一个地理区域，信用证要求的提单的卸货港栏可照抄此区域无须填列具名港口。（　　）

20. 不清洁提单是指承运人在签发提单时，对货物的包装等状况加注不良批注的提单。（　　）

（四）简答题

1. 简述信用证审单方法。
2. 汇票的审核要点有哪些？
3. 什么是出口押汇？简述出口押汇的流程。

二、实训题

审核单据和不符点处理

【项目背景】

假设你是中国银行山西省分行国际业务部职员田杰，在 2014 年 7 月 15 日，收到山西安妮进出口有限公司提交的信用证 LC－990－906789 及其项下全套结汇单据和交单联系单。

1. 信用证（见表 6－21）。

表 6-21

	MT 700	ISSUE OF A DOCUMENTARY CREDIT
	SENDER	BANK OF CHINA, HAMBURG BRANCH
	RECEIVER	BANK OF CHINA, SHANXI BRANCH
27	SEQENCE OF TOTAL:	1/1
40A	FORM OF DOCUMENTARY CREDIT:	IRREVOCABLE
20	DOCUMENTARY CREDIT NO.:	LC-990-906789
31C	DATE OF ISSUE:	140610
31D	EXPIRY DATE AND PLACE:	140805, CHINA
50	APPLICANT BANK:	DARI GMBH & CO. KG
		DOMSTRASSE 99, D-20095 HAMBURG, GERMANY
59	BENEFICIARY:	SHANXI ANNIE IMPORT AND EXPORT CO., LTD.
		No. 1298 CHANGZHI ROAD, TAIYUAN, CHINA
32B	CURRENCY CODE &AMOUNT:	USD307960.00
41D	AVAILABLE WITH…/BY:	ANY BANK IN CHINA
		BY NEGOTIATION
42C	DRAFTS AT:	AT SIGHT
42A	DRAWEE:	BANK OF CHINA, NEW YORK
43P	PARTIAL SHIPMENTS:	PROHIBITED
43T	TRANSSHIPMENT:	PROHIBITED
44A	LOADING/DISPATCH AT/FROM:	HONGKONG, CHINA
44F	PORT OF DISCHARGE	HAMBURG, GERMANY
44C	LATEST DATE OF SHIPMENT:	140715
45A	DESCRIPTION OF GOODS:	

FORGED BRASS BALL VALVES, ARTICLE NO. V10033, FULL PORT, NICKEL PLATED, BSP THREAD,
SIZE QUANTITY UNIT PRICE AMOUNT

1/2"	4320SETS	USD1.08/SET	USD4665.60
3/4"	4000SETS	USD1.51/SET	USD6040.00
1"	2400SETS	USD2.30/SET	USD5520.00
1-1/4"	1296SETS	USD3.70/SET	USD4795.20
1-1/2"	960SETS	USD4.90/SET	USD4704.00
2"	576SETS	USD8.80/SET	USD5068.80

TRADE TERMS: CFR HAMBURG

46A DOCUMENTS REQUIRED:
1. COMMERCIAL INVOICE SIGNED IN TRIPLICATE.
2. PACKING LIST IN TRIPLICATE.
3. GSP CERTIFICATE OF ORIGIN FORM A FROM PEOPLES'S REPUBLIC OF CHINA IN 1 COPY, IN THE SECOND COLUMN OF FORM A, GOODS CONSIGNED TO APPLICANT, THE THIRD PARTY'S FORM A IS ACCEPTABLE.
4. FULL SET (3/3) OF CLEAN ON BOARD' OCEAN BILLS OF LADING MADE OUT TO ORDER BLANK ENDORSED MARKED FREIGHT PREPAID AND NOTIFY APPLICANT.
5. CERTIFICATE'S CERTIFIED COPY OF FAX DISPATCHED TO THE BUYER WITHIN ONE DAY AFTER SHIPMENT ADVISING L/C NO., NAME, QUANTITY AND AMOUNT OF GOODS, NUMBER OF PACKAGES, NAME OF VESSEL

AND VOYAGE NO. , AND DATE OF SHIPMENT.

47A ADDITIONAL CONDITIONS:

1. THE NUMBER AND THE DATE OF THIS CREDIT MUST BE QUOTED ON ALL DOCUMENTS.
2. TELEGRAPHIC REIMBUESEMENT CLAIM PROHIBTED.
3. A DISCREPANCY FEE OF USD60. 00 OR EQUIVALENT SHOULD BE DEDUCTED FROM THE PROCEEDS IF DOCUMENTS ARE PRESENTED WITH DISCREPANCY/IES.
4. BENEFICIARY'S CERTIFICATE IS REQUIRIED STATING THAT ORIGINAL GSP CERTIFICATE OF ORIGIN FORM A HAS BEEN SENT TO THE APPLICANT BY SPEED POST.

71B CHARGES   ALL CHARGES AND COMMISSIONS OUTSIDE ISSUING BANK ARE FOR ACCOUNT OF BENEFICIARY.

49 CONFIRMATION INSTRUCTION: WITHOUT

78 INSTR TO PAY/ACCEP/NEG:

ALL DOCUMENTS ARE TO BE REMITTED IN ONE LOT BY COURIER TO BANK OF CHINA HAMBURG BRANCH, TRADE SERVICES, RATHAUSMARKT 5, 20095 HAMBURG, GERMANY.

2. 商业发票（见表6-22）。

表6-22

SHANXI ANNIE IMPORT AND EXPORT CO. , LTD. NO. 1298 CHANGZHI ROAD, TAIYUAN, CHINA TEL: 0086 - 351 - 89991357 FAX: 0086 - 351 - 89991358 COMMERCIAL INVOICE						
To:	DARI GMBH & CO. KG DOMSTRASSE 99, D - 20095 HAMBURG, GERMANY			Invoice No. :	AN2014069	
^	^			Invoice Date:	JUNE 28, 2014	
^	^			S/C No. :	AN1300157	
^	^			S/C Date:	MAY 31, 2014	
From:	XINGANG, CHINA		To:	HAMBURG, GERMANY		
L/C No. :	LC - 990 - 903456		Issued By:	BANK OFCHINA, HAMBURG BRANCH		
Date of Issue:	JUNE 10, 2014		^	^		
Marks and Numbers	Number and kind of package Description of goods		Quantity	Unit Price		Amount

续表

DARI AN1400157 HAMBURG CARTON NO: 1-219	FORGED BRASS BALL VALVES, FULL PORT, NICKEL PLATED, BSP THREAD SIZE 1/2" 3/4" 1" 1-1/4" 1-1/2" 2" TOTALLY THREE HUNDRED SEVENTY TWO CARTONS ONLY.	4320SETS 4000SETS 2400SETS 1296SETS 960SETS 576SETS	CFR HAMBURG, GERMANY	
			USD1.08/SET USD1.51/SET USD2.30/SET USD3.70/SET USD4.90/SET USD8.80/SET	USD4665.60 USD6040.00 USD5520.00 USD4795.20 USD4704.00 USD5068.80
	TOTAL:	13552SETS		USD30793.60
SAY TOTAL:	U.S. DOLLARS THIRTY THOUSAND SEVEN HUNDRED AND NINETY THREE ONLY.			
	SHANXI ANNIE IMPORT AND EXPORT CO., LTD. 赵光明			

3. 装箱单（见表6-23）。

表6-23

SHANXI ANNIE IMPORT AND EXPORT CO., LTD. NO.1298 CHANGZHI ROAD, TAIYUAN, CHINA TEL: 0086-351-89991357 FAX: 0086-351-89991358			
PACKING LIST			
To:	DARI GMBH & CO. KG DOMSTRASSE 99, D-20095 HAMBURG, GERMANY	Invoice No.:	AN2014069
		Invoice Date:	JUNE 28, 2014
		S/C No.:	AN1300157
		S/C Date:	MAY 31, 2014
From:	XINGANG, CHINA	To:	HAMBURG, GERMANY
L/C No.:	LC-990-903456	Marks and Numbers	DARI AN1400157 HAMBURG CARTON No.: 1-219
Date of Issue:	JUNE 10, 2014		
Issued By:	BANK OFCHINA, HAMBURG BRANCH		
Description of goods:	FORGED BRASS BALL VALVES, ARTICLE NO. V10033, FULL PORT, NICKEL PLATED, BSP THREAD		

续表

SIZE	Quantity	Qty/Ctn	Package	G. W/Ctn	N. W/Ctn	Ctn/Pallet	G. W/Pallet	N. W/Pallet	Meas.
1/2"	4320SETS	160SETS	27CTNS	26.60KGS	25.60KGS	27CTNS	728.20KGS	718.20KGS	0.968M^3
3/4"	4000SETS	100SETS	40CTNS	24.00KGS	23.00KGS	40CTNS	970.00KGS	960.00KGS	0.968M^3
1"	2400SETS	60SETS	40CTNS	22.00KGS	21.00KGS	40CTNS	890.00KGS	880.00KGS	0.968M^3
1-1/4"	1296SETS	36SETS	36CTNS	20.50KGS	19.50KKS	36CTNS	748.00KGS	738.00KGS	0.968M^3
1-1/2"	960SETS	24SETS	40CTNS	18.50KGS	17.50KGS	40CTNS	750.00KGS	740.00KGS	0.968M^3
2"	576SETS	16SETS	36CTNS	21.50KGS	20.50KGS	36CTNS	784.00KGS	774.00KGS	0.968M^3
TOTAL	13552SETS		219CTNS				4870.20KGS	4810.20KGS	5.808M^3
SAY TOTAL:	TWO HUNDRED AND NINETEEN CARTONS ONLY.								
PALLETS DIMENSION: 110CM × 80CM × 110CM TOTALLY SIX PALLETS.									

4. 海运提单（见表6-24）。

表6-24

1. Shipper SHANXI ANNIE IMPORT AND EXPORT CO., LTD. NO. 1298CHANGZHI ROAD, TAIYUAN, CHINA		B/L No. NGBFXT001568 中海集装箱运输（香港）有限公司 CHINA SHIPPING CONTAINER LINES（HONGKONG） Cable: CSHKAC Telex: 87986 CSHKAHX Port-to-Port or Combined Transport BILL OF LADING
2. Consignee TO ORDER		RECEIVED in external apparent good order and condition, except otherwise noted. The total number of containers or other packages or units shown in the Bill of Lading receipt, is said by the shipper to contain the goods described above, which description the carrier has no reasonable means of checking and is not part of the Bill of Lading. One original Bill of Lading should be surrendered, except clause 22 paragragh 5, in exchange for delivery of the shipment. Signed by the consigned or duly endorsed by the holder in due course. Whereupon the other original (s) issued shall be void. In accepting this Bill of Lading, the Merchants agree to be bound by all the terms on the face and back hereof as if each had personally signed this Bill of Lading. ORIGINAL
3. Notify Party (carrier not to be responsible for failure to notify) DARI GMBH & CO. KG DOMSTRASSE 99, D-20095HAMBURG, GERMANY TEL: 0049-40-3410239 FAX: 0049-40-3410236		
4. Pre-carriage by	5. Place of Receipt	
6. Ocean Vessel Voy. No. XIN YA ZHOU V. 0023W	7. Port of Loading XINGANG	
8. Port of Discharge HAMBURG, GERMANY	9. Place of Delivery	10. Final Destination (of the goods - not the ship)
11. Marks & Nos. Container Seal No.	12. No. of Containers or Packages	13. Description of Goods	14. Gross Weight	15. Measurement

续表

DARI AN1400157 HAMBURG CARTON NO.：1－219	6 PALLETS FREIGHT COLLECT	FORGED BRASS BALL VALVES ON BOARD JULY 10, 2014 CHINA SHIPPING CONTAINER LINES（HONGKONG） 牛 力	4810.20KGS	5.808CBM
16. Description of Contents for Shipper's Use Only（CARRIER NOT RESPONSIBLE）					
17. Total Number of containers and/or packages（in words）：SIX PALLETS ONLY.					
18. Freight & Charges	19. Revenue Tons	20. Rate	21. Per	22. Prepaid	23. Collect
24. Ex. Rate：	25. Prepaid at XINGANG	26. Payable at		27. Place and date of issue XINGANG JULY10, 2014	
	28. Total Prepaid	29. No. of Original B（s）/LTHREE（3）		Signed for the Carrier CHINA SHIPPING CONTAINER LINES（HONGKONG） 牛 力	

注：背面空白。

5. 普惠制原产地证（见表6－25）。

表6－25   ORIGINAL

1. Goods consigned from（Exporter's business name, address, country） SHANXI ANNIE IMPORT AND EXPORT CO., LTD. NO. 1298 CHANGZHI ROAD, TAIYUAN, CHINA				Reference GENERALIZED SYSTEM OF PREFERENCES CERTIFICATE OF ORIGIN FORM A （Combined declaration and certificate）	
2. Goods consigned to（Consignee's name, address, country） TO ORDER				Issued in <u>THE PEOPLE'S REPUBLIC OF CHINA</u> （country） See Notes overleaf	
3. Means of transport and route（as far as known） SHIPPED FROM XINGANG, CHINA TO HAMBURG, GERMANY BY SEA.				4. For official use	
5. Item no.	6. Marks and no. of packages	7. Number and kind of packages; description of goods	8. Origin criterion （see Notes overleaf）	9. Gross weight or other quantity	10. Number and date of invoices

1	DARI AN1400157 HAMBURG CARTON NO.：1－219	TWO HUNDRED AND NINETEEN (219) CARTONS OF FORGED BRASS BALL VALVES. L/C NO.：LC－990－903456 DATE：JUNE 10, 2014	P	4870.20KGS/ 13552SETS	AN2014069 JUNE 28, 2014
11. Certification It is hereby certified, on the basis of control carried out, that the declaration by the exporter is correct. （山西省出入境检验检疫局盖章） TAIYUAN, JULY 2, 2014 Place and date, signature and stamp of certifying authority			12. Declaration by the exporter The undersigned hereby declares that the above details and statements are correct, that all the goods were produced in _____CHINA_____ 　　　　　　　　(country) and that they comply with the origin requirements specified for those goods in the Generalized System of Preferences for goods exported _____GERMANY_____ SHANXI ANNIE IMPORT AND EXPORT CO., LTD. 赵光明 TAIYUAN, JULY 2, 2014 Place and date, signature and stamp of authorized signatory		

6．装运通知（见表6－26）。

表6－26

SHANXI ANNIE IMPORT AND EXPORT CO., LTD. NO. 1298 CHANGZHI ROAD, TAIYUAN, CHINA TEL：0086－351－89991357　　　FAX：0086－351－89991358			
SHIPPING ADVICE			
TO：	DARI GMBH & CO. KG DOMSTRASSE 99, D－20095 HAMBURG, GERMANY	ISSUE DATE：	JULY 11, 2014
		S/C. NO.：	AN1300157
		L/C NO.：	LC－990－903456
		L/C DATE：	JUNE 10, 2014
Dear Sir or Madam： We are glad to advice you that the following mentioned goods has been shipped out, full details were shown as follows：			
Invoice Number：	AN2014069		
Bill of loading Number：	NGBFXT001568		

续表

Ocean Vessel:	XIN YA ZHOU, V. 0023W
Port of Loading:	XINGANG
Date of shipment:	JULY 10, 2014
Port of Destination:	HAMBURG, GERMANY
Estimated date of arrival:	AUGUST5, 2014
Containers/Seals Number:	
Description of goods:	FORGED BRASS BALL VALVES
Shipping Marks:	DARI AN1300157 HAMBURG CARTON NO: 1-219
Quantity:	13552SETS
Gross Weight:	4870.20KGS
Net Weight:	4591.20KGS
Total Value:	USD30793.60

Thank you for your patronage. We look forward to the pleasure of receiving your valuable repeat orders.
Sincerely yours,

SHANXI ANNIE IMPORT AND EXPORT CO., LTD.
赵先明

7. 受益人证明（见表6-27）。

表6-27

SHANXI ANNIE IMPORT AND EXPORT CO., LTD.			
NO.1298 CHANGZHI ROAD, TAIYUAN, CHINA			
TEL: 0086-351-89991357　　FAX: 0086-351-89991358			
BENEFICIARY'S CERTIFICATE			
To:	WHOM IT MAY CONERN.	Invoice No.:	AN2014069
		Date:	JULY 11, 2014
WE HEREBY CERTIFY THAT ORIGINAL GSP CERTIFICATE OF ORIGIN FORM A HAS BEEN SENT TO THE APPLICANT BY SPEED POST. L/C NO.: LC-990-903456 L/C DATE: JUNE 10, 2014			

8. 汇票（见表6-28）。

表 6-28

BILL OF EXCHANGE			
凭 Drawn Under	BANK OF CHINA, HAMBURG BRANCH	不可撤销信用证 Irrevocable L/C No.	LC-990-903456
日期 Date	JUNE 10, 2014	支取 Payable With interest	@ %按 息 付款
号码 No.	AN2014069	汇票金额 Exchange for USD30793.60	杭州 TAIYUAN JULY 15, 2014
见票 at	* * *	日后（本汇票之副本未付）付交 sight of this FIRST of Exchange (Second of Exchange Being Unpaid)	
Pay to the order of		BANK OFCHINA, SHANXI BRANCH	
金额 the sum of		U.S. DOLLARS THIRTY THOUSAND SEVEN HUNDRED AND NINETY THREE ONLY.	
此致 To	BANK OFCHINA, HAMBURG BRANCH	SHANXI ANNIE IMPORT AND EXPORT CO., LTD. 赵光明	

9. 交单联系单（见表 6-29）。

步骤 1：审核结汇单据

根据信用证 LC-990-903456、UCP600 和 ISBP745，审核山西安妮进出口有限公司提交的全套结汇单据，列出不符点。

步骤 2：处理不符点

对审出的单据不符点作出妥善处理。

表 6-29

中国银行山西省分行
客户交单联系单

致：中国银行山西省分行

兹随附下列信用证项下出口单据一套，请按国际商会第 600 号出版物《跟单信用证统一惯例》办理寄单索汇。

开证行：BANK OF CHINA, HAMBURG BRANGCH　　信用证号：LC-990-903456
通知行：BANK OF CHINA, SHANXI BRANGCH　　通知行编号：AD9100530S427
最迟装期：140715　　效期：130805　　交单期限：21 天
汇票付款期限：AT SIGHT　　汇票金额：USD30793.60
发票编号：AN2014069　　发票金额：USD30793.60

单据	汇票	发票	海关发票	海运提单正本	海运提单副本	航空运单	货物收据	保险单	装箱单/重量单	数量/质量/重量证	产地证	GSP FORM A	检验/分析证	受益人证明	船公司证明	电抄	装运通知
名称																	
份数	2	3		3	1				3			1					1

委办事项：打（"×"）者

☒ 附信用证及修改书共 2 页。
□ 单据与信用证中有下列不符点：
□ 请向开证行寄单，待开证行同意后再寄单。
□ 寄单方式：☒特快专递 □航空挂号
核销单编号：33866788989

公司联系人：　　　　　　　联系电话：　　　　　　公司签章：

银行费用	银行接单日期：	寄单日期：
	汇票/发票金额：	BP No.：
	通知/保兑：	银行经办：
	议/承/付费：	
	修改费：	
	邮　费：	银行复核：
	电　传：	
	小　计：	
	费用由　　承担	

退单记录：

第一联　交寄行（一）

项目七 Project 7
银行保函和备用信用证

【知识目标】
- ◇ 掌握银行保函和备用信用证的含义和特点,熟练掌握其主要内容。
- ◇ 准确把握银行保函和备用信用证当事人的权利和义务。
- ◇ 掌握银行保函和备用信用证的种类。
- ◇ 理解和掌握银行保函和备用信用证结算的风险及防范措施。
- ◇ 了解关于银行保函和备用信用证结算业务的国际惯例。

【能力目标】
- ◇ 熟练掌握银行保函和备用信用证结算的业务流程。
- ◇ 能够熟练处理银行保函和备用信用证结算下的各方业务。
- ◇ 能够根据国际贸易的实际需要恰当选择不同种类的银行保函和备用信用证。

任务一 银行保函概述

【教师任务】
- ◇ 指导学生上网查找有关银行保函结算方式的国际惯例。
- ◇ 提示学生完成作业所需要关注的主要知识点,如概括说明银行保函包括哪几方面内容。
- ◇ 对学生作业完成情况进行点评。

【学生任务】

◇ 课后阅读有关银行保函结算方式的国际惯例,从中详细把握银行保函结算的特点、当事人的权利义务关系及业务处理原则等内容。

◇ 掌握信用证的关键术语,读懂银行保函样本,并以书面形式说明银行保函的内容,作为作业提交给教师。

教学活动1　银行保函的定义、作用和当事人

【活动设计】

通过案例导入,引导学生进入银行保函的学习;进一步讲解银行保函的定义、作用和当事人。

【案例导入】

2014年3月4日,大唐贸易有限公司外贸业务员李大伟携进出口合同来银行,申请办理履约保函。

分析思考:什么是履约保函?

【基础知识】

一、银行保函的定义

银行保函(Letter of Guarantee,L/G)又称银行保证书,是银行根据申请人申请,以书面形式向受益人开出的,以银行信用担保申请人会正常履行合同义务的书面证明。若申请人不能履约,受益人凭提交与承诺条件相符的书面索款通知和其他类似单据即获得承诺的付款。在国际贸易活动,交易双方可能互不信任,需要银行出面进行担保,并以此获得佣金。实质上,其是以银行信用代替商业信用。

银行保函的作用体现在:①保证基础合同的履行;②发生合同违约时,对受害方给予补偿,对违约责任方给予惩罚。

银行保函具有独立性、条件性、不可撤销性等特点。独立性是指,银行保函是独立于委托人与受益人之间的基础合同,独立于委托人与担保人之间的契约关系。条件性是指,银行保函是依据其规定的条件生效的,赔偿与否由担保人以保函中规定的任何单据为基础做出决定;不可撤销性是指,银行保函一经签订,是不可撤销的。

二、银行保函的当事人

(一)申请人(Applicant)

申请人或称委托人(Principal)即向银行或保险公司申请开立保函的人。委托人的权责包括:①支付保函项下的利息与义务;②预支全部或部分押金(如果担保行有此要

求);③担保行付款后,必须立即偿还其垫款。

(二) 担保行 (Guarantor)

担保人即担保行,是指开立保函的银行。

担保行的权责包括:①开立保函时,有权决定是否要求申请人预缴押金;②付款后,有权要求申请人偿还其垫款;③若申请人不能立即偿还垫款,则有权处理押金、抵押品等;④若押金,抵押品等不足以抵偿垫款,有权向申请人追索不足部分;⑤有义务按照既定的承诺条件对受益人支付款项。

(三) 受益人 (Beneficiary)

受益人即有权按保函的规定出具索款通知或连同其他单据,向担保人索取款项的人。

(四) 通知行 (Advising Bank)

通知行也称转递行,是接受担保人委托办理保函的通知和传递手续的银行。通知行有责任核对担保人密押和签字,证实保函的真实性,并严格按照担保人的要求和指示及时、准确将保函通知给受益人。但通知行对保函内容的正确与否以及邮递过程中可能发生的延误和损失均不负责任,如不能通知需及时告知担保人。通知行不承担付款责任。通知行会向担保人、受益人或申请人收取一定的费用。

(五) 保兑行 (Confirming Bank)

保兑行是根据开证银行的请求在信用证上加具保兑的银行。保兑银行在信用证上加具保兑后,即对信用证独立负责,承担必须付款或议付的责任。保兑行可以通知银行兼任,也可以由其他银行加具保兑。

(六) 反担保人 (Counter Guarantor)

在国际经济交易中,委托人和受益人往往属于不同的国家和地区,由于受益人所在地的法律的限制和其他原因,受益人只接受本国银行所开立的保函,这样,委托人为了达成交易不得不申请当地的银行转托受益人所在国的银行开出保函,受益人所在国的银行为担保人,接受委托人的请求向受益人所在国的银行发出开立保函的委托请示,同时保证在担保遭到索赔时,立即给予偿付的银行,叫做反担保人。

反担保人与受益人不发生直接的联系,也不受理受益人提出的任何索赔要求,只是向担保人负责,凭担保人的要求予以赔偿,对委托人有追偿的权利。

(七) 交单人

交单人指作为受益人或代表受益人进行交单的人,或在适用情况下,作为申请人或代表申请人进行交单的人。交单人的目的是使受益人因提交证据,获得对方违约赔偿。

交单人的职责是交单,根据保函向担保人提交相关单据。还包括索赔目的之外的交单,例如,为了保函效期或金额变动的交单。

教学活动 2 银行保函的基本内容

【活动设计】

通过案例导入银行保函,引导学生阅读,掌握银行保函的开立形式和主要内容。

【案例导入】

接上例，2014年3月5日，国内银行与申请人 DT TRADING COMPANY LTD. 签订如下履约保函（见表7-1）：

表7-1　　　　　　　　　　　履约银行保函格式

Form of performance Bond

To：LANDO COMPANY LTD. （Beneficiary）　　　　Date：20140305

Dear sirs，

　　This Bond is hereby issued as the performance bond of DT TRADING COMPANY LTD., Room 207 Yamao Mansion, No. 111 Zhongshan Road　Shenyang, P. R. China. TEL：+86-24-65342517　（Applicant）（hereinafter called the supplier）for supply of KNITTED BLOUSE（the name of the goods）under the contract No. DT20150301-US to LANDO COMPANY LTD., No. 123 Wooden Avenue, New York, U. S. A. Tel：+1-212-6532144　（the name of the beneficiary）.

　　The DALIAN BANK（the name of the guarantor）hereby irrevocably guarantees itself, its successors and assigns to pay you up to the amount of USD 340 000（the amount of the guaranteed value）representing 100% percent of the contract price and accordingly covenants and agrees as follows：

a. On the supplier's failure of faithful performance of the contract（hereinafter called the failure of performance）, we shall immediately, on your demand in a written notification stating the effect of the failure of performance by the supplier, pay you such amount or amounts as required by you not exceeding 100%（the guaranteed amount）in the manner specified in the said statement.

b. The covenants herein contained constitute irrevocable and direct obligations of the guarantor, no alternation in the terms of the contract to be performed thereunder and no allowance of time by you or any other act or omission by you, which but for this provision might exonerate or discharge the bank shall in any way release the guarantor from any liability hereunder.

c. This performance bond shall become effective from issuing date and shall remain valid until 20140605（the date of expiry）. Upon expiry, please return this bond to us for cancellation.

For　CITIBANK INTERNATIONAL, LOS ANGELES, U. S. A. Bank

分析思考：银行保函应包含哪些内容？

【基础知识】

银行保函虽然种类繁多、用途不一，但是目前各国银行开出的保函已经形成了一个较为统一、完整的格式，其基本要素是相同的，所包含的主要内容如下：

一、当事人的名称和详细地址

银行保函应该写明当事人，包括委托人或申请人（Applicant）、受益人（Beneficiary）、担保人（Guarantor）和通知人（Adviser）的完整的名称和详细的地址。其中，担保行的地址、受益人交单地点、保函到期地点通常一致。另外受益人的名称和地点不得有误，否则会影响通知行和转开行的及时通知。明确当事人的名称和地址，不仅可以保证保函的完整性，还可以明确各当事人的权利和义务，这在处理纠纷时非常重要。

二、保函的种类

标明保函所属类型，如履约保函、付款保函等。不同种类的保函有特定的责任与义务。

三、需要开立保函的背景交易

保函是因为交易双方需要信用担保才开立的,因此背景交易是开立保函的基础。保函中的背景交易通常以交易合同、协议和标书体现。交易合同包含担保的标的,因此需注明交易合同的内容、合同编号、开立日期、交易双方、有无修改等。

四、保函金额

保函金额指担保责任的最高限度,即应付最高金额及币种,也是受益人索偿的最高金额,可以用具体数字表示,也可以用合同金额的百分比表示。

五、保函的编号、开立日期、生效日期、失效日期及/或失效事件

1. 为了便于管理和查询,银行通常对保函进行编号。
2. 注明保函的开立日期有利于确定担保行的责任。
3. 保函的生效期包括生效日期和失效日期。不同保函的生效日期不同,如投标保函一般在保函开立日开始生效;但是预付款保函则在申请人收到款项后开始生效,以避免申请人在收到预付款之前被无理索赔的风险。保函的失效日期指担保人收到受益人索偿文件的最后期限。原则上应当规定一个明确的时间,期限一到,担保人应立刻要求受益人将保函退还注销。这是因为一些国家保函不能失效,收回保函可以避免一些不必要的纠纷。

六、明确各当事人的权利和义务

如担保行对保函"所涉及的基础合同纠纷不负任何责任。"

七、索赔条件

索赔条件是判断是否违约和凭以索偿的证明。判断的方法有:根据担保行的调查是否付款的依据;凭申请人的违约证明;凭受益人提交的符合保函条款规定的单据或证明文件付款。现在采用的较多的方法是最后一种。

八、其他条款

其他条款包括转让、修改、撤销、保兑和仲裁等内容,以及保函金额递减的任何规定。

【课堂实训】

列出并指明以上履约保函的主要内容。

教学活动 3　　银行保函的 MT760 和关键术语

【活动设计】

通过案例导入，讲解 MT760 并引导学生了解 MT760 报文基本内容，掌握关键术语，并学会编制银行保函。

【案例导入】

接前案例，国内银行（担保行）在审核保函申请书无误后，向通知行发送 MT760 电文，通知保函的开立及其内容。

分析：什么是 MT760 电文？电文的作用是什么？主要内容是什么？应如何填写 MT760 电文？

【基础知识】

一、MT760 及关键术语

现在银行间传递的银行保函，几乎都使用 SWIFT 系统处理和传递信息，受益人收到的保函大多是 MT760 银行保函的格式。

MT760 格式银行保函关键术语如表 7-2 所示。

表 7-2　　　　　　　　　　MT760 格式银行保函关键术语

M/O	Tag 项目编号	Field Name 项目名称	解　释
M	27	Sequence of Total	页序
M	20	Transaction Reference Number	发报行的编号。如果报文系开出保函，该项目则列明保函号码；如果报文系要求开立保函，该项目则列明该要求（即：该反担保）的编号
M	23	Further Identification	报文性质。该项目内容为以下某一代码，表示报文性质：ISSUE 表示报文系开出保函；REQUEST 表示报文系要求开立保函
O	30	Date	日期。如果报文系开出保函，该项目则列明保函开立日期；如果报文系要求开立保函，该项目则列明该要求日期；如果报文未用此项目，那么开立保函的日期或要求开立保函的日期即为报文发送日期
M	77C	Details of Guarantee	保函详细内容
O	72	Sender to Receiver Information	附言。可能出现的代码：/TELEBEN/表示请用快捷的有效电讯方式通知收款行，/PHONBEN/表示请用电话通知收款行（后跟电话号码），/BENCON/表示要求收报行答复该保函条款是否被受益人接受

注：M 为报文中必选项，O 为报文中可选项。

二、MT760 银行保函样本举例

担保行根据银行保函申请人提交的"开立保函申请书",制作 MT760 报文,审核无误后,寄通知行(见表 7-3);通知行再通知受益人保函的开立情况。

表 7-3   MT760 银行保函报文示例

MT 760		ISSUE OF A nontransferable Bank Guarantee
27	SEQUENCE OF TOTAL:	1/1
20	TRANSACTION REFERENCE NUMBER	WLQ-ZY123
23	FURTHER IDENTIFICATION	ISSUE
30	DATE:	140305
40C	APPLICABLE RULES	URDG758
77C	DETAILS OF GUARANTEE	

TO: LANDO COMPANY LTD. (HEREAFTER CALLED "THE BENEFICIARY"), NO. 123 WOODEN AVENUE, New York, U.S.A. Tel: +1-212-6532144. (即:受益人的名称和住址)

THIS PERFORMANCE GUARANTEE IS PROVIDED AS PER THE CONTRACT NO. DT20150301-US DATED ON MAY. 12. 2015, FOR SUPPLY OF 30 CARTONS OF KNITTED BLOUSE. BETWEEN DT TRADING COMPANY LTD, Room 207 Yamao Mansion, No. 111 Zhongshan Road, Shenyang, P. R. CHINA. (HEREINAFTER CALLED "THE APPLICANT") AND THE BENEFICIARY. (即:保函的类型和基础合同的号码、签约时间,以及交易双方)

WE THE AGRICULTURAL BANK OF CHINA, SHANXI BRANCH HEREBY IRREVOCABLY GUARANTEES TO PAY UP TO THE AMOUNT OF THE GUARANTEED VALUE USD340000.00 (INWORDS: USD THREE HUNDRED AND FORTY THOUSAND ONLY) SPECIFIED IN THE BENEFICIARY'S DEMAND, WITHIN 5 (FIVE) BANKING DAYS AFTER RECEIPT OF THE BENEFICIARY'S FIRST WRITTEN DEMAND FOR PAYMENT AND THE WRITTEN STATEMENT ENDLOSED DOCUMENTS. (即:担保人承诺,在收到受益人的赔偿要求和相关单据后,支付的最高金额)

THE DEMAND STATING THAT THE APPLICANT HAS FAILED OF PERFORMANCE IN ACCORDANCE WITH THE CONTRACT WITHIN 60 (SIXTY) DAYS AFTER RECEIVING THE PAYMENT OF GOODS. (即:索偿要求的内容,也是银行保函担保责任)

THE WRITTEN STATEMENT ENCLOSED DOCUMENT INCLUDE:
(CERTIFIED BY THE BENEFICIARY) COPY OF PAYMENT ADVISE BY THE BENEFICIARY'S BANK AND SIGNATURE BY THE BENEFICIARY'S BANK, THE BENEFICIARY AS THE PAYER, THE APPLICANT AS THE PAYEE, NUMBER OF THE CONTRACT, (即:相关证明单据或复印件、单据内容、签字、交易合同号等)……

THEBENEFICIARY'S DEMAND AND WRITING STATEMANT SHALL BE PRESENTED TO THE AGRICULTURAL BANK OF CHINA, LIAONING BRANCH, INTERNATIONAL DEPT., NO. 34 ZHONGSHAN ROAD SHENYANG 110073, P. R. CHINA BEFOR OR ON THE DATE OF EXPIRY OF THE PAIMENT GUARANTEE. (即:索偿要求在到期前要送交的担保人名称和地址)

THIS PERFORMANCE GUARANTEE IS NOT TRANSFERABLE. (即:不可转让)

续表

72	THIS PERFORMANCE GUARANTEE SHALL BECOME EFFECTIVE FROM ISSUING DATE AND SHALL REMAIN VALID UNTIL JUL. 6, 2014,（即：保函生效日到到期日） ALL APPLICANT'S BANK CHARGES AND COMMISSIONS ARE FOR APPLICANT'S ACCOUNT, ALL OTHER CHARGES AND COMMISSIONS ARE FOR BENEFICIARY'S ACCOUNT,（即：费用由谁承担） THIS PERFORMANCE GUARANTEE IS COVERED BY THE UNIFORM RULES FPR DEMAND GUARANTEES (2010 EDITION, ICC PUBLICATION NO. 758)（即：遵循的国际惯例及其名称）
72	SENDER TO RECEIVER INFORMATION　　TELEBEN

【单元实训】

分析解读银行保函

【实训设计】

将学生分成若干组，以小组为单位合作完成信用证解读任务；将本次任务结果作为技能成绩加以记录。

【实训流程】

步骤一：给出材料

根据本项目给出的履约保函英文格式和 MT760 银行保函样本举例，分析填写下表。

步骤二：独立解读

由学生独立解读，填写事先分发给学生的"银行保函分析表"（见表 7-4）。

表 7-4　　　　　　　　　　银行保函分析表

	履约保函	MT760 银行保函
银行保函类别：		
银行保函编号：		
开立日期：		
银行保函的到期日及到期地点：		
担保人：		
申请人：		
受益人：		
赔偿的币种与金额：		
保证金额允许浮动的范围：		
赔偿条件：		

续表

	履约保函	MT760 银行保函
货物描述：		
单据种类及要求：		
有无不可接受的软条款：		
交单期限：		
有无保兑：		
偿付行：		
通知行：		

步骤三：分析解答

随机抽取三名学生解读结果，结合信用证详细分析，并解答学生提出的问题。

步骤四：实训总结

1. 综合总结实训涉及的知识。
2. 总结实训的参与度与学生表现情况。

任务二　银行保函的业务流程

【教师任务】

◇ 引导帮助学生掌握银行保函的三种处理流程，以及修改、索赔和注销；
◇ 分析解释银行保函的类型和与跟单信用证的异同；
◇ 指导学生完成实训、作业，并进行分析点评。

【学生任务】

◇ 掌握银行保函的三种处理流程，以及修改、索赔和注销；
◇ 理解银行保函的类型和与跟单信用证的异同；
◇ 完成实训任务和相关作业。

教学活动1　银行保函的开立

【活动设计】

通过对案例导入的讲解分析引导学生了解银行保函的开立流程。

【案例导入】

大唐贸易有限公司外贸业务员李大伟在银行职员的指导下填写"开立保函申请书",并在其开户行中国农业银行某分行国际业务部办理保函开立手续。

分析思考:银行保函的开立流程是什么?

【基础知识】

一、银行保函业务的三种处理流程

银行保函业务根据申请人要求的不同,分为三种处理流程:直接三方结构、间接三方结构和间接四方结构。

(一)直接开给受益人(直接三方结构)的银行保函业务处理程序

通常情况下,在这个直接三方结构中,担保人是委托人的往来银行,其营业地与委托人在同一国家,而受益人营业地则在国外。直接(三方)保函结构包括三个不同的合同:委托人与受益人之间订立的基础合同(Underlying Contract);委托人与担保人之间订立的赔偿担保合同(Counter Indemnity Contract)或偿付合同(Reimbursement Contract);担保人与受益人之间的保函(合同)(Guarantee)。银行保函直接三方结构的业务程序如图7-1所示。

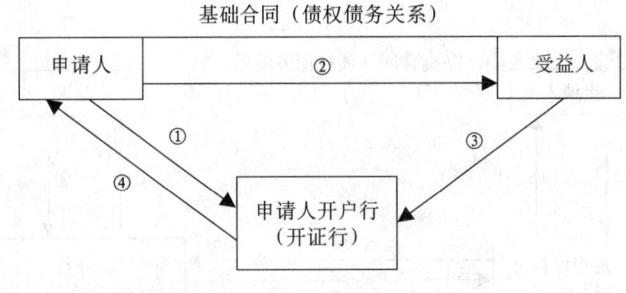

图7-1 直接三方结构处理流程图

注:
①申请人申请、担保行审查及开具保函。
②保函申请人将保函正本直接寄交或带交受益人。
③受益人凭保函和符合保函规定的索赔文件提出索赔,并获得赔偿。
④担保行对申请人或反担保人追索获得补偿后将保函注销。

(二)通过通知行或转递行通知(间接三方结构)的银行保函业务处理程序

银行保函的间接三方结构与直接三方结构的唯一不同是:保函不是由申请人自己传递或通知受益人,而是增加了向受益人传递或通知银行保函的转递行或通知行。银行保函间接三方结构的业务程序如图7-2所示。

(三)通过转开行转开(间接四方保函结构)的银行保函业务处理程序

间接(四方)保函结构。在受益人要求保函由其本国银行出具,而委托人与这家银

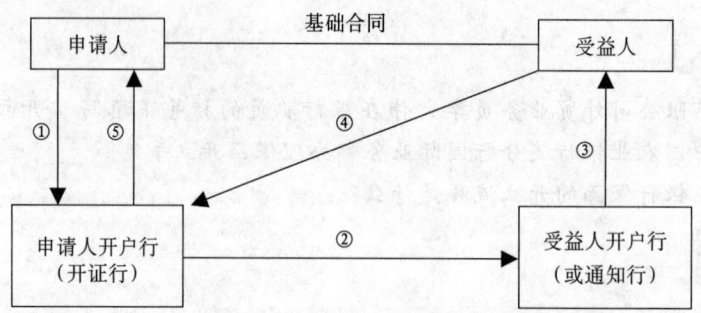

图 7-2 间接三方结构处理流程图

注：
①申请人申请以及担保行（开证行）审查及开具保函；
②担保行将银行保函邮寄或电传给转递行（或通知行）；
③转递行（或通知行）将银行保函正本传递给受益人；
④受益人凭保函和规定的文件索赔并获得赔偿；
⑤担保行对申请人追索已赔偿款，然后注销保函。

行并无往来的情况下，委托人只能请自己的开户银行安排受益人所在地的银行出具保函。委托人与其往来银行订立了赔偿担保合同或偿付合同以后，由其往来银行（即指示行，Instructing Party）向受益人所在地银行（即担保人，Guarantor）发出反担保函（Counter-Guarantee），要求担保行凭反担保函开立保函给受益人。银行保函间接四方结构业务程序如图 7-3 所示。

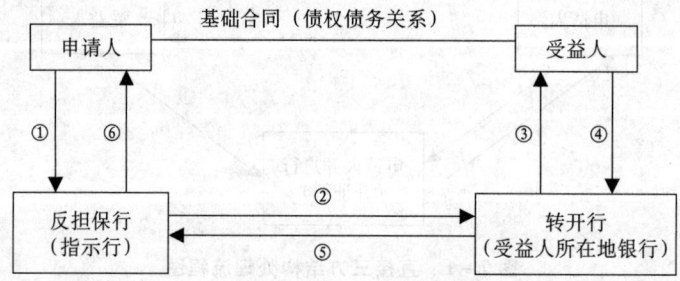

图 7-3 间接四方结构（转开）处理流程图

注：
①申请人到反担保行申请开立保函。反担保行审查资料，符合规定条件后开出以反担保行为受益人的反担保函，确立了申请人与反担保行之间的担保合同关系。
反担保函应包括以下内容：银行保函的主要内容；担保金额；反担保人的责任、义务；反担保人的违约责任；反担保函与担保合同、保函的关系；偿付方式。
②反担保行将反担保银行保函邮寄或电传给受益人所在地的转开行，申请向受益人开立银行保函，从而确立了反担保行与转开行之间的一种担保合同关系。
③转开行（受益人所在地银行）根据反担保保函向受益人开出银行保函，以及反担保行的基本资料，确立转开行与受益人之间的担保合同关系。
④受益人凭保函和规定的文件向转开行索赔并获得赔偿。
⑤转开行对反担保行追索已赔偿款，然后注销保函。
⑥反担保行对申请人追索已赔偿款，然后注销反担保保函。

二、银行保函开立流程过程

（一）申请人向银行申请开立保函

申请人申请开立保函需要办理的手续如下：①申请人需填写"开立保函申请书"并签章（见表7-5）；②提交保函的背景资料，包括合同、有关部门的批准文件等；③提供相关的保函格式并加盖公章；④提供企业近期财务报表和其他有关证明文件；⑤落实银行接受的担保，包括缴纳保证金、质押、抵押或第三者信用担保等；⑥由银行审核申请人资信情况、履约能力、项目可行性、保函条款及担保、质押或抵押情况后，可对外开出保函。

表7-5　　　　APPLICATION FOR GUARANTEE OR STANDBY L/C

Date of Application：YY MM DD

TO：Agricultural Bank of China Limited ×××Branch	Guarantee/Standby L/C NO.：
Applicant（Full name and Address）： DT TRADING COMPANY LTD. Room 207 Yamao Mansion No. 111 Yingze Road Shenyang, P. R. C	Please issue： ☐by mail　　☒SWIFT ☐Standby Letter of credit according to：☐UCP600
Beneficiary（Full name and Address）： LANDO COMPANY LTD. No. 123 Wooden Avenue Los Angels, U. S. A.	☐ISP98 ☒Demand Guarantee　☐As per attachment ☒AS PER URDG758
Type of Guarantee/Standby L/C：Performance Guarantee	Guaranteed Party（Full name and Address）：
Currency Code, Amount（in figures and words） USD340 000.00（say in USD Three Hundred Forty Thousand only）	Expiry Date/condition and Expiry Place： 6 Months after the day of issue in china
Advising Bank/Reissuing Bank：	
Documents Required（marked with X） ☒Demand in writing　　　　　　　　☐Sight draft The demand in writing stating that the applicant has failed to perform the contract within 60（sixty）days after the goods. ☐Signed Beneficiary Certificate stating a default, reading as follows（please state below exact wording to appear on the statement.） ☐Copy of Transport Document（Specify）：Copy of Bill（s）of Lading indicating the applicant as the consignee, name of the carrier and signed by the carrier or agent of the carrier, the goods have been shipped on bord, number of the contract, date of shipment to the port of destination（Dalian, China） ☐Copy of Invoice made out by the Beneficiary in the name of applicant indicating contrat number, amount to be paid and date of issue and contract number. ☐Document as per format attached. ☐Other（Specify）：	
Special Instruction（optional）： ☐Automatically renew this standby L/Cor Guarantee：（Specify） ☐Drawings not permitted prior to ＿＿＿＿＿＿ ☐This Standby L/C or Guaranteeshall be automatically reduced by ＿＿＿＿＿ （Amount）＿＿＿＿（Frequency）Commencing ＿＿＿＿（date）. ☒All banking charges outside the opening bank are for beneficiary's account.	

续表

☒Drawings: (select one) beneficiary can make ☒one ☐Multiple demands for payment (drawings). ☐Others (Specify): 本申请依据我公司 2014 年 3 月 4 日在沈阳与 LANDO COMPANY LTD. 公司签订的进出口合同标书（编号）提出。 声明：贵行已依法向我方提示了本申请书及其承诺书相关条款（特别是黑体字条款），应我方要求对相关条款概念、内容及法律效用作了说明。我公司已对本申请及其背面承诺书各条款进行了审慎阅读，对各条款含义与贵行理解一致。我公司在此签章表示对本申请书及背面承诺书条款的接受，愿依照执行。 　　　　　申请人签章 　　　　　法定代表人或授权代理人 　　　　　　　　　　　　　　　　　　　　　　　　　年　　月　　日	
同意受理 　　　　　银行签章 　　　　　负责人或授权人签章 　　　　　　　　　　　　　　　　　　　　　　　　　年　　月　　日	

（二）银行受理业务

银行受理客户的保函申请，应要求保函申请人提交以下材料：①开立银行保函申请书及拟开立保函的格式；②保函项下业务的合同副本；③经营单位认为有必要提供的其他材料。

（三）担保行审查并填制"开立保函审核表"（见表 7-6）

表 7-6　　　　　　　　　　开立保函审核表
2014 年 3 月 4 日

经营单位填写保函基本情况			
保函申请人		申请保函金额	
保函保证的种类及比例		授信币种及金额	
保函有效期		保函开立方式	（　）电开（　）信开
基础合同号码		货物项目名称	
授信额度		授信协议编号	
开立保函意见： 　　同意			
经办客户经理：签字 　　　　　　　签章		负责人：签字 　　　　签章	
国际业务部门对政策和条款的审核意见			
（　）符合外汇管理规定，保函条款正常，同意开立保函。 （　）其他：			
经办人：　　　　　　　复核：　　　　　　　　　　　负责人：			

1. 审查的意义和内容。担保行（开证行）在审查上述材料齐全、手续完毕的情况下开具保函。

（1）担保行应认真审查材料是否齐全，内容填写是否完整，特别是在保函格式中，如规定有担保行对受益人的索赔无条件照付，或见索即付的条款，应向申请人解释这种保函的风险，由申请人在其"开具保函申请书"或在《外汇担保合同》中写明由申请人承担接受这一条款的一切后果。

（2）担保行还要与申请人签订《委托担保协议书》。申请人按照《委托担保协议书》的约定落实反担保措施。反担保的基本方式有：按比例存入保证金；抵押、质押；其他第三方（含公司和个人）的保证担保。

（3）担保行为申请人出具"保函"。

2. 业务审查内容。包括：业务初审、检查客户授信情况、业务审核、业务审批。

（1）业务初审。对上述材料进行初审。

（2）检查客户授信情况：如保函申请人没有授信额度，应按照有关规定请保函申请人提交授信所需要的各项资料，并按照授信审批程序为客户申请授信额度；如保函申请人的保函金额在额度余额内，应填写开立银行保函审核表，并注意以下问题：①开立银行保函审核表中授信额度余额应填写本次开立保函前的授信余额；②应根据授信审批委员会决议落实有关授信条件，向客户收取规定比例的保证金，转入保函保证金账户，同时具体落实担保措施。如保函申请人采取全额保证金方式开立保函，在填写开立银行保函审核表时可不用填写授信情况，但必须在开立银行保函意见中注明全额保证金。

（3）业务审核。在开立银行保函审核表中填妥有关内容，并经本单位负责人签字同意后将开立银行保函审核表、开立银行保函申请书、有关合同等（以下简称保函材料）材料送交银行国际业务部门。由国际业务部门审核开立保函申请书后填写保函条款和外汇政策审核意见，经负责人签字同意后退还给国际结算人员。

（4）业务审批。按照授信审批管理程序和要求，根据授信审批部门的信贷业务审批决议，落实保证金和担保情况，签署合同，并将有关材料送银行放款中心审核。放款中心核实非融资性保函额度、合法合规性和完整性后签发放款通知书。再将放款通知书连同保函材料送至银行国际业务部门办理对外开立银行保函。对于融资类银行保函按照国家外汇管理局颁布的《境内机构对外担保管理办法》和《××银行国际结算业务管理办法》的规定，逐笔报总行授信审批委员会/授权审批人批准，经总行审批同意后方可对外开立，同时向外汇管理部门报备后，银行放款中心方可签发放款通知书。

（四）开立保函

保函开立，应适用于 URDG758 惯例，银行以 MT760 报文格式向通知行发送（如前所述）。

保函申请书和材料审核无误后，担保行还要与申请人签订《委托担保协议书》。申请人按照《委托担保协议书》的约定落实反担保（若需要）措施。反担保的基本方式有：按比例存入保证金；抵押、质押；其他第三方（含公司和个人）的保证担保。

国际结算人员开立银行保函，应认真审核材料，并填写开立银行保函业务工作单，开立保函应注意以下几点：

1. 保函的金额和币种必须明确，并不得超过放款通知单审批的金额。
2. 保函有效期限应准确明了，避免开立效期敞口或无效期保函。
3. 保函条款清楚，银行赔付责任明确。
4. 保函交单地点和有效期地点应为保函开立行所在地。
5. 保函受益人、申请人和担保人的名称及其地址应清楚明确。
6. 保函的种类和保函的担保目的应予标明。
7. 与保函相关的合同号、协议号、招标号或工程项目名称应予标明。

如客户没有提供保函格式，国际结算人员应使用各类银行保函参考格式。

（五）填制"开立保函业务工作单"（见表7-7）

表7-7　　　　　　　　　开立保函业务工作单

	保函编号		币种金额		期限	
受理申请	（　）开立保函申请书内容完整，无前后矛盾的条款； （　）合同条款符合国家管理规定，内容清楚完整； （　）开立银行保函加盖的印鉴与银行预留印鉴相符； （　）已提交有关抵押和担保的承诺函； （　）已提交申请人营业执照以及基本情况资料； （　）其他。					
	经办人：		复核人：		年　　月　　日	
业务处理	业务审查	（　）已填写开立保函审批表； （　）在我行审批权限内或虽超权限但已经报总行审批； （　）已经落实付款保证； （　）保函内容和格式符合国家管理规定和国际惯例； （　）其他。				
	开立保函	（　）已按开立保函申请书条款起草保函样本； （　）已出具收费凭证交会计记账； （　）保函币种、金额、期限、付款条件、索赔方式符合开立保函申请书要求； （　）已建立保函档案； （　）其他。				
	经办人：		复核人：		日期：	
业务交涉记录						
	经办人：		复核人：		日期：	
结档处理	（　）我行已拒付，已出具收费凭证交会计记录，保证金已通知会计退还保函申请人； （　）保函已过期，已出具收费凭证交会计记录，保证金已通知会计退还保函申请人； （　）保函已正常付汇，并做如下处理： （　）付汇款已通知会计售汇/扣账； （　）已出具收费凭证交会计记账。					
	经办人：		复核人：		日期：	
归档	（　）档案已整理装订，符合档案管理要求，可以办理移交归档手续。					
	移交人：	复核人：		批准人：		日期：
备注						

"开立保函业务工作单"是银行对保函从开立到注销全程的工作记录单,它明确记录了某一个具体的保函业务处理各步骤的内容、责任人以及时间。

教学活动 2　　银行保函的修改、索赔和注销

【活动设计】

通过对案例导入的讲解分析引导学生思考掌握银行保函修改的原因和处理程序、索赔的处理流程、撤销的原因和处理流程。

【案例导入】

2014 年 5 月 4 日,大唐贸易有限公司业务员李大伟来行,申请延长之前开立的银行保函期限至 7 月 4 日,原因是运输阻滞,双方协商决定保函延期,并持有受益人同意延期委托书。

案例解析:

本业务属于保函修改业务,条件充分,可以修改。

【基础知识】

一、保函修改

保函生效后,如申请人要求修改保函,应提交保函修改申请书,国际业务部门审核无误后缮制保函修改,经有权签字人签发后发出保函修改。

（一）银行保函修改的原因

1. 在保函有效期内,当事人由于各种原因,如交易或工程项目的延期,可能需要修改保函的有效期。

2. 交易或工程项目所需的机器设备价格的变化,可能导致保函金额的修改。

3. 金融市场的变动、新政策或新法规的出台、国际政治关系变化等,都可能导致银行保函某些条款的修改。

（二）银行保函修改的流程

1. 提出申请。申请人向原保证行提出修改保函的申请时,应在提出的书面请求中说明修改的具体内容、受益人的意思表示,注明原保函的编号、金额、开立日期、有权签字人的签字和盖章,以及一切因保函的修改而引起的责任条款,并附受益人要求或同意修改的书面材料。

2. 审查批准。原保证行根据申请人的修改要求、内容和风险程度进行审核,决定是否批准。

3. 发出修改函（或电）。保证行向申请人发出修改函（或电）,并就修改项目单项收费。若修改的内容是展期或增额时,一切手续视同新开保函办理；若修改的内容是缩短有

效期或减额时,要求受益人对修改内容予以确认,并根据减额部分制作减额传票,在原账务上冲销该笔或有债务。

4. 修改登记。保证行发出保函的修改函后,应当在留底或保函登记卡上详细批注修改内容,留待以后查考。

二、保函赔付

保函如遇索赔,国际业务部门应要求受益人提交保函正本,或按对方银行加电押证实凭原保函正本索汇才可办理。

(一)受益人提出索赔及其原因

保函开出后会因为各种因素,使受益人提出索赔,如申请人未能按规定履行基础合同;出口商没有提供规定质量的产品;承包商没有按期或按规定的质量标准建设项目等。

(二)保函赔付办理程序

1. 受理行审核索赔资料。保函索赔受理行常常是受益人开户行,而非担保行。受理行国际结算人员审查保函条款和索偿电文的真实性和有效性后,提出意见,并通知索赔情况。审核要点如下:

(1) 汇票是否缮制正确;

(2) 索赔应在保函有效期内;

(3) 索赔金额不超过保函的担保金额;

(4) 索赔币种应与保函币种一致;

(5) 索赔文件表述清楚,符合保函条款;

(6) 国际结算人员在国际结算业务系统上缮制索偿函或拟制索偿电文,经国际业务部门有权审批人批准后发出,寄往担保行。

2. 担保行审核申请索赔的相关单据。担保行根据对项目的跟踪检查情况,在银行保函赔付/垫款通知单上签署意见;再通知国际业务部门对外赔付,通知营业部门和会计部门为客户办理保函垫款账务处理。

【知识链接】 对于见索即付保函,银行仅负有对保函规定的单证在表面上进行谨慎审查的义务。根据国际商会1992年公布的《见索即付保函统一规则》和联合国1995年签订的《联合国独立性保函与备用信用证公约》规定,保证人虽不对受益人所提交的单证的正确性承担责任,但保证人首先应对单证在表面上是否适当进行审查,如单证是否齐全,只要所提交的单证经合理谨慎,符合保函规定的表面要求,保证人就应付款,即便单证的内容是虚假的,形式是伪造的,保证人也不承担过错责任,即被保证人不得以此作为向保证人补偿的抗辩理由。

国内的银行做国内业务时大多采用的是从属性保函。从属性保函是指作为一项附属性契约而依附于基础交易合同的银行保函。在从属性保函项下,担保人在保函中对受益人的索赔及对该索赔的受理设置了若干条件的限制，保留有一定的抗辩权利，只有在一定的限制条件得到满足之后，担保银行才予以受理、付款。所以担保银行应注意防范受益人的无理索偿和担保行自身的抗辩权。抗辩权是债务人对抗债权人的一种权利。

我国《担保法》第30条规定："有下列情形之一的，担保人不承担民事责任：主合同当事人双方串通，骗取担保人提供担保；主合同的债权人采取欺诈、胁迫等手段，使担保人在违背真实意思的情况下提供保证的。"即在上述两种情况下担保行不承担赔偿责任。

3. 担保行通知申请人（委托人）。担保银行对受益人的赔偿请求负有通知义务。在受益人正式提出索赔时，保证人应立即通知委托人，并将受益人所提交的单证悉数传递给委托人，以便委托人根据基础合同的具体履行情况对受益人的索偿提出抗辩。如果保证人怠于通知并因此给委托人造成损失，保证人应自行承担这部分损失，无权向委托人要求补偿。

4. 担保行对有效索赔的清偿。若受益人的索赔有效，担保银行应按保函规定的担保金额及时支付和赔偿受益人的损失。担保行不得借各种理由拖延偿付。

然后，担保行凭反担保保函向委托人（申请人）或反担保行索偿。

三、保函撤销

国际业务部门在保函到期日的一段时间后可办理撤销手续。国际结算人员首先将原卷调出，核实保函的有效到期日有无修改，确定保函确已过效期，在档案封面上注明"撤销"。如保函未到期，保函通知行、受益人主动退回担保银行保函正本，或保函的通知行通知银行，保函受益人同意撤销原保函，可办理撤销手续，在正本和档案封面上注明"撤销"二字，闭卷管理。

（一）银行保函撤销的原因

1. 保函到期，且受益人没有索赔。
2. 保函未到期，但受益人授权撤销银行保函。
3. 法院裁决不予理赔。保函到期，受益人提出索赔，但能提供证据证明自己已履行基础合同义务，或受益人没有履行基础合同义务，且经法院或者仲裁机构生效的裁判文书确定应拒绝索赔的，要求拒绝受益人索赔要求并撤销保函。

（二）银行保函撤销的流程

1. 保函到期，且受益人没有索赔，银行保函撤销流程。保函到期日，保证行向受益人发出撤销保函的通知；受益人交回保函正本；保证行注销保函。
2. 保函未到期，银行保函撤销流程。申请人提出保函撤销申请，并附银行保函正本、法律意见、受益人为撤销保函而签署的不可撤销授权书，内容包括：声明、契约、赔偿担保以及格式中要求的其他内容，其他有关的证据材料。
3. 开证行审查同意撤销后，注销保函。法院裁决不予理赔，需要撤销保函的，业务处理流程类似保函未到期的撤销处理。

教学活动3　银行保函的种类及其与跟单信用证的比较

【活动设计】

通过讲解分析案例导入引导学生思考国际交易的类型，以及保函的需求和类型；保函与跟单信用证的比较。

【案例导入】

2014年5月，美国A公司（卖方）与中国B公司（买方）在大连达成了买卖10000台电视的合同，每台500美元，以委托收款方式结算。2014年9月在纽约港交货。2014年5月15日，中国建设银行大连分行（开证行）根据卖方申请，向卖方开出了金额为500万美元的付款保函，委托纽约的一家银行通知，保证收到货物后一个月付款。

思考：
1. 什么是付款保函？
2. 保函有哪些类型？
3. 保函与跟单信用证有什么异同？

【基础知识】

一、银行保函的种类

（一）银行保函根据保函的付款条件不同，分为无条件保函和有条件保函

无条件保函也叫做见索即付保函（Letter of Independent Guarantee），其适用国际惯例为国际商会《见索即付保函统一规则》（URDG458）。这类保函很为受益人所欢迎，因为在索偿时可不受其他条件的制约，而能够确保自己的利益。有条件保函是指担保银行的偿付责任从属于或依附于申请人在基础交易合同项下的责任义务，承担第二性偿付责任的承诺文件。其适用的国际惯例为《国际商会合约保证统一规则》。

（二）根据保函的使用范围不同，分为出口类保函和进口类保函以及其他类保函（见图7-4）

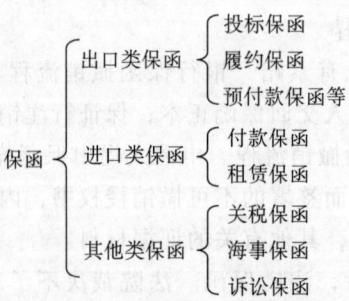

图7-4　银行保函的分类

1. 出口类保函。出口类保函是保证出口方出口交易责任的履行的银行保函,包括投标保函、履约保函、预付款保函、尾款保函、质量保函。

(1) 投标保函(Tender Guarantee)。投标保函是保证人向受益人(招标人)承诺,当申请人(投标人)不履行其投标所产生的义务时,保证人应在规定的金额限度内向受益人付款。投标保函主要担保投标人在开标前不撤销投标和片面修改投标条件,中标后要保证签约和交付履约金。否则,银行负责赔偿招标人的损失。

投标保函适用于所有公开招标、议标时,业主要求投标人缴纳投标保证金的情况。招标人为避免投标人在评标过程中改标、撤标,或中标后拒签合同而给自身造成损失,通常都要求投标人缴纳投标保证金,以制约对方行为。投标保函是现金保证金的一种良好的替代形式。

(2) 履约保函(Performance Guarantee)。履约保函是指保证人承诺,如果担保申请人(承包人)不履行他与受益人(业主)之间订立的合同时,应由保证人在约定金额限度内向受益人付款。在工程承包、物资采购等项目中,业主或买方为避免承包方或供货方不履行合同义务而给自身造成损失,通常都要求承包方或供货方缴纳履约保证金,以制约对方行为。履约保函是现金保证金的一种良好的替代形式。可用于任何项目中对当事人履行合同义务提供担保的情况,常见用于工程承包、物资采购等项目。

(3) 预付款保函(Advance Payment Guarantee)。预付款保函又称还款保函或定金保函,是指银行应供货方或劳务承包方申请向买方或业主方保证,如申请人未能履约或未能全部按合同规定使用预付款时,则银行负责返还保函规定金额的预付款。预付款保函的金额一般与与预付款金额相同,即合同金额的10%左右。

预付款保函有利于预付款资金及时收取到位,有利于加快工程建设或备货等环节的资金周转。

(4) 尾款保函。尾款保函是指担保银行应工程承包方、供货方的申请而向业主或买方出具的、保证承包方、供货方在提前支取合同价款中的尾款部分后履行合同义务的书面文件。尾款保函也称为"留置金保函"、"预留金保函"等。尾款保函适用于合同执行后期业主或买方滞留尾款,而承包方、供货方欲提前支取尾款的情况。

(5) 质量保函。质量保函是指担保银行应工程承包方、供货方的申请而向业主或买方出具的、保证承包方、供货方履行在保修期或维修期内的合同义务的书面文件。质量保函也称为"维修保函",适用于工程承包、供货安装等合同执行进入保修期或维修期的业主或买方要求承包方、供货方良好履行保修义务的情况。

在工程承包、供货安装等项目进入保修期或维修期后,业主、买方为避免工程、货物的质量与合同规定不符,而承包方、供货方不愿或不予进行修理、更换和维修,造成自身损失,往往要求承包方或供货方在履约保函期限届满前提供质量保函,对其在保修期内的行为进行约束。

2. 进口类保函。进口类保函是金融机构应进口方的要求向出口方开立的保函,包括付款保函、租赁保函。

(1) 付款保函(Payment Guarantee)。付款保函是银行应购买货物或劳务的一方的请求,出具给货物或劳务提供方的书面凭证,保证在受益人交付货物或提供劳务后,申请人一定按期付款或保证到货检验与买卖合同相符后付款。

付款保函适用于一切存在付款行为的商品贸易、技术劳务贸易、工程项目等。其在商品贸易中作为买方在卖方按照合同约定发货后及时支付货款的付款保证，在工程项目中作为工程承包项下业主向承包方按期足额支付工程进度款的付款保证。

(2) 租赁保函（Leasing Guarantee）。租赁保函是指承租人根据租赁协议的规定，请求银行向出租人所出具的一种旨在保证承租人按期向出租人支付租金的付款保证承诺。租赁保函根据租赁方式不同分为融资租赁保函、经营租赁保函。

租赁保函适用于租赁合同。在租赁项目中，出租方为避免承租人无法按期偿还租金，特别是在融资租赁情况下，租期长、租赁对象的特定性等使出租方承担较大的风险，往往要求银行对承租人按期偿还租金进行担保。

3. 其他类保函。

(1) 关税保函。关税保函是指担保银行应进口商（含加工贸易企业）的申请而向海关出具的、保证进口商履行缴纳关税义务的书面文件。其分为关税保付保函、加工贸易税款保付保函。

关税保函的适用范围包括：国家相关进口商品减免税政策未明了前的相关商品货物进口；境外工程承包建设、境外展览、展销等过程中有关设备、器械等物品临时进入他国关境；加工贸易企业进口料件；海关对某些货物实行先放后征的情况。

(2) 海事保函。海事保函是指担保银行应申请人（通常为船东或船公司）的要求向海事法院或海事仲裁机构出具的、担保申请人将被扣留的属于申请人的船只或财产取回后，能够按照法院的判决书或仲裁结果上列明的赔款金额赔付而出具的书面文件。其适用于船舶运输项下因发生船舶之间碰撞或海事纠纷而造成的船舶和财产被海事法院或海事仲裁机构扣押的情况。

(3) 诉讼保函。诉讼保函是指担保银行应原告的申请而向司法部门出具的，保证原告在败诉的情况下履行损失赔偿义务的书面文件。其适用于诉讼程序中原告向司法部门提请对被告财产进行诉讼保全的情况。原告向司法部门提请对被告财产进行诉讼保全后，若原告败诉，应承担被告财产在诉讼保全期间的损失，司法部门为避免原告不承担上述损失，要求原告在申请诉讼保全时提交保证金。诉讼保函是现金保证金的替代形式。

二、银行保函与跟单信用证的比较

1. 银行保函与跟单信用证的联系和相同之处。银行保函与跟单信用证都是以银行信用来加强双方的商业信用关系，使当事人可以避免或减少因对方不履约而遭受损失。

2. 银行保函与跟单信用证不同之处。

(1) 其开证行承担的责任不同。信用证的开证行承担的是第一性的付款责任，开证行对受益人是有条件的付款承诺，即只要受益人提交符合信用证规定的单据，那么，开证行将保证向受益人付款。而保函的开立银行承担的是第一性或第二性付款责任，在从属性保函中，银行向受益人提供的担保，在保函的开立人没有履行相关约定的情况下，银行才承担向受益人的付款责任。在独立性保函中，担保银行承担第一性付款责任。

(2) 作用和形式不同。跟单信用证是一种国际支付方式，每证必付，而银行保函是担保性的，即预备性，不是每证必付。

（3）单据要求不同。虽然两者都规定以受益人提交一定的单据作为开证行承担付款责任的根据，但其要求的具体单据种类截然不同。跟单信用证要求受益人必须提交符合信用证条款规定的单据、保单、发票、装箱单、商检证明等商业单据；而银行保函要求的单据主要是开证申请人未履行其合同义务的证明文件和声明，一般由受益人自己制作。

（4）其他不同点。如适用惯例不同、承担风险程度不同、开证申请人不同等。

【单元实训】

开立保函实训

【实训设计】

将学生分成若干组，以小组为单位合作完成案例分析任务；将本次任务结果作为技能成绩加以记录。

【活动步骤】

步骤一：引入案例。

申请开立招标保函的操作流程。

山西工程公司（Shanxi TaiHang Construction Co., Ltd.），地址是：No. 44 YiFen Street, Taiyuan, P. R. China。报关经营单位代码是×××2222；组织机构代码是×××111-1；账号为×××2345。职员李毅准备好了保函申请书、施工合同（编号为CC2014012）、经年检的法人营业执照、企业近期财务报表和其他有关证明文件向银行申请办理银行保函业务。该笔保函业务的招标人为美洲建筑公司（America Construction Co., Ltd），地址是：440 Madison Avenue New York, NY 10012, U.S.A），合同总金额为2亿美元。

2014年5月3日，山西工程公司业务员李毅需根据以上进口合同的要求填写以下招标保函开立申请书（见表7-8），并向其开户行中国农业银行山西省分行国际业务部（Agricultural Bank of China, Shanxi Branch）办理申请开证手续，要求采用SWIFT电报方式开证，交单期为装运日期后15天内。中国农业银行山西省分行给予山西工程公司的担保金额为200万美元。

步骤二：模拟申请开立银行保函业务。

依据外贸合同，填写开立银行保函申请书并向中国农业银行山西省分行国际业务部申请开立银行保函。

表 7-8　　　　APPLICATION FOR GUARANTEE OR STANDBY L/C

Date of Application：　YY MM DD

TO：（Guarantor）	Guarantee/Standby L/C NO.：
Applicant（Full name and Address）：	Please issue： ☐ by mail　　☐ by SWIFT ☐ Standby Letter of credit according to：　☐UCP600 　☐ISP98
Beneficiary（Full name and Address）：	☐ Demand Guarantee　　☐As per attachment ☐ AS PER URDG758
Type of Guarantee/Standby L/C：Payment Guarantee	Guaranteed Party（Full name and Address）：
Currency Code，Amount（in figures and words）	Expiry Date/condition and Expiry Place：
Advising Bank/Reissuing Bank：	

Documents Required（marked with X）
☐ Demand in writing　　　　　　　　　　　　　　　　　　　　　　　　　　☐Sight draft
The demand in writing stating that the applicant has failed to make payment in accordance with the contract within 60（sixty）days after the goods.
☐Signed Beneficiary Certificate stating a default，reading as follows（please state below exact wording to appear on the statement.）
☐Copy of Transport Document（Specify）：Copy of Bill（s）of Lading indicating the applicant as the consignee，name of the carrier and signed by the carrier or agent of the carrier，the goods have been shipped on bord，number of the contract，date of shipment to the port of destination（Dalian，China）
☐ Copy of Invoice made out by the Beneficiary in the name of applicant indicating contrat number，amount to be paid and date of issue and contract number.
☐ Document as per format attached.
☐ Other（Specify）：

Special Instruction（optional）：
☐Automatically renew this standby L/Cor Guarrantee：（Specify）
☐Drawings not permitted prior to ＿＿＿＿＿＿
☐This Standby L/C or Guaranteeshall be automatically reduced by ＿＿＿＿＿＿
　（Amount）＿＿＿＿＿（Frequency）Commencing＿＿＿＿＿＿（date）.
☐All banking charges outside the opening bank are for beneficiary's account.
☐Drawings：（select one）beneficiary can make ☐ one　☐Multiple demands for payment（drawings）.
☐Others（Specify）：
　本申请依据我公司＿＿＿年＿＿＿月＿＿＿日在＿＿＿与＿＿＿＿＿＿＿＿＿公司签订的进出口合同标书（编号）提出。
　声明：贵行已依法向我方提示了本申请书及其承诺书相关条款（特别是黑体字条款），应我方要求对相关条款概念、内容及法律效用作了说明。我公司已对本申请及其背面承诺书各条款进行了审慎阅读，对各条款含义与贵行理解一致。我公司在此签章表示对本申请书及背面承诺书条款的接受，愿依照执行。

　　　　　　　　　　　　　　　申请人签章
　　　　　　　　　　　　　　　法定代表人或授权代理人
　　　　　　　　　　　　　　　　　　　　　　　　年　　月　　日

同意受理
　　　　　　　　　　　　　　　银行签章
　　　　　　　　　　　　　　　负责人或授权人签章
　　　　　　　　　　　　　　　　　　　　　　　　年　　月　　日

步骤三：模拟开证行受理开立保函业务。

1. 扮演担保银行的小组审核申请人提交的文件，重点审核贸易合同与保函申请书是否相符。

2. 受理开立保函业务申请，并开立银行保函，模拟填写 MT760 格式报文（见表 7-9）。

表 7-9　　　　　　　　　　　　MT760 报文空白格式

MT 760	ISSUE OF A Transferable Bank Guarantee
27:	SEQUENCE OF TOTAL
20	Transaction Reference Number
23	Further Identification
30	DATE
40C	APPLICABLE RULES
77C	Details of Guarantee
72	Sender to Receiver Information

步骤四：

1. 描述保函的处理流程。
2. 分析保函的作用。

步骤五：实训总结。

1. 综合总结实训涉及的知识。
2. 总结实训的参与度与学生表现情况。

任务三
备用信用证

【教师任务】

◇ 指导学生完成备用信用证结算流程的分析任务,详细讲解备用信用证结算的基本流程。

◇ 详细讲解备用信用证结算项下各业务环节的要点,帮助学生理解、掌握相关知识,并能进行实际操作。

◇ 对学生作业和任务完成情况进行点评、分析。

【学生任务】

◇ 每个学生课后上网查询至少两个世界知名银行的备用信用证结算流程,并进行对比分析,从而熟练掌握信用证业务的基本流程。

◇ 每个学生上网查询两个备用信用证样本,对样本中的单据要求进行分析,列出所需要的单据,并比较单据要求的异同。

教学活动1 备用信用证的定义、特点和内容

【活动设计】

通过对案例合同的分析解读,引导学生学习思考备用信用证的结算流程;通过讲解使学生掌握申请人申请开立备用信用证和银行开立备用信用证的流程。

【案例导入】

2014年6月,西安地区某中资企业M公司向某银行B分行提出外保内贷业务申请,以香港某行H分行开立的备用信用证做保证担保。备用信用证基本情况如表7-10所示。

表7-10　　　　　　　　　　备用信用证示例

40E	Applicable rules	UCP LATEST VERSION
31D	Date and place of expiry	150705 HongKong
50	Applicant	A company for a/c of G company(申请人为A公司,代G公司申请开证)
59	Beneficiary	M company(受益人为M公司)
32B	Currency code, amount	USD 300000(备用信用证金额为300000美元)

续表

41A	Available with…by…	H bank by payment（备用信用证在开证人 H 银行即期付款兑用有效）
46A	Documents required	

At the request of applicant, we hereby irrevocably and unconditionally (except as stated herein) undertake to pay the beneficiary on their first demand in writing against written and signed statement at our counter the sum of USD300000.00 (Say United States Dollars three hundred thousand only) provided the demand in writing is accompanied by the beneficiaries written and signed statement that the amount demanded is due and owing under the sales contract NO. yim/gaf/300k/14, dated 16 june 2014 between beneficiary M company and G company and the demand in writing bears authorized signature of A company on the signed confirmation and whose signature must be verified by L/C issuing bank prior to the presentation…

This standby letter of credit shall be subject to UCP LATEST VERSION and shall be governed by and construed in accordance with the laws of the government of the HongKong Special Administrative Region of China…

（相关单据要求为：应开证申请人请求，我们不可撤销并无条件地〔除非下述条件未满足〕承诺，一旦受益人 M 将金额为 300000 美元的书面签字的索偿书及声明书提交到我行，并且该书面声明书声明该笔索偿金额为 G 公司与受益人 M 于 2014 年 6 月 16 日签署的编号为 yim/gaf/300k/14 合同项下应付款项，书面索偿书要显示 A 公司的授权签字，且在上述单据提交之前 A 公司的授权签字要经开证人证实，满足以上条件，我行将即期支付款项给受益人 M……

该笔备用信用证遵循 UCP 最新版本并受中国香港特区政府的法律约束……）

分析思考：备用信用证当事人有哪些？担保事项是什么？担保金额是多少？

【基础知识】

一、备用信用证的含义

备用信用证（Standby Letter of Credit，SL/C），又称商业票据信用证（Commercial Paper L/C）、担保信用证（Guarantee UC），是开证人（保证人）应申请人（债务人）的要求向受益人（债权人）开出的，凭受益人提交的与信用证条款相符的单据（债务人的违约证明书及其他单据）付款的一种独立的书面承诺。

二、备用信用证的特点

1. 不可撤销性。不存在可撤销的备用信用证，除非备用信用证项内有相反的规定或征得了有关当事人的同意，否则，备用信用证一经开立，开证人就不能任意撤销或修改该备用信用证。

2. 独立性。备用信用证一经开立，即与受益人和申请人之间的基础交易合同无关，不再受基础交易合同的约束。

3. 单据性。开证人在开立备用信用证时，需明确规定受益人提出索赔时应提交的单据，也就是凭单付款，是一种纯单据性交易。

4. 强制性。备用信用证在开立后即具有约束力，无论申请人是否授权开立，开证人是否收取了费用，或受益人是否收到或接受备用信用证或修改。

5. 备用性。备用信用证要求的单据是证明申请人不付款或不履行义务的文件。只有在开证申请人不履行承诺时，备用信用证才会被使用。如果开证申请人履行了承诺，则该信用证自动失效。因此,该信用证经常处于"备而不用"的状态。所以人们才会称这种信用证为"备用信用证"。

三、备用信用证的当事人

备用信用证的当事人由开证申请人、受益人、开证行组成,它们分别在不同的合同项下承担自己的责任和义务。

(一) 申请人

申请人(Applicant)又称委托人(Principal),是向开证银行申请开立备用信用证的相关基础交易合同的一方。在国际经济贸易中,合同交易双方约定采用备用信用证作为支付工具或担保工具时,该交易合同就成为产生备用信用证的基础交易合同。申请人应该按照合同的规定履行自己的义务,并负担备用信用证项下的费用和利息;在开证行履行了担保或付款责任向受益人赔付之后,应该立即对其进行赔付。

(二) 受益人

受益人(Beneficiary)是指备用信用证上所指定的有权使用该证的人,通常是相关基础交易合同的另一方。受益人要按照基础合同的规定履行义务,一旦出现申请人违反合同规定的情况时,有权向开证行索偿,并向开证行提交索赔要求和其他相关单据。

(三) 开证行

开证行(Issuing Bank)是接受开证申请人的委托,开立备用信用证的银行。开证行承担按备用信用证条款向受益人付款的责任。一旦出现约定的违约事件,开证人将对受益人承担第一付款责任。在受益人提交了索赔要求和其他相关单据后,开证人有义务首先补偿受益人的损失而不问事实真相如何或其要求是否合理。开证行开证后并按信用证条款履行了赔付义务后,可以根据开证委托书,要求申请人偿还垫款。

四、备用信用证的基本内容

1. 委托人(Applicant)、受益人(Beneficiary)和开证人的完整的名称和详细的地址。其中,担保行的地址、受益人交单地点、保函到期地点通常一致。

2. 备用信用证的种类。不同种类的备用信用证包含有特定的责任与义务。

3. 需要开立备用信用证的背景交易。交易合同是备用信用证的标的,需要注明交易合同的内容、合同编号、开立日期、交易双方、有无修改等。

4. 应付最高金额及币种,也是受益人索偿的最高金额,可以用具体数字表示,也可以用合同金额的百分比表示。

5. 备用信用证的编号、开立日期、失效日期及/或失效事件。

6. 明确各当事人的权利和义务。

7. 索赔条款。即申请人的违约证明,凭受益人提交的符合备用信用证条款规定的单据和证明文件付款。

8. 其他条款。包括转让、修改、撤销、保兑和仲裁等内容。

五、备用信用证的业务程序

备用信用证通常会涉及的法律关系如下:

1. 申请人与受益人之间的基础合同关系,这是开立信用证的前提原因。
2. 开证申请人与开证行之间的委托开证合同关系,这是信用证得以开立的直接原因。
3. 开证行与受益人以备用信用证所表现出来的法律关系。当备用信用证的开证行开出信用证,并从信用证生效之日起,受益人与开证行之间的合同关系即告成立。除此之外,为了顺利完成一宗备用信用证业务往往还需要通知行、议付行、保兑行等中介银行的配合与协作。其主要的业务流程如图7-5所示。

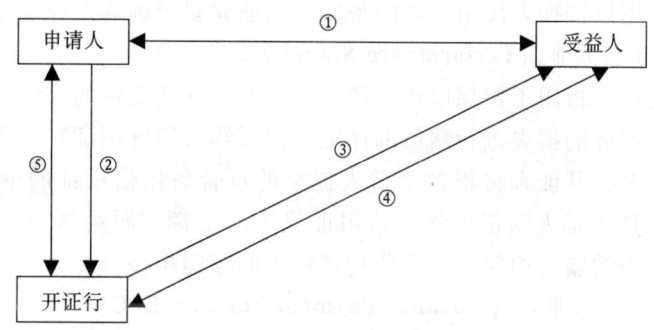

图7-5 备用信用证的业务流程图

注释:
①申请人与受益人之间签订基础合同或协议;
②开证申请人根据基础合同向开证行提交开证申请书;
③开证行经过审核后,向受益人开出备用信用证;
④如果申请人未履行合同义务,受益人可以根据备用信用证的规定提交索赔要求和相关单据向开证行索赔,开证行审核无误后,向受益人付款;
⑤开证行向受益人付款后,可以向申请人提交受益人所提供的单据进行索赔,开证申请人有义务偿还。

教学活动2 备用信用证的种类及其与跟单信用证的比较

【活动设计】

通过讲解分析案例导入,引导学生理解备用信用证业务;通过讲解基出知识,使学生掌握备用信用证的不同类型,并能比较其与跟单信用证的异同。

【案例导入】

某生产型企业凭国外母公司开出的备用信用证向某中资银行申请了1000万元人民币的贷款,由于公司预期收入未能按时到账,所以无法在合同规定的期限内偿还贷款,银行亦未能同意延期,而是启动执行备用信用证程序,向国外开证银行索汇122万美元,导致该企业形成了事实上的外债。

分析思考:这是哪种备用信用证?履行备用信用证是否会导致热钱的流入?应如何防范?

【基础知识】

一、备用信用证的种类

（一）融资保证备用信用证（Financial Standby L/C）

融资保证备用信用证支持付款义务，包括对借款的偿还义务的任何证明性文件。目前，外商投资企业用以抵押人民币贷款的备用信用证就属于融资保证备用信用证。

（二）履约备用信用证（Performance Standby L/C）

履约备用信用证是指用于担保申请人履行责任而非款项支付的保证，包括对申请人在基础交易中违约所造成的损失进行赔偿的保证。在履约备用信用证有效期内如发生申请人违反基础合同的情况，开证人将根据受益人提交的符合备用信用证的单据（如索款要求书、违约声明等）代申请人赔偿该备用信用证规定的金额。履约备用信用证，主要用于国际工程承包建设中的履约担保，以及货物销售中的赊销担保。

（三）预付款备用信用证（Advance Payment Standby L/C）

预付款备用信用证是指用于担保申请人对受益人的预付款所应承担的义务和责任的保证。这种备用信用证通常用于国际工程承包项目中业主向承包人支付的合同总价10%～25%的工程预付款，以及进出口贸易中进口商向出口商支付的预付款。

（四）招标/投标备用信用证（Bid Bond/Tender Bond Standby L/C）

招标/投标备用信用证是指用于担保申请人中标后履行合同的义务和责任的保证。若投标人未能履行合同，开证人须按备用信用证的规定向受益人履行赔偿义务。投标备用信用证的金额一般为投标报价的1%～5%，具体比例视招标文件规定而定。

（五）反担保备用信用证（Counter Standby L/C）

反担保备用信用证，又称对开备用信用证（Reciprocal Standby L/C），是指用于对其受益人开出的另一单独备用信用证或其他承诺提供担保的保证。

（六）直接付款备用信用证（Direct payment Standby L/C）

直接付款备用信用证用于担保到期付款，尤其指到期没有任何违约时支付本金和利息。该类信用证已经突破了备用信用证备而不用的传统担保性质，主要用于担保企业发行债券或订立债务契约时的到期支付本息义务。

（七）保险备用信用证（Insurance Standby L/C）

保险备用信用证支持申请人的保险或再保险义务。

（八）商业备用信用证（Commercial Standby L/C）

商业备用信用证是指如不能以其他方式付款，为申请人对货物或服务的付款义务进行保证。

二、银行保函、备用信用证与跟单信用证的比较

（一）银行保函与备用信用证的比较

银行保函和备用信用证作为国际结算和担保的重要形式，在国际经济贸易中的作用越来越广泛，两者之间既有相同之处，又有不同之处。

银行保函与备用信用证的共同点有：两者都是银行应申请人要求，向受益人开立的书面保证文件；两者都是以银行信用代替商业信用或补充商业信用的不足；两者都适用于多种经济活动中的担保，对国际经贸往来发挥着相同的作用，达到相同的目的。

银行保函与备用信用证的不同点如下：

1. 适用的法律惯例不同。备用信用证有一个被世界各国所公认的国际惯例，即《跟单信用证统一惯例》（500号）的部分条款，现在为UCP600部分条款。还有《国际备用信用证惯例》（International Standby Practices，简称ISP98）作为专门的国际统一规则；银行保函由于各国对保函的法律规范各不相同，至今仍没有世界各国公认的通行惯例，只能参照《见索即付保函统一规则》（URDG458）解释。

2. 单据要求不同。备用信用证要求受益人在索赔时提交即期汇票和证明申请人违约的书面文件；银行保函不要求受益人提交汇票，但要求受益人除提交证明申请人违约的文件外，还需提交证明自己履约的文件。

3. 付款的依据不同。备用信用证只要求受益人能够提供符合信用证规定的文件或单据，开证行即验单付款。银行保函则分有条件保函和无条件保函两种，在有条件保函项下，只有保函所规定的条件得到满足后，或所规定的能反映客观事实的单据提交给担保行后，担保行才会履行其付款义务，担保行较易被牵扯进申请人与受益人之间的交易纠纷中。

4. 性质不同。保函有从属性保函和独立性保函，从属性保函项下发生索赔时，担保人要根据基础合同的条款以及实际履行情况来确定是否应予以支付；而备用信用证都是独立性的担保，一旦开出就不可撤销，开证行只能根据信用证条款和条件决定是否偿付，与基础合同无关。

5. 对价要求不同。英美法系国家对银行保函有对价要求，但对备用信用证，各国均无对价要求。

（二）备用信用证与跟单信用证的比较

备用信用证与跟单信用证的共同点包括：备用信用证与跟单信用证的开证行所承担的付款义务都是第一性的；两者均凭符合信用证规定的凭证或单据付款；两者均是在买卖合同或其他合同的基础上开立的，但是，一旦开立就与合同无关，成为开证行对受益人的一项独立的义务。

备用信用证与跟单信用证的不同点如下：

1. 使用范围不同。跟单信用证通常只用于国际贸易结算领域；备用信用证可广泛用于各种形式的国际经济交易担保，包括国际贷款、国际融资租赁等担保。

2. 作用形式不同。跟单信用证是一种国际支付方式，每证必付，而备用信用证兼有保函的性质，即预备性，不是每证必付。在跟单信用证下，受益人只要提交与信用证要求相符的单据，即可向开证行要求付款。而在备用信用证下，受益人只有在开证申请人未履行义务时，才能行使信用证规定的权利。因此，备用信用证常常是一种备而不用的文件。

3. 单据要求不同。虽然两者都规定以受益人提交一定的单据作为开证行承担付款责任的根据，但其要求的具体单据种类截然不同。跟单信用证要求受益人必须提交符合信用证条款规定的单据、保单、发票、装箱单、商检证明等商业单据；而备用信用证要求的单据主要是开证申请人未履行其合同义务的证明文件和声明,一般由受益人自己制作。

4. 适用惯例不同。跟单信用证适用 UCP600 条款项;备用信用证有一个被世界各国所公认的国际惯例,即《跟单信用证统一惯例》(500 号)的部分条款,现在为 UCP600 部分条款。还有《国际备用信用证惯例》(International Standby Practices,简称 ISP98)作为专门的国际统一规则。

5. 开证申请人不同。跟单信用证的开证申请人是货物的进口方(买方),出口方为受益人;备用信用证的开证申请人和受益人既可以为进口方也可以为出口方。

6. 开证行承担的风险程度不同。对开证行而言,跟单信用证的风险小于备用信用证。因为备用信用证的开证行不一定有相关商业单据,故风险较大。

【单元实训】

备用信用证案例分析

【实训设计】

将学生分成若干组,以小组为单位合作完成案例分析任务;将本次任务结果作为技能成绩加以记录。

【实训流程】

步骤一:给出实训案例。

中国 A 公司向国外 B 公司借贷资金 5000 万美元,为获得 B 公司信任,特向银行申请办理备用信用证作为借款担保。

思考分析:

1. 简述备用信用证的格式和内容。
2. 简述备用信用证的处理流程。
3. 分析备用信用证的作用。

步骤二:独立分析。

由各小组成员根据所学知识进行独立分析,形成书面材料。

步骤三:分析解答。

随机抽取三名学生解读结果,结合备用信用证详细分析,并解答学生提出的问题。

步骤四:实训总结。

1. 综合总结实训涉及的知识。
2. 总结实训的参与度与学生表现情况。

【综合实训】

银行保函和备用信用证业务综合实训

实训目标

学习与巩固银行保函和备用信用证业务知识和技能。

实训任务

本教学项目的实训活动要完成两项任务：一是对基础知识和分析思考题进行闭卷测试；二是完成保函和备用信用证业务实验的全部业务。

一、基础知识测试

（一）单选题

1. 开立保函申请书是（　　）代表了一定的法律义务和责任划分的书面文件。
   A. 申请人与担保行之间　　　　　　B. 申请人与通知行之间
   C. 申请人与受益人之间　　　　　　D. 担保行与转递行之间

2. 以下不属于申请人的主要责任是（　　）。
   A. 严格按照合同的规定履行自己义务，避免保函项下发生索偿和赔偿
   B. 索偿时应按保函规定提交符合要求的索偿证明或有关单据
   C. 承担保函项下的一切费用和利息
   D. 在担保行认为必要时，预支担保保证金，提供反担保

3. 卖方或承包方（申请人）委托银行向买方或业主（受益人）出具的，在不能履约时保证退还与预付款等额的款项，或相当于合约尚未履行部分相应比例的预付款项的保函，称为（　　）。
   A. 维修保函　　　　　　　　　　　B. 履约保函
   C. 保留金保函　　　　　　　　　　D. 预付款保函

4. 提货保函的受益人为（　　）。
   A. 银行　　　　　　　　　　　　　B. 出口商
   C. 船公司　　　　　　　　　　　　D. 进口商

5. 以下不属于银行保函和跟单信用证相同点的是（　　）。
   A. 两者都是由银行做出的承诺　　　B. 两者形式相似
   C. 两者都是单据化业务　　　　　　D. 银行对单据的审核责任仅限于表面相符

6. 在（　　）中，担保人的偿付责任从属于或依附于申请人在交易合同项下的义务。申请人是否违约要根据基础合同的规定以及实际履行情况来做出判断，这经常使银行因卷入买卖双方的贸易纠纷而进退两难。

A. 从属性保函　　　　　　　　B. 独立性保函
C. 付款保函　　　　　　　　　D. 透支保函

7. 保函项下担保权益的享受者，也就是有权按保函规定通过提交某种单据或声明向担保行索取款项的人，是保函的（　　）。

A. 申请人　　　　　　　　　　B. 担保行
C. 受益人　　　　　　　　　　D. 反担保行

8. 在下列哪种情况下，往往不需要保兑行（　　）。

A. 担保行信誉、资金实力较差　　B. 申请人信誉、资金实力较差
C. 担保行处于外汇紧缺的国家　　D. 担保行处于政治经济局势动荡的国家

9. 投标保函的申请人是（　　）。

A. 招标国政府　　　　　　　　B. 招标人
C. 投标人　　　　　　　　　　D. 中标人

10. 下列不属于进口类保函的是（　　）。

A. 付款保函　　　　　　　　　B. 租赁保函
C. 提货保函　　　　　　　　　D. 质量保函

（二）多项选择题

1. 每一种保函都应包含的内容有（　　）。

A. 保函申请人的名称及详细地址　　B. 保函受益人的名称及详细地址
C. 保函担保行的名称及详细地址　　D. 保函的标的
E. 保函的索赔条款

2. 见索即付保函业务中，银行的付款责任是（　　）。

A. 第一性　　　　　　　　　　B. 第二性
C. 无条件　　　　　　　　　　D. 有条件
E. 受某些条件的限制和约束

3. 下列可成为银行保函申请人的是（　　）。

A. 投标人　　　　　　　　　　B. 招标人
C. 签约人　　　　　　　　　　D. 买方
E. 卖方

4. 银行保函的通知行所负的责任有（　　）。

A. 将保函通知或转递给受益人　　B. 核实保函的真伪
C. 检查保函内容是否正确　　　　D. 承担支付保证责任
E. 确保保函在邮寄过程中不致延误、遗失

5. 担保行在保函项下拥有的合法权益包括（　　）。

A. 监督受益人履行合约　　　　B. 在垫付款项后，要求申请人偿还
C. 要求申请人提供反担保　　　D. 在必要时，要求处置担保品

6. 银行保函可以解决交易中存在的（　　）问题。

A. 买方怀疑卖方的交货能力
B. 卖方怀疑买方的支付能力

C. 预付和迟付的矛盾

D. 在合约的执行过程中，因一方的违约导致另一方的损失

E. 买卖双方的资金不足

7. 以下对备用信用证与银行保函之间的区别阐述正确的是（　　）。

A. 备用信用证适用 UCP600 规则，银行保函适用《见索即付保函统一规则》

B. 备用信用证有可撤销与不可撤销之分，银行保函通常不可撤销

C. 备用信用证项下银行承担第一付款责任，保函项下银行承担第二付款责任

D. 在没有申请人的情况下银行可主动签发备用信用证，而银行保函必定是根据申请人的要求和指示而开立的

8. 以下关于备用信用证和银行保函相同点说法不正确的是（　　）。

A. 两者形式相似

B. 两者适用法律规范和国际惯例相同

C. 两者融资作用相同

D. 两者性质相同

9. 以下属于备用信用证和银行保函相同点的是（　　）。

A. 定义和法律当事人　　　　　　B. 性质

C. 与基础合同的关系　　　　　　D. 作用

（三）判断题

1. 签发保函意味着担保行承担了一项确定的负债。因此，担保行出于自身利益的考虑，在签发保函之前往往要对申请人的资信情况及财务状况、担保品及反担保措施、项目可行性及效益、保函申请书或委托担保协议等内容进行详尽的审查。（　　）

2. 转开保函是最基本的一种开立保函方式。（　　）

3. 独立性保函中担保人承担第一偿付责任，即担保人的偿付责任独立于申请人在交易合同项下的义务。（　　）

4. 保函的修改必须经有关当事人一致同意后方可进行，任何一方单独对保函条款进行修改都视为无效。（　　）

5. 任何一份银行保函都有保兑行这一基本当事人。（　　）

6. 银行在为申请人开立银行保函时，为了控制自身风险，往往都要求申请人提供反担保。（　　）

7. 银行保函的修改必须经有关当事人一致同意后，由受益人向担保行提出书面的修改申请。（　　）

8. 银行保函的应用范围要远远大于普通的跟单信用证，可以用于保证任何一种经济活动中任何一方履行其不同的责任与义务。（　　）

9. 保函的担保期限即保函的有效期，只有在保函的有效期内，担保行才承担保证责任。所以受益人必须在规定的期限内向担保行提出赔付要求，否则担保行可以不付款或不履行赔偿义务。（　　）

10. 在向受益人赔付后，担保行有权向申请人或反担保人索偿。如果申请人不能立即偿还担保行已支付的款项，担保行有权处置保证金或抵押品；如果处置后仍不足以抵偿，

担保行自行承担该损失。　　　　　　　　　　　　　　　　　　　　　　　　　（　　）

(四) 问答题

1. 银行保函的当事人有哪些？
2. 银行保函的主要内容有哪些？
3. 银行保函的性质和作用是什么？
4. 开立保函应注意什么？
5. 试述备用信用证与银行保函的区别。

二、实务题

(一) 案例分析

某外经贸公司与阿联酋合作投标当地项目。当地公司以自身名义投标，中方企业负责中标后的具体执行。中标后，外方公司提出中方企业向外方业主（出标人）开立保函，即由中方公司申请，外方公司为被担保人，外方业主为受益人的履约保函。银行提出，若保函项下发生索赔，中方企业没有办法在法律框架内解决，因为中方企业没有竞争对手。

（提示：一般保函的保函申请人和被担保人是一致的，与合同也应一致。有时候会发生不一致（外管政策不允许），不一致就会产生法律纠纷。）

请分析：

1. 银行履约保函的申请人、被担保人、受益人分别是谁？
2. 银行保函的申请人必须是基础合同的当事人，同时也是银行保函的被担保人。

(二) 银行保函业务

阅读理解 MT760 报文，然后解答下列问题。

MT760 示例

MT 760	ISSUE OF A Transferable Bank Guarantee	
27	SEQUENCE OF TOTAL	1/1
20	TRANSACTION REFERENCE NUMBER	ICBKCNBJABJM BG NUMBER: MC20140506
23	FURTHER IDENTIFICATION	ISSUE
30	DATE	140506
40C	APPLICABLE RULES	URDG LATEST VERSION
77C	DETAILS GUARANTEE	

TO MATSUYA CORPORATION (HEREINAFTER CALLED "THE BENEFICIARY") 1-12-2 NIINA, MINO, OSAKA, JAPAN1-12-2 NIINA, MINO, OSAKA, JAPAN

THIS PAYMENT GUARANTEE IS PROVIDED AS PER THE CONTRACT NO. MC20140102 DATED ON MAR. 04. 2014, FOR SUPPLY OF TELEVISION. BETWEEN SHANXI TAIHANGSHAN IMPORT AND EXPORT CO., LTD NO. 99 YINGZE STREET, TAIYUAN, P. R. CHINA (HEREINAFTER CALLED "THE APPLICANT") AND THE BENEFICIARY.

续表

WE THE AGRICULTURAL BANK OF CHINA, SHANXI BRANCH HEREBY IRREVOCABLY GUARANTEES TO PAY UP TO THE AMOUNT OF THE GUARANTEED VALUE USD1 000 000.00 (INWORDS: USD ONE MILLION ONLY) SPECIFIED IN THE BENEFICIARY'S DEMAND, WITHIN 5 (FIVE) BANKING DAYS AFTER RECEIPT OF THE BENEFICIARY'S FIRST WRITTEN DEMAND FOR PAYMENT AND THE WRITTEN STATEMENT ENDLOSED DOCUMENTS.

- THE DEMAND STATING THAT THE APPLICANT HAS FAILED TO MAKE PAYMENT IN ACCORDANCE WITH THE CONTRACT WITHIN 60 (SIXTY) DAYS AFTER RECEIVING THE GOODS.

THE WRITTEN STATEMENT ENCLOSED DOCUMENT INCLUDE:
- (CERTIFIED BY THE BENEFICIARY) COPY OF BILL'S OF LADING INDICATING THE APPLICANT AS THE CONSIGNEE, NAME OF THE CARRIER AND SIGNED BY THE CARRIER, NUMBERS OF THE CONTRACT, DATE OF THE SHIPMENT TO THE PORT OF DESTINATION (TAIYUAN, CHINA)

- (CERTIFIED BY THE BENEFICIARY) COPY OF INVOICE (S) MADE OUT BY THE BENEFICIARY IN THE NAME OF THE APPLICANT INDICATING THE CONTRACT NUMBER, AMOUNT TO BE PAID AND DATE OF ISSUE.

THE BENEFICIARY'S DEMAND AND WRITING STATEMANT SHALL BE PRESENTED TO THE AGRICULTURAL BANK OF CHINA, SHANXI BRANCH, INTERNATIONAL DEPT., NO.123 YINGCE AVENUE TAIYUAN 030073, P.R. CHINA BEFOR OR ON THE DATE OF EXPIRY OF THE PAIMENT GUARANTE.

THIS PERFORMANCE GUARANTEE IS NOT TRANSFERABLE.

THIS PERFORMANCE GUARANTEE SHALL BECOME EFFECTIVE FROM ISSUING DATE AND SHALL REMAIN VALID UNTIL JULY. 6, 2014.

ALL APPLICANT'S BANK CHARGES AND COMMISSIONS ARE FOR APPLICANT'S ACCOUNT, ALL OTHER CHARGES AND COMMISSIONS ARE FOR BENEFICIARY'S ACCOUNT.

THIS PERFORMANCE GUARANTEE IS COVERNED BY THE UNIFORM RULES FPR DEMAND GUARANTEES (2010 EDITION, ICC PUBLICATION NO.758)

72　　Sender to Receiver Information　　　　　　　TELEBEN

1. 此报文格式为（　　）。
A. MT 700　　　　　　　　　　　　B. MT 707
C. MT 760

2. 开证日期为（　　）。
A. 141106　　　　　　　　　　　　B. 140506
C. 141206

3. 赔偿金额（　　）。
A. 大于100万美元　　　　　　　　B. 小于100万美元

4. 申请人为（　　）。
A. 山西太行山进出口公司　　　　　B. MATSUYA公司

C. 农业银行山西支行

5. 受益人为(　　)。

A. 山西太行山进出口公司　　　　B. MATSUYA 公司

C. 农业银行山西支行

6. 交易的货物是(　　)。

A. 焊接机　　　　　　　　　　　B. 针织物

C. 电视

7. 这是一个哪种类型的银行保函(　　)。

A. 履约保函　　　　　　　　　　B. 投标保函

C. 付款保函

8. 保函到期日为(　　)。

A. 20141106　　　　　　　　　　B. 20140706

C. 20140506

9. 担保人为(　　)。

A. Dai-Ichi Kangyo Bank Tokyo Branch　　B. 农业银行山西支行

C. 山西太行山进出口公司

10. 受益人申请赔偿应当提供的单据包括(　　)。

A. 提单和发票　　　　　　　　　B. 提单和保单

C. 发票和保单

项目八 Project 8
国际借贷和贸易融资

【知识目标】
◇ 掌握出口信贷的定义、业务办理条件；了解国际经济合作与发展组织关于出口信贷的协定和中国进出口银行的主要业务。
◇ 掌握出口贸易融资的种类、业务过程；掌握进口贸易融资的种类、业务过程。
◇ 掌握福费廷业务的定义、特点、作用、风险防范措施、业务处理过程，了解福费廷业务适用条件。
◇ 掌握国际保付代理的定义、业务种类、业务过程，了解国际保付代理的作用和类型。

【能力目标】
◇ 能够分析各项融资的利弊，设计出最优融资方案。
◇ 能够办理出口信贷、出口贸易融资、进口贸易融资、福费廷、国际保付代理业务。
◇ 能够搜集相关资料、获取相关信息。

任务一 出口信贷

【教师任务】
◇ 指导学生学习本任务所要关注的知识点。

◇ 指导学生搜集相关资料。
◇ 指导学生处理出口信贷业务。

【学生任务】

◇ 学习掌握本任务的知识点。
◇ 搜集本任务相关资料。
◇ 学会运用中国进出口银行出口信贷的主要产品。

教学活动1　出口信贷与出口信贷担保

【活动设计】

四人一组，网上搜集资料；模拟出口商、进口商、融资行办理出口信贷的过程，写出出口信贷融资过程；模拟演示出口信贷融资过程。

【案例导入】

出口信贷助推中国船舶业前行

近年来，我国船舶行业经济效益一直呈现持续下降态势，船舶企业面临交船难、盈利难、融资难等多种困境。作为专门为海西经济区服务的金融机构，中国进出口银行××分行通过出口信贷等方式积极支持船舶企业调整产品结构、加快技术转型升级、拓展经营领域。截至目前，××省分行船舶类信贷业务余额折合人民币28亿元。

分析思考：

什么是出口信贷？为什么开展出口信贷业务？如何办理出口信贷？

【基础知识】

一、出口信贷

（一）出口信贷的定义

出口信贷是指出口商所在国家为了鼓励商品出口特别是大型设备的出口，由其银行向出口商、进口商或进口商的银行提供利率较低的优惠贷款。出口信贷期限一般超过一年，属于中、长期信贷，大多用于金额大、生产周期长的资本货物，主要包括机器、船舶、飞机、成套设备等。

（二）主要形式

出口信贷根据借款人的不同，分为卖方信贷和买方信贷两种。

1. 卖方信贷。卖方信贷是指出口商采用延期付款方式销货时，由其所在国的银行向其提供金额相当于货款一定比例、期限参照延期付款期限而定的贷款。具体做法是在交易双方签订进出口合同后,进口方支付5%~10%的定金,在分批交货、验收和保证期满时再分次付10%~15%的货款,其余的75%~85%的货款,则由出口厂商在设备制造或交货期间从出口方银行取得中、长期贷款供其补充流动资金。当进口商按合同规定的延期付款时间付讫余款和利息时,出口商再向出口方银行偿还所借款项和应付的利息。所以,卖方信贷实际上是出口商在获取出口方银行中、长期贷款基础上,向进口方提供的一种商业信用。

2. 买方信贷。买方信贷是指出口方银行直接向进口商或进口商银行提供用于支付货款的贷款。贷款金额一般是货款的75%~85%,一般属于中、长期的流动资金贷款。为降低出口方银行贷款的风险,一般不直接贷款给进口商,而是贷款给进口商的银行,由其进行转贷,起担保作用。在使用买方信贷时,出口商与进口商所签订的贸易合同规定为即期付款,因此买方信贷是由出口地银行向境外进口商提供贷款的国际银行信用形式。

近年来出口信贷有了新发展,境外承包工程与出口货物相结合,为了鼓励本国外向型经济发展,创造就业机会,出口信贷由中长期的流动资金贷款转变为中长期的项目贷款。

(三) 出口信贷的特点

出口信贷的特点主要包括与货款紧密相连、利率低、与国家信贷担保相结合和国家专设出口信贷机构四个方面。

1. 与货款紧密相连。出口信贷的目的是通过提供信贷支持,鼓励本国资本货物的出口,因此申请贷款是基于回笼或支付特定合同项下货款的目的。无论是贷款的金额,还是贷款的期限都与进出口贸易合同相关联,因此此项贷款必须专款专用,不得挪用。

2. 利率低。中长期出口信贷的利率一般低于相同条件下其他资金放贷的市场利率,利差由国家补贴。

3. 与国家信贷担保相结合。由于中长期出口信贷金额大、贷款期限长,贷款银行存在着较大风险。为解除银行的后顾之忧,保证其贷款资金的安全性,国家通过设立信贷担保机构、出口信用保险机构,对银行发放的中长期出口信贷给予担保。

4. 国家专设出口信贷机构。西方发达国家一般设置专门出口信贷机构,以加大对出口企业的信贷支持力度。出口信贷大多直接来自于商业银行。但在两种情况下由国家设立的出口信贷机构参与其中:一是若金额巨大,超出商业银行供应资金能力时,则由国家专设的出口信贷机构给予支持;二是对特定商品的出口信贷,直接由专设的出口信贷机构承担放贷责任。其目的就是改善出口信贷条件,增强其出口产品的国际竞争力。

(四) 出口信贷的业务要素

出口信贷业务活动的构成要素包括借款人、贷款用途、贷款限额、定金、贷款期限、贷款利率和费用、贷款的偿还、担保等多方面。

1. 贷款机构和借款人。出口信贷的贷款机构为出口地的商业银行和出口国专设的出口信贷机构;借款人为具有法人资格、经国家有关部门批准有权经营机电产品和成套设备出口的进出口企业或生产企业,但必须要获得机电产品出口经营权或外经权。

2. 贷款用途。出口信贷的用途必须是用来支付货款或与出口商提前回笼货款相关联。具体包括两类项目:一是单笔出口合同金额超过30万美元,设备在我国国内制造部分的比重符合国家规定,出口合同中规定的现汇支付比例符合国际惯例的;二是海外工程承包项目在其合同总额中能带动20%机电产品和成套设备出口的,都可用出口信贷。

3. 贷款限额和定金。出口信贷的贷款限额一般为进出口贸易合同金额的一定比例,如成套设备和机电产品类为不高于合同金额的85%,船舶类则为不高于合同金额的80%;定金也一般为进出口贸易合同金额的一定比例,进口方须以现汇支付。如成套设备和机电产品类一般不低于合同金额的15%,船舶类则不低于合同金额的20%。

4. 贷款期限。期限长短取决于进出口贸易合同金额的大小和合同货物的性质决定。一般从提单日期或工程建成验收交接日期算起,短则18个月,长则可达10年;一般设定宽限期,建设期为宽限期。

5. 贷款利率和费用。出口信贷的利率一般按照经济合作与发展组织的协定条款确定利率,一般按约定每半年调整一次利率。在利率调整期内,利息按最新调整后利率计算。

出口信贷所支付的费用主要包括银行办理托收的手续费、贷款国政府出口信贷担保机构的担保费、承担费和印花税等。

6. 贷款担保。借款人必须有出口信贷机构认可的担保。如远期信用证、银行保函、备用信用证、银行承兑汇票、银行担保的商业本票等。

7. 贷款偿还。依据进出口贸易合同规定的分期情况,贷款分期偿还。在出口设备全部交货或工程建成后,进入偿还期,贷款分期偿还,一般是每半年偿还一次。

(五) 出口信贷办理的具体条件

以我国卖方信贷为例,说明出口信贷办理的具体条件。

1. 企业法人,具备履约能力。申请贷款的企业必须是独立的企业法人,经营管理、财务状况良好,具备履行出口合同的能力。

2. 出口合同已签订。出口项目符合国家产业政策和外贸政策等有关规定,并且出口的有关合同已经签订,有关条件基本落实。

3. 出口项目经济效益好。经测算出口项目的经济效益良好,盈利水平和出口换汇成本比较合理,有偿还借款本息的能力。

4. 出口合同条款符合国际惯例。出口合同的商务条款符合国际惯例,能维护我出口方的权益,有关贷款支付和结算方式对我方有利。

5. 出口的设备符合进口国规定,进口商资信可靠。出口设备须符合进口国的规定,或进口商已取得进口许可证。进口商必须资信可靠,并尽可能提供中方银行可接受的支付保证(如银行保函、信用证、本票等)。

6. 担保。借款企业必要时,需投保出口信用险,以确保收汇安全;或借款企业应提供银行认可的信用担保或财产抵押,作为还款保证(经银行评定信用等级,授予免担保的信用额度的除外)。

(六) 出口信贷办理的程序

以出口卖方信贷为例,说明出口信贷办理的程序。

1. 贷款申请人提出贷款申请,同时提交相应文件资料。填写"出口卖方信贷申请表",说明申请贷款项目出口情况、申请贷款的用途和还款计划;提交的资料包括:①有关部门对出口项目的批准文件(不需要的除外);②出口项目的商务合同副本(正本批贷后退还企业),需要进口原材料或设备的项目应提供进口合同的有关批件或进口许可证;

③出口项目的可行性研究报告或经济分析报告；④借款企业与国内供货单位签订的供货合同，自营出口生产企业需提供其出口货物的国内生产计划和设备清单；⑤借款人需提供国外银行的付款保函或信用证或其他付保证；⑥借款人公司简介、营业执照、出口经营权批文、近三年和近期的财务报表；⑦担保人简介、担保意向书、营业执照、近三年和近期财务报表、借款人或担保人的财产抵押证明文件；⑧银行认为有必要的其他材料。

2. 银行受理和审批过程。企业将上述材料提供给银行后，银行正式受理此项目。银行按规定进行贷前调查、贷时审查和项目评审。经过项目审核，批准贷款后，由银行向企业发贷款通知书，并与企业签订借款合同、保证合同，与代理行签订委托代理协议。

3. 贷款的发放。借款合同生效后即可按合同规定的用款计划向企业发放贷款，并按规定监督企业的贷款资金的使用。

二、出口信贷担保

（一）出口信贷担保的定义

出口信贷担保是一国政府设立专门机构，对本国出口商和商业银行向国外进口商或银行提供的延期付款商业信用或银行信贷进行担保。当国外债务人不能按期付款时，由这个专门机构按承保金额给予补偿。出口信贷担保一般是国家主导的担保，因此也称为国家担保制。

出口信贷担保是国家用承担出口风险的方法，鼓励扩大商品出口和争夺海外市场的一种措施。

（二）出口信贷担保的风险

出口信贷担保的风险具有广泛性。出口信贷中产生的各类信用风险在出口信贷担保范围之内，但出口商遇到的政治风险、经济风险不在出口信贷担保之列。

免除赔偿的政治风险损失是指由于进口国发生政变、战争以及因特殊原因政府采取禁运、冻结资金、限制对外支付等政治原因引起的损失。

免除赔偿的经济风险损失是指进口商或借款银行破产无力偿还、货币贬值或通货膨胀等原因所造成的损失。

（三）出口信贷担保的期限

出口信贷担保的期限一般与出口信贷的期限相匹配，根据出口信贷期限的不同，出口信贷担保的期限分为短期和中长期。

1. 短期出口信贷担保。短期出口信贷担保的期限一般是6个月左右，适用于出口厂商所有的短期信贷交易。为了简化手续，有些国家对短期信贷采用"综合担保"方式，出口厂商一年只需办理一次投保，即可承保这一年中对海外的一切短期信贷交易。

2. 中长期信贷担保。中长期信贷的担保的期限为2年到15年不等，适用于大型成套设备、船舶等资本性货物出口及工程技术承包服务输出等方面的中长期出口信贷。这种担保由于金额大、时间长，一般采用逐笔审批的特殊担保。

（四）出口信贷担保的金额和费率

出口信贷担保的金额一般为贸易合同金额的75%～100%。出口信贷国家担保制是一种国家信用担保海外风险的保险制度，收取费用一般不高，随着出口信贷业务的扩大，国家担保制也日益加强。

教学活动2 主要国家的出口信贷和中国进出口银行

【活动设计】

学生四人一组,在网上搜集我国出口信贷和其他国家出口信贷的相关资料并进行讨论;学会使用中国进出口银行出口信贷产品。

【案例导入】

亚投行的建立

亚洲基础设施投资银行(Asian Infrastructure Investment Bank)简称亚投行,是一个政府间性质的亚洲区域多边开发机构,重点支持基础设施建设,法定资本为1000亿美元,总部设在北京。亚洲基础设施投资银行于2014年10月24日在北京成立,在国际上引起特别大的反响。首批意向创始成员国包括中国、印度、新加坡等在内21个国家财长和授权代表。截至2015年4月15日,经现有意向创始成员国同意,瑞典、以色列、南非、阿塞拜疆、冰岛、葡萄牙、波兰正式成为亚洲基础设施投资银行意向创始成员国,亚投行意向创始成员国全部确定,共57个。

分析思考:亚投行与中国进出口银行的业务会有重合吗?它们之间会发生联系吗?

【基础知识】

一、一些主要国家的出口信贷

世界上工业化比较早的发达国家,都相继建立了出口信贷机构。

(一)建立出口信贷机构的目的

建立出口信贷机构是出口信贷机制的核心。其目的是为使本国出口商在进出口贸易中得到有利的信贷条件,促进其出口贸易的开展。

出口信贷机构一般是由政府或政府主导成立的,这些出口信贷机构有的是通过给出口商或进口商出售或购买设备的银行贷款提供担保形式,实现便利出口的目的;也有一些出口信贷机构是通过与商业银行达成集资或部分参与的协议,直接以向买方或卖方发放贷款的方式达到目的。出口信贷机构是政府机构或与政府关系密切的机构,支持本国出口商是其必须具备的职能。它的目的不在于盈利,不会因竞争向本国出口商提供更加优惠的条件。

出口信贷机构在不同国家有不同的表现形式。美国政府设立美国进出口银行(EX-PORT-IMPORT BANK OF THE UNITED STATES),承办出口信贷和出口保险业务;多数国家设立两家出口信贷机构即出口信贷和保险,如英国、法国、德国、意大利、瑞典、加拿大;日本情况比较特殊,其出口信贷由商业银行或专门提供中长期信贷的银行提供,出口保险则由"出口保险课"（EID）办理，是官方或半官方机构。

（二）国际经济合作与发展组织（以下简称"经合发"）关于出口信贷的协定

为建立公平的市场环境，消除不公平竞争，多数"经合发"成员国家的出口信贷机构已同意互相合作、协调并规范其提供出口信贷支持的业务。这些出口信贷机构统一安排，规定了标准融资条件，任何出口信贷机构不得违背这些条件。"经合发"成员国关于出口信贷做出的统一安排，称为君子协定。

1. 确定出口信贷的最低利率。"经合发"通过的君子协定中确定最低利率是最重要的内容。"经合发"组织按人均国民生产总值将借款国家分为富裕国家、中等国家和贫穷国家三类。借款国的类别依据该国经济条件变化进行不定期调整。根据不同国家类别，该组织对官方支持的出口信贷确定最低利率，通常称"经合发组织君子协定利率"。1983年10月15日，"经合发"对最低利率作了规定：①最低利率水平应与市场利率相联系，每半年调整一次（每年1月15日和7月15日）；②对使用低利率贷款的发展中国家，如果其贷款期限低于两年半，则利率与商业贷款利率相近；③对国内商业利率低于最低利率的国家，规定了其出口信贷最低利率的水准基点，通常以商业参考利率为准，各国货币的商业参考利率通常是由该国政府5年期债券的收益率再加1%构成。

2. 各成员国对"经合发"最低利率的规避。"经合发"的君子协定是成员国进行竞争可利用的工具，由于协定不具备法律约束力，各国均保留了最后决定权，自协定签订之日起，各成员国就在利用协定中的技术性条文方面采取各种手段，对不利的协定条款进行规避。主要表现在：

（1）使用混合贷款。混合贷款指将出口信贷同低息或无息的政府援助贷款混合使用。由于协定只适用于官方支持的商业出口信贷，对于包括外援成分的信贷并无明确规定。有些国家就将部分正常的商业出口信贷转入外援项下，对外提供非常优惠的混合信贷。鉴于此，君子协定规定：政府援助性贷款在混合贷款中所占比重不到20%的，不准使用混合贷款。

（2）对特殊产品提供优惠。对特殊产品提供优惠信贷是指对飞机、船舶、核电站、卫星地球站和农产品等出口信贷不在协定的管辖范围之内。"经合发"成员国出口这类商品时都竞相提供更为优惠的条件。

（3）利用"海外资源开发基金"。不少西方国家为资助在国外开办本国所需工业原料和燃料的企业，一般都设有一笔"海外资源开发基金"。这种基金不属于商业信贷，其利率和期限不属于协定的管辖范围。

（4）利用货币地位、利率、通胀率的不一致。例如，有的国家本国货币利率高于外币的市场利率，就对外提供低于协定规定利率的出口信贷，以提高本国产品出口的竞争力。

（5）延长出口信贷的期限。美国一直以西欧各国向本国出口商提供低息出口信贷，违反《关税及贸易总协定》为理由，要求西欧各国特别是法国提高官方出口信贷利率，遭拒绝后便采取延长美国出口信贷期限和单方面提高利率的办法，迫使西欧各国减少对出口信贷的利息补贴。

(三) 美国的出口信贷机制

1. 建立美国进出口银行。美国进出口银行是一家独立的美国政府机构，也是服务于出口信贷和出口保险的金融机构。它创立于1934年，依照1945年有关融资和促进美国出口法律运作。其主要职责是通过对出口商提供一般商业渠道所不能获得的信贷支持促进美国商品及服务的出口，增加就业。截至2010年，美国进出口银行已支持了美国4000多亿美元的出口。美国进出口银行与商业银行之间是一种相互补充而非竞争的关系。

2. 美国进出口银行机构设置。美国进出口银行是政府创办的公司。公司设立董事会，董事会由主席、副主席以及三个董事组成，这些人员由总统任命，在董事会下设职能部门，负责各类出口信贷相关业务。

3. 美国进出口银行的信贷支持项目。

(1) 流动资金担保项目，旨在帮助美国出口商获得为参与投标、改进产品及支付外国合同定金等出口前所需的流动资金。

(2) 出口信贷保险项目，旨在为美出口商因外国买方或债务人出于政治或商业原因不履行合同而造成的损失提供担保。

(3) 中长期信贷保证项目，旨在通过为贷款银行提供保证来帮助外国买方获得信贷。

(4) 中长期贷款项目，旨在向购买美国产品的外国买方提供买方信贷。

(5) 信贷保证便利措施项目，旨在按照规定条件和要求，以外国银行为贷款对象，为美国的信贷方与其债务人之间建立以一年为期限的、最低便利额度为100万美元的信贷担保额度，使美国出口方能多次销售其资本货物及服务。

(6) 项目融资项目，旨在提供以有限追索权为基础的项目融资，以支持美国出口商参与国际竞争。

(7) 环保与核项目，旨在支持出口商出口有益于环保的商品及服务或参与竞争外国环保项目。

(8) 飞机融资项目，旨在为在美制造的新、旧飞机的出口提供融资。

此外，美国进出口银行还建有"小企业项目"，为美国1100多个小企业的出口提供融资或信贷担保。按照规定，进出口银行必须将其10%的资金用于支持促进美国小企业的出口。

二、中国进出口银行

中国进出口银行成立于1994年，是直属国务院领导的、政府全资拥有的国家银行，其国际信用评级与国家主权评级一致。中国进出口银行总部设在北京。截至2015年4月，在国内设有20余家营业性分支机构；在境外设有巴黎分行、东南非代表处和圣彼得堡代表处；与1000多家银行的总分支机构建立了代理行关系。

(一) 中国进出口银行组织架构

中国进出口银行设董事会和监事会，董事会下设董事长和行长等高级管理层，董事长为法人代表。在总行一级设8个委员会和总行部室，其中8个委员会为：战略委员会、财务审核委员会、审计与监督委员会、信贷审批委员会、风险与内控委员会、资产负债管理委员会、业务发展与创新委员会、信息技术委员会。总行部室下设的主要业务机构有：经济研究部、业务开发与创新部、公司业务部、交通运输融资部、特别融资账户部、优惠贷款部、转贷部、计划财务部、资金营运部、风险管理部、评估审查部、内控合规部、稽核评价部、会计管理部、法律事务部、国际业务部、海外机构管理部、信息科技部。根据我国进出口银行开展业务的需要在北京、上海等地设立24家营业性分支机构；在境外设立巴黎分行和东南非代表处、圣彼得堡代表处。中国进出口银行的组织架构如图8-1所示。

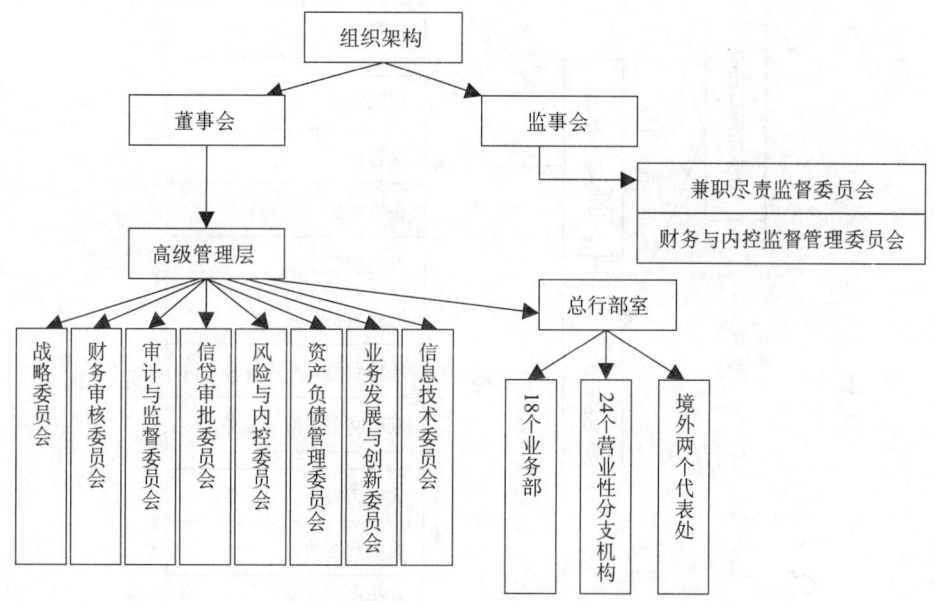

图8-1 组织架构

（二）中国进出口银行主要职责

中国进出口银行的主要职责是为扩大我国机电产品、成套设备和高新技术产品进出口，推动有比较优势的企业开展对外承包工程和境外投资，促进对外关系发展和国际经贸合作，提供金融服务。

（三）中国进出口银行的主要业务范围

中国进出口银行的主要业务分为进出口信贷业务、贸易金融业务、金融市场业务三大领域。如图8-2所示。

（四）中国进出口银行与出口信贷相关业务介绍

1. 卖方信贷。中国进出口银行卖方信贷主要包括船舶出口、设备出口、农产品出口、文化和服务出口等方面的卖方信贷。

（1）船舶出口的卖方信贷。它是指中国进出口银行对我国境内企业出口船舶、改装或修理国外船舶、生产用于出口船舶的关键船用设备及开展船舶技术和工艺研发所需资金提供的本外币贷款。

①申请条件。贷款人经营管理状况、财务和资信状况良好，具有本息偿还能力；能提供中国进出口银行认可的担保。

②贷款对象。凡在我国工商行政管理部门登记注册、具有独立法人资格，并具备出口船舶建造能力或船舶修理资质的境内（不包括港澳台地区）生产企业、具有船舶出口和

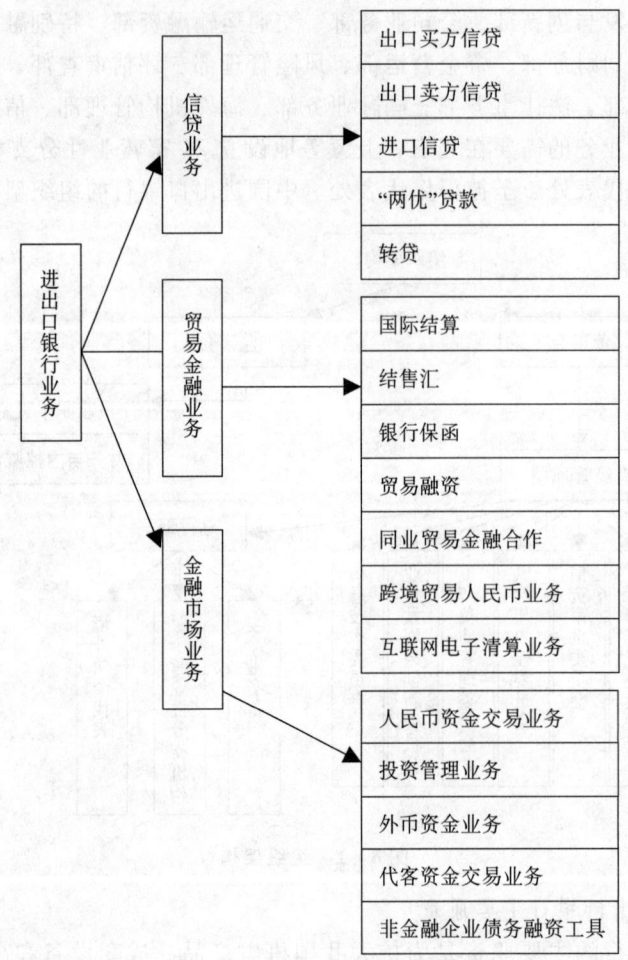

图 8-2 中国进出口银行的主要业务

国外船舶改装经营权的境内企业、具备关键船用设备生产能力的境内企业以及具备船舶技术和工艺研发能力的境内企事业单位均可提出申请。

③船舶出口卖方信贷的申请贷款时间。原则上不早于项目船舶开工前的 3~6 个月,建造难度大的首制船的申请贷款时间可适当提前,符合上述条件,同一船东、同一船型的系列船出口可以合并申请贷款。

④贷款申请材料。包括:借款申请书;借款人及担保人的基本情况、经年检的营业执照副本、近三年(成立不足三年的,成立以来,下同)经审计的财务报告及本年近期财务报表及附注,其他表明借款人及担保人资信和经营状况的资料;还款担保意向书(如涉及),采取抵押、质押担保方式的,须提交有效的抵押物、质物权属证明,由中国进出口银行委托外部机构评估抵押物、质物价值的还须提供价值评估报告;中国进出口银行任务必要的其他资料。

(2) 设备出口卖方信贷的设备。它是指用于生产、运输、科研及医疗等用途的成套设备(含配件、备件及附件等)或大型单机,包括工艺生产设备、机械设备、采暖通风设备、动力设备、运输设备（船舶除外）、通信设备、科研及医疗设备等。设备出口卖方信贷办理可参照船舶出口卖方信贷执行。

（3）农产品出口卖方信贷。它是指用于借款人农产品出口在采购、生产、运输、加工、销售等环节所需资金。可用于单一商务合同贷款、系列商务合同贷款和非指定商务合同贷款三种形式。单一商务合同贷款用于为借款人执行金额较大的单一农产品出口合同提供融资支持；系列商务合同贷款用于为借款人执行出口到同一国家或地区、出口类似农产品，且出口合同执行期接近的系列出口合同提供融资支持。非指定商务合同贷款用于为单一农产品出口合同金额相对较小且执行期相对较短，全年出口均匀稳定的借款人提供融资支持。农产品出口卖方信贷办理可参照船舶出口卖方信贷执行。

（4）文化产品和服务出口卖方信贷的范围。文化产品和服务出口卖方信贷用于借款人在文化产品和服务出口的设计、制作、实施、发行等环节所需资金。文化产品和服务包括图书、报刊、电子音像制品、电影和电视剧版权；文化企业在境外设立出版社、广播电视网、出版物营销机构、广播电视在境外落地、购买境外媒体播出时段、在境外开办广播电视频率频道；文化企业开展对外劳务合作；其他符合国家文化产业政策的文化产品和服务。文化产品和服务出口卖方信贷办理可参照船舶出口卖方信贷执行。

2. 买方信贷。中国进出口银行买方信贷是指向境外借款人提供的促进中国产品、技术和劳务出口的本外币贷款。

（1）贷款的申请条件。①借款人所在国经济、政治状况相对稳定，或其所在国国别风险可控；②借款人资信状况良好，具备偿还贷款本息能力；③出口产品、技术及服务符合我国及进口国有关规定；④借款人提供中国进出口银行认可的还款担保；⑤中国进出口银行认为必要时投保出口信用保险；⑥中国进出口银行认为必要的其他条件。

（2）贷款对象。出口买方信贷业务借款人为境外（大陆以外，包括港澳台地区）金融机构、进口国财政部或进口国政府授权的机构，以及中国进出口银行认可的进口商或境外业主及船舶经营人。出口买方信贷的出口商（承包商）应为中国境内（大陆，不包括港澳台地区）的独立企业法人，具有中国政府有权机构认定的实施出口项目资格，并具备履行商务合同的能力。

（3）贷款申请材料。①借款申请书；②借款人保证人、出口商、承包商、船舶营运人等有关的财务报告、资信证明；③保险承保意向性文件；④人民币出口买方信贷需提供开立银行结算账户申请书及相关证明文件；⑤采取抵押（质押）担保方式的，需提交权属证明文件和必要的价值评估报告；⑥中国进出口银行认为必要的其他资料。

（4）贷款期限。①对于固定资产类贷款，根据项目投资回收期和预计现金流核定，从提款期开始之日至贷款协议规定的最后还款日止，一般不超过15年；船舶类贷款期限一般不超过20年。②对于流动资金类贷款，根据借款人贷款项下资金周转状况确定，一般不超过3年。③运营资金类流动资金贷款期限根据借款人经营管理能力、资金周转情况，以及项目运营情况综合确定，一般不超过3年。

（5）船舶出口买方信贷重点审查要点。①借款人资格、经营管理水平及财务状况；②拟采用的技术、工艺和装备的合理性和可靠性；③商务合同是否符合国际惯例，是否有不利于出口商的合同条款；④项目进口商的实力、信誉和经济状况；⑤项目主要贷款条件合规性、贷款担保的可靠性;⑥项目的经济效益、社会效益与环保要求;⑦进口商所在国的国别风险;⑧其他与项目有关的内容。

3. "两优"贷款业务。"两优"贷款是中国援外优惠贷款和优惠出口买方信贷的简称,它具有中国政府给予发展中国家政府的政府援助贷款的性质。其中,援外优惠贷款是以人民币为贷款币种的,优惠出口买方信贷是以美元为贷款币种的。中国进出口银行是中国政府指定的唯一承办"两优"贷款业务的银行,按照内部分工,其优惠贷款部具体负责"两优"贷款业务。

(1) 申请条件。拟采用中国进出口银行"两优"贷款的项目,借款国政府主管机构作为发起人向中国政府提出借款申请,"两优"贷款的项目相关各方应该在项目研究初期就与中国政府和中国进出口银行建立联系,就项目相关信息进行沟通。申请"两优"贷款应具备的条件:①与我国保持良好的外交关系,有偿还能力,且偿债信誉良好(有特殊需要的国家除外);②拟使用"两优"贷款项目应符合借款国经济发展和行业规划,有利于促进借款国经济和社会发展、促进与中国经济合作关系的发展;③具备经济、技术可行性,不会对项目所在地的自然环境和人文环境造成严重的不利影响。

(2) 贷款对象。借款人一般为借款国政府主权机构,某些情况下可以为借款国政府指定并经中国进出口银行认可的金融机构或其他机构,但应由其主权机构提供担保。

(3) 申请贷款时需提交的材料。①借款国政府借款申请函;②商务合同;③项目可行性研究报告(建议书)、环评报告;④项目业主材料;⑤执行企业和主要分包商或供货商材料等。

(4) 中国进出口银行业务受理。①中国进出口银行在借款国政府向中国政府提出贷款申请并提交相关资料后,搜集贷款项目相关材料,开展贷前调查。②中国进出口银行对项目进行评估检查,并向有关部门通报评审结果。③中国政府与借款国政府签订政府间优惠贷款框架协议后,中国进出口银行与借款人签署具体贷款协议(援外优惠贷款);或政府主管部门同意后,与借款人签署具体贷款协议(优惠出口买方信贷)。④中国进出口银行把贷款资金随项目进度分多次发放。⑤中国进出口银行按制度规定开展贷后管理、回收贷款本息。

4. 转贷业务。转贷业务是指中国进出口银行对外国政府和国际金融机构向我国政府提供的优惠贷款和混合贷款进行的转贷款。其中,混合贷款是由外国政府提供的优惠贷款与外国银行提供的出口信贷或商业贷款混合组成的贷款。

【单元实训】

一、出口信贷业务实训

【实训项目】

出口信贷案例资料搜集;出口信贷业务受理

【实训目的】

会搜集资料；会处理出口信贷业务

【实训要求】

1. 四人一组，搜集出口信贷案例资料，撰写出口信贷案例；
2. 三人模拟出口商、进口商、融资商，演示出口信贷受理过程；
3. 撰写模拟出口信贷的过程报告。

二、中国进出口银行受理卖方信贷申请

【实训目的】

会办理卖方信贷申请；会受理卖方信贷申请

【实训资料】

马尾造船股份有限公司（下称马尾船厂）与 Marine Assets Corporation（下称 MAC 公司）签订一艘 227 米深海采矿船项目的船舶建造合同。中国进出口银行××省分行分别与马尾船厂签署了该项目卖方信贷融资框架协议，与 MAC 公司签署了该项目买方信贷融资框架协议。该项目对于提高我国在国际海工领域的建造水平，增强国内船厂在国际海工领域的知名度和影响力具有重要意义。

【实训要求】

三人一组、分角色结合实训资料与所学内容，模拟出口商卖方信贷申请过程；模拟进出口银行卖方信贷审核过程。

任务二 国际贸易融资

【教师任务】

◇ 指导学生学习本任务所要关注的知识点。
◇ 指导学生搜集相关资料。
◇ 指导学生处理国际贸易融资的业务。

【学生任务】

◇ 学习掌握本任务的知识点。

◇ 搜集本任务相关资料。
◇ 学会利用主要的国际贸易融资产品。

教学活动1 出口贸易融资

【活动设计】

三人一组，网上搜集资料，模拟出口商、进口商、融资行办理贸易融资的过程，根据所搜集资料撰写出口商贸易背景资料，为出口商设计出适合的融资方案。

【案例导入】

破解出口商融资难题

我国某公司与西亚某国签订承建高铁及高铁设备出口的订单，金额为8亿美元，但却面临诸多困难。由于高铁项目业主资金紧张，且在当地融资成本很高，希望该公司带资承建，业主同意采用承兑信用证方式结算，但开证银行的信用评级不佳；受资产规模限制，我国的公司在国内无法取得承建工程和出口设备所需的贷款。

分析思考：该出口商该怎样解决资金困难问题顺利履约呢？出口融资的方式有哪些？什么是出口订单融资？什么是买入票据融资？

【基础知识】

国际贸易融资是指在汇款、托收、跟单信用证等结算方式下，对出口商、进口商进行的短期资金融通，它有利于加快进出口商资金周转、减少资金占用和消除汇率风险。

一、出口订单融资

（一）定义

出口订单是指融资行应出口商申请，依据进出口双方有效贸易订单，对出口商提供以未来应收账款作为质押的短期贸易融资业务，融资款项用于出口货物的采购、生产和储运。它是对以托收、T/T为结算方式且在货物发运前有融资需求的出口企业的融资。

（二）出口订单融资特点

1. 可以为出口商在生产、采购等备货阶段提供资金融通，减少自有资金占压，提高出口商资金使用效率。

2. 在出口商资金紧缺而又无法争取到预付货款时，可以帮助出口商顺利开展业务，把握商机，扩大贸易机会。

（三）出口订单融资的业务流程

出口订单融资的业务流程如图8-3所示。

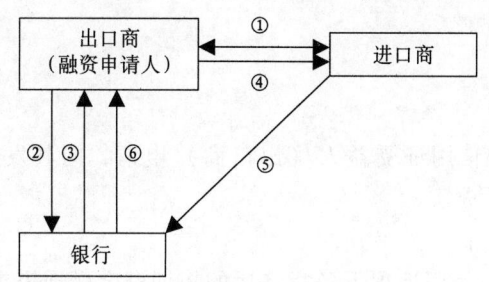

图8-3 出口订单融资业务流程

注:
①出口商与进口商签订商务合同取得订单,约定进口商在到期日付款给指定银行;
②出口商填写订单融资申请书,并提交相关资料;
③银行受理出口商申请,在对出口商授信额度内,按订单金额一定比例融资;
④出口商向进口商发货、交单;
⑤进口商按约定在到期日向指定银行支付货款;
⑥银行扣除向出口商融资的本息后差额付给出口商。

二、买入票据融资

(一) 定义

买入票据融资是指在光票托收等不附带贸易单据的结算业务项下,银行通过以贴现方式购入由其他银行付款的银行即期票据,为客户提供融资服务。它用于满足客户在光票托收项下的短期资金融通需求。

(二) 买入票据融资适用出口商类型

1. 出口商流动资金有限,需依靠快速的资金周转开展业务。
2. 出口商在收到光票托收款前,遇到临时资金周转困难。
3. 出口商在收到光票托收款前,遇到新的投资机会,且预期收益率高于贴现利率。

(三) 出口商申请买入票据融资应具备的条件

1. 依法核准登记,具有经年检的法人营业执照或其他足以证明其经营合法性和经营范围的有效证明文件。
2. 出口商拥有贷款卡。
3. 出口商拥有开户许可证,并在融资行开立结算账户。
4. 出口商在融资行有授信额度。
5. 出口商拥有其他银行付款的即期票据。

(四) 买入票据融资业务处理过程

1. 出口商在核准的授信额度内,将所持票据和买入票据融资的申请提交融资行。
2. 融资行经审核后,将贴现款项入出口商账户,并约定保留追索权。
3. 融资行将票据寄至境外付款行提示付款。
4. 境外付款行到期向融资行付款,融资行收回贴现款项。

三、打包贷款

（一）定义

打包贷款是指银行应信用证受益人（出口商）申请，向其发放用于信用证项下货物采购、生产和装运的专项贷款。

（二）打包贷款的作用

1. 用于满足出口商在信用证项下备货装运的短期资金融通需求。
2. 扩大贸易机会。在出口商自身资金紧缺而又无法争取到预付货款的支付条件时，帮助出口商顺利开展业务、把握贸易机会。
3. 减少资金占压。在生产、采购等备货阶段均不占用出口商的自有资金，可以缓解流动资金压力。

（三）打包贷款特点

1. 还款来源为信用证项下出口收汇，具有开证行有条件的信用保障。
2. 属专项贷款且贸易背景清晰，进行封闭管理。

（四）打包贷款适用出口商类型

出口商流动资金紧缺，而国外进口商不同意预付货款，但同意开立信用证。

（五）出口商申请打包贷款应具备条件（参见"出口商申请买入票据融资应具备的条件"中的前四项）

（六）出口商申请打包贷款应提交材料

1. 打包贷款申请书。
2. 与进口商签订的销售合同和国内采购合同。
3. 销售合同和采购合同的相关贸易情况介绍。
4. 已开立的信用证正本。

（七）打包贷款业务流程

打包贷款业务流程如图8-4所示。

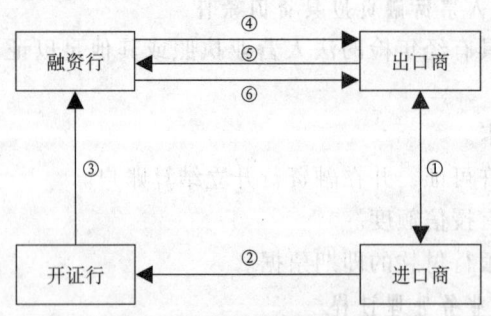

图8-4 打包贷款业务流程

注：
①出口商与进口商签订商务合同，约定开立信用证的日期；
②进口商申请开立信用证；
③开证行开立信用证并发给通知行（融资行）；
④通知行（融资行）把信用证通知出口商；
⑤出口商与融资行签订融资协议，向融资行提交打包放款申请书、贸易合同、正本信用证及相关材料；
⑥融资行放款给出口商。

(八) 融资行办理打包贷款时应特别注意的事项

1. 需与出口商签订正式的《借款合同（打包贷款）》。
2. 凭以放款的信用证必须以融资银行为通知行，且规定融资行可以议付、付款。
3. 信用证中避免出现出口商无法履行的"软条款"。
4. 出口商申请打包贷款后，信用证正本须留存于融资银行。
5. 正常情况下，信用证项下收汇款须是打包贷款的第一还款来源。
6. 出口商装运货物并取得信用证下单据后，应及时向融资行交单。

四、出口贴现

(一) 定 义

出口贴现是指银行在出口信用证项下从出口商购入已由银行承兑的未到期远期汇票或已由银行承付的未到期远期债权或在跟单托收项下购入已由银行保付的未到期远期债权。如果做出承兑/承付/保付的银行到期不付款，贴现行对出口商有追索权。它能够满足出口商在获得银行承兑、承付或保付的情况下的短期资金融通需求。

(二) 出口贴现适用的出口商类型

1. 出口商流动资金有限，依赖资金快速周转开展业务。
2. 出口商在获得国外银行承兑/承付/保付后、收款前遇到临时资金周转困难。
3. 出口商在国外银行承兑/承付/保付后、收款前遇到新的投资机会，且预期收益率高于贴现利率。

(三) 出口商申请出口贴现的条件

出口商除具备"出口商申请买入票据融资应具备的条件"中规定的前三项外还应具备：

1. 出口商具有进出口经营资格。
2. 出口商持有已经银行承兑的未到期远期汇票或已经银行承付的未到期远期债权，或在跟单托收项下有已经银行保付的未到期远期债权。
3. 承兑行/承付行/保付行金融机构在贴现行有授信额度。

(四) 出口贴现业务流程

以信用证项下出口贴现为例，其业务流程如图 8-5 所示。

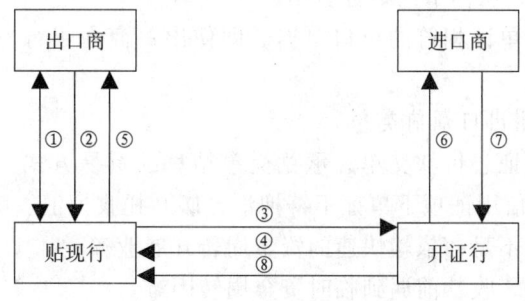

图 8-5 出口贴现流程

注：
①出口商与贴现行签订融资协议；

②向贴现行提交出口单据；
③贴现行审核单据后，将单据寄往境外银行（开证行或指定行）进行索汇；
④境外银行收到单据后向贴现行承兑/承付；
⑤贴现行在收到承兑/承付后，并且收到出口商提交的贴现业务申请书，将贴现款项入出口商账户；
⑥境外银行在付款到期日向进口商提示付款；
⑦进口商付款；
⑧境外银行到期向贴现行付款，贴现行收回贴现款项。

【知识链接】

出口商出口贴现应注意事项

1. 在签订合同时出口商与进口商约定以远期承兑信用证或远期付款信用证作为结算方式。

2. 开证行承兑远期汇票或发出承兑通知后，出口商需向贴现行提交贴现申请书。

3. 远期信用证项下的远期汇票或远期债权被开证行承兑或承付后，出口商如因临时资金周转困难可以选择出口贴现；或遇到新的投资机会，且预期投资收益率高于贴现利率，也可以选择出口贴现。

4. 银行一般不办理无贸易背景、用于投资目的的票据贴现。

五、出口押汇

（一）定义

出口押汇是指出口商发出货物并交来信用证或合同要求的单据后，融资行凭所交单据向其提供的短期资金融通。

（二）出口押汇的作用

1. 在进口商支付货款前可提前得到偿付，从而加快出口商资金周转速度。
2. 出口押汇的融资手续相对于流动资金贷款等简便易行。
3. 出口押汇可以增加出口商当期现金流，从而改善企业财务状况。
4. 出口押汇可以是外币出口押汇也可以是人民币出口押汇，因此可根据不同货币的利率水平选择融资币种，从而节约财务费用。
5. 对于信用证项下单证相符的出口单据，即使出口商在银行没有授信额度，也可以办理出口押汇。

（三）出口押汇适用出口商的类型

1. 出口商采用信用证、付款交单、承兑交单结算的贸易方式。出口押汇可分为信用证项下单证相符押汇、信用证项下单证不符押汇、D/P托收押汇、D/A托收押汇等几类。
2. 出口商流动资金不足，依赖快速的资金周转开展业务。
3. 出口商在发货后、收款前遇到临时资金周转困难。
4. 出口商在发货后、收款前遇到的新的投资机会，且预期收益率高于押汇利率。

（四）出口商申请出口押汇条件

出口商除具备"出口商申请买入票据融资应具备的条件"中的前三项外，还应具备：

1. 具有进出口经营资格。
2. 在信用证项下单证不符押汇和 D/P 托收押汇，出口商一般必须在融资行有授信额度。
3. 具有授信额度并符合以下相应条件：

（1）如果融资行不可控制货权，客户信用等级还需在 CC 级（含）以上；如融资行可控制货权的出口押汇，则不受出口商信用等级的限制。

（2）对于信用证项下单证相符押汇，如不占用融资行授信额度的，视同于单证不符押汇；如可占用金融机构授信额度，则不受是否控制相应货权和出口商客户信用等级限制。

（3）对于 D/A 托收押汇，客户信用等级需在 CCC 级以上（含）。

（五）出口押汇业务办理

1. 出口商与融资行签订融资协议。
2. 出口商向融资行提交出口单据及押汇申请书。
3. 融资行经审核单据后，将押汇款项入出口商账户。
4. 融资行将单据寄往境外银行（信用证项下开证行或指定行，或托收项下代收行）进行索汇。
5. 境外银行收到单据后提示给信用证项下开证申请人，或托收项下付款人。
6. 境外银行到期向融资行付款，融资行收回押汇款项。

（六）办理出口押汇应注意问题

1. 出口商需与融资行签订正式的出口押汇总协议。
2. 向融资行（通常为通知行或议付行或托收行）提出正式的出口押汇申请书。
3. 信用证项下的押汇申请人应为信用证的受益人。
4. 必须是自由议付信用证，限制其他银行议付的信用证无法办理出口押汇。
5. 申请信用证下出口押汇，应尽可能提交单证相符的出口单据。
6. 出口商通过出口押汇进行融资，应避免以下情况：①运输单据为非物权单据；②未能提交全套物权单据；③开立转让信用证；④带有软条款的信用证；⑤提交存在实质不符点的单据。

六、出口全益达

（一）定义

出口全益达是指融资行针对出口企业在贸易活动中遇到的问题而制定的贸易融资综合解决方案，是中国银行对出口贸易融资的产品创新。

（二）出口全益达特点

1. 将贸易结算、融资、外汇交易融于一体的综合方案。出口全益达将多项传统和新兴的贸易融资产品、特色服务以及外汇交易金融衍生产品融合贯通，并根据出口企业的具体需求"量体裁衣"，对相关产品和服务进行改造和组合运用，制定方案使出口企业获得最佳效果。它是在原有单一产品操作基础上，进一步扩展了贸易融资服务的内涵。

2. 产品改造和产品组合灵活多样。出口全益达根据贸易背景、市场情况以及出口商的需求等具体情况，针对不同结算方式、付款期限和贸易环节设计改造了多种产品，并对这些产品组合成多种方案，供出口商选择，以实现出口商加快资金周转、降低融资成本、防范各类风险及优化财务报表等多方面的需求。

3. 由贸易融资专家团队综合服务。出口全益达是一种结构性的贸易综合服务方案，它需要贸易融资专家团队和多部门、多岗位的服务与支持。贸易融资专家队伍既要具备深厚的专业知识，又需要丰富的从业经验，还需要融资行各分支机构间的联动和"会诊"，共同为出口商设计出最佳产品服务。

七、出口汇利达

（一）定义

出口汇利达是指在出口结算业务项下，融资行应客户的申请，凭其出口收汇款项作为外币保证金质押，为其办理人民币出口融资，同时要求出口商在融资行办理一笔同期限的远期结汇交易，并约定到期由融资行释放质押的外币保证金交割后归还出口融资款项。

出口汇利达是产品组合，是由外币保证金、出口融资和远期结汇三部分组成。出口汇利达实现了出口商利用人民币贬值趋势对其出口收汇款项保值增值。业务叙做前可预先确定收益水平。

（二）出口汇利达业务流程

1. 融资行审核出口商资格与及业务背景后受理出口商业务申请。

2. 办理出口汇利达业务前，出口商与融资行事先签署《远期结售汇、人民币与外币掉期总协议》以及《保证金质押总协议》。

3. 融资行审核出口商提交的"远期结汇申请书"及贸易收、结汇所需材料后，与出口商签署《出口汇利达融资合同》，并要求出口商向融资行提交足额外币保证金进行质押。

4. 落实保证金质押后，融资行为客户办理出口融资，并根据出口商指示对外支付款项。

5. 远期结汇业务交割日当天，融资行释放外币保证金项下已质押的资金进行头寸的交割，除用于交割归还出口融资本息之外的人民币余额部分（如有）退还出口商。

八、出口退税托管账户质押融资

（一）定义

借款人将出口退税专用账户托管给融资行，并承诺以该账户中的退税款作为还款保证，以取得短期资金融通或叙做授信开立信用证等贸易融资业务。

经国家有权部门批准具有自营进出口业务经营权的企业可以使用出口退税托管账户质押融资。

（二）出口退税托管账户质押融资需提交资料

出口商除具备"出口商申请买入票据融资应具备的条件"中的前三项外，还应具备：

1. 具有进出口经营资格。

2. 根据出口商公司章程的规定，由出口商出具股东会决议、董事会决议或其他具有法律效力的相关声明,同意将出口退税专用账户托管给融资行并以该账户中的退税款作为还款保证。

3. 贸易背景真实性资料(复印件)包括出口货物报关单(出口退税联)、增值税专用发票、外汇核销单等。

4. 来源于国税局、经贸主管部门的可证明退税的相关材料。

5. 其他相关材料。

(三)出口退税托管账户质押融资业务办理

1. 出口商提交出口退税托管账户质押融资的申请并提交相应资料。

2. 授信批准后,出口商应与融资行签订《出口退税托管账户质押融资合同》和《出口退税托管账户质押协议》。《出口退税托管账户质押协议》中应明确借款人将出口退税专用账户托管给融资行,并承诺以该账户中的退税款作为还款保证。

3. 在发放出口退税托管账户质押融资前,出口商必须在融资行开立出口退税专用账户,确保税款只能退至融资行账户。

九、出口商业发票贴现

(一)定义

出口商业发票是指出口商将其与进口商(债务人)订立的货物销售、服务或工程合同项下产生的应收账款转让给融资行,由融资行为其提供融资、应收账款催收、销售分户账管理等服务。

(二)出口商业发票贴现特点

1. 加快资金周转。在进口商支付货款前得到融资款项,从而加快资金周转速度。

2. 规避汇率风险。通过贴现业务提前得到融资,避免远期市场汇率出现不利的变动。

3. 对出口商的融资有追索权。一旦进口商未按期付款,融资行可向出口商行使追索权。

(三)出口商业发票贴现申请条件

1. 出口商具备相应的业务资格或资质,履约能力强,具有较强的市场竞争力。

2. 出口商上下游客户关系稳定,经营情况和交易信息真实透明。

3. 出口商资信情况良好,符合融资行准入标准。

(四)出口商业发票贴现业务办理

1. 融资行与出口商签订《出口商业发票贴现协议》。

2. 出口商发货出单,向融资行提交贴现申请书,将相关应收账款转让融资行。

3. 融资行在单据及贸易真实性审查后,为出口商叙做融资。

4. 应收账款到期后,进口商按照融资行指定路径付款,融资行扣除融资本息及相关费用后,将余额(如有)付给出口商。

5. 融资到期(含宽限期)后如进口商还未付款,融资行向出口商追索融资本息及相关费用。

十、风险参与

(一) 定义

风险参与是指融资行作为风险参与行,融资或非融资地参与国际结算及贸易融资项下全部或部分债务人的信用风险。风险参与业务是金融同业间加强合作的一项重要金融服务产品。

风险参与分为融资性风险参与和非融资性风险参与。融资性风险参与是指融资行在风险参与同时支付风险参与的款项;非融资性风险参与是指融资行不进行融资,如果债务人到期不履行付款义务,融资行将按照风险参与的比例支付相应的债权款项。

风险参与可以解决出口商授信额度不足的问题,降低风险资产,优化资产组合。

(二) 相关费用

融资性风险参与业务的费用主要是融资利息。融资利率采用基础利率加利率浮点的形式,利率浮点水平取决于国家风险、债务人信用风险、融资期限等多种因素。

非融资性风险参与业务的费用主要为风险承担费。

(三) 业务范围

风险参与是银行在不同结算方式下承担相应风险并获取利息或手续费收益的业务,包括:①福费廷业务;②跟单信用证、T/T汇款、D/A托收项下偿付融资;③信用证保兑业务;④转开保函业务;⑤出口信用险融资业务;⑥银行承兑汇票贴现业务;⑦其他风险参与业务。

(四) 业务办理

1. 出口商与银行签署《风险参与总协议》。
2. 出口商向银行询价,并提供债务人名称、债权金额及到期日等相关业务信息。
3. 银行提供意向性报价及其他风险参与条件。
4. 出口商接受报价后,双方签署《单笔业务确认书》,出口商提供相关业务单据。
5. 在融资性风险参与项下,银行收到合格单据后向出口商支付风险参与款项;在非融资性风险参与项下,出口商根据协议要求,向银行支付风险承担费。
6. 到期后,在融资性风险参与项下,出口商收到债务人付款,应立即按照银行的风险参与比例支付相应的债权款项;在非融资性风险参与项下,如债务人到期不付款,出口商在规定期限内向银行索偿。

十一、应收账款收购

(一) 定义

应收账款收购是指银行买入出口方对进口方按照商务合同所拥有的应收账款的债权,并对债务人拥有追索权的金融产品。该产品分为对出口商有追索权的应收账款收购和无追索权应收账款收购两种。

一般银行和债权人约定,在债权人未履行商务合同约定的义务时,不论有无对债权人的追索权,债权人仍须承担无条件向银行回购该笔应收账款的义务。

（二）应收账款收购业务作用

1. 应收账款收购业务将未到期的应收账款从财务报表中剥离，改善出口商财务报表状况。
2. 应收账款收购业务使得出口商迅速变现未到期的应收账款，改善现金流状况。
3. 无追索权的应收账款收购业务使出口商可得到银行垫付的账款，消除收回应收账款的信用风险。

（三）应收账款收购业务的办理条件

1. 申请办理业务的出口商应当具有法人资格。
2. 进出口商之间合作关系至少存续半年以上（含半年），且在合作过程中未出现无故拖欠货款的不良记录。
3. 业务所依据的商务合同必须建立在当事双方正常、真实、善意的基础上且具备合法性。
4. 在出口商向银行转让应收账款当日，应收账款应由该出口商拥有并且不存在担保、第三方权益或第三方索赔，应收账款的转让应是合法的。

（四）应收账款收购业务的办理应提交的材料

1. 应收账款收购业务申请书。
2. 应收账款明细表。
3. 商务合同复印件。
4. 经年审合格的企业（法人）营业执照复印件。
5. 企业法人代表证明书或授权委托书、董事会决议及公司章程。
6. 由独立律师事务所针对应收账款转让的合法有效性和可执行性出具的法律意见书。
7. 连续三年经审计的财务报告。

（五）应收账款收购业务的办理流程

1. 出口商和融资行就应收账款收购细节进行协商。
2. 融资行审核出口商提交的申请资料。
3. 出口商与融资行签署应收账款收购协议。
4. 在协议规定的出口商人向融资行转让应收账款当日，出口商向融资行提出收购应收账款申请。
5. 融资行向出口商发收购确认书，为出口商提供相应的融资。

教学活动2　进口贸易融资

【活动设计】

三人一组，网上搜集资料，模拟出口商、进口商、融资行办理贸易融资的过程，根据所搜集资料撰写进口商的贸易背景资料，为进口商设计出适合的融资方案。

【案例导入】

融付达使贸易更畅达

俄罗斯甲公司（进口商）与中国乙公司进行商务洽谈，拟从中国乙公司进口冷冻海产品。双方同意用信用证方式结算，由于俄罗斯融资成本较高，因此甲公司坚持使用远期信用证，但乙公司短期资金周转困难，坚持使用即期信用证，双方争执不下。乙公司寻求中国 B 银行的帮助。B 银行向乙公司推荐了融付达，并与俄罗斯 A 银行联系。B 银行总行与 A 银行签署融付达合作协议。进口商甲公司委托俄罗斯 A 银行开立即期信用证。在 B 银行融付达产品的帮助下，甲公司降低了进口融资成本，并同意继续采用即期信用证的方式与乙公司交易。

分析：

为了促成中国商品的出口，银行应对进口商提供哪些融资服务？

【基础知识】

一、汇出汇款融资

（一）定义

汇出汇款融资是指在货到付款结算方式下，融资行凭汇出汇款项下的有效凭证和商业单据代进口商对外垫付进口款项的短期资金融通。

（二）汇出汇款融资的作用

1. 减少资金占压。利用银行资金进行商品进口和国内销售，进口商不占压资金即可完成贸易、赚取利润。

2. 把握市场先机。帮助进口商在无法立即支付货款的情况下及时取得物权单据、提货、转卖，从而利用有利行情抢占市场先机。

3. 提高议价能力。通过将付款期限由远期改为即期，或相应缩短远期付款的期限，可以帮助进口商提高对出口商的议价能力。

4. 节约财务费用。可根据不同货币的利率水平选择融资币种，从而节约财务费用。

（三）汇出汇款融资申请条件

1. 依法核准登记，具有经年检的法人营业执照或其他足以证明其经营合法性和经营范围的有效证明文件。

2. 拥有贷款卡。

3. 拥有开户许可证，在融资行开立结算账户。

4. 拥有进出口经营权。

5. 在融资行有授信额度。

（四）汇出汇款融资业务流程

1. 融资行应进口商申请为其核定授信额度。

2. 进口商向融资行提交汇出汇款融资申请书。

3. 融资行代进口商对外垫付货款。
4. 进口商到期向融资行付款，融资行收回代垫款项。

二、付款汇利达

（一）定义

付款汇利达是指在对外付汇业务项下，融资行凭客户提交的保证金或人民币定期存款存单作为质押，为客户办理进口押汇或汇出汇款项下融资（下统称付款融资）并对外支付，同时为客户办理一笔远期售汇交易，并约定到期释放质押的保证金或人民币定期存款存单交割后归还融资本息。

该项业务由保证金或人民币定期存款存单质押、付款融资和远期售汇三部分组成。

（二）付款汇利达作用与特点

1. 付款汇利达的作用表现为对有付汇需求的进口商，可利用人民币升值趋势节约购汇成本。
2. 付款汇利达的特点是对进口商来说不需要额外授信、不增加操作环节、不产生任何风险的情况下，通过转换付汇时点，利用人民币升值节约购汇成本。

（三）付款汇利达业务流程

1. 与融资行签署《远期结售汇、人民币与外币掉期总协议》并提交足额人民币保证金或人民币定期存款存单进行质押，与融资行签署《保证金质押总协议》。
2. 逐笔提交《远期售汇申请书（付款汇利达业务专用）》及购、付汇所需材料。
3. 与融资行签署《融资合同》。
4. 融资行为进口商办理付款融资，并根据进口商指示对外支付款项。
5. 在远期售汇业务交割日当天，融资行释放人民币保证金或人民币定期存款存单项下已质押的资金进行头寸的交割，用于交割归还融资本息之外的人民币余额部分（如有）退还客户。

三、杂币进口汇利达

（一）定义

杂币进口汇利达是指融资行应进口商的申请，凭其提交的人民币保证金或人民币定期存款存单作为质押，为其以支付币种以外的其他币种（以下简称"杂币"）办理进口押汇或汇出汇款项下融资（以下统称进口融资），以融资币种套换支付币种对外付款，同时要求进口商在融资行办理一笔同期限的融资币种远期售汇交易，并约定到期由融资行释放质押的人民币保证金或人民币定期存款存单交割后归还进口融资款项。

该项产品组合由人民币保证金或人民币定期存款质押、杂币进口融资、融资币种与支付币种套汇和融资币种远期售汇四部分组成。

（二）杂币进口汇利达的特点

与付款汇利达业务相比，杂币进口汇利达业务适用远期贴水较多、融资利率较低的币种。这样一方面可以减少远期购汇的人民币支出，另一方面可以降低融资成本，扩大了业务叙做空间，从而更为有效、灵活地满足进口商降低经营成本，提前锁定汇率风险与业务收益的需求。

四、进口控货融资

（一）定义

进口控货融资是指应融资行进口客户（以下称"申请人"）的申请，融资行在对信用证项下的未来货权进行有效控制的基础上，部分免收申请人的开证保证金，为其办理的进口开证业务。

进口控货融资时，进口的商品须符合银行货物抵押产品目录管理要求，它的功能是满足进口商在开立信用证时缺少保证金的短期融资需要。

（二）进口控货融资特点

1. 进口商以未来货权作为质押，除缴纳部分开证保证金外，无需额外担保，解决了进口商融资担保困难。

2. 进口商以进口控货开证方式获得融资，减少对资金的占用，促进产品销售，加快资金周转，优化财务结构。

（三）进口控货融资申请条件（参见本活动中汇出汇款融资的"汇出汇款融资申请条件"）

（四）进口控货融资业务流程

进口控货融资业务流程如图8-6所示。

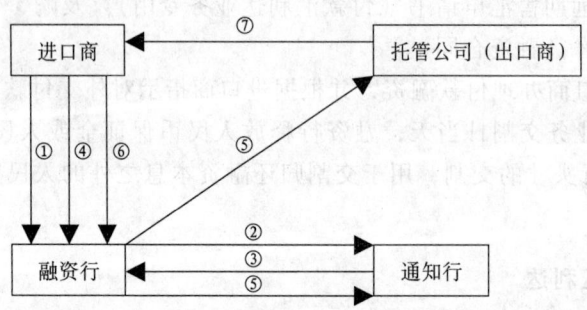

图8-6 进口控货融资流程

注：

①进口商向融资行申请授信，取得进口控货融资专项额度；进口商向融资行申请开立控货信用证，并签订控货融资合约。

②融资行在授信额度内开立信用证，并通知。

③通知行交单索偿。

④进口商向融资行申请承兑或承付。

⑤融资行受理承兑或承付后，向交单行承兑或承付，赎单。融资行同时向托管公司（出口商）办理货物托管手续。

⑥进口商按控货融资合约向融资行付款赎货。

⑦托管公司按融资行指示向进口商放货。

五、融付达业务

（一）定义

融付达是指融资行应境外代理行的申请，对其在跟单信用证项下或跟单托收项下的应付款项在付款到期日先予以垫付，而给予境外代理行的短期资金融通业务。

（二）融付达业务的特点

1. 通过对境外代理行在进口信用证或进口代收项下的短期融资，使出口商获得即期付款。
2. 境外代理行在进口信用证或进口代收项下获得低成本资金融通。

（三）适用融付达业务的进口商

1. 出口商希望获得即期付款，但进口商及进口商银行希望远期付款并获得资金融通。
2. 进口方所在国家或地区资金成本高于我国。

（四）融付达业务的申请条件

1. 境外代理行应在融资行有金融机构授信额度，信用状况良好，并与融资行总行签署融付达业务合作协议。
2. 出口商在信用证业务项下应作为受益人在融资行交单，或在托收业务项下以融资行作为委托行。
3. 出口商应满足下列条件：
（1）依法核准登记，具有经年检的法人营业执照或其他足以证明其经营合法性和经营范围的有效证明文件。
（2）具有进出口经营资格。
（3）与融资行业务往来正常，履约能力良好。

（五）融付达业务的办理流程

1. 出口商交单后，融资行按照国际惯例及总行有关规定，对各项单据进行审核。
2. 融资行将单据寄往境外代理行，境外代理行经审核同意并接受单据后，以加押电形式向融资行发送代付指示，提出叙做融付达业务的申请。
3. 融资行收到加押电后，经审核同意办理，在境外代理行在融资行总行取得足额授信额度后，按照要求的到期日办理付款。
4. 融资行付款后，在下一个工作日向境外代理行发出代付确认电，并根据国家外汇管理局的有关规定为出口商办理出口收汇核销手续和国际收支涉外申报。
5. 代付融资到期日当天，境外代理行根据融资行指示的付款路线，主动偿还代付本金、利息及费用。

六、进口押汇

（一）定义

进口押汇是指融资行在进口信用证或进口代收项下，凭有效凭证和商业单据代进口商对外垫付进口款项的短期资金融通。

(二) 进口押汇的分类

1. 按结算方式分为进口信用证押汇和进口托收押汇。
2. 按押汇币种分，可分为外币押汇和人民币押汇。
3. 按垫付资金来源分为自有资金对外垫付和海外联行垫付（海外代付）。

(三) 进口押汇的申请条件

参见本活动中汇出汇款融资的"汇出汇款融资申请条件"前四项。

(四) 进口押汇业务流程

进口押汇业务流程如图8-7所示。

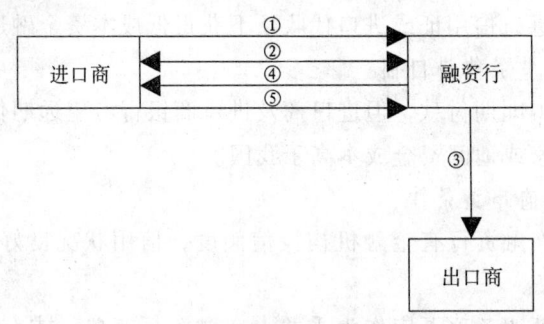

图8-7 进口押汇业务流程

注：
①融资行应进口商申请为其核定授信额度；
②进口商向融资行提交进口押汇申请书，与融资行签订正式押汇协议，确定金额、期限、利率、还款日期等；
③融资行代进口商对外垫付押汇款项；
④融资行将单据交付进口商；
⑤进口商到期向融资行付款，用以归还押汇款项。

(五) 进口押汇业务应注意事项

1. 需向开证行或指定代收行提出书面的进口押汇申请。
2. 必须在押汇银行核定了授信额度或申请了单笔授信。
3. 随时关注人民币和付汇货币的市场利率，选择融资成本最低的押汇币种。
4. 进口押汇是一种专项融资，仅可用于履行特定贸易项下的对外付款责任。
5. 押汇期限一般与进口货物转卖的期限相匹配，并以销售回笼款项作为押汇的主要还款来源。

七、海外代付

(一) 海外代付定义

融资行境外分行/公司（下称"境外机构"）根据事先与内地分行/总行国际结算部（下称"国内联行"）或内地的其他银行同业（下称"国内同业"）签署的协议，对国内联行或国内同业在跟单信用证或跟单托收业务项下的应付款项在到期日先予以垫付，而给国内联行或国内同业的短期资金融通行为。

(二) 适用海外代付的进口商

1. 出口商希望获得即期付款，但进口商及进口商银行希望远期付款并获得资金融通。

2. 我国资金成本高于出口方所在国家和地区。
3. 进口商银行在融资行有金融机构授信额度,并且境外机构为进口商银行办理海外代付。

（三）海外代付办理

1. 境外机构与国内联行办理境外代付的程序
（1）境外机构与国内联行签署《境外代付协议》。
（2）国内联行按照协议规定事先向境外机构提出申请,并将信用证副本或托收面函复印件寄送境外机构。
（3）国内联行收到信用证项下单证一致的单据或客户对托收款项承诺付款函或承兑汇票,并同意为客户办理进口押汇融资时,向境外机构发出加押电,明确付款责任,并通知付款日期、代付期限等事项。
（4）境外机构按照国内联行指示对外支付。
（5）融资到期后,国内联行按照协议规定向境外机构偿付。

2. 境外机构与国内同业办理境外代付程序。
（1）境外机构与国内同业签署《境外代付协议》。
（2）国内同业按照协议规定向境外机构发出加押电,明确付款责任,并通知付款日期、代付期限等事项。
（3）境外机构按照国内同业指示对外付款。
（4）融资到期后,国内同业按照协议规定向境外机构偿付。

八、提货担保

（一）定义

提货担保是指当进口货物先于货运单据到达时,进口商为办理提货向承运人或其代理人出具的,由银行加签并由银行承担连带责任的书面担保。提货担保多用于托收结算方式和信用证结算方式且信用证项下要求全套货权单据。

（二）提货担保作用

1. 减少资金占压。利用银行信用先行提货销售,加快资金回笼,减少资金占压。
2. 把握市场先机。帮助进口商在货物早于单据达到情况下及时取得物权单据、提货、转卖,从而利用有利行情抢占市场先机。
3. 节约财务费用。帮助进口商及时提货,避免滞港费。银行收取提货担保相关费用一般为发票金额的 0.05%,最低 500 元,按季收取。

（三）提货担保申请条件

参见本活动中汇出汇款融资的"汇出汇款融资申请条件"。

（四）提货担保业务流程

提货担保业务流程如图 8-8 所示。

（五）提货担保业务应注意事项

1. 办理提货担保的基本前提是采用下列结算方式和货运方式。
（1）采用信用证结算方式或托收结算方式,并声明放弃拒不赎单权利。
（2）运输方式为海运。

304 国际结算实务

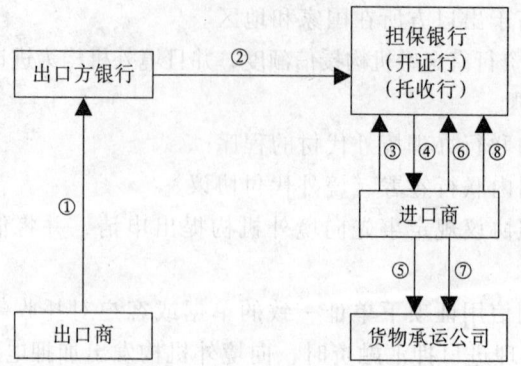

图8-8 提货担保业务流程

注：
①出口商交单；
②出口方银行寄单给开证行；
③进口商向担保行提交提货担保申请；
④担保行做提货担保，并要求进口商交来信托收据；
⑤进口商凭提货担保书提货；
⑥正本单据到达，进口商付款赎单；
⑦进口商向承运部门提交正本物权单据，换回提货担保书；
⑧进口商交回提货担保书。

（3）信用证方式要求提交全套海运提单。

2. 一般是向开证行或代收行申请办理提货担保。

3. 进口商应在担保行有授信额度或单笔授信。

4. 进口商向出具提货担保的银行承诺，当单据到达后，无论有无不符点，均不提出拒付货款或拒绝承兑。

5. 正本提单到达后，进口商应及时从船公司处用正本提单换回提货担保，并交还出具该提货担保的银行予以注销。

【单元实训】

一、拟定出口贸易融资方案

【实训目的】

让学生学会设计出口商融资方案；会处理出口融资业务。

【实训资料】

网上搜集相关资料，撰写出口商贸易背景资料。

【实训步骤】

1. 三人一组，网上搜集资料。

2. 撰写出口商贸易背景资料。
3. 模拟出口商、融资行办理贸易融资的过程。
4. 设计出适合出口商的融资方案。

二、拟定进口贸易融资方案

【实训目的】

会设计出进口商融资方案；会处理进口商贸易融资业务

【实训资料】

网上搜集相关资料，撰写进口商贸易背景资料

【实训步骤】

1. 三人一组，网上搜集资料。
2. 撰写进口商贸易背景资料。
3. 模拟进口商、融资行办理贸易融资的过程。
4. 设计出适合进口商的融资方案。

任务三 福 费 廷

【教师任务】

◇ 指导学生学习本任务所要关注的知识点。
◇ 指导学生搜集相关资料。
◇ 指导学生处理福费廷业务。

【学生任务】

◇ 学习掌握本任务的知识点。
◇ 搜集本任务相关资料。
◇ 学会处理福费廷业务。

教学活动 1　福费廷概述

【活动设计】

四人一组，网上搜集资料；模拟出口商、进口商、出口保理商、进口保理商办理福费廷业务的过程，撰写福费廷业务过程；模拟演示福费廷业务过程。

【案例导入】

信用证项下的福费廷业务

F银行与甲公司签订了福费廷协议。2014年10月，F银行收到W国A银行N国分行开来的180天远期信用证一份，金额为413 000美元，受益人为该行客户甲公司，装运期为2014年11月15日。2014年11月4日，甲公司发货后，通过F银行将货运单据寄交开证行，以换取开证行A在N国分行担保的远期承兑汇票。2014年12月，甲公司将全套单据以及债权转让确认书等（包括"无追索权"背书的A银行承兑汇票）提交F银行包买。2015年2月，W国A银行突然倒闭，A银行在N国分行于同年3月停止营业，全部资金被N国政府冻结，致使F银行垫款无法收回，利益严重受损。

分析思考：什么是福费廷业务？应如何办理？福费廷包买商应如何防范风险？

【基础知识】

一、福费廷定义

福费廷源于法语"A Forfait"，意思是"放弃或让出某种权利"，引申到银行的融资服务，成为英文中的"FORFAITING"，音译为福费廷，俗称"包买票据业务"。概括地讲，它是无追索权的中长期出口信贷。具体而言，它是指福费廷融资商（俗称包买商）以无追索权形式买进出口商已由进口商承兑并附有银行担保的远期票据，使出口商提前取得货款的一种出口信贷方式。福费廷融资商通常是出口商所在地商业银行或其附属机构。

福费廷业务中所使用的票据通常是出口商开立的远期汇票或进口商开立的远期本票，如果是前者，需经进口商承兑和进口地银行担保，如果是后者只需进口地银行加保证或提供保函。

二、福费廷业务适用条件

福费廷业务是一种固定利率、无追索权、期限比较长（5年左右）的出口贸易融资方式，与其他融资方式相比，其独特的适用条件表现在以下几个方面。

（一）资本性货物交易

福费廷业务承做大型机械设备、船舶、基建物资等资本性货物交易，以及农产品、能源等大宗交易项目的结算和融资，此外还为国际建筑项目提供结算融资服务。

在我国，福费廷业务主要支持机电产品和成套设备的出口，在国际工程承包中也有应用，但规模不大。

（二）交易规模较大

交易规模在10万美元至2亿美元的交易，都可申请福费廷融资。

中国进出口银行只对金额在50万美元以上的交易承办福费廷业务，但近年来一些商业银行承办的福费廷业务金额明显降低。

（三）付款方式

福费廷业务是融资结算为一体的金融服务，与其有关的付款方式是远期信用证、承兑交单、分期付款等延期付款方式。

（四）关于票据

福费廷业务主要采用以进口商为出票人、以出口商为收款人，并由进口地银行予以担保的成套远期本票。福费廷业务也可以采用以出口商为出票人和收款人，以进口商为付款人，并由进口商承兑和进口地银行予以担保的成套远期汇票。

无论使用本票还是汇票，都应按进出口商约定的分期付款的次数和时间，由出票人出具相应的张数，一次性地办理有关的承兑或保证手续，由出口商出售给融资商，然后由融资商按时分期向进口商做付款提示。

（五）关于担保

福费廷业务所使用的票据加列进口地银行的保证，保证形式主要有三种：保付签字、保函和备用信用证。

1. 保付签字。进口地银行在票据上加注法文词"PER AVAL"字样并签字，即完成了保付签字，成为保付人同时也成为票据的主债务人。这种保证形式应用最为普遍。

2. 保函。为确定对各期票据的到期付款负有无条件的不可撤销的担保和经济赔偿责任，担保人出具以出口商为受益人的保函。在福费廷业务中，出口商要出具一份过户转让书，将其保函项下的权益转让给融资商。

因为保函只出具一份，它担保全部各期票据的到期付款，所以融资商在二级市场上转让一部分买断的票据时，不能同时交付保函，这不利于融资商在二级市场进行交易，因此保函形式应用较少。

3. 备用信用证。因为美国的银行法规不允许本国银行出具保函，所以美国进口商只能要求其往来的美国银行开立备用信用证代替保函，备用信用证担保等同于保函。

三、福费廷特点

（一）无追索权

在福费廷业务中，出口商将未到期的债权凭证出售给融资商的行为是一种卖断，融资商放弃了在票据到期不能兑现时，向出口商追索的权利。

（二）融资期限以中期为主

福费廷业务的融资期限一般为1至5年，随着业务的发展，也出现了短期和长期融资，最短的是180天，最长的是10年。

（三）利率固定

福费廷业务的利率根据进口商和担保银行的资信、期限长短、进口国的综合风险系数等决定，通常以"LIBOR＋附加率"来计算，利率确定后不再变动。这样，进出口商在交易初期就可计算出成本总额。

（四）属于批发性融资业务

福费廷业务主要是对成套设备、船舶、基建物资等资本性货物交易及大型项目交易的融资活动，因此融资金额较大，由10万美元至2亿美元不等，一般都在50万美元以上。

（五）存在二级市场

福费廷融资商在买断了出口商的债权凭证后，可以在二级市场将其转卖给其他融资商，转卖的可以是一笔交易的全套单据，也可以是其中的一部分。

（六）收取承担费

福费廷融资商承担了收取债款的一切责任和风险，相应地限制了他承做其他业务的能力，所以要向出口商收取承担费。

四、福费廷业务当事人

福费廷作为一种出口融资方式，极大地推动了全球资本性货物贸易，这种业务之所以能够得到长足的发展，是因为它使各方当事人利益均沾。福费廷业务的主要当事人主要有出口商、进口商和融资商。

（一）出口商

在福费廷业务中，出口商将有关结算的票据无追索权地出售给当地商业银行或其他金融机构，这些票据可能是他自己出具的汇票，也可能是进口商出具的本票。

（二）进口商

在福费廷业务中，进口商是以出具本票或承兑出口商出具的汇票而承担票据到期付款责任的当事人。对进口商而言，由于使用福费廷业务出口商把利息及其他费用计入货物价款使买价较高。但是，福费廷业务使进口商获得延期付款便利。

（三）融资商

融资商是无追索权地买进出口商提交的票据，为出口商提供融资的商业银行或其他金融机构。在福费廷业务中，融资商在取得向进口商追讨票款权利的同时，也承担了进口商无法偿付的风险，但是这种风险是能够控制和转移的。通常融资商要求对其所买票据由进口方银行提供担保，而且特别注重对担保银行信用的审查，一般是一流银行提供保证，对经济发展水平较低的国家一般要求由国家银行担保，所以风险是可控的；另一方面融资商在买进票据时，都要求担保行写明"PER AVAL"字样，即"银行保付"，因此这类票据在二级市场上流动性很好，将无追索权卖出也可转移风险。

【知识链接】

福费廷业务对出口商的作用

1. 可以提高其出口产品在国际市场上的竞争能力。出口商可以通过福费廷方式获得融资，所以在商务谈判中就能为进口商提供延期付款便利，从而提高了自身产品的国际竞争力。

2. 可以转嫁风险。福费廷业务是无追索权的贴现，出口商将远期票据卖断给包买商的同时，也就把政治、金融、商业风险等全部转嫁给了包买商，这使得出口商敢于与风险较高的国家做贸易，有利于开拓市场。

3. 给成本核算和账务管理带来便利。一方面福费廷采用固定利率，出口商可以计算出融资成本，并将其计入合同价款，容易测算出口成本；另一方面出口商提前取得货款，这既解决了应收账款资金占用问题，又避免了对应收账款回收管理工作，而且减少了对国内银行负债，有利于改善其财务状况。

4. 可以提高融资效率。包买商是否受理此项业务主要取决于进口商或其担保人的资信情况，不需要对出口商信用状况进行审核，也无需出口商提供抵押物，所以对出口商来讲是一项手续简便、效率较高的融资形式。

五、福费廷业务的风险与防范措施

在福费廷业务中出口商和进口商面临的风险较小，融资商面临风险较高。

（一）出口商面临的风险及防范措施

1. 利率风险及防范。利率风险是指出口商从贸易合同签订至包买合同确认期间利率的变动风险。防范利率风险的措施是及时与包买商联络，掌握利率的变动情况，在谈判时将增加的融资成本计入商品价格中，利率风险损失就可以消除。

2. 履约风险及防范。履约风险是指在票据包买协议的承担期内，贸易合同因种种原因无法继续履行，出口商无法向包买商提供有效票据的风险。防范这类风险的措施：一是在贸易合同中加列特殊条款以追究进口商的违约责任，减少损失；二是出口商要做充分调查，掌握各种情况，以防止由于自身原因违约。

3. 汇率风险及防范。汇率风险是指出口商在票据包买协议的承担期内收到进口商交来票据的币种与原合同规定不一样，出口商所面临的汇率风险。这类风险可以通过在合同中加列特殊条款来消除。

（二）进口商面临的风险及防范措施

进口商面临的主要风险是汇率风险。这类风险通常可以通过远期外汇交易买卖加以消除。但是，如果进口商所在国的法定货币不是自由兑换货币，则这种风险很难消除。

（三）融资商面临风险及防范

1. 融资商面临风险。

(1) 国家风险。国家风险是指银行无法预测的、由于福费廷业务中的债务人或担保银行所在国家或地区实行外汇管制、禁止或限制汇兑、颁布延期付款令、发生战争暴乱等各种情形导致包买商延期或无法收回到期债权的风险。

(2) 商业信用风险。商业信用风险是指福费廷业务中如果债务人或担保行本身无力付款，或破产、倒闭而造成的包买商的收汇风险。如 A. I Trade Finance In c. v. Petra Bank 案，希腊某制船公司进口瑞士某出口商的造船设备。整个交易由 A. I 贸易融资公司作为包买商。A. I 贸易融资公司支付了1350万美元的承兑汇票款项。汇票已由约旦 Petra 银行担保。在进口商的汇票到期后，由于受金融危机的影响希腊造船公司破产，Petra 银行也已在约旦进行了破产清算，无力偿还福费廷款项。A. I 公司却无法向担保人 Petra 银行索偿，也无法向付款人要求付款，由于进口商或担保行资信问题使包买商遭受了巨大损失。

(3) 贸易纠纷风险。由于福费廷票据大多数是和信用证事项联系的，信用证开证行如因单证不符或信用证欺诈等原因行使拒付权利，会导致包买商遭受拒付风险。

(4) 适用法律风险。银行在签订福费廷协议时对法律的选择，很难预见票据相关的商品交易的法律适用可能带来的风险，尤其是商品交易所适用的法律发生改变可能导致进口商无法履行付款责任，以致损害包买商的合法权益。

(5) 汇率和利率风险。国际市场变化多端，情况复杂。如果包买商提供固定利率的包买安排，往往难以预料国际利率变化，倘若远期利率上升，包买商就要承担利率上升损失。例如，20世纪80年代初，美元利率猛涨至年息20%，遭受惨重损失使包买商不愿再使用固定利率，而浮动利率又限制了福费廷业务开展。

除上述五种风险之外，当包买商因某种原因而无法正常融资或被迫中止福费廷时，出口商不得不重新安排融资，并且通常是成本更高的融资，因此增加的费用和利息也要由包买商承担。福费廷协议生效后，如果包买商一方违约，要按照合同法和民法的规定承担对方的经济损失。

2. 融资商风险防范措施。鉴于融资商开展福费廷业务存在种种风险，而且福费廷业务金额巨大，因此有必要采取相应措施以控制风险。

(1) 认真拟定并签署福费廷协议。福费廷协议是保障融资商合法权益的最重要的法律文件。融资商应该通过该文件的拟定，设计必要的控制风险条款。例如，规定融资商对出口商放弃追索权的前提是出口商所出售的债权是合法有效的，如果融资商有证据表明出口商提供的不是源于正当交易的有效票据或债权时，融资商可以适用民法和合同法关于欺诈的规定，对出口商保留追索权。再如，融资商与出口商签订的福费廷协议中需明确规定追索权保留的情况，在合同中注明"出口商必须保证所出售的票据源于正当贸易，清洁、有效，否则不享受'无追索权'的豁免"等类似条款。

即便如此，融资商一旦放款，如有不利情况发生，其损失往往难以弥补。所以，福费廷协议的签订一定要详细、周全。

(2) 严格审查融资对象资信。在凭电传通知承兑的情况下，由于没有已承兑汇票的保障，银行无法取得汇票项下正当持票人的地位以对抗第三人，在债务到期前，还存在因法院止付令而收不到款的风险。因此，融资商应加强对出口商资信情况和贸易背景的审查，对原来没有贸易背景的交易要多加注意，避免为欺诈贸易和非法贸易融资。融资商可以借助专业机构进行调查。

（3）寻找可靠有效的担保机制。担保问题在福费廷业务中至关重要。福费廷必须由信誉良好、资力雄厚的银行和金融机构无条件地、不可撤销地提供担保或承兑。从各国福费廷业务开展的实践来看，融资商做福费廷业务，取决于担保人资信情况。担保人对到期债权凭证承担绝对无条件付款责任。银行承兑、银行加保或者银行保函、备用信用证都是融资商可以接受的担保形式。融资商应慎重挑选担保人。

（4）熟悉进口国法律和贸易惯例。对银行的担保和承兑一定要符合该国法律，以保证票据的清洁性和票据转让的合法有效。由于各国法律对担保的规定存在很大的差异，特别是大陆法系国家和英美法系国家之间更是如此，因此，融资商必须谨慎对待担保的法律问题。例如，世界上大多数国家都承认银行保函，而美国却禁止银行经营担保业务，所以美国的银行担保一般通过备用信用证来操作。银行应对保函的合法性和有效性等进行落实。

确定司法管辖和法律适用条款。国际贸易中一案两诉、一事多诉的案例有很多。同一案件在不同国家审理，结果往往大相径庭。"择地行诉"（Forum Shopping）就是各国激烈争夺管辖权的反映。所以，在福费廷协议及其他相关文件中约定司法管辖和法律适用对避免不利极为重要。

教学活动2　福费廷业务流程

【活动设计】

四人一组，网上搜集资料；模拟出口商、进口商、融资商、担保行办理福费廷业务，演示出口商与融资商签订福费廷协议过程；演示融资商履行福费廷协议过程。

【案例导入】

非信用证项下的福费廷业务

山西重型机械设备制造公司（以下简称A公司）2015年4月拟向巴基斯坦SAML公司（以下简称B公司）出口火车钢轮100轮对。该市场竞争激烈，A公司面临情况如下：

1. B公司资金紧张，但在其国内融资成本很高，希望A公司给予分期付款便利，每半年等额付款一次，两年付清。A公司对资金需求也较大，在各银行的授信额度已基本用满。

2. B公司规模不大，信用状况一般。虽然B公司同意采用信用证方式结算，但开证银行为Ultarr Bank Limited，该银行在巴基斯坦评级为AAA级，巴基斯坦银行的信用普遍不是很好。

3. 用美元结算货款。A公司预计人民币在未来一年内可能升值，面临较大汇率风险。

4. A公司财务经理李萍与中国××进出口银行北京分行联系，希望做福费廷业务。A

公司与中国××进出口银行了达成了福费廷协议,并在商业谈判中成功将融资成本计入火车钢轮价格。

分析思考:1. A公司应如何与中国××进出口银行北京分行签订福费廷协议?

2. 中国××进出口银行北京分行应如何履行福费廷协议?

【基础知识】

一、福费廷业务流程

福费廷业务可以是融资商对金融机构承兑后的汇票或金融机构做出承诺的本票进行包买业务。福费廷业务是或与承兑信用证业务、或与保函业务、或与备用证业务、或与托收业务相结合的业务,换句话说是在承兑信用证、保函、备用证、托收下叙做福费廷业务。

(一)托收方式下的福费廷业务流程

采用托收寄单方式与保函、备用证相结合叙做福费廷业务流程如图8-9所示。

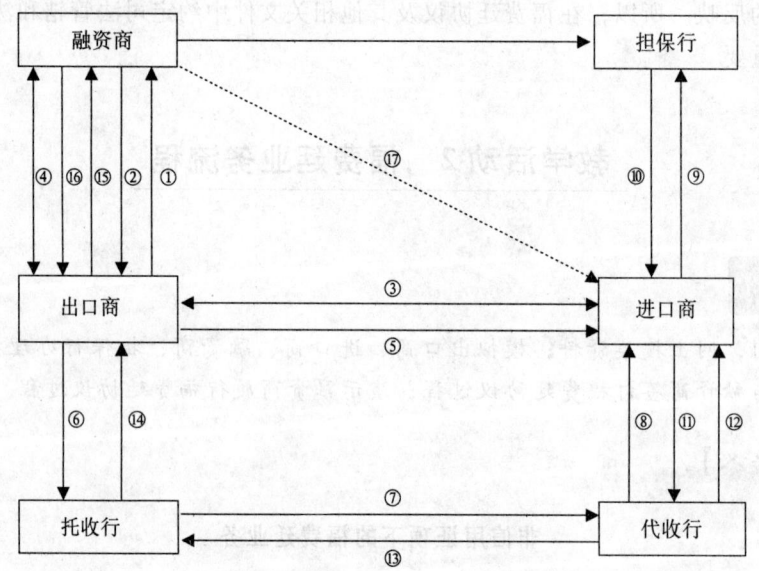

图8-9 托收方式下福费廷业务流程图

注:

①出口商向融资商询价。出口商通过询价了解办理福费廷业务的有关费用、期限及相应的手续,以便核算成本,做好与进口商进行贸易谈判的准备。在询价时,须提供下列有关情况:合同金额、期限、币种;出口商简介、注册资本、资信材料、鉴字印鉴及其他有关情况;进口商详细情况,注册地点、财务状况、支付能力等;贷款支付方式、结算票据种类;开证行/担保行名称,所在国家及其资信情况;出口商品名称、数量及发运情况;分期付款票据的面额和不同到期日;有关进口国的进口许可和支付许可;有关出口项目的批准和许可;票据付款地点。

②融资商报价。福费廷融资商根据对基础交易、进出口商的资信等情况的了解,对该项福费廷业务的风险进行评估,从而做出初步报价,价格内容包括:贴现费、承担费(择期费)和宽限期贴息等。但此时的报价仅作为出口商核算成本的参考,并不具有约束力。

③进出口商签订贸易合同。在进行贸易谈判时,出口商向进口商明将采用福费廷方式,并要求进口商提供担保

银行。福费廷方式必然增加进口商的进口成本，但可以获得延期和分期付款的便利，如果进口商同意即正式签订贸易合同。

④出口商与融资商签订福费廷协议。融资商在确认了担保银行及担保情况后，向出口商做出最终报价，双方正式签订福费廷协议。此时进入选择期，直至进口商达成交易、出口商提交票据融资后结束。

⑤出口商发运货物。出口商要按照贸易合同的规定发运货物，并缮制规定的全套商业单据，如已约定以汇票作为融资票据，还要出具约定期限的若干张远期汇票。

⑥出口商交单。出口商将全套商业单据和远期汇票（如果有）交给当地托收银行，委托其传递给进口地代收行。

⑦托收行寄送单据。托收行在向代收行寄送单据时，要根据出口商的指示，在发给代收行的托收委托书中明确其向进口商交付货运单据的条件。在福费廷业务下，交单条件依据情况不同有两种：一是以出口商出具的远期汇票为融资票据，要求进口商在汇票上做承兑并由担保银行做担保；二是以进口商出具的远期本票为融资票据，由进口商请担保银行为其出具的本票做担保。

⑧代收行提示单据。代收行要根据托收委托书的指示，在向进口商提示单据时，说明交单条件。

⑨进口商申请担保。进口商要对代收行所提示的单据进行认真审查，在确认符合贸易合同规定后，依据不同情况，对汇票做承兑或开立本票，并将已承兑汇票或本票提交给担保行，请其做担保。

⑩担保行担保。担保行应进口商申请，按照事先约定的保证形式，做保付签字或出具保函或开立备用信用证。

⑪进口商交付票据。进口商将经过担保行担保的票据交给代收行。

⑫代收行交单。代收行对照托收委托书的指示，确认进口商已满足交单条件后，将物权单据交给进口商。

⑬代收行寄送票据。代收行将经过担保行担保的票据寄送给托收行。

⑭托收行传递票据。托收行将收到的已经担保行担保的票据转交给出口商，完成托收。

⑮出口商卖断票据。按照福费廷协议，出口商在担保票据上做无追索背书，向融资商要求贴现。

⑯融资商付净款。融资商在确认出口商提交的票据及票据上签字的真实性后，如约买入票据，从票面金额中扣减贴现利息及相关费用后，将净款付给出口商。

⑰融资商索偿。在票据到期时，融资商可以通过两条途径索取款项：一是向担保行提示票据要求付款，这种做法比较常用；二是向进口商提示票据要求付款。通过第一条途径索偿，担保行向融资商偿付后，要向进口商追偿；通过第二条途径索偿，如果进口商拒付，融资商有权向担保行索偿，担保行偿付后，再向进口商追讨。收到货款后核对国外扣费与预收的差额，与出口商进行国外扣费的清算，多退少补。

（二）远期信用证方式下叙做福费廷业务

远期信用证方式下叙做福费廷业务的流程如图 8-10 所示。

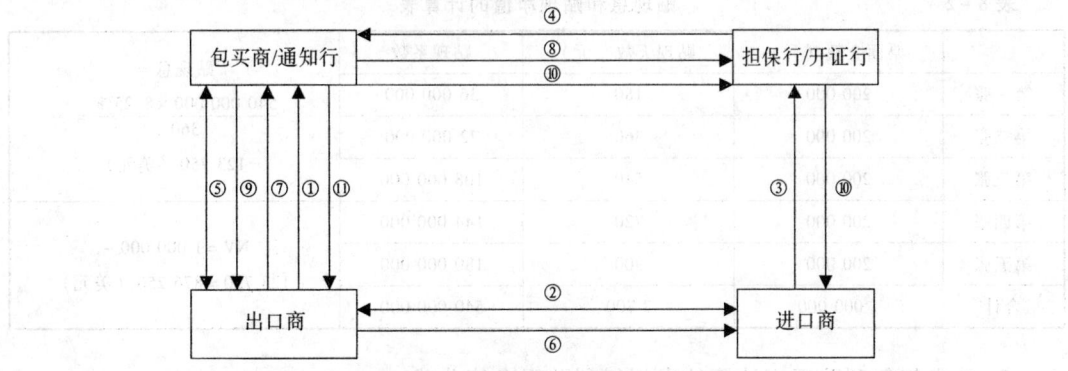

图 8-10 远期信用证下福费廷业务流程

注：
①出口商向融资商询价，包买商报价。
②进出口商签订贸易合同。在进行贸易谈判时，出口商向进口商明确采用福费廷方式，并约定使用承兑信用证方式。
③进口商申请开立信用证。

④开证行开立信用证并发送给通知行。通知行向出口商通知信用证。
⑤出口商与融资商签订福费廷协议。
⑥出口商发运货物,缮制单据。
⑦出口商把汇票及一套商业单据交给通知行。
⑧通知行寄单给开证行要求开证行承兑汇票或对本票做担保。
⑨包买商买下经开证行承兑的或担保的票据,付款给出口商。
⑩付款日到,包买商提示开证行付款,开证行同时提示进口商付款。
⑪包买商收到货款后核对国外扣费与预收的差额,与出口商进行国外扣费的清算,多退少补。

二、福费廷业务贴现净值的计算

贴现率一般分为直接贴现率和半年复利贴现率。

1. 按直接贴现率计算的直接贴现净值公式为:

$$NV = FV \times (1 - R \times D/360)$$

其中,NV 为贴现净值;FV 为票据面值;R 为年直接贴现率;D 为贴现天数。

在福费廷业务中,融资商给予出口商的融资是对一套期限数年的票据所做的无追索的贴现,贴现息的公式是:

$$贴现息 = \frac{总贴现系数 \times 贴现率}{360}$$

NV = 票面总金额 - 贴现息

总贴现系数等于每张票据的贴现系数之和,每张票据的贴现系数等于其票面金额乘以票据贴现天数;

贴现率一般以欧洲金融市场利率为基础,依据进口商资信等级和进口国家信用风险程度等情况确定。

例如:一套 5 张合计金额为 100 万美元的银行承兑汇票,每张汇票金额是 20 万美元,每张期限是 180 天,贴现率是 8.25%,则贴现息和贴现净值的计算见表 8 - 2。

表 8 - 2　　　　　　　　贴现息和贴现净值的计算表

	票面金额(元)	贴现天数(元)	贴现系数	
第一张	200 000	180	36 000 000	贴现息 = $\frac{540\,000\,000 \times 8.25\%}{360}$ = 123 750(美元)
第二张	200 000	360	72 000 000	
第三张	200 000	540	108 000 000	
第四张	200 000	720	144 000 000	NV = 1 000 000 - 123 750 = 876 250(美元)
第五张	200 000	900	180 000 000	
合计	1 000 000	2 700	540 000 000	

2. 按半年复利贴现率计算的半年复利贴现净值公式:

$$NV = \frac{FV}{(1 + R \times \frac{182}{360})^{N_1} \times (1 + R \times \frac{183}{360})^{N_2} \times (1 + R \times \frac{STUB}{360})}$$

其中,NV 为贴现净值;FV 为票据面值;R 为半年复利贴现率;N_1 为 182 天为一期的期间个数；N_2 为 183 天为一期的期间个数；STUB 为剩余天数。

【单元实训】

一、福费廷业务的适用条件和对出口商的作用

【实训目的】

掌握福费廷业务的适用条件和对出口商的作用

【实训资料】

我国某出口公司欲向土耳其分批出口总额为 25 万美元的纺织品。进口商提出采用延期付款方式，但这会给出口公司造成资金周转困难。为此，出口公司向当地中国进出口银行寻求帮助。中国进出口银行经过调查分析，认定该企业主营业务一直比较稳定，信用评级较高，决定向其推荐福费廷业务。出口公司接受银行建议，与进口商协商一致，采用了福费廷方式，致使这笔贸易得以顺利进行。

【实训步骤】

两位同学一组，请就上述实例结合本活动所学内容讨论下列问题，并形成报告。
1. 中国进出口银行为什么向出口公司推荐福费廷业务？
2. 福费廷业务对出口公司产生了哪些积极作用？

二、托收方式下的福费廷业务处理

【实训目的】

作为出口商会做福费廷申请；作为融资商会处理福费廷业务

【实训资料】

山西钢铁（集团）国际经济贸易有限公司（以下简称 A 公司）2015 年 4 月拟向美国 TSCAL 公司（以下简称 B 公司）出口不锈钢冷轧卷板（2B），牌号为 0Cr18Ni9、00Cr19Ni10，型号为厚度：0.3~8.0，宽度：1000-2000，长度：2000，共计 100 卷，交易额共计 500 万美元。

A 公司信息，如下：

董事长：王纲明

财务经理：王羽萍

公司地址：中国山西省太原市尖草坪路 5 号

电话：0351-658948

该公司于 1989 年 7 月获得进出口权。

B 公司信息如下：

公司地址：Orgon Eugene East Block 155

电话：+001630460

法人代表：Msmal

B 公司主要经营机械设备、钢材的出口。公司资产为 5 亿美元。国际评信机构给定的评信号等级为 BBB，进口许可是可备案制。

该种产品市场已趋饱和，市场竞争激烈，A 公司面临情况如下：

1. B 公司不接受信用证方式结算，资金比较紧张，希望采用承兑交单方式，每半年等额付款一次，两年付清。

2. B 公司愿意出具本票，并由 Well Fogo Bank 担保。

3. B 公司规模较小，信用状况一般。

4. A 公司当前资金也紧张，在各银行的授信额度已全部用完。

5. 用美元结算货款，A 公司预计人民币在未来一年内可能升值，面临较大汇率风险。

6. A 公司为了促成此项交易，派财务经理王羽萍与中国××进出口银行山西分行联系，希望做福费廷业务。中国××进出口银行山西分行考虑到 Well Fogo Bank 信用好，是大型银行，同意 A 公司的要求。A 公司与中国××进出口银行山西分行达成了福费廷协议，并在商业谈判中成功将融资成本计入不锈钢冷轧卷板价格。

2015 年 5 月 18 日，A 公司财务经理王羽萍到中国××进出口银行山西分行填写福费廷业务申请书，并向其提交本公司和拟出口交易以及美国 TSCAL 公司的相关资料，中国××进出口银行山西分行经办人李俊受理，5 天后做出无责任的福费廷报价，贴现率为 8%，承担费按月收取，费率为 1.5%。A 公司接受报价，与中国××进出口银行山西分行签订福费廷业务协议，同时与买方签订进出口合同。A 公司在中国××进出口银行山西分行账号为 0031545Y。

2015 年 6 月 18 日 A 公司备好单据，到中国××进出口银行山西分行办理无追索权的贴现手续。

【实训步骤】

1. 模拟山西钢铁（集团）国际经济贸易有限公司向中国××进出口银行山西分行询价并签订福费廷业务协议。

2. 模拟中国××进出口银行山西分行履行福费廷协议，票据到期日收回票据款。

| 任务四 |

国际保付代理

【教师任务】

◇ 指导学生学习本任务所要关注的知识点。

◇ 指导学生搜集相关资料。
◇ 指导学生处理国际保付代理业务。

【学生任务】

◇ 学习掌握本任务的知识点。
◇ 搜集本任务相关资料。
◇ 学会办理国际保付代理业务。

教学活动1　国际保付代理概述

【活动设计】

网上搜集资料，分组讨论国际保付代理业务对各当事人的意义作用，然后引入对国际保理进一步认识。

【案例导入】

国际保理为出口商保驾护航

随着国际纺织品市场竞争的日益加剧，从我国进口纺织品的境外公司不断提出对我方不利的贸易条件。多年来一直采用即期信用证方式结算的美国甲公司，突然提出采用D/A付款方式，这使我国纺织品出口公司乙感到进退两难。放弃这单生意，失去的不仅仅是一个贸易合作伙伴，而且可能是美国区域市场的占有率，接受这一结算条件，又会带来一定收汇风险和资金周转困难。无奈之下，乙公司向当地银行进行咨询，寻求解决办法。银行根据乙公司的实际情况，决定向其提供保理服务。

分析思考：银行真的能解决乙公司的困境吗？什么是国际保理？有什么作用？应如何办理？

【基础知识】

一、国际保付代理定义

国际保付代理（International Factoring）简称国际保理，是国际保理专门机构或银行为国际贸易赊销方式（O/A）或承兑交单方式（D/A）提供出口贸易融资、销售账务处理、收取应收账款及买方信用担保的综合性财务服务。国际保理是集融资、结算、财务管理和信用担保于一身的融资结算方式，是继汇款、托收、信用证之后，是目前较为常用的国际结算方式之一。

1992年，我国中国银行正式加入国际保理商联合会（FCI），此后中国银行北京、上海和广州地区的分行相继开办了保理业务。我国中国银行，中国建设银行，中国农业银行、中信银行、中国光大银行、上海浦发银行、华夏银行、大连银行、上海银行等商业银行也先后加入了国际保理商联合会,并建立了中国保理商协会。同时在中国也成立了一些专门做国际保付代理的公司,它们是国际保理商组织(IFG)的成员。目前,我国开展国际保理业务的机构有兼做国际保理业务的商业银行和专门作保理的国际保理公司,中国的国际保理业务正在迅速发展。

二、国际保付代理的作用

国际保付代理业务的开展,可以实现银行、出口商、进口商三赢,对银行、出口商、进口商起着不同作用。

(一) 国际保付代理对银行的作用

银行通过开展国际保付代理业务可以其拓展业务空间,能够增加其中间业务收入,叙做应收账款融资可增加贷款利息收入。

(二) 国际保付代理对出口商的作用

1. 实现融通资金且手续简便。出口商发货后即可获得资金融通,及时补充营运资金。无追索权出口保理融资可以无需提供任何担保,也不占用在银行的授信额度。

2. 规避风险,提前退税。保理商提供的买方信用担保,使即便出口到高风险地区,也不需担心出口收汇风险。而且还可以马上办理结汇和提前核销退税,避免汇率波动风险。

3. 降低资产负债率提高信用等级,降低收账成本。将未到期的应收账款直接转换为现金收入,降低资产负债率,报表得以美化,公司信用等级得以提高;保理商负责应收账款催收和销售分户账簿管理,节约财务管理的人力和物力,并及时了解国外买方的资信状况变化,控制销售风险,消除与不同国家买方之间交易的语言、文化和法律障碍。

(三) 国际保付代理对进口商的作用

1. 结算手续简便。与信用证相比,减少了开证环节,节约开证费用,减少开证保证金占用。

2. 可以顺利采用 O/A、D/A,减少资金占用,加速资金周转。

3. 可以不占用其额度,解决授信额度紧张困难。

三、国际保付代理的当事人

国际保付代理业务一般有四个当事人:

一是出口商/销售商(Exporter/Seller),对所提供的货物或劳务出具发票,办理国际保付代理手续,其应收账款由出口保理商叙做保理业务;二是进口商/买方/债务人(Importer/Buyer/Debtor),对提供货物或劳务所产生的应收账款负有付款责任;三是出口保理商(Export Factor),它与出口方签订保付代理协议,在协议约定范围内对出口方的应收账款续做保理业务,其通常在出口方所在地。四是进口保理商(Import Factor),依照约定同意为出口保理商代收应收账款,按照《国际保理业务惯例规则》,其对出口保理商承担担保付款的责任。

四、国际保付代理主要业务

国际保付代理主要业务包括:出口贸易融资、销售账务处理、代收应收账款和买方信用担保四项。

（一）出口贸易融资

出口贸易融资是指出口商发货后，将发票副本提交给保理商，保理商无追索权地按一定折扣买入应收账款，对出口商提供贸易融资，折扣大小根据进口商的资信而定，一般不超过发票金额的80%，最高可达90%。保理项下的融资既不像信用贷款那样需经过复杂的审批手续，也不像抵押贷款那样需办理抵押品的移交和过户手续，因此具有简便易行的特点。而且与普通授信不同之处还在于它重点考察进口商资信情况，而不是需要融资的出口商资信。出口贸易融资期限一般不超过180天。

（二）销售账务处理

国际保理商一般大多为规模较大的商业银行附属机构，它们拥有完善的账务管理制度，当保理商收到出口商的发票后，即在计算机中为出口商设立有关分类账户，输入有关诸如债务人、金额、支付方式、付款期限等信息，之后就由计算机进行自动记账、催收、清算、计息、收费、打印报表和账单等。这项服务为出口商节省账务处理成本。

（三）代收应收账款

债款回收是一门技术性、法律性很强的工作，而且在付款人所在地用自己的网络机构收账更为方便。出口商由于不具备独立收账款的优势，往往因应收账款不能及时收回而造成资金周转不灵。国际保理商一般都设有专职机构和人员负责债款清收，具备专业的收债技术和丰富的收债经验，可以为出口商提供良好的收债服务。

（四）买方信用担保

出口保理协议签订后，进口保理商要在协议生效前对进口商核定一个信用额度，出口商在此额度内的销售债权称为已核准应收账款，超过此额度的销售债权称为未核准应收账款。买方信用担保也叫坏账担保，是对因买方无力支付而导致的坏账，保理商在已核准应收账款的范围内承担100%的赔偿责任。这种赔偿在付款到期后的第90天无条件进行。总之，出口商只要保证出售给保理商是正当的、无争议的债务请求权，就把可能发生的坏账风险转嫁给了保理商。

五、国际保付代理的种类

（一）根据运作模式的不同，国际保付代理可分为单保理和双保理

1. 单保理。单保理被俗称为"一个半保理商"的运作模式。在这种模式下，出口商与进口保理商签署保理分协议，再由出口商所在地的保理机构与进口保理商签署保理总协议，在整个保理业务中，出口商所在地的保理机构对出口商不承担保理项下的任何责任，只是为出口商和进口保理商传递函电和将收到的应收账款划入出口商账户。由此看出，在单保理业务中，出口商和出口地的保理机构不签订保理协议。

出口商采用单保理可以不必支付双重保理费，以减轻费用负担，但是由于出口商和进口保理商是分处两个国家（或地区）的不同性质的经济主体，存在着业务联系、法律和语言理解等方面的障碍，运作起来有很多不便，因此，实务中应用比例较小。

2. 双保理。双保理是有两个保理商、两个保理协议的运作模式，即出口商与出口保理商签署保理协议，出口保理商与进口保理商也签署协议，相互委托代理业务。在这种模

式下有出口商、出口保理商、进口保理商和进口商四个基本当事人。

与单保理相比,双保理虽然增加了出口商的保理费用,但是由于出口保理商和进口保理商同时具备金融机构信息覆盖广、专业性强的特点,可以有效地消除在单保理模式下存在的业务沟通、法律、语言等方面的障碍,因此,双保理更便于促进国际贸易的开展,成为被广泛运用的一种保理业务模式。

(二)根据保理商是否对出口商提供融资便利,国际保付代理可分为到期保理和预支保理

1. 到期保理。到期保理也称非融资保理,是一种比较原始的保理业务,即保理商在买入出口商提交的有关单据时,并不立即向出口商支付一定比例的应收账款,而是在票据到期时从进口商那里收回货款,扣除相关费用后,将净款支付给出口商。如果保理协议中规定保理商承担买方信用风险,则即使进口商到期无力支付,保理商也要在到期后的第90天向出口商无条件偿付货款。

2. 预支保理。预支保理也称融资保理,它是一种标准的常见的国际保理业务,即保理商在无追索权地买入出口商提交的有关单据时,立即向出口商预付一般不超过货款80%的款项,待票据到期时从进口商所支付的货款中,扣除垫款和有关费用后,将余额付给出口商。

(三)根据出口商是否将债权转让的事实通知进口商,国际保付代理可分为公开型保理和隐蔽型保理

1. 公开型保理。公开型保理也称明保理,是指出口商把出售应收账款的事实通知给进口商,并以书面形式详细说明保理商的参与情况,同时要求进口商将货款直接付给保理商。实务中这种保理被较多采用。

2. 隐蔽型保理。隐蔽型保理也称暗保理,是指出口商不把出售应收账款的事实及保理商的参与情况通知给进口商,这样进口商仍然要将货款付给出口商,出口商收到货款再转付给保理商,也就是保理业务只在出口商与保理商之间进行,进口商并不知情。

根据《中华人民共和国合同法》的相关规定,我国国内保理业务只能是公开型保理,而且保理商在保理合同中要明确规定供应商的销售合同义务,如售后服务、产品质量、交货方式、交货日期、交货地点等不能因债权转让而转让,以避免保理商承担本身无法承担的合同义务。

教学活动2　国际保付代理业务流程

【活动设计】

四人一组,网上搜集资料;模拟出口商、进口商、出口保理商和进口保理商办理国际保付代理业务,演示国际保付代理业务过程。

【案例导入】

出口商如何利用国际保付代理防范风险

我国某出口商就出口电视机到香港向某保理商申请 100 万美元信用额度。保理商在调查评估进口商资信的基础上批准 20 万美元的信用额度。出口商遂与香港进口商签订金额为 23 万美元的出口合同。发货后出口商向保理商申请融资。保理商预付 16 万美元。到期日进口商以货物质量有问题为由拒付（实际是该批货物与以前所购货物为同一型号，而前批货物有问题）。进口保理商以贸易纠纷为由免除坏账担保责任。出口商认为对方拒付理由不成立，并进一步了解到对方拒付的实际理由是香港进口商的下家土耳其进口商破产，货物被银行控制，香港进口商无法收回货款。因此，出口方要求香港进口商提供质检证，未果。90 天赔付期过后，进口保理商仍未能付款。出口方委托进口保理商在香港起诉进口商。但进口保理商态度十分消极，仅凭香港进口商的一家之辞就认同存在贸易纠纷，结果败诉。你认为出口商应从中吸取什么教训？出口商应如何利用国际保付代理防范风险？

【基础知识】

一、单保理业务流程

单保理的到期保理业务处理过程如图 8-11 所示。

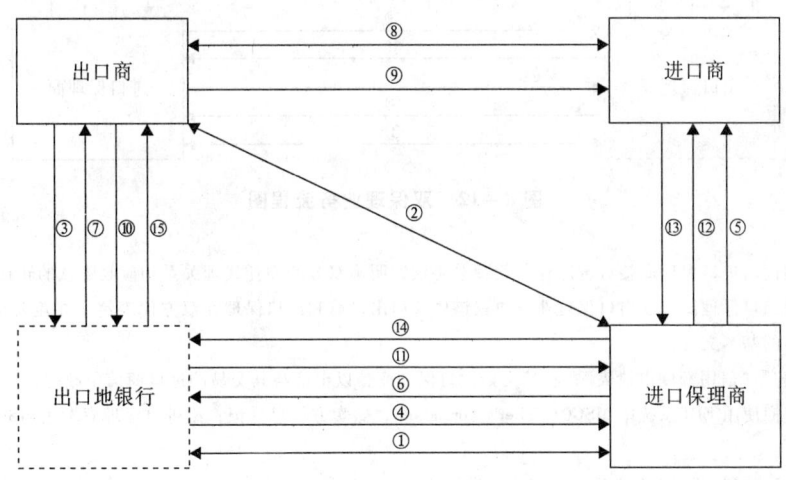

图 8-11 单保理业务流程图

注：
①出口地银行与进口保理商签订国际保付代理总协议；
②出口商与进口保理商签订国际保付代理分协议；
③出口商将进口商信用额度申请表提交给出口地银行；
④出口地银行将信用额度申请表传递给进口保理商；
⑤进口保理商对进口商进行信用评估；

⑥进口保理商将其对进口商核准的信用额度通知给出口地银行；
⑦出口地银行把核准的信用额度通知书传递给出口商；
⑧出口商与进口商签订贸易合同；
⑨出口商装运货物并寄送货运单据给进口商；
⑩出口商将载有"转让条款"发票正本、报关单（正本）、商务合同或订单、运输单据、保险合同等及"债权转让通知书"、"未结清货款确认函"提交给出口地银行，如果需要融资，还应提交"出口保理融资申请书"；
⑪出口地银行将上述单据及应收账款转让通知书传递给进口保理商；
⑫进口保理商向进口商催收货款；
⑬进口商付款给进口保理商；
⑭进口保理商将收到的货款汇交出口地银行，同时将对账单寄给出口地银行；
⑮出口地银行将汇入汇款记入出口商账户，并将对账单交给出口商。

二、双保理业务流程

双保理业务过程如图8-12所示。

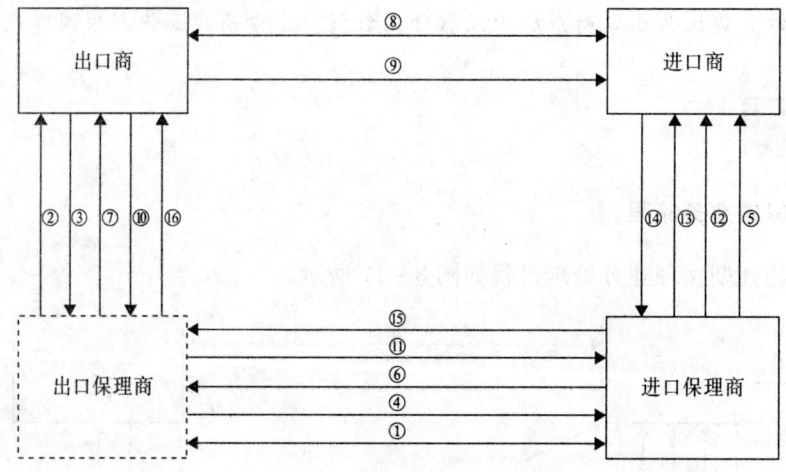

图8-12 双保理业务流程图

注：
①出口保理商与进口保理商签订国际保付代理总协议，明确双方的委托代理关系和应收账款的转让、受让关系；
②出口商与出口保理商订立出口保理业务协议该协议由出口商和出口保理商双方代表签字并盖公章，构成该笔国际保付代理业务的基本文件；
③出口商填写"信用额度申请表"，将其交给出口保理商，以申请与其交易的进口商信用额度；
④出口保理商使用EDI系统中MSG01 Seller's Formation，做卖方信息登记，给进口保理商发送MSG02买方信用申请评估电文；
⑤进口保理商收到MSG02电文后，对进口商进行信用评估；
⑥进口保理商将其对进口商核准的信用额度，使用EDI系统中MSG03买方信用评估回复电文，通知给出口保理商；
⑦出口保理商将进口保理商核准进口商的信用额度通知给出口商，"出口保理信用额度通知书"；
⑧出口商与进口商签订贸易合同，约定支付方式为O/A或D/A或类似方式；
⑨出口商按贸易合同规定装运货物，并将提单发票正本直接寄给进口商；
⑩出口商将载有"转让条款"发票正本、报关单（正本）、商务合同或订单、运输单据、保险合同等及"债权转让通知书""未结清货款确认函"提交给出口保理商。如出口商需要向出口保理商融资，可填写"出口保理融资申请

书";提交给出口地银行,如果需要融资,还应提交"出口保理融资申请书";

⑪出口保理商签署应收账款转让通知书,并在发票上加盖"再让渡"印戳,表示将该笔应收账款再转让给进口保理商,然后将"应收账款转让通知书"和⑩条所涉及的全套单据传送给进口保理商;出口保理商也可以使用 EDI 系统发送 MSG09 发票及融资票据转让电文,进行应收账款的再转让;

⑫进口保理商监控付款到期日前进口商的动态;

⑬进口保理商于付款到期日向进口商索取应收账款;

⑭付款到期日进口商付款给进口保理商;

⑮进口保理商将收到的货款汇给出口保理商,并寄对账单。进口保理商可以使用 EDI 系统发送 MSG11 进口保理商付款给出口保理商电文;

⑯出口保理商为出口商办理结汇收账,将已融资的预付本息从收汇金额中扣还。

【单元实训】

一、国际保付代理的作用

【实训目的】

提高学生分析问题、总结概括能力、写作能力。

【实训资料】

台湾美利达工业股份有限公司是世界知名自行车制造商之一,以下简称美利达。美利达成立于 1972 年,产品出口遍布亚欧各国。由于自行车行业技术发展已经成熟,竞争非常激烈,公司不得不满足客户的赊账需求。为避免客户坏账曾采用信用保险,但即便这样,在发生坏账时,公司仍然要承担至少 20% 的货款损失,而且办理手续复杂。美利达通过与 FCI 成员 Chailease 金融公司接触,了解了国际保付代理业务并使用这项服务。国际保付代理提供的客户信用担保服务以及全套的账务管理服务使该公司收汇有保证,也节约了人力成本开支,而且保理的费用比信用保险低多了。该公司的经理表示,他们现在可以从容面对竞争,放心拓展新客户了。

【实训步骤】

结合上述资料分析国际保理的优点,撰写报告。

二、国际保理协议签订与履行

【实训目的】

学生能够签订和履行国际保理协议。

【实训资料】

经营日用纺织品的英国 Tex UK 公司主要从我国、土耳其、葡萄牙、西班牙和埃及进口有关商品。几年前,当该公司首次从我国进口商品时,采用信用证结算方式。采用这种结算方式对初次合作的双方是有利的,但随着贸易额的增长,英方越来越感到这种方式的烦琐与不灵活,而且必须向开证行提供足够的抵押。为了保持业务持续增长,Tex UK 公司开始要求至少 60 天的赊销付款方式。虽然我国晨曦纺织品公司与 Tex UK 公司已建立了良好的合作关系,但是考虑到这种方式下收汇风险过大,晨曦纺织品公司拒绝这个条件。Tex UK 公司开始寻求新的供货商。晨曦纺织品公司为了不失去这个客户,向××银行山西省分行咨询,寻求解决方案。××银行山西省分行建议其同意 Tex UK 公司要求,然后利用国际保付代理业务控制收回货款的风险。晨曦纺织品公司听从了建议。××银行山西省分行与英国保理商 Alex Lawrie 签订了国际保理总协议,保理商 Alex Lawrie 为 Tex UK 公司核定了信用额度,并通过××银行山西省分行通知了晨曦纺织品公司。晨曦纺织品公司与 Tex UK 公司签订了纺织品进出口合同,采用 60 天赊销付款方式。通过保理机制,进口商得到了赊销的优惠付款条件,而出口商也得到了 100% 的风险保障以及发票金额 80% 的贸易融资。结合此案例分析进出口商如何利用国际保理业务。

【实训步骤】

1. 模拟出口商与出口保理商签订出口保付代理业务协议;
2. 模拟出口保理商履行出口保付代理业务协议。

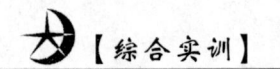
【综合实训】

国际借贷和贸易融资实训

实训目标

学习与巩固国际借贷和贸易融资知识和技能。

实训任务

本教学项目的实训活动要完成两项任务:一是对基础知识部分进行闭卷测试;二是完成国际借贷和贸易融资的实训操作。

一、基础知识测试

(一) 单选题

1. 出口信贷根据借款人的不同,分为卖方信贷和买方信贷。以下对卖方信贷描述不正确的是( )。

  A. 出口商借助银行信用,向进口方提供商业信用

  B. 利率较低的优惠贷款

  C. 贷款金额一般相当于货款的 75%~85%

  D. 期限由银行来定比较灵活

2. 买方信贷指出口方银行直接向进口商或进口商银行提供用于支付货款的贷款。以下对买方信贷描述正确的是( )。

　　A. 买方信贷是以出口商向进口方提供的商业信用为基础的银行信用
　　B. 买方信贷可以是中长期的流动资金贷款，也可以是中长期的项目贷款
　　C. 买方信贷的贷款金额一般相当于货款的 15%~25%
　　D. 买方信贷的一般直接贷给进口商以保证贷款按规定用途使用

3. 出口订单融资可为出口商在生产、采购等备货阶段提供资金融通，减少自有资金占压，提高出口商资金使用效率，以下对出口订单描述正确的是( )。

　　A. 出口订单融资以进出口双方有效贸易订单为质押的短期贸易融资
　　B. 出口订单的融资款项可用于出口货物的采购、生产和储运
　　C. 出口订单融资是结合信用证结算方式下的融资
　　D. 出口订单融资是以进口商为申请人的融资

4. 打包贷款能够满足出口商备货装运的短期资金融通需求以扩大贸易机会，以下对打包贷款描述正确的是( )。

　　A. 打包贷款是银行应信用证开证申请人（进口商）申请的贷款
　　B. 打包贷款是只能用于货物装运不能用于货物采购、生产的专项贷款
　　C. 打包贷款在贷款时需提交销售合同或采购合同的相关贸易情况介绍
　　D. 打包贷款不是在开立信用证之前发放

5. 出口商通过出口押汇进行融资，应避免以下哪种情况？( )

　　A. 运输单据为物权单据　　　　　　　　B. 开立不可转让信用证
　　C. 提交存在非实质不符点的单据　　　　D. 提交全套物权单据

6. 出口商业发票贴现能加快资金周转、规避汇率风险。以下对出口商业发票贴现描述正确的是( )。

　　A. 所有出口商都可以以商业发票为质押做贴现融资
　　B. 出口商业发票贴现实质是国际保理业务
　　C. 融资行在与出口商签订《出口商业发票贴现协议》后，为出口商叙做融资
　　D. 出口商发货出单后即可将相关应收账款转让融资行

7. 风险参与可以解决出口商授信额度不足的问题，降低风险资产，优化资产组合。以下对风险参与描述正确的是( )。

　　A. 风险参与是融资或非融资地参与国际结算及贸易融资项下全部或部分债权人的信用风险
　　B. 非融资性风险参与是指融资行在风险参与同时支付风险参与的款项
　　C. 非融资性风险参与业务的费用主要为风险承担费
　　D. 风险参与是银行在不同结算方式下承担相应风险并获取利息收益的业务

8. 福费廷业务是( )。

　　A. 一种向出口商提供的无追索权的贸易融资
　　B. 一种短期贴现业务
　　C. 一种向进口商提供的贸易融资

D. 一种向出口商提供的有追索权的贸易融资

9. 福费廷业务所使用的票据要由（　　）提供担保。
   A. 进口商　　　　　　　　　　　　B. 进口国银行
   C. 出口商　　　　　　　　　　　　D. 出口国银行

10. 在福费廷业务中，出口商在票据上加注"Without Recourse"，表明（　　）。
    A. 进口商已承兑　　　　　　　　　B. 进口国银行已担保
    C. 出口商已承兑　　　　　　　　　D. 出口商拒绝追索

11. 在下列对福费廷业务的描述中，正确的是（　　）。
    A. 进口商间接承担了贴现息
    B. 更像出口信贷中的买方信贷
    C. 费用很低
    D. 融资商对出口商有追索权

12. 在福费廷业务中，使用最多的是（　　）。
    A. 进口商出具的远期本票　　　　　B. 出口商出具的远期汇票
    C. 进口商出具的即期本票　　　　　D. 出口商出具的即期汇票

13. 国际保付代理是保理商对（　　）提供的一种贸易融资。
    A. 出口商　　　　　　　　　　　　B. 进口商
    C. 代收行　　　　　　　　　　　　D. 托收行

14. 保理商对出口商提供的最高保障是（　　）。
    A. 已核准的信用额度　　　　　　　B. 贸易货款全额
    C. 贸易货款的90%　　　　　　　　D. 贸易货款的70%

15. 国际保付代理业务是（　　）。
    A. 综合性金融服务　　　　　　　　B. 单一的贸易融资
    C. 单一的国际结算方式　　　　　　D. 账务管理业务

16. 我国第一家加入国际保理商联合会的银行是（　　）。
    A. 中国工商银行　　　　　　　　　B. 中国建设银行
    C. 交通银行　　　　　　　　　　　D. 中国银行

17. 保理商调查的重点是（　　）。
    A. 出口商资信　　　　　　　　　　B. 进口商资信
    C. 商品市场行情　　　　　　　　　D. 进口国政治制度

（二）多选题

1. 出口信贷是一种常见的贸易融资方式，以下对出口信贷描述正确的选项有（　　）。
   A. 为鼓励大型设备出口由出口国提供的融资
   B. 利率较低的优惠贷款
   C. 属于短期周转性贷款
   D. 一般贷款金额大

2. 出口信贷办理的具体条件一般有（　　）。

A. 企业法人，具备履约能力
B. 出口合同签订之前一个月
C. 出口合同条款符合国际惯例
D. 出口的设备符合进口国规定，进口商资信可靠

3. 中国进出口银行的买方信贷是指向境外借款人提供促进中国产品、技术和劳务出口的本外币贷款，但借款人使用其买方信贷时描述正确的选项有（　　　　）。
A. 所在国经济、政治状况相对稳定，或其所在国国别风险可控
B. 资信状况良好，具备偿还贷款本息能力
C. 出口产品、技术及服务符合我国及进口国有关规定
D. 提供中国进出口银行认可的还款担保必要时投出口信用保险

4. 买入票据融资指在光票托收等不附带贸易单据的结算业务项下，银行通过以贴现方式购入由其他银行付款的银行即期票据，为客户提供买入票据融资时，客户应具备的条件有（　　　　）。
A. 依法核准登记，具有经年检的法人营业执照或其他足以证明其经营合法性和经营范围的有效证明文件
B. 拥有贷款卡和开户许可证，并在融资行开立结算账户
C. 在融资行有授信额度
D. 持有以其他银行为付款人的即期票据

5. 出口贴现是指银行在出口信用证项下从出口商购入已由银行承兑的未到期远期汇票或已由银行承付的未到期远期债权或在跟单托收项下购入已由银行保付的未到期远期债权。以下对出口贴现描述正确的选项有（　　　　）。
A. 如果做出承兑/承付/保付的银行到期不付款，贴现行对出口商有追索权
B. 它能够满足出口商在获得银行承兑、承付或保付的情况下的长期资金融通需求
C. 出口商必须具有进出口经营资格
D. 承兑行/承付行/保付行金融机构在贴现行有授信额度

6. 出口押汇是指出口商发出货物并交来信用证或合同要求的单据后，融资行凭所交单据向其提供的短期资金融通。出口商做出口押汇时应符合下列（　　　　）情况之一。
A. 采用信用证、付款交单、承兑交单结算
B. 信用证项下单证相符或信用证项下单证不符
C. D/P 托收
D. D/A 托收

7. 应收账款收购业务的办理应提交材料（　　　　）。
A. 应收账款收购业务申请书和应收账款明细表
B. 商务合同原件和经年审合格的企业（法人）营业执照原件
C. 由独立律师事务所针对应收账款转让的合法有效性和可执行性出具的法律意见书
D. 连续三年经审计的财务报告

8. 福费廷业务主要适用于（　　　　）贸易。
A. 资本性货物　　　　　　　　　　　　　　　B. 一般消费品

C. 零售　　　　　　　　　　　　D. 大宗

9. 福费廷业务中的融资商可以通过(　　　)降低风险。
A. 进口国银行担保　　　　　　　B. 在二级市场转让票据
C. 外汇交易　　　　　　　　　　D. 审慎的资信调查

10. 福费廷业务采用的是(　　　)。
A. 固定利率　　　　　　　　　　B. 浮动利率
C. 一般贴现　　　　　　　　　　D. 无追索权贴现

11. 国际保付代理业务所提供的服务包括(　　　)。
A. 贸易融资　　　　　　　　　　B. 销售分户账管理
C. 应收账款的催收　　　　　　　D. 信用风险控制与坏账担保

12. 国际保理业务对出口商的积极作用体现在(　　　)。
A. 加速资金周转　　　　　　　　B. 降低汇率风险
C. 简化账务管理　　　　　　　　D. 降低出口商品的成本

（三）判断题

1. 汇出汇款融资是指在预付货款结算方式下，融资行凭汇出汇款项下的有效凭证和商业单据代进口商对外垫付进口款项的短期资金融通。（　　）

2. 付款汇利达由保证金或人民币定期存款存单质押、付款融资和远期售汇三部分组成。（　　）

3. 杂币进口汇利达是指融资行对进口商以支付货币以外的其他货币做进口押汇。（　　）

4. 付款汇利达和杂币进口汇利达都是以人民币缴纳保证金或人民币定期存款存单作为质押的。（　　）

5. 融资行在对信用证项下的货权能进行有效控制的基础上，免收申请人部分开证保证金，为其办理进口开证业务，称之为控货融资。（　　）

6. 办理一般贴现业务的商业银行或其他金融机构对远期票据的债权人有追索权，而福费廷业务的融资商对远期票据的债权人无追索权。（　　）

7. 在福费廷业务中，出票人要根据约定的分期付款的次数和时间，出具成套票据，而不是一张票据。（　　）

8. 福费廷融资商所买断的票据不一定由一流的银行提供担保。（　　）

9. 在进行贸易磋商时，出口商要向进口商明确将采用福费廷方式，并取得一致意见。（　　）

10. 在福费廷业务中，使用进口商出具的本票比使用出口商出具的汇票更方便。（　　）

11. 国际保付代理业务只是一种简单的国际结算方式。（　　）

12. 出口保理商对已核准信用额度以外的交易金额不承担必须付款的责任。（　　）

13. 国际单保理业务的主要当事人有出口商、进口商、出口保理商。（　　）

14. 国际保付代理业务所提供的是综合性金融服务，其核心内容是通过收购出口商的应收账款债权方式为出口商提供短期贸易融资。（　　）

15. 提供买方信用担保是国际保付代理服务项目之一，这种担保的前提是出口商出售给保理商的是正当的、无争议的债务请求权。（　　）

（四）问答题

1. 出口贸易融资有哪些方式？简述其业务过程。
2. 进口贸易融资有哪些方式？简述其业务过程。
3. 福费廷业务有哪几种类型？简述福费廷业务的业务流程。
4. 国际保付代理有哪些主要类型？简述双保理的业务流程。

二、实训题

1. 案例分析

F银行与X公司签订了国际保付代理协议。2014年10月，F银行收到W国A银行N国分行开来的180天银行保函，金额为USD413 000，保函受益人为该行客户X公司。2014年11月4日，X公司发货后，通过F银行将货运单据寄交开保函的银行，以换取开保函A银行N国分行担保的远期承兑汇票。2014年12月，X公司将出口货物单据和远期承兑汇票背书提交F银行，F银行扣除贴息后付货款给X公司。2015年2月，进口商由于经营陷入困境倒闭，W国A银行也突然倒闭，A银行N国分行于同年3月停止营业，全部资金被N国政府冻结，致使F银行垫款无法顺利收回，利益严重受损。

请结合案例分析：

（1）国际保付代理业务完整的操作步骤。
（2）F银行有过错吗？F银行应该吸取怎样的教训以防范这类风险的发生？

2. 远期信用证下福费廷业务处理

项目背景：晋西车轴股份有限公司（以下简称A公司）2014年6月拟向土耳其K.C.B公司（以下简称B公司）出口货车轮对100套，型号为CP19，交易金额为500万美元。A公司地址：中国山西省太原市和平北路北巷5号；董事长李望前；公司获得经营进出口权时间2001年7月；公司机构代码1401910160；财务经理王萍萍，联系电话（0351）65899××　139035499××。B公司注册（办公）地址：Izmir Sun Street East Block 155；电话：16304604；传真：1630460；法人代表：Ksaml；主要经营机械设备、五金进出口，资产5亿美元，国际评信机构给定的信用等级BBB，进口许可是备案制。

该种产品市场已趋饱和，市场竞争激烈，A公司面临情况如下：

（1）B公司资金比较紧张，提出分期付款要求，每半年等额付款一次，两年付清。
（2）B公司同意采用远期承兑信用证，开证行Akbank。
（3）B公司规模不大，信用状况一般。
（4）A公司当前资金也紧张，在各银行的授信额度已基本用满。
（5）用美元结算货款，A公司预计人民币在未来一年内可能升值，面临较大汇率风险。
（6）A公司为了促成此项交易，派财务经理王萍萍与中国××银行山西分行联系，希望做福费廷业务。中国××银行山西分行考虑到Akbank信用好，是大银行，同意A公司的要求。A公司与中国××银行山西分行达成了福费廷协议，并在商业谈判中成功将融资成本计入货车轮对价格。

2014年5月18日,晋西车轴股份有限公司财务经理王萍萍到中国××银行山西分行填写福费廷业务申请书,并向其提交本公司和拟出口交易以及土耳其K.C.B公司的相关资料,中国××银行山西分行经办人李俊受理,5天后做出无责任的福费廷报价,贴现率为8%,承担费按天收取,费率为1.5%。晋西车轴股份有限公司接受报价,与中国××银行山西分行签订福费廷业务协议,同时与买方签订进出口合同。

晋西车轴股份有限公司2014年7月31日发货。在2014年8月10日晋西车轴股份有限公司财务经理王萍萍持经Akbank承兑的4张面值分别为125万美元、到期日分别为6个月的汇票以及相应单据,到中国××银行山西分行办理无追索权贴现手续。晋西车轴股份有限公司在中国××银行山西分行账号为0031315Y。

中国××银行山西分行经理李常委按照福费廷协议2014××银(贴)字 第78 号协议,把扣除贴息和承担费后的款项入晋西车轴股份有限公司账。经理李常委为晋西车轴股份有限公司出具出口收汇核销专用联,晋西车轴股份有限公司办理出口收汇核销和退税手续。

实训操作要求:
1. 晋西车轴股份有限公司与中国××银行山西分行签订福费廷协议的业务处理;
2. 中国××银行山西分行履行福费廷协议业务处理。

表8-3　　　　　　　　　　福费廷融资申请书

致:中国××银行山西分行	
我公司向贵行申请福费廷融资,项目有关情况如下:	
出口商情况	
1. 公司名称:	
2. 注册(办公)地址:	
3. 法人代表姓名及职务:	
4. 组织机构代码	
5. 何时获得出口权:	
6. 何时取得该项目的投/议标:	
7. 另有哪些机构参与投/议标:	
8. 联系人:	
9. 电话:	
10. 传真:	
进口商情况	
1. 公司名称	
2. 注册(办公)地址:	
3. 电话:	
4. 传真:	

续表

5. 法人代表名称:	
6. 业主的经营、资产和信用情况:	
商务合同的有关情况（待定）	
1. 合同签定时间（预计）:	
2. 合同生效时间:	
3. 合同使用法律:	
4. 争议仲裁机关名称及地点:	
国内供货情况	
1. 设计单位名称:	
2. 该设计单位的类似设计经历有:	
3. 国内主要供货厂家:	
4. 出口商品国产化程度:	
5. 非国产化部分供货情况:	
6. 出口商品和/或技术在国内运行情况:	
7. 出口商品和/或技术出口历史及运行情况:	
商务合同的有关情况	
1. 项目可行性分析概要（包括换汇成本回收期、未来市场预测、同业分析、进口国政府的行业政策等，如是 BOO、BOT 项目，则需附上 PPA 合同或燃料供应合同或与最终用户的销售合同）:	
2. 出口可行性分析概要（包括技术安全性、换汇成本、经济效益预测）:	
其他需要说明的情况	
无	

我们知道，中国××银行及其分支机构所作的任何表示，将以本申请书所述之情况为依据，内容的任何改变都可能意味着中国××银行及其分支机构提出的融资报价和其他条件将无效或不适用。

中国××银行及其分支机构依据本申请书所作的任何表示，只是为协助我们决定是否继续签订福费廷融资协议，而并非中国××银行及其分支机构的所作出的融资承诺。

签字人：　　　　　　　　　　　申请单位盖章：
职务：

　　　　　　　　　　　　　　　　日期：　　年　月　日

表 8-4　　　　　　　　　　福费廷融资协议

<table>
<tr><td>

中国××银行福费廷融资协议

××银（贴）字　第78号

出售方：（以下简称甲方）
包买方：（以下简称乙方）

甲方为了加速资金周转，避免出口项目的外汇及利率的风险，特向乙方申请办理福费廷业务。为了明确甲、乙双方的经济责任及有关事项，经甲、乙双方协商，特签定本协议，双方共同遵守。

第一条　项目概况进口商：

开证行：

保兑行：

出口项目：

合同金额：

交货期：

第二条　金额及货币金额：（大写：_____）

第三条　期限票据到期日（发货后6个月付第一次货款，之后每6个月付一次）：

交单有效期：

第四条　贴现费。根据乙方实际融资天数以一年360天为基础，贴现率为____。按照对应收益率每半年折现一次的方法计算。

第五条　承担费。承担费率为____，按包买金额和实际承诺天数计算。于票据包买日一次收取。

第六条　债务证明由甲方出具经信用证开证行承兑的汇票_____。

第七条　甲方的责任与义务。甲方须在包买交单的有效期内向乙方提交下列经乙方认可的单据：

（一）经甲方背书转让的本协议第六条规定的汇票_____，背面填写：

Pay to the order of the ×× Bank of China, Shanxi, Head Office, Beijing

注明：

Without recourse

（二）商务合同副本，注明：

Copy conforms to the original 由甲方有权签字人签字。

（三）信用证及其修改副本，注明：

Copy conforms to the original 由甲方有权签字人签字。

（四）货运提单及商业发票副本，注明：

Copy conforms to the original 由甲方有权签字人签字。

（五）书面证明所提交的单据是真实的，单据上的签字合法、有效，并由甲方签字盖章。

第八条　乙方的责任及义务

乙方收到本协议第七条规定的单据，经审查同意后，将包买款项通过银行转账方式划到甲方在中国××银行山西分行开立的账户内，账号为_____。

第九条　违约处理

甲方若未按本协议第七条规定交单或中途撤单或提交的单据不真实，则须承担乙方因此而造成的全部经济损失。

第十条　其他

（一）本协议未尽事宜，由甲乙双方协商解决。

（二）本协议正本一式两份，双方各持一份，具有同等的效力。

甲方：　　　　　　　　　　　　　　　　乙方：

签字：董事长×××　　　　　　　　　　签字：行长×××

盖章：　　　　　　　　　　　　　　　　盖章：

　年　　月　　日　　　　　　　　　　　年　　月　　日

</td></tr>
</table>

表 8-5 债权转让通知书

债权转让通知书

致：中国××银行_____分行

根据贵行与我公司双方____年____月____日共同签署的第_____号《福费廷融资协议》我公司于____年____月____日与_____（进口商名称）签订了第（　　）号商务合同，并于____年____月____日装运了该合同项下货物_____（数量）_____（总金额）_____（品名）。发票号码为_____。我公司同意将上述发运货物的应收票据的债权转让给贵行，并同意贵行有权行使一切票据权利。

签字：

盖章：

年　月　日

参考文献 | References

1. 郭晓晶、秦雷:《国际汇兑与结算》,高等教育出版社,2014年版。
2. 吕鹰飞、高建侠:《国际金融实务》,中国财政经济出版社,2014年版。
3. 石月华:国际结算,东北财经大学出版社,2014年版。
4. 施晓春、周江银:《商业银行会计》,中国财政经济出版社,2014年版。
5. 李华根:《国际结算与国际融资实务》,中国海关出版社,2014年版。
6. 章安平:《外贸单证操作》,高等教育出版社,2014年版。
7. 刘晶红:《国际结算操作》,中国金融出版社,2012年版。
8. 周萧:《国际结算》,科学出版社,2015年版。
9. 靳生:《国际结算实验教程》,中国金融出版社,2007年版。
10. 任春玲:《国际结算》,化学工业出版社,2008年版。
11. 项义军、吕佳:《国际结算》,清华大学出版社,2007年版。
12. 庞红:《国际结算》,中国人民大学出版社,2009年版。
13. 罗平、吴军梅:《银行监管学》,中国财政经济出版社,2015年版。
14. 贾青、陈伟钢、蔡录昌:《金融应用文写作》,中国财政经济出版社,2014年版。
15. 庄艳:《国际结算及外贸单证》,对外经济贸易大学出版社,2007年版。
16. 章安平:《国际结算操作》,高等教育出版社,2014年版。
17. 苏宗祥:《国际结算》,中国金融出版社,2013年版。